U0648663

21世纪
经济管理新形态教材
工商管理系列

现代企业管理

（第六版）

王关义 刘益 刘彤 李治堂◎编著

清華大学出版社
北京

内 容 简 介

本书以独特的体例全面系统地介绍了现代企业管理的基本原理和理论。全书由企业管理基本理论篇，制度、文化与战略篇，企业专项管理篇三部分组成。主要内容包括企业管理概论、管理理论的形成与演变、管理的基本职能、现代企业制度、企业文化、战略管理、营销管理、生产计划、生产组织与控制、质量管理、财务管理以及人力资源管理等。

本书是为了适应高等学校非经济管理类专业学生学习现代企业管理知识的需要而编写的，也可作为经济管理类研究生、MBA、EMBA、企业中高层管理人员短期培训的教材或教学参考书，还可以作为报考经济管理类硕士研究生的参考书。

图书在版编目（CIP）数据

现代企业管理/王关义等编著. —6 版. —北京：清华大学出版社，2023.6（2025.7重印）
21 世纪经济管理新形态教材. 工商管理系列
ISBN 978-7-302-63839-1

Ⅰ. ①现… Ⅱ. ①王… Ⅲ. ①企业管理－高等学校－教材 Ⅳ. ①F272

中国国家版本馆 CIP 数据核字(2023)第 107728 号

责任编辑：陆浥晨
封面设计：李召霞
责任校对：王荣静
责任印制：杨 艳
出版发行：清华大学出版社
　　　　　网　　　址：https://www.tup.com.cn，https://www.wqxuetang.com
　　　　　地　　　址：北京清华大学学研大厦 A 座　　　　邮　　编：100084
　　　　　社 总 机：010-83470000　　　　　　　　　　邮　　购：010-62786544
　　　　　投稿与读者服务：010-62776969，c-service@tup.tsinghua.edu.cn
　　　　　质 量 反 馈：010-62772015，zhiliang@tup.tsinghua.edu.cn
　　　　　课 件 下 载：https://www.tup.com.cn，010-83470332
印 装 者：涿州汇美亿浓印刷有限公司
经　　销：全国新华书店
开　　本：185mm×260mm　　　　印　张：22.75　　　　字　数：532 千字
版　　次：2004 年 9 月第 1 版　　　2023 年 7 月第 6 版　　印　次：2025 年 7 月第 9 次印刷
定　　价：59.00 元

产品编号：099010-01

前　言

18 世纪中叶英国产业革命之后，现代机器大工业代替了传统的工厂手工业，大规模生产制度确立起来，分工更加精细，新的公司制随之产生，管理知识对企业发展的影响加大。与企业变革的实践相适应，管理理论先后经历了传统的经验管理、科学管理、行为科学管理、管理理论丛林等阶段，现代管理是奉行"以人为本"的管理，人是核心，管理理念的确立必须时刻重视人的因素。

企业具有新陈代谢的功能，它所构建的机制能够在不同的土壤中生长，才能不断地发展壮大，因此，企业家必须遵循"森林法则"，同时，也必须遵循"先付出才能有回报，不耕耘不能有回报"的"农场法则"，重视对管理理论的学习和运用。

中国经济在经历了改革开放以来 40 多年的快速增长之后，发展的基本模式、产业业态及增长动力都已发生巨变，经济增长已由传统的要素驱动、投资驱动转向创新驱动。中国社会主义市场经济体制已进入正常的发育阶段，竞争加剧，维持正常的增长率和平均利润率成为不少企业追求的目标。市场经济不相信眼泪，市场上的败军赢不到一滴同情之泪，因此，企业家必须树立危机意识，要居安思危，超前谋划，绝不可"居功自傲"。

著名管理学家彼得·德鲁克（Peter Drucker）在《管理的前沿》一书中指出：现代组织的精髓在于，使个人的长处和知识具有生产性，使个人的弱点无关紧要。在传统组织中，如金字塔型组织，或 18、19 世纪军队式的组织中，每个人都做着完全一样、不需要技能的工作，主要贡献是原始人力，知识集中掌握在少数上层人物手中。在现代组织中，人人都有专门的分工，掌握着先进的知识和技能，但都是为了一个共同的目标而工作。

对于肩负新时代历史重任的企业家来说，为了追求卓越，一定要与时俱进，保持头脑清醒。长期以来，中国不少企业沉浸于短期成功的辉煌而不思管理的创新，普遍存在着"短命"现象和"烟花效应"，以致有"各领风骚三五年"的说法。这种现象促使我们思考，任何企业，若不变革，都有可能突然陷于机器老化失灵和管理不善的境地。但是，生锈的思想比生锈的机器更危险，在生存环境如此多变的今天，企业如果仍然按照过去的老观念、老模式办事，肯定难以适应环境的变化，最终将会被市场无情地淘汰。

企业经营犹如逆水行舟，不进则退，所以要积极进取，大胆创新。如果管理者只是用零和博弈思维来认识企业竞争，只是着眼于"争抢蛋糕"而不"做大蛋糕"，那就完全错了。当今的企业竞争强调协同、共生、双赢甚至多赢，而不是你死我活的厮杀，如果企业自己没有将产品做好、将服务做精，即便竞争对手垮了，企业也未必会获得成功。从世界企业发展史来看，很多著名企业正是在竞争对手的不断发展中成就了自己，在竞争的压力中通过自身的不断努力壮大起来，如肯德基、麦当劳、可口可乐和百事可乐等。

凡属企业，务须审视自己的管理理念，不妥即弃，否则难免落到如恐龙博物馆陈列品一般的下场。中国社会主义的企业管理，已有 70 多年的经历，从人类发展的历史来看，这是在特定历史条件下极为有限的积累，然而，即便在这一段短暂的时期内，中国的企业管理体制也发生了巨大的变化。在改革开放之前，当时的中国并不存在真正意义上的具有决策和行为能力的企业，所有的只不过是在整体国民经济计划经济体制下的工厂。20 世纪 90 年代初，中国的改革开放进入了一个新的阶段，经过大约 10 年的转型期，中国经济逐步从计划经济的桎梏中解脱出来，而作为计划经济组成部分的生产车间逐步演变成具有现代企业组织的雏形。市场经济体制的建立和价格机制的形成要求企业本身具有经营自主权，当时经济改革的措施就包括逐步扩大国营企业的经营自主权，建立市场秩序，用现代市场经济的理念来经营企业。由计划经济脱胎而来的社会主义市场经济具有转型经济的特征，作为微观基础的企业和企业的经营管理者如何转型成为现代企业的管理者、经营者，对于经济发展和产业转型事关重大，对管理学教育也是重大挑战。随着传统的高度集中的计划经济体制向社会主义市场经济体制的转换，企业逐步朝着适应市场经济要求的方向发展，企业管理的现代化步伐正在加速。因此，迫切需要培养一批懂管理的专业人才，提高企业管理的科学化水平，为高质量发展提供坚实的人才支撑。

1991 年，在管理专业人才培养领域，中国开始设立工商管理硕士（master of business administration，MBA）学位。MBA 教育的开展对于未受过系统管理学教育的管理者和管理教育工作者而言是一个福音。由于对管理学教育和实践的需求与日俱增，MBA 教育为现代企业管理知识的普及和推广提供了广阔的舞台。

中国五千年不间断的文明为管理学的研究提供了广阔的空间。中国企业管理的现代化不是美国化或日本化，而是中国化。目前，中国企业的职业经理人市场尚未形成，管理科学知识也普遍缺乏，致使推行现代企业制度的成效并不如当初想象得那样显著，一批国有企业仍然处于比较困难的境地。究其原因，关键在于企业管理仍然处于传统的以企业为中心的阶段，主要表现在：管理以优化企业内部资源为中心，强调的是内部效率，注重内部资源的合理利用成为管理的中心。在计划方面，强化集中决策，要求企业各部门要按照统一的、周密细致的计划组织生产活动。只是少数高层管理人员才能参与集中决策，一般中层管理人员无须参与，也不能充分了解企业总体的情况，他们只要高效率地完成分工范围内的任务就行。在组织方面，强调按职能实行专业化分工，将一个完整的业务过程细分成简单的一系列活动或操作，以提高每个部门和员工的工作效率。经典的管理理论提出了"最佳控制幅度"的概念，由于有一定的控制幅度，形成了多层次、金字塔式的组织结构，沟通的效率大大降低，组织对外界变化的反应变得迟钝。在指挥方面，强调下级服从上级，下级完全处于被动地位，下级只有服从和执行上级指令的职责，没有发挥主动性和创造性的余地。企业内实行严格的等级制，每一级组织只对其上一级组织负责。在协调方面，强调通过正式的组织结构协调，同级之间一般不发生直接联系。分工越细，协作就越紧密，协调就越复杂。在控制方面，严格按照计划确定标准，通过上级下达的指令使生产进度符合计划的要求。在制造商起决定作用的稳定环境中，以企业为中心的管理是高效的，它使得企业像一部精心设计的机器那样高效运转，向顾客提供廉价的产品。

生锈的思想比生锈的机器更为可怕。在顾客决定市场、市场决定企业命运的新环境下，不改变传统的管理思维和管理模式，即便是推行现代企业制度，也徒劳无功。因此，必须彻底实现向"以顾客为中心"的管理模式的转变，它要求：要提高产品和服务的质量，对顾客的需求做出快速响应；要发挥员工的聪明才智和潜能，留住人才，不能依靠命令和控制；要迅速正确地做出决策和实施决策，要求组织扁平化，以缩短最高决策者与一线工作人员之间沟通的时间。同时，为使不同层次的管理者都有一定的参与决策的机会，就要求对权力进行适当的分散，决策分散的结果能够使最了解情况的人直接做出决策，有利于提高决策的正确性，但分散的决策有时会造成总体上的不一致，这就需要在企业内建立共同的愿景，要求员工具有全局观念，要求上下沟通，并要求各级管理人员具有较高的素质和统一的管理理念。由于决策的适度分散，计划就不能完全是指令性的，部分计划只能是指导性的，要做到快速响应市场变化和新的需求，还需要对组织进行重构，形成多功能团队，组织要从效率型的"机械组织"向适应型的"有机组织"转变。管理者的主要职能不再是发号施令，而是指导，要取得与被管理者之间的相互理解和信任，要对顾客的需求做出快速响应，这就要求企业管理者必须关注市场，研究市场新动向，进而适应市场，达成与不断变化着的市场环境的动态平衡。

一个企业的成败，不仅取决于适应市场变化的能力，也取决于其内部管理的所有方面，市场、技术、质量、生产、财务、人力资源等方面的管理科学化水平会对企业的生存和发展产生巨大的影响。分析自 20 世纪以来世界范围内经营成功的企业，无一例外，其经营成功的秘诀除具备灵敏的适应市场变化的能力之外，在其内部大都形成了一整套比较科学的管理机制。日本的丰田、东芝、日产、松下，美国的通用、福特，中国的华为、腾讯、万科、海尔、小米等，这些企业除能超前地预见消费者未来的需求动向之外，还都在人、财、物、信息、时间等生产要素的科学配置及新技术研发上倾注心血。

任何强大的民族、国家和企业都是教育和培训出来的，而不是天生的，教育对人类社会发展的重要性是不言而喻的。对于开展大学管理学教育的目的，国内外专家或实业界尽管有着不同的理解，但培养学生的管理思维和管理素养，培养能够适应企业发展需要的管理人才，甚或培养职业经理人和商界精英，在这些方面，大家的认识却是共同的。教材是进行教育的基本遵循，是引导学生进行知识学习、文化传承和主流社会价值观塑造的指南。教材是一门课程的核心教学材料，是知识的概念化、理论化和系统化，是成熟的知识体系、理论体系和概念体系，是教师讲授的重要依据，也是学生学习的主要载体，教材质量直接影响人才培养质量。普及推广现代企业管理知识，开设"现代企业管理"课程，编写实用性的企业管理教材，是推动高校管理学教育事业发展和提高我国企业管理科学化水平的客观需要。

管理学是一门理论与实践联系极为紧密的学科。伴随着中国的迅速崛起和中国企业的快速发展，对于企业管理人才的培养和教育受到越来越多的重视。中华人民共和国成立 70 多年来，特别是改革开放以来，在中国经济快速发展的同时，中国企业的发展也取得了巨大成就，不仅整体实力大幅提升，而且涌现出一批极具管理特色的本土企业和优秀企业家。本书的编写没有完全照抄照搬西方管理理论，而是坚持扎根中国大地，聚焦中国企业管理实践，重点研究本土企业的管理和发展问题。在案例选用方面，正确处理世界管理问题研究与本土管理问题研究的关系，重点关注中国企业管理实践中的特殊元素，真正做到理论联系实际，讲好中国企业发展的故事，探索中国特色企业管理学。把马克思主义基本理论融入本书叙事之中，把管理的理论资源转化为本书资源，用习近平新时代中国特色社会主义思想铸魂育人，更好地引导读者厚植爱国主义情怀，把爱国情、强国志、报国行自觉融入建设社会主义现代化强国的奋斗之中，这不仅是本书编写坚持的原则，也是培育更多优秀大学生、优秀企业和企业家的迫切需要。

干事创业，需要强大的精神激励。改革开放以来，一大批有胆识、勇创新的企业家茁壮成长，形成了具有鲜明时代特征、民族特色、世界水准的中国企业家队伍。广大企业家具有深厚的爱国情怀，主动为国担当、为国分忧，顺应时代发展，诚信守法，创新创业，勇于拼搏进取，为积累社会财富、创造就业岗位、促进经济社会发展、增强综合国力做出了重要贡献，在波澜壮阔的历史画卷中书写下企业家精神的华彩篇章。2016 年 5 月，习近平同志在哲学社会科学工作座谈会上强调"加快构建中国特色哲学社会科学"。创新发展能够有效指导中国企业管理实践的中国特色企业管理学，是管理学者的光荣使命。进入新时代，中国企业发展面临的市场环境、技术环境、国际环境等都在发生巨大变化。如何促进企业在复杂多变的环境中实现高质量发展，是编写中国特色现代企业管理教材必须面对的时代课题。管理学教材的编写应立足中国企业管理实践，从中发现根植于中国土壤的管理元素，揭示中国企业管理实践背后的规律与机制，挖掘中国传统管理思想，推动其创造性转化、创新性发展，探索本土化与国际化兼具的中国特色企业管理学理论构建路径，助力我国经济高质量发展。

本书是一部普及企业管理知识的综合性管理学教材。自 2004 年第一版出版以来，受到国内许多高校大学生、从事管理学教育的教师和企业家的广泛关注与好评，多所高校将其选为本科生教材，也有许多高校把它指定为管理类研究生入学考试的参考书。本书自正式出版以来先后被评为"第八届全国高校出版社优秀畅销书一等奖""北京高等教育精品教材""'十二五'普通高等教育本科国家级规划教材"，这使编者备受鞭策和鼓舞。应广大读者的要求，结合新时代高质量发展引发的企业管理变革和发展的实际，我们对第五版的结构和内容进行了进一步修改与完善，最终形成第六版。

教材内容的选用和安排应符合课程教学标准的要求，要体现学生身心发展特点和认知规律，有利于学生掌握好已有的知识与经验，这是教材编写的一个重要指导原则。基于这种考虑，本书的编写具有如下特点。

一是坚持内容上的趣味性和思想性，突出价值观引导。本书结合课程思政和立德树人总要求，加强价值观引领作用和对中国古代管理思想中的顺道、民本、诚信等价值观的介绍，将中华优秀传统文化、管理思想融入现代管理学理论，大大丰富和发展了中国企业管理学的理论体系和概念体系。选取了一批具有鲜明中国色彩管理思想的企业案例，如海尔公司的"人单合一"管理模式等，旨在培养学生的爱国情怀，增强中华文化自信，践行社会主义核心价值观。在介绍管理概念、企业概念、管理原理等理论知识时，以学生感到有趣味和有价值的方式呈现。

二是遵循"思政"与"专业"相长原则。充分把握教材内容的学术性与育人目标价值性的统一，以构筑脉络清晰的管理理论与实践思政价值链。教材编写过程中，在对管理知识点所蕴含的思政元素进行科学梳理的基础上，凝练形成了"价值观引导、人本管理、企业家精神、爱国情怀"四个层面的教材思政元素。例如，在教材的不同章节增加了马克思主义关于人的本质和人的全面发展理论、习近平生态文明思想，以及关于企业家精神的新论述，在"质量管理"一章增加了高质量发展的相关知识，引导学生思考、探究、关切社会现实，做到思政与管理专业教育相长，达到事半功倍的育人效果。

三是坚持理论教学与案例教学相结合。在重点介绍企业管理科学理论的同时，每一章都选取并更新了一些经典的企业管理案例，推进教材知识点的更新迭代，进而实现教材价值塑造、知识传授、能力培养的有机统一，使学生在"应该如何行为"等价值观念上达成共识，从而减少人际交往中的摩擦，减少组织内耗，提高管理效率。使学生掌握在不同情境下管理技巧方法和艺术的具体应用，引导学生完成案例思考或参与章末设置的案例讨论，提供给学生自我评估、独立思考的机会。结合案例分析，让学生参与模拟管理决策过程，从而有效地掌握管理的基本要领，熟悉不同情景下不同管理方法与技巧，学会运用马克思主义立场、观点、方法掌握科学思维，培养学生的科学精神、工匠精神等。在介绍管理思想发展方面，增加了中国社会主义革命和建设时期管理思想与管理经验，介绍了"鞍钢宪法"和"大庆精神"等内容；在案例选用方面，有意识增加了具有民族品牌的本土著名企业的成功案例，如海尔、格力等民族企业管理经验的介绍，减少了国外案例。例如，海尔的海尔之剑（overall every control and dear，OEC）管理模式是对全面质量管理的发展和提升，标志着海尔的质量管理已走在世界前列，也标志着海尔质量文化体系的形成。这不仅增强学生对中国企业管理经验和中国式管理的了解和认识，还增强其爱国情怀和道路自信。

四是编写体例科学，内容结构进一步优化。在体例方面，各章章首安排了本章提要、重点难点、引导案例等内容，有助于读者简明扼要地把握该章的内容和基本概念等。由案例导入每一章内容，可以极大地激发学生学习的兴趣，增强其理论联系实际的能力。章末设置了本章小结、思考与练习、案例讨论，有助于回顾和复习所学内容，尤其是增加了不少新的国内外成功企业的案例，更具有理论价值和启发性，既方便了教师引导学生运用所学理论进行案例分析和讨论，也能够强化和巩固所学知识。在内容结构方面，根据新的要求，增加了课程思政的内容，替换了一部分案例，补充了一些参考书目，教材的内容更加新颖，知识点更具时代性。在内容安排上，先介绍企业管理基本理论和宏观管理方面的知识，如管理理论、现代企业制度、文化与战略等宏观内容，再介绍企业内部各专项管理的理论、方法与特点，如营销管理、生产管理、质量管理、财务管理等。

五是配套教学资源丰富。本书配有各章教学用PPT，设置了"即学即测"试题，不仅极大地满足了教师备课和讲授的需要，而且有助于学习者自我检查学习的效果。

编好教材是提高教学质量的关键，要有优秀的教师团队加以保障。本书共分为三篇十二章，比较系统地阐述了现代企业管理的基本理论和方法。本书主要是应高等院校本科生学习企业管理基础知识的需要而编写的，也可作为研究生学习管理学专业知识以及企业内部管理层短期培训的参考书。本书编写的具体分工为：前言、第一、八、九、十章由王关义教授编写；第四、五、六、十二章由刘益教授编写；第二、三章由刘彤教授编写；第七、十一章由李治堂教授编写；本书的编写大纲、体例设计、统编定稿由王关义教授负责完成。

本书在编写过程中，参考了国内外学术界不少学者和教师的研究成果，得到了许多专家与同仁的关心、帮助和支持，他们对本书的修改完善提出了极富启发性的建议，在此一并致谢。

中国企业未来发展还将面临许多未知的挑战，编著高质量管理学教材的任务也更加艰巨。由于编者水平及掌握资料的限制，书中不足之处恳请同行专家及读者批评指正。衷心希望本书的出版能够为新时代支撑中国经济高质量发展培养管理专业人才，进而为提高企业的管理科学化水平发挥应有的作用。

王关义

2023 年 6 月于北京

教 学 建 议

教学目的

现代企业管理是高校非管理类专业的重要课程之一，对那些理工科和人文社会科学领域的大学生来讲尤为重要，是一门体系结构比较成熟、规范的课程，也是揭示现代企业管理活动一般规律的课程。

本课程的教学目的：使学生在比较系统地了解、掌握管理学的基本概念和基本原理的基础上，对现代企业制度、企业文化、战略管理、营销管理、生产管理、质量管理、财务管理、人力资源管理等基本原理和知识有一个初步的认识和理解，能够运用基本理论和方法，分析企业运行和成长过程中出现的各种现象和问题，并增强学生学习、探究、应用管理学知识的兴趣和能力，为其毕业后走上工作岗位从事管理工作奠定坚实的理论基础。

现代企业管理课程教学任务主要包括如下方面。

（1）明确管理学的研究对象和基本理论。

（2）深刻理解把握马克思主义关于人的本质和人的全面发展理论、习近平生态文明思想及关于企业家精神的新论述，掌握中国社会主义革命和建设时期管理思想与管理经验。

（3）了解管理理论的发展历史，熟悉各种管理学派的产生背景和基本观点。

（4）掌握决策、计划、组织、控制、领导等管理职能。

（5）重点掌握现代企业制度、企业文化、战略管理、营销管理、生产管理、质量管理、财务管理、人力资源管理等专项管理的基本理论与方法。

（6）培养学生的创造性学习能力、研究能力、表达能力（书面的和口头的）、团队协作能力、分析实际管理问题和解决实际问题的能力。

前期需要掌握的知识

在学习现代企业管理课程前，需掌握经济学、管理学、管理心理学、运筹学、高等数学、线性规划、概率论与数理统计等相关知识。

篇章节结构安排与教学课时分布建议

本书共包括三篇十二章，具体教学内容及课时安排建议如表 0-1 所示。

表 0-1　教学内容及课时安排建议

教　学　内　容		学　习　要　点	课时安排	案例使用建议
第一篇 企业管理 基本理论	第一章 企业管理概论	（1）企业的概念与特征 （2）管理与企业管理 （3）现代企业组织类型 （4）企业的目标与责任 （5）企业管理的基本原理	4～6	本章引导案例和案例讨论
	第二章 管理理论的形 成与演变	（1）中外管理思想溯源 （2）管理理论的产生与发展 （3）现代管理学学派	4～6	本章引导案例和案例讨论
	第三章 管理的基本职 能	（1）决策 （2）计划 （3）组织 （4）控制 （5）领导	6～8	本章引导案例和案例讨论
第二篇 制度、文 化与战略	第四章 现代企业制度	（1）现代企业制度的概念与特征 （2）现代企业的公司治理结构	2～4	本章引导案例和案例讨论
	第五章 企业文化	（1）企业文化的内涵 （2）企业文化的结构 （3）企业文化的功能	2～4	本章引导案例和案例讨论
	第六章 战略管理	（1）战略管理概述 （2）战略环境分析 （3）战略选择与评价 （4）战略实施与控制	4～6	本章引导案例和案例讨论
第三篇 企业专项 管理	第七章 营销管理	（1）营销管理概述 （2）市场营销机会分析 （3）市场细分、目标市场选择与市场定位 （4）市场营销组合决策	4～6	本章引导案例和案例讨论
	第八章 生产计划	（1）计划与企业计划系统 （2）生产计划 （3）生产作业计划	4～6	本章引导案例和案例讨论
	第九章 生产组织与控 制	（1）厂址选择 （2）生产过程组织 （3）生产过程的空间组织 （4）生产过程的时间组织 （5）生产控制与生产作业控制 （6）精益生产、看板管理、6S 管理	6～8	本章引导案例和案例讨论
	第十章 质量管理	（1）质量与全面质量管理 （2）全面质量保证体系 （3）质量管理常用的统计控制方法	4～6	本章引导案例和案例讨论
	第十一章 财务管理	（1）财务管理概述 （2）筹资管理 （3）投资管理 （4）财务报表与财务分析	4～6	本章引导案例和案例讨论
	第十二章 人力资源管理	（1）人力资源管理概述 （2）工作分析与设计 （3）人力资源的招聘与培训 （4）绩效考核与薪酬管理	4～6	本章引导案例和案例讨论
总教学课时				48～72 课时

目　　录

第一篇　企业管理基本理论

第二篇　制度、文化与战略

第三篇　企业专项管理

第一篇

企业管理基本理论

第一章　企业管理概论

本章提要

本章在阐述管理的概念、性质和职能等一般管理理论的基础上，重点介绍企业管理的基本理论，包括企业及企业管理的概念、企业功能、企业系统、企业类型、企业目标与责任、企业管理的基本原理等。通过本章的学习，可以对现代企业及其管理有一个概括的了解，为以后各章的学习奠定理论基础。

重点难点

- 重点把握管理的概念和特征
- 熟悉企业管理的概念、企业的功能、企业系统
- 理解企业的目标和社会责任
- 掌握企业管理基本原理

引导案例

一场关于什么是管理的讨论

李叶和王斌是大学同学，学的都是企业管理专业。毕业后，李叶到深圳一家有名的外资企业从事管理工作，王斌被学校免试推荐为该校的硕士研究生。一晃三年过去了，王斌以优异的成绩考入北京某名牌大学攻读企业管理专业博士学位。李叶在当上部门经理后到该校参加 MBA 培训，王斌在办理报到手续时与李叶不期而遇。老同学相见自然免不了"促膝长谈"，两人约定晚上"一醉方休"。

晚上，李叶、王斌如约而至，两人在酒足饭饱之余闲聊起来，由于志趣相同，一会儿，他们就关于"什么是管理"的话题聊开了。王斌非常谦虚地问："李兄，我虽然读了许多管理方面的著作，但对于什么是管理，我还是心存疑虑。管理学家赫伯特·西蒙（H. Simon）说'管理就是决策'，有的管理学家却说'管理是协调他人的活动'，如此，等等，真是'公说公有理，婆说婆有理'。你是从事管理工作的，你认为到底什么是管理？"李叶略微思索了一会儿，说道："你读的书比我多，思考问题也比我深。对于什么是管理，过去我从来没有认真想过，不过从我工作的经验来看，管理其实就是管人，人管好了，什么都好。"

"那么依你看，善于交际的人与会拍'马屁'的人就是最好的管理者了？"王斌追问道。

"也不能这么说，"李叶忙回答，"虽然管人非常重要，但管理也不仅仅是管人，正如你所说的，管理者还必须做决策，组织和协调各部门的工作等。"

"你说得对，管理不仅要管人，还要做计划、定目标、选人才、做决策、组织实施和控制等。也就是说，做计划、定目标、选人才、做决策、组织实施和控制等活动就是管理啦？"王斌继续发表自己的见解。

"可以这么说。我们搞管理的差不多什么都要做，今天开会，明天制定规则，后天拟订方案，等等，所以说，搞好管理可真不容易。"李叶深有感触地说。

"那你怎么解释'管理就是通过其他人来完成工作'？难道在现实中这种说法本身就是虚假的吗？"王斌显得有点激动地说。

李叶想了一会儿才回答道："我个人认为，'管理就是通过其他人来完成工作'这句话有失偏颇，管理的确要协调和控制其他人的活动，使之符合企业制定的目标和发展方向，但管理者绝不是我们有些人所理解的单纯的发号施令者。管理者的工作量非常大，在很多方面，他们还必须起到带头和表率的作用。"

"可是……"

夜深了，可李叶和王斌却没有丝毫的睡意，两人还在围绕着关于"什么是管理"的话题继续探讨着。

案例思考

对于什么是管理，不同的人可能会有不同的回答。仁者见仁，智者见智。虽然不存在绝对的对或错，但对于管理的认识却影响着人们如何看待管理活动，如何进行管理。不同的管理方式必然会产生不同的结果。你对管理是如何认识的？

企业是一个有机的整体，企业管理是一个完整的大系统，它是由生产管理、财务管理、营销管理、人力资源管理等子系统构成的。各子系统在企业管理中所处的地位，是由它们在企业生产经营活动中所起的作用决定的，各子系统之间存在密切的关系。现代企业管理面临一系列新的问题，顾客的需求多样化、个性化趋势日趋明显，顾客化产品与低成本之间存在着一定的矛盾，管理者必须在如何解决这些问题方面倾注精力和时间。

第一节　企业的概念与特征

一、企业概述

（一）企业的概念

所谓企业是集合土地、资本、劳动力、技术、信息、时间等要素，在创造利润的动机和承担风险的环境中，有计划、有组织、有效率地进行某种事业的经济组织。为生存，它必须创造利润；为创造利润，它必然会承受环境的考验，因而必须承担风险；为降低风险，增加利润，它必须讲求效率；为提高效率，它必须注意经营方式、方法的创新和变革，要重视技术进步，要有计划、有组织，进行有效的控制。构成企业的要素如图 1-1 所示。

企业是最基本的市场主体，是从事生产、流通、服务等经济活动，为满足社会需要和获取盈利，依照法定程序成立的自主经营、享受权利和承担义务的经济组织。企业是与商品生产相联系的历史概念，它经历了家庭生产时期、手工业生产时期、工厂生产时期和现代企业时期等发展阶段，世界上第一个工厂企业是 1771 年在英国曼彻斯特建立的机器纺纱厂。

企业包括工业、商业等众多行业。工业就是将原料进行加工，使其变换形状或性质，进而以科学方法组织生产，扩展市场达到销售的目的。商业是以营利为目的，直接或间接地供应货物或劳务，以满足购买者的需要。货物包括原料、半成品、成品，劳务则是指为满足他人的需要所提供的一种服务。

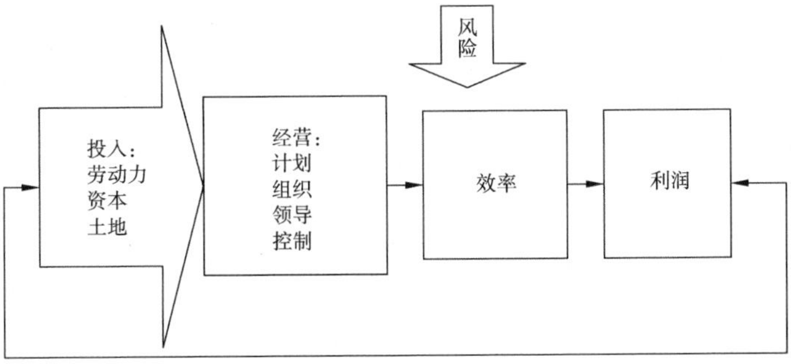

图 1-1 构成企业的要素

综上所述，可将企业的含义归纳为如下几个要点。

（1）企业是个别经济单位，或为工业，或为商业，在一定时期内，自负盈亏。

（2）企业从事经济活动，集合土地、资本、劳动力、信息、时间等生产要素，创造货物或提供劳务，以满足顾客需要。

（3）企业是一种营利性组织，其生存的前提在于"利润的创造"。构成社会的基本细胞是"企业"，社会上的每一个"需求"和"供给"往往都是由企业对企业、企业对消费者所完成的。

（二）企业系统

现代企业具有明显的系统特征，具有整体性、相关性、目的性和动态环境适应性等特征。因此，也可以把企业看成一个"输入—转换—输出"的开放式循环体，其中，企业的输入就是企业从事生产经营活动所必需的一切资源要素，转换和输出就是企业合理地配置这些资源要素，运用物理的、化学的或生物的方法，按照预定的目标向消费者生产或提供新的产品或服务，实现物质变换和增值，满足社会需要，获得经济效益。

企业系统的基本资源要素主要包括人力资源、物力资源、财力资源和信息资源等。

（1）人力资源。人力资源包括机器操作人员、技术人员、管理人员和服务人员。人力资源是企业的主体和灵魂，人的素质的高低决定企业经营的成败。

（2）物力资源。物力资源包括土地资源、建筑物和各种物质要素，也就是企业生存的物质环境，主要有机器设备、仪表、工具等劳动手段。天然资源或外购原材料、半成品或成品，属于劳动对象。企业的生产效率和质量在很大程度上取决于这些物质要素。

（3）财力资源。财力资源即资金，这是物的价值转化形态。企业资金的实力及周转状况，是反映企业经营好坏的"晴雨表"。

（4）信息资源。信息资源包括各种情报、数据、资料、图样、指令、规章制度等，它是维持企业正常运营的"神经细胞"。企业信息吞吐量是企业对外适应能力的综合反映，信息的时效性可以使企业获得利润或产生损失。

企业系统是由人设计和控制的系统，它是由许多子系统构成的多层、多元的大系统。企业系统运行过程如图 1-2 所示。

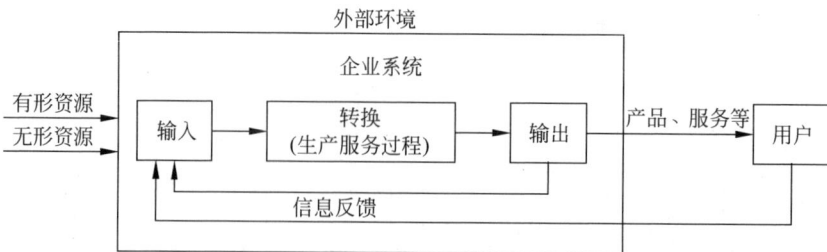

图 1-2　企业系统运行过程

（三）企业家与资本家

企业家是指集合土地、资本和劳动力等生产要素，从事生产或分配的人。企业管理也就是实际从事企业经营的人，利用其管理职能（计划、组织、领导、控制等）提高效率，增加利润。资本家是指提供生产要素"资本"的人。

市场活力来自于人，特别是来自于企业家，来自于企业家精神。中国共产党第十八次全国代表大会以来，习近平总书记高度重视企业家群体在国家发展中的重要作用，多次强调要弘扬企业家精神。2020 年 7 月 21 日，习近平总书记主持召开企业家座谈会，充分肯定企业家群体所展现出的精神风貌，明确提出了"增强爱国情怀""勇于创新""诚信守法""承担社会责任""拓展国际视野"五点希望，丰富和拓展了企业家精神的时代内涵，为新形势下弘扬企业家精神提供了思想和行动指南。

资本家与企业家不能混为一谈。在近代，管理权与所有权逐渐分离，经营企业者，不一定是出资的人；而出资的资本家，不一定实际经营企业。

（四）企业应具备的条件

（1）企业要有一定的组织机构，有自己的名称、办公和经营场所、组织章程等。

（2）企业应自主经营，独立核算，自负盈亏。必须依据国家的相关法律、法规设立，取得社会的承认，履行义务，拥有相应的权利，并依法开展生产经营活动，受到法律的保护。

（3）企业是经济组织。物质资料的生产、流通、交换和分配等领域的铁路、民航、银行、矿山、农场、电站、轮船制造等都是企业。它区别于学校、医院、政府机构、慈善机构、教会等非营利组织。

二、现代企业的特征

有专家认为，中国经济模式的进化会经历三个阶段，即计划经济—市场经济—需求经济。在"计划经济"阶段，国家实行"按计划生产、按计划消费"；在"市场经济"阶段，实行"自由生产，按利润分配"，结果导致无序化竞争，出现了产能过剩。现阶段正在回归，一切都以消费者的需求为出发点，遵守"按消费生产，按价值分配"，中国正在迎来大消费时代。未来的中国一定会进入"按需求生产，按需求分配"的新阶段。为适应宏观经济环境的变化，现代企业具有如下特征。

（一）比较普遍地运用现代科学技术手段开展生产经营活动

现代企业采用现代机器体系和高技术含量的劳动手段开展生产经营活动，生产社会化、机械化、自动化、智能化程度较高,并比较系统地将科学知识应用于生产经营过程。

(二)生产组织日趋严密

现代企业内部分工协作的规模和细密程度极大地提高,劳动效率呈现逐步提高的态势。

(三)经营活动的经济性和营利性

现代企业必须通过为消费者提供商品或服务,借以实现企业价值增值的目标。经济性是现代企业的显著特征,企业的基本功能就是从事商品生产、交换或提供服务,通过商品生产和交换将有限的资源转换为有用的商品或服务,以满足社会和顾客的需要。一切不具备经济性的组织不能称为现代企业。营利性是构成现代企业的根本标志,现代企业作为独立的追求利润的经济组织,它是为盈利而开展商品生产、交换或从事服务活动,盈利是企业生存和发展的基础条件,也是企业区别于其他组织的主要标志。

(四)环境适应性

现代企业同外部环境之间的关系日益密切,任何企业都不能孤立存在,企业的生存和发展离不开一定的环境条件。企业是一个开放系统,它和外部环境之间存在着相互交换、相互渗透、相互影响的关系。企业必须从外部环境获取人力、资金、材料、技术、信息等因素的投入,然后通过企业内部的转换系统,把这些投入物转换成产品、劳务以及企业成员所需的各种形式的报酬,作为产出离开企业系统,从而完成企业与外部环境之间的交换。企业家绝不能只盯着眼前的市场,把注意力放在与竞争对手的搏杀上,而是应该注重将自己做强。要建立生态圈,做大朋友圈。比尔·盖茨告诉我们,哪怕微软这样杰出的企业,离破产只有 18 个月。企业要提高韧性,在企业文化、组织体系、财务结构、人力资源、生产运营等方面要主动迎接挑战,并且要未雨绸缪,切不可盲目冒进。人无远虑,必有近忧。尤其是当企业处在顺风顺水之时,更要谨慎行事,因为在当今不确定的时代,危机随时都会降临。

环境会对企业成长产生重大的影响。现代管理系统理论的主要代表者,美国管理学家弗里蒙特·卡斯特将企业外部环境划分为一般外部环境和特殊外部环境两个层次。企业管理者对外部环境的变化能否及时地做出反应和做出何种反应,决定于他对外部环境的察觉和认知。这个过程实际就是对外部环境的调查、预测和决策。另外,企业的生存环境还包括企业的社会责任(如开发新产品、提供新服务等)及企业的公共关系,也就是和社会利益集团(包括股东、工会、债权人、消费者、政府和社区等)建立起一种互相了解、互相信赖的关系。

(五)对利润、员工福利和社会责任的重视

现代企业具有公共性和社会性,要想谋求长远发展,必须得到股东、员工、顾客及社会公众的支持,因此,利润、员工福利和社会责任构成企业存续的三个基本因素。企业的一切经营活动,尤其是扩展,无不借资金以成之,而资金最可靠的来源则是企业的盈余,企业的利润是企业存续的第一要素。企业是由生产设备和员工组成的一种经济组织,而人是机器设备的主宰者,生产效率的高低受人为因素的影响最大,因此现代企业为求生存,

必须尊重员工的人性，重视员工的福利，以提高士气、建立互信。企业是构成整个社会的一部分，若不重视社会大众的利益，甚或剥夺其利益，妨害社会安宁，污染环境，则必然遭到谴责和抵制，以致不能生存，因此，现代企业的管理者，无不重视社会责任。

现代企业是现代市场经济和社会生产力发展的必然产物，它较好地适应了市场经济和社会发展的客观要求，具有显著的特征。现代企业与传统企业的比较如表 1-1 所示。

表 1-1　现代企业与传统企业的比较

项　目	现　代　企　业	传　统　企　业
出资人数	较多且分散	较少且集中
出资情况	股东出资为基础，数额较大	个人出资为主，数额较少
企业规模	较大	较小
法律形式	企业法人	自然人
承担责任	有限责任	无限责任
产权结构	所有权与经营权分离	所有权与经营权合一
管理方式	较先进，以现代化管理为主	较落后，以家族式管理为主
企业形式	以公司制企业为主	以个体、独资和合伙企业为主
技术条件	设备先进，应用现代科技	设备落后，手工操作占较大比重
稳定情况	企业经营较稳定	企业经营不稳定

三、企业的功能及强化企业管理的意义

（一）企业的功能

（1）对社会慈善机构及服务机构而言，可以提供救济金、奖学金和各种服务基金。

（2）对政府而言，按期纳税，执行政府的相关政策和法规，与政府共谋经济发展。

（3）对股东而言，报告企业的财务状况及经营情况，分配优厚而平稳的股息，保障股东投资安全。

（4）对职工而言，提供良好的工作环境、合理的工作报酬以及适当的工作保障，重视工作的安全性，给予员工发表意见的机会。

（5）对顾客而言，提供价格合理、质量合格的产品或服务，源源不断地供应充足而品质良好的商品。

（6）对供应商而言，创造合理的采购条件，准时支付账款。

企业是为了那些需求者，为了客户而存在，社会上一旦有一部分人可能有某种需求未被满足，就会有企业看到这个市场空白，看到这个薄弱环节，就会按照顾客的需要去设计一种产品或服务，来满足这个需求。有需求的这部分人一看："这个东西对我有用，以前没有，现在有了，你要多少钱，我愿意买。"所以，归根到底，企业的目的是什么？企业的目的就是创造顾客，创造顾客需要的价值。企业的目的在外而不是在内，企业本质上是"利他"的，就是要承担社会责任的。企业存在的本身就是在承担一种社会责任，因为企业创造了顾客，生产出产品或服务就是在承担社会责任。赚钱只是企业为顾客创造价值之后的一个副产品，它是结果而不是目的。

（二）强化企业管理的意义

在宏观经济体制转变和供给侧结构性改革的新形势下，强化企业管理对于企业持续经营和健康成长具有重要意义。

（1）强化企业管理是企业长寿的根基，是培育企业核心竞争力的重要途径。生产经营活动是企业的基本活动，企业的主要特征是进行商品生产或提供服务。因此，生产什么样的产品、生产多少、什么时候生产才能满足用户和市场的需求，就成为衡量企业经营状况的重要指标。企业管理就是要把这种处于理想状态的经营目标，通过组织产品制造过程或提供服务转化为现实。

（2）市场力量对比的变化对企业管理提出更高的要求。在卖方市场条件下，企业是生产型管理。因为产品在市场上处于供不应求的状态，所以，只要产品生产出来，就能够卖出去。企业管理关心的是如何提高生产效率，增加产量。但是，在市场经济条件下，市场变成了买方市场，竞争加剧，市场对商品或服务的要求出现多元化趋势，顾客不但要求品种多、质量高，而且要求价格便宜、服务周到、交货准时，这种对产品或服务需求的变化，无疑对企业管理提出新的挑战。

（3）企业领导角色的转化要求强化企业管理。在现代市场经济条件下，企业的高层经理人员要集中精力，做好与企业长远发展密切相关的经营决策。这就需要有一套健全有力的企业管理系统作为保障。如果企业的高层经理人员纠缠于日常管理活动，便难以做好宏观决策，从这个意义上讲，企业管理属于企业发展基础性的工作，必须抓实、抓好。

第二节　管理与企业管理

一、管理的概念及其二重性

（一）管理的概念

人类设立各种组织，其目的是希望借助群体的合作获得较个人分别努力更丰富的成果。例如，政府、军队、教会及企业等就代表了不同的组织，借以解决不同方面的问题。但是，人类组织是由具有不同思想与主张的成员组合而成的。它既不像日月星辰之天体现象遵循一定的轨迹运行；又不像蚂蚁、蜜蜂之类的生物自然分工，有条不紊。需要有人对组织的构成要素，如人员、物料、器械、时间、信息、资金及工作方法等进行协调，使其密切配合。

简而言之，人类为了生存，必须分工合作，机构组织由此诞生。为使组织能更好地发挥其功效，就必须有管理，管理是人类生存所必需的。但对于什么是管理，存在着不同的理解。

科学管理之父弗雷德里克·温斯洛·泰勒的定义：管理是一门怎样建立目标，然后用最好的方法经过他人的努力来达到目标的艺术。

管理科学创始人之一亨利·法约尔认为：管理就是计划、组织、指挥、协调和控制。

美国管理协会的定义：管理是通过他人的努力来达到目标。

美国管理学教授斯蒂芬·P. 罗宾斯在其所著的《管理学》一书中指出：管理是指同别

人一起，或通过别人使活动完成得更有效的过程。

著名管理学家哈罗德·孔茨在其畅销几十年的教科书《管理学》中指出：管理是设计和保持一种良好环境，使人在组织中高效达成既定目标。可以认为，管理的本质是影响员工的行为。

现代管理科学之父彼得·德鲁克认为：管理是一种实践，其本质不在于"知"，而在于"行"。管理的本质，其实就是激发和释放每一个人的善意。对别人的同情，愿意为别人服务，这是一种善意；愿意帮别人改善生存环境、工作环境，也是一种善意。管理者要做的是激发和释放人本身固有的潜能，创造价值，为他人谋福祉。

何谓管理？

管理是空气，它无处不在，使人感受于无形之中

管理是一根金线，它把企业的资源串起来，成为一条金光闪闪的项链

管理是一碟好菜，它是本科课程大餐中的一盘水煮鱼

管理是指挥棒，它使各种乐器相互协作，奏响美妙的交响乐章

管理是压榨机，它是资本家更好地剥削员工的工具

管理是恋人的约会卡，它使恋人有计划地按时赴约

管理是十字路口的指向灯，它告诉企业下一步应该往哪儿走

管理是艺术品，它是睿智的企业领导者在企业这个平台上描绘出来的美妙图画

管理是一杯白开水，它虽然很平淡却很必要

一种普遍被接受的观点是：管理是一种过程，是一个组织或个人，为了实现一定的目标，所采取的最有效、最经济的行动，是对行动的计划、组织和控制。管理是为了达到组织目标而对组织内的各种资源（人、财、物、信息、时间等）进行合理配置的综合性活动。

（二）管理的对象

1. 管理的主体

管理的主体即管理者。管理是建立在合法的、有报酬的和强制性的权力基础上的。管理与领导是有区别的。

领导更多的是建立在个人影响权、专长权及模范作用的基础上。首先，领导者必然会有部下或追随者；其次，领导者拥有影响追随者的能力；最后，领导的目的是通过影响部下来达到企业的目标。因此一个人可能既是管理者也是领导者，但并不是所有的管理者都能成为领导者。

合格的管理者运用的是领导的方式，不合格的管理者运用的则是管理的方式。管理者虽然握有职权，但只能通过自己的专长权和影响力去影响别人。只有做到管理自己，影响别人，才是合格的领导者。

延伸阅读

冯仑：伟大首先是管理自己，而不是领导别人

2. 管理的客体

管理的客体是指管理者执行管理职能、实现管理目标时所作用的人或事（亦即管理对象）。

3. 管理对象的分类和结构

管理对象包括人、财、物、时间、信息等要素，人和物质相结合而形成的各种活动（产、供、销等）。

管理是为组织设立目标，探求并选择达成此目标之策略及详细程序，并在达成目标的过程中，注意人员、金钱、物料、机器、方法、时间等构成要素是否相互密切配合，适时采取矫正措施，以期顺利实现组织的目标，完成其任务。管理是一切有组织的集体活动所不可缺少的要素。管理是一种组织活动，它绝不等价为命令或权利。利用各种方法处理好各要素之间的关系，才是管理的关键。

管理是人类共同劳动的产物，只要存在众多人的协同劳动，就需要有管理。关于管理活动的普遍性，马克思曾指出："一切规模较大的直接社会劳动或共同劳动，都或多或少地需要指挥，以协调个人的活动，并执行生产总体的运动——不同于这一总体的独立器官的运动——所产生的各种职能，一个单独的提琴手是自己指挥自己，一个乐队就需要一个乐队指挥。"国外管理专家认为，世界上只有两种人可以不进行管理活动，这些人要么年龄太小（如婴幼儿），要么年纪太大，要么就是那些在组织里被认为无能的人。人的社会性必然要求人生活于某一个人群组织，参与其中的活动。就必须按照一定的标准进行科学的分工和协作，建立一定的相互关系和秩序。同时，参加群体组织的个人都有各自的任务和目的，由于组织中成员的活动内容和目的的差异性与矛盾性，客观上必然要求协调。没有协调，组织就会处于无序状态，单个人的力量便无法形成集体的合力，组织的目标便无法达成，组织便会解体。而对组织内不同人群或工作组之间的协调活动，就是管理活动。

（三）管理的二重性

管理的二重性是指管理的自然属性和社会属性。一方面，管理是由许多人进行协作劳动而产生的，是有效组织共同劳动所必需的，具有同生产力和社会化大生产相联系的自然属性；另一方面，管理又体现着生产资料所有者指挥劳动、监督劳动的意志，因此，它又有同生产关系和社会制度相联系的社会属性。

管理的二重性是马克思主义关于管理问题的基本观点。它反映出管理的必要性和目的性。所谓必要性，就是指管理是生产过程固有的属性，是有效地组织劳动所必需的；所谓目的性，是指管理直接或间接地同生产资料所有制有关，反映生产资料占有者组织劳动的基本目的。

1. 管理的自然属性

管理的出现是由人类活动的特点决定的，人类的任何社会活动都必定具有各种管理职能。如果没有管理，一切生产、交换、分配和消费活动都不可能正常进行，社会劳动过程就会发生混乱和中断，社会文明就不能继续。可见管理是人类社会活动的客观需要。

管理是由社会分工所产生的社会劳动过程中的一种特殊职能。管理寓于各种社会活动之中，所以说它是一般职能。但就管理职能本身而言，由于社会的进化，人类分工的发展，早在原始社会就已经有专门从事管理职能的人从一般社会劳动过程中分离出来，就如同有人专门从事围猎，有人专门从事进攻，有人专门从事农业生产劳动一样。人类社会经过几千年的演变发展：出现了许多政治家和行政官员，专门从事国家的管理；出现了许多军事家和军官，专门从事军队的管理；出现了许多社会活动家，专门从事各种社会团体的管理；

出现了许多商人、厂长、企业家、银行家，专门从事商店、工厂、企业、银行的管理；还有许多人专门从事学校、医院、交通运输和人事的管理等。据保守估计，全体就业人员中，至少有 30%～40%的人专门从事各类管理工作，他们的职能就是协调人们的活动，而不是直接从事物质产品或精神产品的产出。因此，管理职能早已成为社会劳动过程中不可缺少的一种特殊职能。

管理是生产力。任何社会、任何企业，其生产力是否发达，都取决于它所拥有的各种经济资源或各种生产要素是否得到有效的利用，取决于从事社会劳动的人的积极性是否得到充分的发挥，而这两者都有赖于管理。在同样的社会制度下，企业外部环境基本相同，有不少企业的内部条件，如资金、设备、能源、原材料、产品及人员素质和技术水平，基本类似，但经营结果与所达到的生产力水平却相差悬殊。即便是同一个企业，有时只是更换了主要领导者，就可能出现新的面貌。其他社会组织也有类似情况，其原因也在于管理，由于不同的领导者采用了不同的管理思想、管理制度和管理方法，就会产生完全不同的效果。这样的事例不胜枚举，从而证明管理也是生产力。科学技术是生产力，但科学技术的发展本身需要有效的管理，并且只有通过管理，科学技术才能转化为生产力。

管理的上述性质并不以人的意志为转移，也不因社会制度意识形态的不同而有所改变，这完全是一种客观存在，所以，称之为管理的自然属性。

2. 管理的社会属性

管理是为了达到预期目的所进行的具有特殊职能的活动。谁的预期目的?什么样的预期目的? 这实质上就是"为谁管理"的问题。

在人类漫长的历史中，管理从来就是为统治阶级、为生产资料的占有者服务的。管理也是一定社会生产关系的反映。国家的管理、企业的管理，甚至于各种社会组织的管理概莫能外。以资本主义企业管理为例，列宁有过十分深刻的分析：资本家所关心的是怎样为掠夺而管理，怎样借管理来掠夺。因此，资本主义企业管理的社会属性具有剥削性。

在我国，公有制的实现形式正向多样化方向发展，股份制、股份合作制及其他有效的资本组织形式，正在被越来越多的企业采用，所有权和经营权分离已成为国有企业改革的目标之一。企业管理的形式正在发生急剧的变化，但管理的社会属性并未发生根本性的变化。从总体上看，中国特色社会主义进入新时代，习近平总书记强调，江山就是人民，人民就是江山。社会主义国家的企业及其他社会组织的管理都是为人民服务的，一切为了人民，一切依靠人民，管理的预期目的都是使人与人之间的关系及国家、企业和个人的关系更加协调。所以，管理的社会属性在社会主义条件下与在资本主义社会条件下有着根本不同。

（四）管理既是一门科学，又是一种艺术

自 20 世纪以来，管理知识逐渐系统化，并形成了一套行之有效的管理方法，虽然它还不像自然科学那样精确，但管理是一门科学已无人怀疑。管理的部分内容是科学，部分内容是艺术。经过系统整理的管理知识是科学；管理知识的应用，亦即管理的实践是艺术。

管理大师亨利·明茨伯格认为，管理包括艺术、手艺和科学三个维度。艺术鼓励创造性，最终会产生"洞察"和"远见"。科学通过系统分析和评估提供秩序，而手艺则以实际的经验为基础形成联系。相应地，艺术倾向于更多地归纳性质，从特殊的事件中归纳出概括性纲要；科学进行的是演绎，从一般的概念中演绎出特殊的应用方法；而手艺则是反复性的，在

特殊和一般之间迂回反复。艺术进行的是想象，科学进行的是规划，手艺进行的是探险。

1. 管理的科学性

管理的科学性是指管理作为一个活动过程，存在着一系列客观规律。人们经过无数次的失败和成功，通过从实践中收集、归纳和检测数据，提出假设，验证假设，从中抽象总结出一系列反映管理活动过程中客观规律的管理理论和一般方法。人们利用这些理论和方法来指导自己的管理实践，又以管理活动的结果来衡量管理过程中所使用的理论和方法是否正确，是否行之有效，从而使管理的科学理论和方法在实践中得到不断的验证和丰富。因此，说管理是一门科学，是指它以反映管理客观规律的管理理论和方法为指导，有一套分析问题与解决问题的科学的方法论。

说管理是一门科学，是因为管理是由一些概念、原理、原则和方法构成的科学知识体系，是有规律可循的。一方面，它要求管理者必须认真学习管理理论，把握管理的思想、理念和管理活动的规律；另一方面，管理作为一门科学知识，是可以通过学习和传授而掌握的，一个优秀的管理者，必须经过系统的管理知识的学习和训练。在管理中，要学会灵活应用管理知识，使组织活动达到最大效果。

2. 管理的艺术性

管理的艺术性就是强调其实践性，没有实践则无所谓艺术。也就是说，管理者仅凭停留在书本上的管理理论，或背诵原理和公式来进行管理活动是不能保证其成功的。管理人员必须在管理实践中发挥积极性、主动性和创造性，因地制宜地将管理知识与具体管理活动相结合，才能进行有效的管理。所以，管理的艺术性，就是强调管理者进行管理活动除了要掌握一定的理论和方法外，还要有灵活运用这些知识和技能的技巧和诀窍。

管理是一种艺术，强调的是管理的实践性和艺术性。管理知识在运用时具有较大的技巧性、创造性和灵活性，很难用规律或原理把它束缚起来。同一件事情，因时间、地点、人物不同，就不能用同一办法来解决，也就是说，仅有原理或理论知识还不能保证管理实践的成功。学校是培养不出"成品"经理来的。要成为一名高水平的管理者，除了掌握管理科学的基本知识外，还必须经过管理实践的长期锻炼，必须有一个经验积累的过程。因此，管理者在管理中，既要用到管理知识，又不能完全依赖管理知识，必须发挥创造性，根据不同的情况采取不同的方法来实现目标。

案例及思考

拿破仑带领他的部队进攻意大利。部队在途中感染了瘟疫，减员严重，长途跋涉，极其辛苦。晚上拿破仑出来查岗，发现哨兵睡着了，这时候拿破仑怎么办？拿破仑站在哨兵旁边帮他站岗，半个小时以后哨兵醒了，发现元帅在帮自己站岗，腿一软跪下了，腰也弯曲了，磕头请求饶命，拿破仑说，没有关系，太辛苦了，可以谅解，下不为例。然后饶了他。

请思考：

你觉得拿破仑这样做对吗？为什么？

如果你是一个连长，在查岗时发现哨兵睡着了，你会怎么办？

从这个小故事中，你体悟到了哪些道理？

案例及启示

分 粥 制 度

有个 7 人组成的小团体，每个人都是平凡而且平等，但不免有人自私自利。他们想通过制定制度来解决每天的吃饭问题——要分食一锅粥，但并没有称量用具。大家试验了不同的方法。

方法一：指定一个人负责分粥事宜。很快大家就发现，这个人为自己分的粥最多。于是又换了一个人，结果还是主持分粥的人碗里的粥最多、最好。阿克顿勋爵得出的结论是：权力会导致腐败；绝对的权力导致绝对腐败。

方法二：大家轮流主持分粥，每人一天。虽然看起来平等了，但是每个人在一周中只有 1 天吃得饱而且有剩余，其余 6 天都饥饿难挨。大家认为这种办法造成了资源浪费。

方法三：大家选举一个信得过的人主持分粥。开始这位品德尚属上乘的人还能公平分粥，但不久他开始为自己和溜须拍马的人多分。

方法四：组织一个分粥委员会和一个监督委员会，形成监督和制约。公平基本上做到了，可是由于监督委员会常提出种种议案，分粥委员会又据理力争，等分粥完毕时，粥早就凉了。

方法五：每个人轮流值日分粥，但是分粥的那个人要最后一个领粥。令人惊奇的是，在这个制度下，7 只碗里的粥每次都是一样多。每个主持分粥的人都认识到，如果 7 只碗里的粥不一样多，他确定无疑将享用那份最少的。

分粥理论的启示：

管理的最高境界是调动人的积极性，而要达成这一目的，必须要设计一套好的管理制度，要敢于跳出传统的思维去寻找新的解决问题的办法，对领导者来说一套好的管理制度比自己事无巨细、事必躬亲要有效得多。就像分粥一样，很多事情不是没有办法，而是我们一时还没有想到。

3. 管理是科学性与艺术性的结合

从管理的科学性与艺术性可知，有成效的管理艺术是以对它所依据的管理理论的理解为基础的。因此，二者之间不是互相排斥，而是互相补充的。靠"背诵原理"来进行管理活动，必然是脱离或忽视现实情况的无效活动；而没有掌握管理理论和基本知识的管理人员，在进行管理时必然是靠运气、直觉或过去的经验办事，很难找到对问题可行的、令人满意的解决办法。所以，管理的专业训练不可能培训出"成品"的管理人员。当然，仅凭理论也不足以保证管理的成功，人们还必须懂得如何在实践中运用它，这一点也是非常重要的。美国哈佛大学商学院企业管理教授列文斯敦在担任某研究所所长和公司总经理期间，通过对大量获得管理学硕士学位的人在实际管理工作中的表现研究发现，他们在学校里的成绩同管理上获得的业绩之间并无直接关系。

也有专家认为：管理者的能力=管理的科学知识+管理艺术+经验的积累，并且指出：管理者如果仅具备管理艺术和经验而缺乏管理的科学知识，其成功的概率只有 50%；同样，如果仅掌握了管理的科学知识而不懂得管理艺术并缺乏管理的经验，其成功的概率也只有

50%。这种观点表明，管理既是科学，又是艺术。

管理的艺术性反映的是千变万化的管理现象，而管理的科学性则反映了纷繁复杂现象中的规律，并使之上升为理论、原理和方法。因此，二者不是互相排斥而是相互补充和转化的。管理的艺术可以上升为科学理论，又需要理论的指导；而管理科学理论的运用也必须讲究艺术性。管理是科学性和艺术性的有机统一。

二、企业管理的概念与特征

（一）企业管理的概念及目的

1. 企业管理的概念

企业管理是对企业生产经营活动进行计划、组织、指挥、协调和控制等一系列活动的总称，是社会化大生产的客观需要。企业管理的目的是尽可能地利用企业的人力、物力、财力、信息、时间等资源，实现多快好省的目标，取得最大的投入产出效益。随着生产精细化的发展，分工越来越细，生产专业化程度不断提高，生产经营规模不断扩大，企业管理也就越来越重要，科学化管理成为培育企业核心竞争力、实现企业可持续发展的重要途径。

构成企业的要素主要有人员（men）、金钱（money）、方法（methods）、机器（machines）、物料（material）、市场（market）及工作精神（morale），即企业所要管理的对象。

2. 企业管理的目的

企业管理的基本目的在于提高工作效率，所谓工作效率可以表述为

$$工作效率 = 工作成果 \div 工作标准$$

式中，工作成果是指完成某项工作的实际数量、实际品质、实际速度及实际成本；工作标准是指从事某项工作前所预定的具体化目标，是将目标以数量或其他测度量表示出来。

为了提高工作效率，必须提高工作成果，而欲提高工作成果，则必须达成下列要求。

（1）达成预定的产品数量。事先确定一个合理的数量标准，使全体员工以此为目标，并奋力实现，要据此严格考核员工的工作效率。若不能达成此数量标准，应采取有效的矫正措施。

（2）达成预定的产品或服务品质。依据科学方法，事先制定员工所应达成的品质或服务标准，使员工以此为目标，努力实现。若不能达成此目标，则应采取矫正措施。

（3）如期完成任务。对每件工作，应事先安排其进度表，使员工以此为目标，在工作中采取一切有效措施，切实按此进度如期完成任务。

（4）减少费用支出。为降低成本，应减少费用支出。但减少费用支出，不能着眼于表面数字，切不可不顾实际需要，硬性核减各种支出数额，而应考虑此项数额是否有支出的必要，若有则不应减少，若无则应减少或取消。

（二）企业管理的发展

工业革命之后，企业管理突飞猛进，原因可分述如下。

（1）工业发展的结果。自工业革命之后，生产技术与工作的本质已发生变化，因

此各部门的生产控制必须预先设计、计划，以减少各方面的浪费，并增进协调，如此方能降低成本、增加利润。于是，管理者开始致力于改进管理之道。

（2）交通的进步与商业的扩张。由于交通发达，物质和产品的流通数量及速度均有增加，人类生活的范围也日渐扩大，对于商品的需求日益繁多，企业经营者不得不采取有效的组织、规划、领导及控制，以便更好地满足社会的需要。

（3）机械的发明及动力的改进。工业革命之后，工业生产广泛使用机器力量，产量因此大增，生产组织变得更加庞大，分工更加精细复杂，于是材料、机械、员工、储运等，均需要精密的计划与控制。

促使科学管理理论发展的因素有两个方面。一是生产方法及制度的改变。18世纪后，因为工业革命的影响，大规模的生产使工厂范围日益扩大，业务日趋复杂，于是管理学家想出一些管理原则和方法，这种新方法便是科学管理。所以科学管理是随工业制度的发达应运而生的。二是管理学者的辈出及其研究。泰勒创始"科学管理"，被尊称为"科学管理之父"。他除了研究"工作方法"，加以改良，取消不必要的步骤，用同样的力量可以获得较大的生产量外，还主张采用差别计件工资制度，由此奠定了科学管理的基础。甘特（H. L. Gantt）原本与泰勒共同工作，对泰勒的研究协助颇多，并出版《工业领袖》与《工作组织》两本书，以说明管理者之责任与技术。吉尔布雷斯夫妇（F. B. Gilberth 和 L. M. Gilbreth）也可以说是动作与时间分析的创始人，自其《应用动作分析》一书出版后，核定工作标准的方法完全确定，从而使科学管理的基础更为牢固。

综上所述，科学管理理论是在19世纪末20世纪初建立的，曾先后出现过"经济人""社会人""自我实现人"和"复杂人"等多种人性假设。在这些人性假设及其相关管理理论的演进中，现代管理对人的地位和作用从最开始"见物不见人"的管理模式，逐步转向"以人为本"的管理方式。人本管理以人的全面自由发展为核心，以个人自我管理为基础，以组织共同价值目标为引导，它要求以人为核心，理解人、尊重人，充分发挥人的主动性、积极性和创造性。而社会主义企业管理中所强调的思想政治工作是以尊重人、激励人、民主、平等为原则，以协调人际关系、提高人的思想道德水平为价值目标，能最大限度地激发人的主动性、创造性和劳动热情，其主要理论依据是马克思主义关于人的本质和人的全面发展理论，即认为人是生产力中最活跃、最革命的因素，社会的发展方向就是个人的体力和智力获得多方面的、充分的、和谐的、自由的发展，同时使个人的社会关系获得高度的丰富和发展。行为科学理论的研究者认为，在组织群体中，除了以契约关系来维系、以效率逻辑为行为准则和目标追求的正式组织外，还存在着一些以情感关系来维持、以情感逻辑为行为准则和现实要求的非正式组织。尤其是在现代社会，思想政治工作更关注和着眼于人的现代化和全面发展，不仅能直接或间接地作用于管理之中，而且能不断地调动人的主动性、积极性和创造性，增强人的主人翁责任感，激发人的主体意识，完善人的意志和品德。

（三）企业管理的特征

1. 企业管理是一种文化现象和社会现象

这种现象的存在必须具备两个条件：两个人以上的集体活动，一致认可的目标。在人类的社会生产活动中，多人组织起来，进行分工都会达到单独活动所不能达到的效果。只要是多人共同的活动，都需要通过制订计划、确定目标等活动来达到协作的好处，这就需要管理。因此，管理活动存在于组织活动中，或者说管理的载体是组织。

组织的类型、形式和规模可能千差万别，但其内部都包含五个基本要素，即人（管理的主体和客体）、物（管理的客体、手段和条件）、信息（管理的客体、媒介和依据）、机构（反映了管理上下左右分工关系和管理方式）、目的(表明为什么要有这个组织)。外部环境对组织的效果与效率有很大影响，外部环境一般包含八个要素：行业，原材料供应，财政资源，产品市场，技术，经济形势，政治状况及国家法律、规章、条例，社会文化。一般认为，组织内部要素是可以控制的，组织外部要素是部分可以控制（如产品市场）、部分不可以控制的（如国家政策）。

2. 企业管理的主体是管理者

既然管理是让别人和自己一道去实现既定的目标，管理者就要对管理的效果负重要责任。管理者的第一个责任是管理一个组织，第二个责任是管理管理者，第三个责任是管理工作和工人。

企业管理者在企业生产经营活动中处于领导地位，具有特殊的重要作用。他们独立于企业的资本所有者，自主地从事企业生产经营活动，是企业的最高决策者和各项经营活动的统一领导者，其职能如下。

（1）确立企业的目标与计划。企业管理都有其既定的目标。在一定时期内，为了实现企业的目标，就要使之具体化，形成企业经营目标。企业经营目标可分为长期目标与短期目标，总体目标与部门目标。管理者通过确立企业的目标和计划来统一企业全体成员的思想和行动，引导企业通过最有利的途径来实现其既定的目标。美国许多大公司的经营者都非常重视制定相应的经营目标，因为这是执行其他各项职能的前提和依据。目标和计划的正确与否决定着企业经营的成败，关系到企业的前途和命运，因此，它是企业管理者的首要职能。

对于企业管理者来说，要正确制定企业的目标和计划，必须准确分析和判断企业所面临的各种环境因素，善于估量市场的需求趋势、竞争企业的特点、企业自身的优势和劣势，能及时抓住有利的投资机会，巧妙地回避可能出现的风险。并善于利用企业各级管理人员的经验和智慧，以便做出最佳决策。

（2）建立和健全企业的组织结构。建立和健全企业的组织结构，充分发挥各自的作用，并保证企业整体发挥最大的效率，是实现企业目标的手段。因此，任何企业的组织结构都必须适应企业目标或任务的需要，而且还需要不断地健全和完善。

（3）配备重要的企业管理人员。企业管理者必须充分重视人才的质量：首先，要重视人才的选拔；其次，要重视人才的考核与评价，它是人才的选拔、提升、确定报酬和奖励的依据，否则容易挫伤员工的工作积极性，此项工作必须经常化；最后，要重视员工的培训，它是选拔、提升的重要基础。

（4）实现对企业全局的有效领导。一个优秀的管理者必须同时是一个优秀的领导者，这就要求管理者必须学会运用诱因去激励下属，使其心甘情愿、满腔热情地为企业的共同目标而努力。

（5）实现对企业经营全局的有效控制。企业管理者在确定企业的目标和计划后，就要发动和指挥企业全体成员去执行这些既定的目标和计划，其控制的职能就在于保证员工的执行活动始终不会偏离目标和计划的轨道，从而保证目标和计划得以顺利实现。

（6）实现对企业经营整体的有效协调。企业的经营活动是由众多相互联系的部门、环节和因素构成的统一体，客观上存在着一定的相互制约关系。在经营过程中，有可能出现这样或那样的矛盾，使这种相互关系出现不协调的现象。作为管理者，其协调职能就是要设法解决这些矛盾，保证企业的生产经营活动始终处于协调状态，从而保证企业计划和预期目标能顺利实现。

3. 企业管理的核心是处理好人际关系

人既是管理的主体又是管理的客体，管理在大多数情况下是人和人打交道。管理的目的是利用众多人共同完成目标，因此，管理者一定要处理好人际关系，千万不要给人一种习惯于发号施令而高高在上的感觉。

第三节　现代企业组织类型

一、按照企业组织形式分类

现代企业按其组织形式一般可以分为单一企业、多元企业、经济联合体和企业集团。

（一）单一企业

单一企业是指一厂一店就是一个企业。这类企业的经营领域往往比较单一和专业化，独立核算，自负盈亏。

（二）多元企业

多元企业是指按照专业化、联合化及经济合理的原则，由若干个分散的工厂或商店所组成的法人组织。例如，由两个以上分公司组建的公司，由一些分店组成的连锁企业等。

（三）经济联合体

经济联合体是指由两个以上的企业在自愿互利的基础上，打破所有制、行业、部门和地域的界限，本着专业化协作和合理分工的原则，进行部分或全部统一经营管理所形成的经济实体。它是具有法人资格的经济组织，主要形式有专业公司、联合公司、总公司和各类合资经营企业。

（四）企业集团

企业集团是企业联合组织中最成熟、最紧密和最稳定的企业运行模式，是由两个或两个以上的企业以资产为纽带而形成的有层次的企业联合组织，其中的成员企业都是相对独立的企业法人。其特点是规模大型化、经营多元化、资产纽带化。企业集团一般分为四个层次：第一层为核心层，通常由一个或几个大企业构成，如集团公司、商业银行、综合商社等，它们对集团中其他成员企业有控股或参股行为；第二层为紧密层，一般由核心层的控股子公司构成；第三层为半紧密层，由紧密层的子公司或核心层的参股公司构成；第四层为松散层，主要是由与前三个层次的企业有协作或经营关系的企业构成，彼此之间不是资产纽带关系，但可以有资金融通关系。

二、按照企业规模分类

就经济学原理而言，企业规模之大小应取决于内部经济原理与内部不经济原理两者之间的权衡。所谓内部经济，是指企业生产量增加时，在某一限度内，其单位成本降低，效率增高，收益提高；所谓内部不经济，是指当生产规模扩大到某一限度之后，企业若再继续扩大生产规模，则其单位成本提高，效率降低。故企业规模大小与效率高低的关系可表述为：企业规模的大小在不超过合理限度时，则效率随其规模的扩大而增高。

企业规模的大小，国际上没有统一的标准，但一般都是按照企业的年销售额、资本规模、生产能力、企业员工人数等指标来进行分类的。不同国家的界定指标选用也各不相同，多数国家使用其中两项或一项指标。一般可以分为大型企业、中型企业和小型企业三类。国外发达国家中小企业划分标准见表 1-2。

表 1-2　世界主要国家和机构对中小企业划分标准

国家和地区	行　业	指　标	中　小　企　业
联合国（1993 年）	制造业	从业人员	500 人以下
	批发业		100 人以下
	零售及其他服务业		50 人以下
美国（2002 年）		从业人员	500 人以下
		销售额	500 万美元以下
欧洲联盟（2002 年）		从业人员	500 人以下
		资产总额	7 500 万欧元以下
日本（2002 年）	工矿业	从业人员	300 人以下
		资本金	1 亿日元以下
	商品批发业	从业人员	100 人以下
		资本金	3 000 万日元以下
	零售和服务业	从业人员	50 人以下
		资本金	1 000 万日元以下

《中华人民共和国中小企业促进法》将中小企业定义为"在中华人民共和国境内依法设立的，人员规模、经营规模相对较小的企业，包括中型企业、小型企业和微型企业"，具体划分标准根据企业从业人员、营业收入、资产总额等指标，结合行业特点制定。

2017 年 12 月 8 日，中华人民共和国国家统计局根据工业和信息化部、国家统计局、国家发展改革委、财政部《关于印发中小企业划型标准规定的通知》（工信部联企业〔2011〕300 号），以《国民经济行业分类》（GB/T 4754—2017）为基础，结合统计工作的实际情况，制定并发布《统计上大中小微型企业划分办法（2017）》，本办法适用对象为在中华人民共和国境内依法设立的各种组织形式的法人企业或单位，具体适用范围包括：农、林、牧、渔业，采矿业，制造业，电力、热力、燃气及水生产和供应业，建筑业，批发和零售业，交通运输、仓储和邮政业，住宿和餐饮业，信息传输、软件和信息技术服务业，房地产业，租赁和商务服务业，科学研究和技术服务业，水利、环境和公共设施管理业，居民服务、修理和其他服务业，文化、体育和娱乐业 15 个行业门类及社会工作行业大类。本办法按照行业门类、大类、中类和组合类别，依据从业人员、营业收入、资产总额等指标或替代指标，将我国的企业划分为大型、中型、小型、微型四种类型。具体划分标准见表1-3。

表1-3　统计上大中小微型企业划分标准（2017）

行 业 名 称	指标名称	计量单位	大　　型	中　　型	小　　型	微型
农、林、牧、渔业	营业收入（Y）	万元	Y≥20 000	500≤Y<2000 0	50≤Y<500	Y<50
工业	从业人员（X）	人	X≥100 0	300≤X<1000	20≤X<300	X<20
	营业收入（Y）	万元	Y≥40 000	2 000≤Y<4000 0	300≤Y<2 000	Y<300
建筑业	营业收入（Y）	万元	Y≥80 000	6 000≤Y<8000 0	300≤Y<6 000	Y<300
	资产总额（Z）	万元	Z≥80 000	5 000≤Z<8000 0	300≤Z<5 000	Z<300
批发业	从业人员（X）	人	X≥200	20≤X<200	5≤X<20	X<5
	营业收入（Y）	万元	Y≥40 000	5 000≤Y<4000 0	1 000≤Y<5 000	Y<1 000
零售业	从业人员（X）	人	X≥300	50≤X<300	10≤X<50	X<10
	营业收入（Y）	万元	Y≥20 000	500≤Y<20000	100≤Y<500	Y<100
交通运输业	从业人员（X）	人	X≥1 000	300≤X<1000	20≤X<300	X<20
	营业收入（Y）	万元	Y≥30 000	3 000≤Y<30 000	200≤Y<3 000	Y<200
仓储业	从业人员（X）	人	X≥200	100≤X<200	20≤X<100	X<20
	营业收入（Y）	万元	Y≥30 000	1 000≤Y<30 000	100≤Y<1 000	Y<100
邮政业	从业人员（X）	人	X≥100 0	300≤X<1 000	20≤X<300	X<20
	营业收入（Y）	万元	Y≥3000 0	2 000≤Y<30 000	100≤Y<2 000	Y<100
住宿业	从业人员（X）	人	X≥300	100≤X<300	10≤X<100	X<10
	营业收入（Y）	万元	Y≥10 000	2 000≤Y<10 000	100≤Y<2 000	Y<100
餐饮业	从业人员（X）	人	X≥300	100≤X<300	10≤X<100	X<10
	营业收入（Y）	万元	Y≥10 000	2 000≤Y<10 000	100≤Y<2 000	Y<100
信息传输业	从业人员（X）	人	X≥2 000	100≤X<2 000	10≤X<100	X<10
	营业收入（Y）	万元	Y≥100 000	1 000≤Y<100 000	100≤Y<1 000	Y<100
软件和信息技术服务业	从业人员（X）	人	X≥300	100≤X<300	10≤X<100	X<10
	营业收入（Y）	万元	Y≥10 000	1 000≤Y<10 000	50≤Y<1 000	Y<50
房地产开发经营	营业收入（Y）	万元	Y≥200 000	1 000≤Y<200 000	100≤Y<1 000	Y<100
	资产总额（Z）	万元	Z≥10 000	5 000≤Z<10 000	2 000≤Z<5 000	Z<2 000
物业管理	从业人员（X）	人	X≥1 000	300≤X<1 000	100≤X<300	X<100
	营业收入（Y）	万元	Y≥5 000	1 000≤Y<5 000	500≤Y<1 000	Y<500
租赁和商务服务业	从业人员（X）	人	X≥300	100≤X<300	10≤X<100	X<10
	资产总额（Z）	万元	Z≥120 000	8 000≤Z<120 000	100≤Z<8 000	Z<100
其他未列明行业	从业人员（X）	人	X≥300	100≤X<300	10≤X<100	X<10

说明：

1. 大型、中型和小型企业须同时满足所列指标的下限，否则下划一档；微型企业只须满足所列指标中的一项即可。

2. 企业划分指标以现行统计制度为准。（1）从业人员，是指期末从业人员数，没有期末从业人员数的，采用全年平均人员数代替。（2）营业收入，工业、建筑业、限额以上批发和零售业、限额以上住宿和餐饮业及其他设置主营业务收入指标的行业，采用主营业务收入；限额以下批发与零售业企业采用商品销售额代替；限额以下住宿与餐饮业企业采用营业额代替；农、林、牧、渔业企业采用营业总收入代替；其他未设置主营业务收入的行业，采用营业收入指标。（3）资产总额，采用资产总计代替。

三、按照企业的所有制关系分类

（一）国有企业

国有企业是生产资料归全民所有，并且以代表全民的国家作为所有者的一种企业形式。其基本特点是：国家作为全体人民的代表拥有企业的财产所有权，企业规模较大，技术设备较先进，技术力量强，是国民经济的主导力量，如邮政、电信、石油等。兴办国有企业的目的表现在国家财政、社会福利、经济及国防和政治等诸多方面。

（二）集体所有制企业

集体所有制企业是生产资料归群众集体所有的一种企业形式。我国的集体所有制企业存在着多种具体形式。农村有生产、供销、信用、消费等各种合作经济组织、股份合作经济组织和股份经济组织，从事农、林、牧、副、渔生产和工业、建筑业、运输业及其他服务性劳动生产经营活动；城镇主要有手工业合作社或股份合作社，合作或股份合作工厂，街道工业生产或生活服务组织等，乡镇企业是集体所有制企业的典型代表。

集体所有制企业的特点：①生产资料归集体所有；②坚持自愿结合、自筹资金、自负盈亏的原则，具有较大的经营管理自主权；③实行民主管理，企业管理人员由企业全体成员民主选举或罢免。

（三）个体私营企业

个体私营企业是指生产资料归私人所有、主要依靠雇工从事生产经营活动的企业。在我国现阶段，个体私营企业的产生和存在是由当前生产力发展水平决定的，是国家政策法令所允许的，它是社会主义市场经济的重要组成部分。目前我国个体私营企业一般有三种形式：独资企业、合伙企业、有限责任公司。

（四）中外合资经营企业

中外合资经营企业是把国外资本引入国内，同国内企业合股经营的一种特殊形式的企业。其特点是：共同投资、共同经营、共负盈亏、共担风险。

（五）中外合作经营企业

中外合作经营企业是中外各方根据平等互利的原则建立的契约式经营企业。中外各方的责任、权利和义务，由共同签订的合同、协议加以确定，而不是根据出资额来确定。中外合作经营一般由中方提供场地、厂房、设施和劳动力等，由外方合作者提供资金、技术、主要设备、材料等。合作双方根据商定的合作条件，进行合作项目或其他经济活动，确定产品分成、收入分成或利润分成比例。

（六）外资企业

外资企业是指除土地外，全部由外方投资经营的企业，其全部资本都是外国资本，企业所有权、经营权及利润全部归外方投资者所有，但这种外资企业，必须遵守我国有关政策和法律，并依法缴纳税金。

四、按照企业内部生产力各要素所占比重分类

（一）劳动密集型企业

劳动密集型企业是指使用劳动力较多，技术装备程度低，产品成本中活劳动消耗所占比重大的企业。例如，纺织、服装、日用五金、饮食、儿童玩具等企业，多属于劳动密集型企业。

（二）资本密集型企业

资本密集型企业是指原材料成本较高，产品生产技术复杂，所需技术装备水平较高，生产单位产品所需投资较多，使用劳动力较少的企业。它一般具有劳动生产率高、物资消耗少、活劳动消耗少、竞争能力强等优点，如钢铁企业、重型机器企业、汽车制造企业、石油化工企业等。

（三）技术密集型企业

技术密集型企业是指运用现代化、自动化等先进的科学技术装备较多或智能制造的企业，如计算机企业、电脑软件企业、飞机制造企业、技术咨询管理公司等。有的技术密集型企业，需要较多具有高度科学技术知识和能力的科技人员从事科研与生产经营活动，因此也被称为知识密集型企业。

五、按企业财产组织形式分类

（一）独资企业或个人企业

独资企业或个人企业是最古老、最基本的企业形式，是指由一人出资兴办的企业，企业财产完全归投资者个人所有，企业由个人经营和控制。投资人以其个人财产对企业债务承担无限责任，这种企业不具有法人资格，在法律上为自然人企业。虽然独资企业有企业的名称、住所、法定的注册资本，但在法律上，这种企业的财产等同于业主个人的财产。在这种企业中，企业家往往集资本家、经理甚或工人等职责于一身。

独资企业的优点是规模较小，经营方式比较灵活，决策迅速及时，制约因素较少，业主能够独享利润，企业保密性强，有利于竞争，成本支出较低。其缺点是：自然人对企业的影响大，企业没有独立的生命，如果业主死亡或由于某种原因放弃经营，企业就随之消亡；由于个人资本有限，业主经营才能有限，信用不足，取得贷款的能力较差，企业发展制约因素较多，规模有限；当经营失败、企业的资产不足以清偿企业的债务时，业主对企业承担无限责任。

独资企业至今仍普遍存在，而且在数量上占大多数。在美国，独资企业约占企业总数的75%。独资企业一般只适用于零售商业、服务业、家庭农场、个人诊所等。

（二）合伙企业

合伙企业是指由两个或两个以上的出资者共同出资兴办，联合经营和控制的营利性组织。合伙人共同出资，合伙经营，共享收益，共担风险，并对合伙企业债务承担无限连带责任。合伙人的出资可以是金钱或其他财物，也可以是权利、信用与劳务等，每一个合伙人的权利与义务在合同中都写明。成立合伙企业时必须要有书面协议，以合伙合同形式规定该合伙经济组织合伙人的范围、组织管理、出资数额、盈余分配、债务承担及入伙、退

伙、终止等基本事项。企业的财产归合伙人共同所有，由合伙人统一管理和使用，合伙人都有表决权，不以出资额为限；合伙人经营积累的财产归合伙人共同所有。每个合伙人对企业债务负无限连带清偿责任。

合伙企业有很多优点，主要有：成立法定手续简便，花费较低廉。合伙人对企业的债务负全责，因此信用较好，容易向外筹措资本。但合伙企业同时也存在许多与独资企业相同的缺点，表现在：由于所有的合伙人都有权代表企业从事经济活动，重大决策都需要得到所有合伙人的同意，因而容易造成决策上的延误；合伙人有一人退出或加入都会引起企业的解散和重组，企业存续相对不稳定，企业规模存在局限性。因此，在现代经济生活中，合伙企业所占比重小，不如独资企业普遍。例如，在美国，合伙企业只占全部企业的7%左右。合伙企业一般适合资本规模较小、管理不复杂、经营者对经营活动影响较大、个人信誉因素相当重要的企业，如会计师事务所、律师事务所、广告事务所、经纪行、零售商业、餐饮业等。

（三）公司制企业

公司制是企业发展的高级形式，具有以下特征：一是公司是法人，具有独立的法人主体资格，并具有法人的行为能力和权利。二是公司实现了股东最终财产所有权与法人财产权的分离，即不再是所有者亲自经营自己的财产，而是将其委托给专门的经营者即公司法人代为经营，也就是实现了企业财产权与经营权的分离。三是公司法人财产具有整体性、稳定性和连续性。由于股东投入到企业的资财不能抽回，公司的财产来源稳定，不被分割而保持了一定的稳定性和整体性；公司的股份可以转让，但公司的财产不因股份的转让而变化，公司的财产可以连续使用，保持了一定的连续性。只要公司存在，公司的法人就不会丧失财产权，公司的信誉大为提高。

《中华人民共和国公司法》（简称《公司法》）规定：公司是企业法人，有独立的法人财产，享有法人财产权。公司以其全部财产对公司的债务承担责任。公司是指依照本法在中国境内设立的有限责任公司和股份有限公司。

1. 有限责任公司

有限责任公司是指由50个以下股东共同出资设立，每个股东以其出资额为限对公司承担责任，公司以其全部资产对其债务承担责任的企业法人。有限责任公司也是一种法人企业制度，有限责任公司的股东以其认缴的出资额为限对公司承担责任并享有权利，承担义务。法律对有限责任公司股东人数有严格的规定。例如，我国《公司法》规定，有限责任公司股东必须在2人以上50人以下。由于股东人数较少，利益目标明确，因而有限责任公司能够较好地监督企业经理，防止其损害股东的权利，但筹资渠道较为狭窄，无法像股份有限公司那样大规模集中资本；有限责任公司的股东相对比较稳定，股权流动性差，社会化水平比股份有限公司低。公司的资本不分成等额股份，而是由各股东协商认购，公司不发行股票，以股权证书作为利益凭证，企业成立的法律程序较为简单。

有限责任公司的特点主要表现在五个方面。第一，股东人数是有限制的。一般对有限责任公司的股东人数都有最高和最低的数量限制，英国、法国、日本等国家的标准为2～50人之间，如有特殊情况超过50人时，必须向法院申请特许。这与股份有限公司有着根本的区别。第二，不公开发行股票。有限责任公司的股份由全体股东协商入股，一般不分为等额股份，股东交付股金后，由公司发给出资证明书，股东凭出资证明书代表的股权享受权益。股金可以是货币，也可以是实物、工业产权和土地使用权等，出资证明书不能像股票那样可以自由流通买卖。第三，严格限制股权的转让。第四，公司的设立比较简便。第五，注册资本额起点低。在我国，有限责任公司注册资本的最低限额为10万元。

2. 股份有限公司

股份有限公司，指公司全部资本划分为等额股份，股东以其所认购的股份为限对公司承担有限责任，公司以其全部资产对其债务承担责任的企业法人。设立股份有限公司，应当有2人以上200人以下为发起人，股东无人数限制。其特征是：公司以自己的法人资格，取得并拥有资产，承担债务，签订合同，履行民事权利和义务；法律规定其股东人数的最低限，但不规定最高限，因而股份有限公司拥有众多股东，投资主体呈现出极度的分散化、多元化和社会化，是社会化程度最高的企业，可以广泛吸纳社会资金，便于资本集中，有效扩大企业规模，并分散企业经营风险；公司的资产，其最终所有权与法人财产权能够很好地分离，绝大部分小股东对企业的生产经营活动几乎没有影响，而对企业的生产经营活动有支配权的企业经理层往往并不拥有很多公司股份，能很好地实现企业自主经营；为了保护股东权益，各国法律一般要求股份有限公司公开其账目，具体包括经营报告书、资产负债表、损益表、盈余分配表、财产目录等，这有利于投资者了解企业经营状况，确保社会资源流入生产经营状况好的企业，优化微观资源配置。

公司制企业是商品经济发展和现代化大生产的产物，是适合现代企业经营的一种企业组织形式。其优点有：资本社会化，众多分散的、数量有限的资产所有者通过股份的财产组合机制实现资本联合，进行规模化生产。有限责任解除了投资者的后顾之忧，鼓励和刺激了投资的欲望和积极性。资本所有者在一定条件下可以将自己拥有的股权转让出去，较方便地转移所有权。企业管理制度化、科学化，管理效率高，企业寿命长。例如，美国通用汽车公司有百年历史，杜邦公司有200多年的历史。正因如此，公司制企业形式被现代市场经济国家的企业普遍采用。

独资企业、合伙企业和公司制企业的比较如表1-4所示。

表1-4　独资企业、合伙企业和公司制企业的比较

企业类型项目	独 资 企 业	合 伙 企 业	公司制企业
定义	单人拥有并控制的企业	两个或多人拥有并控制的企业	两人以上的资产所有人经法律批准所组成的法人企业
优点	1. 容易组成和解散 2. 决策、作业自由简单化 3. 管理灵活性大 4. 利润独享	1. 容易组成和解散 2. 信用可靠 3. 政府管理少 4. 资金来源较多 5. 政府税收政策优惠 6. 经营管理可分工、专门化 7. 比较容易成长与扩展	1. 容易筹集大量资金 2. 股东只负有限债务责任 3. 企业可望长期生存 4. 容易吸收各种人才 5. 股权细分、有利于决策民主 6. 股权容易转移、资源配置市场化
缺点	1. 无限债务清偿责任 2. 企业生存寿命不稳定 3. 筹集资金困难 4. 缺乏经营、管理人才	1. 无限债务清偿责任 2. 企业生存寿命更不稳定 3. 内部职权矛盾冲突加剧 4. 难以撤退投资	1. 公司组成的成本较高 2. 政府对公司的监管较严 3. 投资者个人的经营权丧失 4. 经营者拿薪金时缺乏责任心 5. 投资者的利益不易确保

（四）股份合作制企业

股份合作制企业是指企业全部资本划分为等额股份，主要由员工股份构成，员工股东共同劳动、民主管理、利益共享、风险共担，依法设立的法人经济组织。企业享有全部法人财产权，以其全部财产对企业承担责任；股东以其出资额为限，对企业承担责任。企业实行入股自愿、民主管理、按股分红相结合的投资管理原则。股份合作制企业是股份制和合作制的结合，具有股份制和合作制的双重特征，是一种新型的企业组织形式。

股份合作制企业具有如下法律特征。①入股自愿。参加股份合作制企业的成员，可以依照自己的意愿决定是否入股，所投入股份可以转让，在特定情况下可以退出。允许退股是股份合作制与一般股份制的不同之处。②劳动联合与资本联合相结合。股份合作制企业的员工，一般来说既是企业的劳动者，也是企业财产的出资者，具有双重身份。员工的这种双重身份，能有效地促使员工认真负责地工作。③收益分配实行按劳分配与按股分红相结合。股份合作制企业的收益分配，不仅以入股的份额为标准，也以劳动者所提供的劳动为标准进行分配。

第四节　企业的目标与责任

一、企业的目标

所谓企业的目标，是企业在一定时期内要达到的目的和要求。一般用概括的语言或数量指标加以表示。例如，发展生产、扩大市场、革新技术、增加盈利、提高职工收入和培训职工等方面的要求，都要用目标表示出来。一个企业，要实现一定的目的和要求，通常是将这些目的和要求转化为在一定时期内要达到的规定性成果——目标，并通过达到这些成果去实现企业的目的。

目标对于人们开展活动具有引导和激励作用。它可以统一和协调人们的行为，使人们的活动有明确的方向；可以激发人们的努力；可以衡量人们的工作成绩。对于一个企业来说，如果没有明确的目标，企业的生产经营活动就会失去方向和指引，管理就会杂乱无章，企业就不能获得良好的成效。

企业目标一般通过一定的规定性项目和标准来表达，可以定性描述，也可以定量描述。任何目标都是质和量的统一体。对目标进行定性描述，可以阐明目标的性质与范围；对目标进行定量描述，可以阐明目标的数量标准。企业的目标往往是一个目标体系，目标的内容是多元的，是以一定的结构形式存在的。从目标的结构看，企业目标可分为主要目标和次要目标，长期目标和短期目标，定性目标和定量目标。企业在一定时期内所要达到的目标习惯上划分为企业对社会的贡献目标、市场目标、利益与发展目标、成本目标和人员培训目标等方面，具体表现为产品品种、产量、产值、质量、固定资产规模、市场占有率、销售额、利润额、上缴税金和福利基金等方面。

企业目标必须包括顾客满意和合理利润等方面的内容，要以合理利润为目标，顾客满意为手段；以顾客满意为目标，以合理利润为回报。企业生产的目的，是以丰富大众日常生活的必需品改善及扩充其生活内容。企业家的使命就是克服贫困，使整个社会脱贫致富。

尽管管理要追求企业的经济性，甚至以利润为经营目标，这无可厚非，但中外管理学界与企业界也在思考与探索着一种更好的经营思想与思想方法，试图把企业利益与公众和客户的利益更好、更自然地协调统一起来。

（一）社会贡献目标

社会贡献目标是现代企业的首要目标。企业能否生存，取决于它是否能取得较好的经济效益，对社会有所贡献。企业能否发展，取决于企业生产的产品满足社会需要程度的高低。企业对社会的贡献是通过它为社会创造的实物量和价值量来表现的。企业之所以能够存在和发展，是由于它能够为社会做出某种贡献，否则它就失去了存在价值。所以，每个企业在制定目标时，必须根据其在社会经济中的地位，确定对社会的贡献目标。企业对社会的贡献是通过为社会创造的使用价值和价值来表现的，因此，社会贡献目标可以表现为产品品种、质量、产量和缴纳税金等。

（二）市场目标

市场是企业的生存空间。企业的生产经营活动与市场紧密联系。确定市场目标是企业经营活动的重要方面。广阔的市场和较高的市场占有率是企业进行生产经营活动和稳定发展的必要条件。因此，企业要千方百计地扩大市场销售领域，提高市场占有率。

市场目标可用销售收入总额来表示。为了保证销售收入总额的实现，企业还可以以制定某些产品在某一区域的市场占有率作为辅助目标。企业经营能力的大小，要看其占有市场的广度和深度，以及市场范围和市场占有率的大小。市场目标既包括新市场的开发和传统市场的纵向渗透，也包括市场占有份额的增加。有条件的企业，应把走向国际市场、提高产品在国外市场的竞争能力列为重要奋斗目标。

（三）利益与发展目标

利益目标是企业生产经营活动的内在动力。利益目标直接表现为利润总额、利润率以及由此所决定的公积金、公益金的多少。利润是销售收入扣除成本和税金后的差额。无论是企业的传统产品还是新产品，其竞争能力都受到价格的影响。企业为了自身的发展和提高员工的物质利益，必须预测出未来各个时期的目标利润。企业要实现既定的目标利润，应通过两个基本途径：一是发展新产品，积极采用先进技术，创名牌产品，取得高于社会平均水平的利润；二是改善经营管理，薄利多销，把成本降到社会平均水平之下。对于企业来说，前者需要先进的技术和创新，难度较大，而后者能够保持较高的市场占有率和长期稳定的利润率，并给消费者带来直接利益。所以目标利润是带有综合性的指标，它是企业综合效益的表现。利益目标不仅关系到员工的切身利益，也决定企业的长远发展。

企业的发展标志着企业经营的良性循环得到社会广泛承认，使它有更多资金从事技术开发、产品开发，提高生产能力，增加品种、产量和销售额，开展技术创新，提高机械化、自动化水平。企业经营管理的内在动力，是它的利益和发展目标。企业要在一定时期内，根据经营思想和经营方针的要求，制定自己的利益与发展目标。随着企业生产的增长，员工的物质利益应在国家法律、政策许可的范围内有相应的提高，使企业的各个环节与物质利益结合起来，调动职工的积极性。为此，企业必须制定近期和远期的员工物质利益增长目标。

（四）成本目标

成本目标是指在一定时期内，为达到目标利润，在产品成本上应控制的水平。它是用数字表示的一种产品成本的发展趋势，是根据所生产产品的品种数量、质量、价格的预测和目标利润等资料来确定的，是成本管理的奋斗目标。确定成本目标时，要对市场的需要、产品的销价、原材料、能源、包装物等价格的变动情况和新材料、新工艺、新设备的发展情况进行分析，结合企业今后一定时期内在品种、产量、利润等方面的目标，以及生产技术、经营管理上的重要技术组织措施，从中找出过去和当前与成本有关的因素，取得必要的数据，根据这些数据和企业本身将要采取的降低成本的措施，制定出近期和远期的成本目标。

（五）人员培训目标

提高企业素质的一个重要方面是提高员工的业务、技术、文化和政治素养。企业对社会的贡献，企业的兴旺发达都与此有关。企业的经营方针和目标明确以后，需要有相应素质的人来实施完成。所以，企业对员工的培训是保证各项新技术和其他各项经营目标实现的根本条件。

企业在制定目标时，要考虑企业自身的状况和企业的外部环境，处理好企业内外部的各种关系。同时，必须让员工知道他们的目标是什么，什么样的活动有助于目标的实现，以及什么时候完成这些目标，而且目标应该尽量是量化的、可考核的。

二、企业的责任

（一）企业责任的概念

企业责任是指企业在争取自身生存发展的过程中，面对社会的需要和各种社会问题，为维护国家、社会和人类的利益，所应该履行的义务。企业作为商品生产者和经营者，它的义务就是为社会经济的发展提供各种所需要的商品和劳务。它的身份和地位，决定了它在国民经济体系中必须对国家、社会各方面承担相应的责任。

（二）企业责任的内容

企业承担的责任社会范围广，内容复杂，下面简要介绍其主要的社会责任。

1. 企业对员工的责任

企业在生产经营活动中使用员工的同时，要肩负保护员工人身安全，培养和提高员工政治、文化、技术等多方面素质，保护劳动者合法权益等责任。

2. 企业对社区的责任

企业有维护所处的社区正常环境，适当参与社区教育文化发展、环境卫生、治安事务，支持社区公益事业等责任。

3. 企业对生态环境的责任

在生态环境问题上，企业应当为所在的社区、区域、国家或社会，乃至全人类的长远利益负责任。要维护人类生存的生态环境，适应经济社会的可持续发展。企业作为自然资源（能源、水源、矿产资源等）的主要消费者，应当承担起节约自然资源、开发资源、保护资源、保护环境的责任。企业应当防止对环境造成污染和破坏，整治被污染破坏的生态环境。

4. 企业对国家的责任

企业对国家的责任涉及社会生活中政治、法律、经济、文化等各个领域，包括：企业对国家大政方针、法律政策的遵守；遵守国家关于财务、税收、劳动工资、物价管理等方面的规定，接受财税、审计部门的监督；自觉照章纳税；管好、用好企业资产，使其保值增值等。

5. 企业对消费者和社会的责任

企业向消费者提供的产品或服务，应能使消费者满意，并重视消费者即社会的长期福利，致力于社会效益的提高。例如，向消费者提供商品、服务信息，注意消费品安全，强化广告责任，维护社会公德。

市场经济是法治经济，更是信用经济、诚信经济。企业管理者要自觉依法合规经营、依法治企、依法维权，强化诚信意识，主动抵制逃税漏税、走私贩私、制假贩假、污染环境、侵犯知识产权等违法行为，不做偷工减料、缺斤短两、以次充好等亏心事，在遵纪守法方面争做社会表率。作为市场经济中最活跃的要素，企业家不仅要爱国敬业、遵纪守法、艰苦奋斗，也要具有致富思源的情怀，主动履行社会责任，敢于担当，服务人民、奉献社会，这样才能在创造经济效益的同时，更好地体现自身的社会价值。

第五节　企业管理的基本原理

工欲善其事，必先利其器。企业管理的基本原理是指经营和管理企业必须遵循的一系列最基本的管理理念和规则。目前，关于企业管理基本原理的表述存在着不同的观点，可以说是仁者见仁，智者见智，意见颇不一致，本书仅介绍其中的主要观点。

一、系统原理

（一）系统的概念与特点

系统是由两个或两个以上相互区别又相互联系、相互作用的要素组成的，具有特定功能的有机整体。系统本身又是它所从属的一个更大系统的组成部分。从管理角度看，系统具有以下基本特征。

（1）目的性。任何系统的存在，都有一定的目的，为达到这一目的，必有其特定的结构与功能。

（2）整体性。整体的功效应大于各个个体的功效之和，不谋全局者，不足以谋一域；不谋万世者，不足以谋一时。这一观点是正确的，它强调的是管理者要树立全局观念，办事情要从整体着眼，寻求最优目标。唯物辩证法认为，在整体和部分、系统和要素的关系中，整体或系统处于统率的决定地位，因此，在一切活动中都应该有全局观念、整体观念，要从整体出发，在整体和部分的互相联系中，综合地考察问题，立足整体，统筹全局，选择最佳方案，以求实现整体或系统的最优目标。

任何系统都不是各个要素的简单集合，而是各个要素按照总体系统的同一目的，遵循一定规则组成的有机整体。只有依据总体要求协调各要素之间的相互联系，才能使系统整体功能达到最优。

（3）层次性。每个系统都有子系统，同时它又是一个更大系统的组成部分，它们之间是等级形态。任何系统都是由分系统构成的，分系统又由子系统构成。最下层的子系统是由组成该系统基础单元的各个部分组成。

（4）独立性。任何系统不能脱离环境而孤立存在，只能适应环境，只有既受环境影响，又不受环境左右而独立存在的系统，才是具有充分活力的系统。

（5）开放性。管理过程必须不断地与外部社会环境交换能量与信息，若系统与外部环境交换信息与能量，就可把它看成是开放的；反之，就属于封闭的系统，而封闭的系统，都具有消亡的倾向。

（6）相互依存性。管理的各要素之间是相互依存的，而且管理活动与社会相关活动之间也是相互依存的。

（7）控制性。有效管理系统必须有畅通的信息与反馈机制，使各项工作能够及时有效地得到控制。系统要保持"体内动态平衡"。开放的系统要生存下去，就必须从环境中摄取足够的投入物来补偿它的产出物和其自身在运动中所消耗的能量。

案例

皇宫修复工程

宋真宗祥符年间，由于皇城失火，宫殿被全部烧光，皇帝命一个名叫丁渭的大臣全权负责皇宫的修复工程。怎样才能修复得又快又好呢？经过反复考虑，丁渭提出了一套完整的施工方案：首先，把皇宫前面原有的一条大街挖成沟渠，用挖出的土烧砖，从而就地就近解决部分建筑材料问题；其次，再利用这条沟渠，同开封附近的汴水接通，形成航道，运进沙石木材等，使用了当时最经济有效的运送方式——水运，节省了大量人力、物力、财力和时间；最后，在皇宫修复后撤水，并用废弃物填沟，修复了原大街，第三次利用了这条沟渠，处理了废物，又节约了运输成本。其中所体现出的系统思想是极其典型的。它自始至终将皇宫的修复工程看成一个整体，把快、好、省巧妙地结合起来，并有计划、有步骤地达到了预定的目的。

（二）企业管理系统的特点

企业管理系统是一个多层级、多目标的大系统，是庞大国民经济系统的一个组成部分，具有以下主要特点。

（1）企业管理系统具有统一的生产经营目标，即生产适应市场需要的产品或提供服务，提高经济效益。

（2）企业管理系统的总体具有可分性，即将企业管理工作按照不同的业务需要可分解为若干个不同的分系统或子系统，使各个分系统、子系统互相衔接、协调，以产生协同效应。

（3）企业管理系统的建立要有层次性，各层次的系统组成部分必须职责分明，各司其职，具有各层次功能的相对独立性和有效性，上层次功能必须统率其隶属的下层次功能，下层次功能必须为上层次功能的有效发挥竭尽全力。

（4）企业管理系统必须具有相对的独立性，任何企业管理系统都是处在社会经济发展的大系统之中，因此，必须适应外部环境，同时又要独立于这个环境，才能使企业管理系统处于良好的运行状态，达到企业管理系统之最终目的——获利。

二、分工原理

分工原理产生于系统原理之前，但其基本思想却是在承认企业及企业管理是一个可分的有机系统前提下，对企业管理的各项职能与业务按照一定的标准进行适当的分类，并由相应的单位或人员来承担各类工作。

分工是生产力发展的要求，早在 17 世纪大机器工业开始形成时期，英国经济学家亚当·斯密就在《国民财富的性质和原因研究》一书中，系统地阐述了劳动分工理论，20 世纪初，泰勒又做了进一步的研究和发展。分工的主要好处如下。

（1）分工可以提高劳动生产率。劳动分工使工人重复完成单项操作，从而能够提高劳动的熟练程度，带来劳动生产率的提高。

（2）分工可以减少工作损失时间。劳动分工使工人长时间从事单一的工作项目，中间不用或减少变换工作，从而减少工作损失时间。

（3）分工有利于技术革新。劳动分工可以简化劳动，使劳动者的注意力集中在一种特定的对象上，有利于劳动者创造新工具和改进设备。

（4）分工有利于加强管理，提高管理工作效率。从泰勒将管理业务从生产现场分离出来之后，随着现代科学技术和生产的不断发展，管理业务也得到了进一步的细分，并成立了相应的职能部门，配备了专职管理人员，从而提高了管理工作效率。

分工原理适用范围广泛。从整个国民经济来说，可分为工业、农业、交通运输、邮电、商业等部门；从工业部门来说，可按产品标志进行分工，设立产品专业化车间，也可按工艺标志进行分工，设立工艺专业化车间。在工业企业内部还可按管理职能不同，将企业管理业务分解为不同的类型，分别由相应的职能部门去从事，从而能够提高管理工作效率，使企业处于正常、不间断的良好运转状态。

分工要讲究实效，要根据实际情况进行认真分析。一般企业内部分工既要职责分明，又要团结协作，在分工协作的同时也要注意建立必要的制约关系。分工不宜过细，界面必须清楚，才能避免推诿扯皮现象的出现。在专业化分工的前提下，按岗位要求配备相应技术人员，是保障产品质量和工作质量的重要措施。在做好劳动分工的同时，还要注意加强对职工的技术培训，以适应新技术、新方法不断发展的新要求。

三、弹性原理

弹性原理是指企业为了达到一定的经营目标，在外部环境或内部条件发生变化时，有能力适应这种变化，并在管理上所表现出灵活的可调节性。现代企业是国民经济宏观系统中的一个子系统，它的投入与生产都离不开国民经济这个宏观系统，它所需要的生产要素由国民经济各个部门供给，它所生产的产品又需要向其他部门输送。可见，国民经济宏观系统乃是企业系统的外部环境，是企业不可控制的因素，而企业内部条件则是其本身可以控制的因素。当企业外部环境发生变化时，企业可以通过改变内部条件来适应这种变化，以保证达到既定的经营目标。

弹性原理在企业管理中应用范围很广。计划工作中留有余地的思想，仓储管理中保险储备量的确定，新产品开发中新技术储备的构想，人力资源管理中弹性工作时间的应用等，都在管理工作中得到广泛的应用，且取得较好的成效。

近年来，在实际管理工作中，人们还自觉或不自觉地把弹性原理应用于产品价值领域，收到了意想不到的效果，称其为产品弹性价值。产品价值由刚性价值与弹性价值两部分构成。形成产品使用价值所消耗的社会必要劳动量叫刚性价值；伴随在产品使用价值形成或实现过程中，附着在产品价值中的非实物形态的精神资源，如产品设计、商标及企业的声誉价值，都属于产品的弹性价值，又称无形价值或精神价值，是不同产品的一种"精神级差"。这种"精神级差"是产品市场价值可调性的重要标准，是企业获得超额利润的无形源泉，在商品交换过程中呈弹性状态，是当今企业孜孜以求的目标之一。

四、效益原理

效益原理是指企业通过加强管理工作，以尽量少的劳动消耗和资金占用，生产出尽可能多的符合社会需要的产品，提供更优质的服务，不断提高企业的经济效益和社会效益。

提高经济效益是社会主义经济发展规律的客观要求，是每个企业的基本职责。企业在生产经营管理过程中，一方面要努力降低消耗、节约成本；另一方面要努力生产出适销对路的产品，保证质量，增加附加值。从节约和增产两个方面提高经济效益，以求得企业的生存与发展。

企业在提高经济效益的同时，也要注意提高社会效益。经济效益与社会效益从长远来看是一致的，但有时也会发生矛盾。一般情况下，企业应从大局出发，在保证社会效益的前提下，最大限度地追求经济效益。

五、激励原理

激励原理是指通过科学的管理方法激励人内在潜力的充分释放和发挥，使每个人都能在组织中尽其所能，展其所长，为完成组织规定的目标而自觉、努力、勤奋地工作。

人是生产力要素中最活跃的因素，创造团结和谐的工作环境，满足职工不同层次的需求，正确运用奖惩办法，实行科学合理的分配制度，开展不同形式的劳动竞赛等，都是激励原理的具体应用，都能较好地调动人的劳动热情，激发人的工作积极性，从而达到提高工作效率之目的。

激励理论主要有需求层次理论、期望理论等。严格地说，激励有两种模式，即正向激励和负向激励。对工作业绩有贡献的个人实行奖励，在更大程度上调动其积极性，激励他们完成更艰巨的任务，这类激励属于正向激励；对于因个人原因而使工作失误且造成一定损失的人实行惩罚，迫使其吸取教训，做好工作，完成任务，属于负向激励。在管理实践中，按照公平、公正、公开、合理的原则，正确运用这两种类型的激励，可以较好地约束员工遵守劳动纪律，调动人的积极性，激发人的工作热情，充分挖掘人的潜力，从而使他们把工作做得更好。

寓言

驴是怎么死的

驴耕田回来，躺在栏里，疲惫不堪地喘着粗气，狗跑过来看它。

"唉，老朋友，我实在太累了。"驴诉着苦，"明儿个我真想歇一天。"

狗告别后，在墙角遇到了猫。狗说："伙计，我刚才去看了驴，这位大哥实在太累了，它说它想歇一天。也难怪，主人给它的活儿太多、太重了。"

猫转身对羊说："驴抱怨主人给它的活儿太多太重，它想歇一天，明天不干活儿了。"

羊对鸡说："驴不想给主人干活儿了，它抱怨它的活儿太多、太重。唉，也不知道别的主人对他的驴是不是好一点儿。"

鸡对猪说："驴不准备给主人干活儿了，它想去别的主人家看看。也真是，主人对驴一点儿也不心疼，让它干那么多又重又脏的活儿，还用鞭子粗暴地抽打它。"

晚饭前，主妇给猪喂食，猪向前一步，说："主妇，我向你反映一件事。驴的思想最近很有问题，你得好好教育它。它不愿再给主人干活儿了，它嫌主人给它的活儿太重、太多、太脏、太累了。它还说它要离开主人，到别的主人那里去。"

"对待背叛者，杀无赦！"主人咬牙切齿地说道。

可怜，一头勤劳而实在的驴，就这样被传言"杀"死了。

点评：管理者一定要坚守"兼听则明，偏听则暗"的格言，发现并设法激励那些企业中的实干家。不要轻易相信隔耳的传言，除非你当面证实，否则你会做出错误的判断。

资料来源，http://www.mahuajix.com/25271.html.

六、动态原理

动态原理是指企业管理系统必须随着企业内外部环境的变化而及时更新，或调整自己的经营观念、经营方针和经营目标，为达此目的，必须相应改变传统的管理方法和手段，使其与企业的经营目标相适应。企业在发展，事业在前进，管理要跟得上，关键在于不断创新。运动是绝对的，不动是相对的，因此企业既要随着经营环境的变化，适时地变更自己的经营方法，又要保持管理业务上的适当稳定，没有相对稳定的企业管理秩序，就会失去高质量发展的管理基础。

七、创新原理

创新原理是指企业为实现总体战略目标，在生产经营过程中，结合内外部环境的变化，不断否定自己，创造具有自身特色的新思想、新思路、新经验、新方法、新技术，并加以组织实施。

企业创新一般包括产品创新、技术创新、市场创新、组织创新和管理方法创新等。产品创新主要是提高质量，扩大规模，创立名牌；技术创新主要是加强科学技术研究，不断开发新产品，提高设备技术水平和员工队伍素质；市场创新主要是加强市场调查研究，提高产品市场占有率，努力开拓新市场；组织创新主要是企业组织结构的调整要切合企业发展的需要；管理方法创新主要是企业生产经营过程中具体管理技术和管理方法的创新。

创新是推动发展的不竭动力，企业管理者是创业创新的主体，是推动经济社会发展的中坚力量。企业管理者要敢为人先、勇于创新，加速推动质量变革、效率变革、动力变革，使创新真正成为企业发展的第一动力。要牢固树立创新理念，进一步完善落实各类创新政策，加大对各类创新支持力度，激发员工创新活力和创造潜能，拓展创新空间，持续推进产品创新、技术创新、市场创新、组织创新和管理方法创新。

延伸阅读

格力：荣光之下的"中国范儿"

八、可持续发展原理

可持续发展的概念最早是 1972 年在瑞典斯德哥尔摩举行的联合国人类环境研讨会上正式提出的，它是一种注重长远发展的经济增长模式。1987 年，世界环境与发展委员会出版《我们共同的未来》报告，将可持续发展定义为："既能满足当代人的需要，又不对后代人满足其需要的能力构成危害的发展。"

可持续发展原理是指企业在整个生命周期内，随时要注意调整自身的经营战略，以适应变化了的外部环境，从而使企业始终处于健康成长的状态。现代企业家追求的目标，不应是企业一时的兴盛，而应是长盛不衰。这就需要遵从可持续发展的原理，从历史和未来的高度，全盘考虑企业资源的合理安排，既要保证近期利益的获取，又要保证后续事业得到蓬勃的发展。

习近平生态文明思想是可持续发展理论的继承和发展，以"人与自然和谐共生"为本质要求，丰富和拓展了马克思主义生产力基本原理的内涵。恩格斯指出："我们不要过分陶醉于我们人类对自然界的胜利。对于每一次这样的胜利，自然界都对我们进行报复。"习近平总书记指出，"保护生态环境就是保护生产力，改善生态环境就是发展生产力""良好的生态环境是最公平的公共产品，是最普惠的民生福祉""发展经济是为了民生，保护生态环境同样也是为了民生""绿水青山就是金山银山"。这些论述深刻揭示了生态环境保护与经济社会发展之间辩证统一的关系，是构成新发展理念的重要组成部分。企业经营必须处理好近期与长远、经济效益与社会效益之间的关系，遵循生态优先、绿色发展和可持续发展的原理。

寓言

从前，有两个饥饿的人得到了一位长者的恩赐：一根鱼竿和一篓鲜活硕大的鱼。其中，一个人要了一篓鱼，另一个人要了一根鱼竿，于是他们分道扬镳了。得到鱼的人原地就用干柴搭起篝火煮起了鱼，他狼吞虎咽，转瞬间，连鱼带汤就被他吃了个净光，不久，他便饿死在空空的鱼篓旁。另一个人则提着鱼竿继续忍饥挨饿，一步步艰难地向海边走去，可他还没走到大海，就饿死在路上。

启示：一个只顾眼前利益的人或企业，得到的只能是短暂的欢愉；一个想着长远利益而不顾眼前利益的人或企业，也会遇到现实的窘迫和困难。只有把理想和现实结合起来，才可能取得成功。

本 章 小 结

1. 管理学是一门系统地研究管理过程普遍规律、基本原理和一般方法的科学，是经济管理类专业的基础课程。

2. 企业是集合土地、资本、劳动力、技术、信息、时间等生产要素，在创造利润的动机和承担风险的环境中，有计划、有组织、有效率地进行某种事业的经济组织。企业家是指集合土地、资本、劳动力、时间等生产要素，从事生产、交换、分配、消费等活动的人。

3. 现代企业比较普遍地运用先进科学技术手段开展生产经营活动，生产组织日趋严密，企业经营活动关注经济性和营利性，同时也强调环境的适应性，重视员工福利和社会责任。

4. 管理具有二重性，即自然属性和社会属性。管理既是一门科学，也是一门艺术，管理是科学与艺术的结合。

5. 企业管理是对企业生产经营活动进行计划、组织、指挥、协调和控制等一系列活动的总称，是社会化大生产的客观要求。企业管理的目的是尽可能利用企业的人力、物力、财力、信息等资源，实现多快好省的目标，取得最大的投入产出效率。

6. 企业的目标是企业在一定时期内要达到的目的和要求。一般用概括的语言或数量指标加以表示。如发展生产、扩大市场、革新技术、增加盈利、提高职工收入和培训职工等方面的要求，都要用目标表示出来。

7. 企业责任是指企业在争取自身的生存发展过程中，面对社会的需要和各种社会问题，为维护国家、社会和人类的利益，所应该履行的义务。企业承担的社会责任主要包括企业对员工的责任、企业对社区的责任、企业对生态环境的责任、企业对国家的责任，企业对消费者和社会的责任等内容。

8. 企业管理的基本原理有系统原理、分工原理、弹性原理、效益原理、激励原理、动态原理、创新原理和可持续发展原理等。

思 考 与 练 习

1. 什么是管理？如何理解管理的定义？什么是企业管理?其功能和特点各是什么？
2. 简述管理的二重性。
3. 简述企业的类型及其特点。
4. 在市场经济条件下，试述加强企业管理对企业成长的意义。
5. 简述企业管理的基本原理。
6. 谈谈你对企业管理科学化重要意义的认识。
7. 简述企业经营成功或失败的主要原因。
8. 你怎样看待管理的科学性和艺术性？
9. 分析一个企业管理不善的例子。

10. 分析一个企业管理成功的例子。

即学即测

案例讨论

案例 1-2：查克·斯通曼的一天	案例 1-2：我把公司办垮了，因为：对员工宽容、除了老板没人加班	案例 1-3：菜百股份：从心出发　向善而行

第二章　管理理论的形成与演变

本章提要

管理活动形成一套比较完整的理论，经历了一段漫长的历史发展过程。本章简述管理思想和理论的发展史，有选择地介绍国内外有影响的管理实践、管理思想和管理理论。通过追溯管理理论的形成发展过程，使学生对管理学有一个比较全面的认识，在了解管理思想和管理论发展历史的基础上，更好地把握管理理论的发展趋势。

重点难点

- 管理理论的形成与演变过程
- 科学管理理论的主要内容
- 行为科学理论的主要内容
- 现代管理学派及其主要观点

引导案例

功夫在诗外

"功夫在诗外"是宋朝大诗人陆游在暮年给他的儿子传授写诗经验时，写的一首诗《示子遹》中的一句："汝果欲学诗，功夫在诗外。"以此向儿子传授诗歌创作秘诀。

他积数十年的经验，深深体会到要写好诗，只熟读古人的诗句，只讲究诗的形式和技法，是远远不够的，而应把功夫下在掌握渊博的知识、参加社会实践上，深入生活，在阅历上下功夫，才是取得创作成功的根本保证。

案例思考

管理者如何提升管理水平？熟读管理类书籍，掌握各类管理技巧固然很重要，但要想达到一个较高的境界，仅此还不够。有一个对比调查显示，国内管理者读得最多的是管理类书籍，而国外管理者则爱读历史、哲学等人文类书籍，我们常常会感叹于那些洋经理们超一流的职业化水平及其在经营管理上的驾轻就熟、游刃有余，恐怕这与他们"诗外"的功夫是分不开的。

中华五千年的悠久文明史孕育了丰富的管理思想，这些管理思想大量地散布在众多的历史著作和文学名著中。毛泽东博览群书，熟谙中国历史，中国传统管理思想对他产生了深刻而广泛的影响。他历来十分重视对中国优秀历史文化遗产的批判和继承，并给予了充分的吸取与发挥。早在中国共产党第六届中央委员会第六次全体会议上，他就强调，学习我们的历史遗产，用马克思主义的方法加以批判的总结。他提出，"从孔夫子到孙中山，我们应当给以总结，承继这一份珍贵的遗产。"①

资料来源：https://tech.china.com/news/company/892/20160219/21545412.html.

---

① 中共中央文献编辑委员会. 毛泽东选集. 第二卷[M]. 北京：人民出版社，1991: 1.

管理活动源远流长，但形成一套比较完整的理论，则经历了一段漫长的历史发展过程。研究管理思想和理论的发展史，追溯管理理论的形成发展过程，目的是使人们在了解过去的基础上，更好地把握管理理论的发展趋势。

第一节　中外管理思想溯源

一、西方早期管理思想

从 18 世纪 60 年代英国的产业革命开始，随着资本主义的发展和工厂制度的形成，资本主义经营管理日益受到社会的重视，越来越多的人开始研究社会实践中的经济与管理问题。其中，最早对经济管理思想进行系统论述的学者首推英国经济学家亚当·斯密。他在 1776 年（当时正值英国的工场手工业开始向机器工业过渡时期）出版了《国民财富的性质和原因的研究》一书，系统地阐述了劳动价值论及劳动分工理论。

斯密认为，劳动是国民财富的源泉，各国人民每年消费的一切生活日用必需品的源泉是本国人民每年的劳动。这些日用必需品供应情况的好坏，决定于两个因素：一是这个国家人民的劳动熟练程度、劳动技巧和判断力的高低；二是从事有用劳动人数和从事无用劳动人数的比例。他同时还提出，劳动创造的价值是工资和利润的源泉，并经过分析得出工资越低，利润就越高，工资越高，利润就会越低的结论。这揭示了资本主义经营管理的中心问题和剥削本质。

斯密在分析增进"劳动生产力"的因素时，特别强调了分工的作用。他对比了一些工艺和一些手工制造业实行分工前后的变化，对比了易于分工的制造业和当时不易分工的农业的情况，说明分工可以提高劳动生产率。他认为，分工的益处主要是：①劳动分工可以使工人重复完成单项操作，从而提高劳动熟练程度和劳动效率；②劳动分工可以减少由于变换工作而损失的时间；③劳动分工可以使劳动简化，使劳动者的注意力集中在一种特定的对象上，有利于创造新工具和改进设备。他的上述分析和主张，不仅符合当时生产发展的需要，而且也成为以后管理理论中的一条重要原理。

斯密在研究经济现象时，提出一个重要论点：经济现象是基于具有利己主义目的的人们的活动所产生的。他认为，人们在经济行为中，追求的完全是私人的利益。但是，每个人的利益又为其他人的利益所限制。这就迫使每个人必须顾及其他人的利益。由此，就产生了相互的共同利益，进而产生和发展了社会利益。社会利益正是以个人利益为基础的。斯密曾经这样来描述人们之间的相互关系：人类几乎随时随地都需要同胞的协助，但只想依赖他人的恩惠，那是肯定不行的。他如果能够刺激他们的利己心，使他们有利于他，并告诉他们，为他做事对他们自己也有利，他要达到目的就容易多了。请给予我所要的东西吧，同时，你也可以获得你所要的东西。这种认为人都要追求自己经济利益的"经济人"观点，正是资本主义生产关系的反映。

在斯密之后，另一位英国人查尔斯·巴贝奇发展了斯密的论点，提出许多关于生产组织机构和经济学方面的带有启发性的问题。巴贝奇原来是一名数学家，后来对制造业产生兴趣。1832 年，他在《论机器和制造业的经济》一书中，概述了他的思想。巴贝奇赞同斯密的"劳动分工能提高劳动效率"的论点，但认为斯密忽略了分工可以减少支付工资这一好处。巴贝奇对制针（普通直针）业做了典型调查，把制针业的生产过程划分为七个基本操作工序，并按工序的复杂程度和劳动强度雇佣不同的工人，支付不同的工资。如果不实行分工，整个制造过程由一个人完成，那就要求每个工人都有全面的技艺，都能完成制造过程中技巧性强的工序，同时又有足够的体力完成繁重的操作。工厂主必须按照全部工序中技术要求最高、体力要求最强的标准支付工资。由此，巴贝奇提出"边际熟练"原则，即对技艺水平、劳动强度定出界限，作为报酬的依据。

在斯密和巴贝奇之后，在生产过程中进行劳动分工的做法有了迅速的发展。到了 20世纪，大量流水生产线的形成使劳动分工的主张得到充分的体现。

巴贝奇虽然是一位数学家，却没有忽视人的作用。他认为工人同工厂主之间存在利益共同点，并竭力提倡利润分配制度，即工人可以按照其在生产中所做的贡献，分到工厂利润的一部分。巴贝奇也很重视对生产的研究和改进，主张实行有益的建议制度，鼓励工人提出改进生产的建议。他认为工人的收入应该由三部分组成：①按照工作性质所确定的固定工资；②按照生产效率及所做贡献分得的利润；③为提高劳动效率而提出建议所应给予的奖励。提出按照生产效率确定报酬的具有刺激作用的制度，是巴贝奇做出的重要贡献。

这一时期的著名管理学者除了斯密和巴贝奇之外，还有英国的空想社会主义者罗伯特·欧文。他经过一系列试验，首先提出在工厂生产中要重视人的因素，要缩短工人的工作时间、提高工资、改善工人住宅。他的改革试验证实，重视人的作用和尊重人的地位，也可以使工厂获得更多的利润。所以，也有人认为欧文是人事管理的创始人。

上述各种管理思想是随着生产力的发展，适应资本主义工厂制度发展的需要而产生的。这些管理思想虽然不系统、不全面，没有形成专门的管理理论和学派，但对于促进生产及科学管理理论的产生和发展，都有积极的作用。

二、中国古代管理思想

如果说西方管理学以"术"见长，那么，中国传统的管理智慧则以"道"为尊。这是东方管理智慧的精髓。中国传统智慧对现代管理水平提升的绩效，自 20 世纪 80 年代以来，就成为西方管理学界的热门话题。孔夫子主义在西方世界的流行是一明证。事实上，今天西方管理学界最关注的除了兵家的谋略思想外，还包括儒（新儒家）、道（新道家）、佛（中国禅）的智慧。儒家强调的"道"是道德："道之以政，齐之以刑，民免而无耻；道之以德，齐之以礼，有耻且格"（《论语·为政》）。道家强调的"道"是自然："人法地，地法天，天法道，道法自然"（《老子》25 章）的思想。佛家强调的"道"是觉悟：佛教的"佛"就是觉悟者的意思，它从本质上可以归结为一种由觉而悟，从而拥有信仰的过程。形成于 3 000年前的中国传统文化内容博大，在春秋战国时期就有"百家争鸣"一说。随着历史的演进，遵循文化的优胜劣汰法则，最终沉淀成为以儒释道为主体的传统文化格局。以儒道佛（禅）为代表的中国古代文化留下了极为丰富的实践理性原则。我们可以而且应该从中汲取丰富的处世之道和管理智慧，体悟"亦儒、亦道、亦禅"的圆融境界，以儒养性、以道养身、以禅养心。三家思想中蕴含的丰富的管理智慧已经在浩瀚的历史中得到印证和流传，它们的智慧光芒还将会在现代企业管理中持续绽放。

（一）儒家思想

儒家是春秋战国时期出现的一个重要学派，其创立者是伟大的思想家、教育家孔子，后来由思想家、文学家孟子加以发展。儒家思想的核心是"仁"。什么是"仁"？孔子认为，"仁"即"忠恕"：凡是自己想满足的，就要想到也让别人满足（己欲立而立人，己欲达而达人），这就是"忠"；凡是自己不愿意的，也不要强求别人（己所不欲，勿施于人），这就是"恕"。在这里，孔子是要求人们以自己作参考比喻（能近取譬），由自己推及别人。孟子主张君王应行"仁政"，这样才能使天下归心。儒家思想在领主封建社会到春秋战国时期受到许多统治者的尊重，但在当时动荡的社会形势下，诸侯之间各为己利而崇尚武力，儒家的德政很难施行。汉以后，儒家思想被尊为地主封建社会的正统思想。

1. 孔子的管理思想

孔子（公元前551年—前479年）名丘，字仲尼，春秋末期伟大的思想家、政治家、教育家，儒家思想的创始人。孔子曾任鲁国司寇；后携弟子周游列国；最终返鲁，专心执教。修《诗》《书》，定《礼》《乐》，序《周易》，作《春秋》，门人追记《论语》，被后世尊为至圣、万世师表。孔子作为儒家学派的创始人，他以"仁"为核心、以"礼"为准则、以"和"为目标的以德治国思想是其管理思想的精髓，成为中国传统思想的主流，为以后儒家思想的发展奠定了基础。孔子管理思想的主要内容如下。

（1）"为政以德"的治国思想。用道德和礼教治理国家，实行"礼治"或"德治"，把德、礼施之于民，是治国的理想方案。在具体方法上，他提出要重教化，"富而后教"，轻刑罚，在教与刑上宽猛相济，反对对民众的过度榨取，主张把人当作人，给予起码的生活条件。他还提出正名的学说，要求巩固等级名分和社会秩序，树立君主权威。

（2）"举贤才"的用人之道。孔子十分重视人才在管理国家中的作用。他指出，"其人存，则其政举，其人亡，则其政息""故为政在人"。孔子的弟子仲弓向他请教怎样管理政事时，孔子回答说："举贤才"（《子路》）。对贤才的标准：一是要"学而优"，学识出众；二是善于通达权变，在内政外交方面能独立行事；三是不求全责备。

（3）"和"与"中庸"的管理哲学。孔子继承了前人关于"和同之辨"的正确观点，明确提出"君子和而不同，小人同而不和"。他提出"和为贵"，主张"君子群而不党"。在"和"的方法论上，便是"中庸之道"。中庸就是达到"和"的方法。这个方法，通俗地说，就是正确掌握事物发展的"度"。孔子说："过犹不及"（《论语·先进》）。过头与不足同样不好，只有"中行"，即合乎中庸之道，才是理想的状态。

（4）以"信"为本的生存法则。"信"是孔子伦理思想中的一个重要范畴，是组成他仁学伦理的基本内涵之一。他认为：如能把恭、宽、信、敏、惠这五种品德推行于天下，便是仁了。他把"信"作为"四教"（文、行、忠、信）的内容之一。孔子认为，从管理国家政事的角度说，"民信"比"足兵""足食"更重要。没有民众的信任，国家就难以存在。孔子认为，讲信用要符合义，用义对信加以规范，是孔子塑造"信"的人格形象的一个重要原则，也是孔子管理思想中的重要内涵。所以孔子说："言必信，行必果，硁硁然小人哉"（《子路》）。如果不分是非曲直，一概守信，那样的人，不过是固执而不明事理的小人罢了。

2. 孟子的管理思想

孟子是孔子思想的嫡派传人，也是继孔子之后儒家学派最重要的代表，被后世尊为"亚圣"，宋代以后常把孔子思想与孟子思想并称为"孔孟之道"。孟子的管理思想是孟子思想体系的一个重要组成部分。

（1）性善论。性善论是孟子全部思想的基础。孟子认为，人具有一种与生俱来的善性，是"不学而能"的"良能"和"不虑而知"的"良知"。"人性之善也，犹水之就下也；人无有不善，水无有不下"，"仁义礼智，非有外铄于我也，我固有之也，弗思耳矣"（《孟子·告子上》）。孟子在强调人的本性存在先验的"善"之同时，认为人之所以会有不善是由两方面原因造成的：一是外界影响；二是人自身是否有向善的主观愿望。一个人如果不愿意向善，那就是"自暴""自弃""自贼"。为了使人的"善性"能够保存和扩展，孟子提出了一整套修身养性的功夫，如"尽心""存心养性""寡欲""自反""养气""不动心""知言""知耻"等。

（2）"仁政"思想。孟子从其性善论出发，提出了他的"仁政""王道"政治学说。他指出，"仁政"源于先王的"不妒忌闪之心"，"人皆有不忍人之心。先王有不忍人之心，斯有不忍人之政矣。以不忍人之心，行不忍人之政，治天下可运之掌上"（《孟子·公孙丑上》）。孟子又提出了"制民之产"的思想，即主张以"恒产"来求得老百姓之"恒心"，"必使仰足以事父母，俯足以畜妻子，乐岁终身饱，凶年免于死亡，然后驱而之善"（《孟子·梁惠王上》）。在孟子的"仁政"思想中，突出了"民"的地位，他提出"保民而王""得其民，斯得天下矣"（《孟子·离娄上》），"民为贵，社稷次之，君为轻"（《孟子·尽心下》）。

（3）理想人格。孟子还有不少关于理想人格的思想，如"人皆可以为尧舜"（《孟子·告子下》）。"居天下之广居，立天下之正位，行天下之大道，得志，与民由之；不得志，独行其道。富贵不能淫，贫贱不能移，威武不能屈，此之谓大丈夫"（《孟子·滕文公下》）。"天下有道，以道殉身；天下无道，以身殉道"，"达则兼善天下"（《孟子·尽心上》）。"生，亦我所欲也，义，亦我所欲也。二者不可得兼，舍生而取义者也"（《孟子·告子上》）。"君子之守，修其身而天下平"（《孟子·尽心下》），"乐以天下，忧以天下"（《孟子·梁惠王下》）等思想，对中国管理思想的完善与发展做出了重要贡献。

（二）道家思想

道家是以老子、庄子为代表的，春秋战国时期诸子百家中最重要的思想学派之一。其强调"整体论""机体论"的世界观，重视人的自由。

中国文化是儒道互补的文化，道家作为补结构，拯救了失望于儒家理想的一大批知识分子。如果说儒家是入世文化，那么道家就是出世文化；如果说儒家强调有序的现实主义，那么道家主张无序（看似无序实则有序）的理想主义。"天下有道则见，无道则隐"（孔子），"天地闭，贤人隐"（易经），其中"隐"就是道家所走的道路。不过，道家的"隐"有两种：一是隐遁于大自然；二是改变生活工作的策略，以柔克刚，迂回前进。

道家在先秦各学派中，虽然没有儒家和墨家这么多的门徒，地位也不如儒家崇高，但随着历史的发展，道家思想以其独特的宇宙、社会和人生领悟，在哲学思想上呈现出永恒的价值与生命力。最有名的道家思想是老子和庄子的哲学。庄子之后，道家人物还有陶渊明、李白等人。

1. 老子的管理思想

老子是先秦道家学说的创始人。在他的思想体系中，不仅有着深邃的哲学思想，而且也包含着涉及政治、经济、文化、军事诸多方面的社会及国家管理思想。

老子的管理思想是以"道"为中心的。老子崇尚自然，"人法地，地法天，天法道，道法自然"的思想把自然抬到最高的地位。所谓"道"是自然之道，"道法自然"反映在管理思想上便是"清静无为"，亦即"无为而治"。老子认为"天道无为""上善若水""水性自然"，因此，最佳的管理模式只能是"我无为而民自化，我好静而民自正，我无事而民自富，我无欲而民自朴"。依据这一模式，老子提出了一系列管理原则。例如："政善治，事善能，动善时"；"不自见，不自是，不自伐，不自矜"；"治大国若烹小鲜。以道莅天下，其鬼不神；非其鬼不神，其神不伤民；非其神不伤民，圣人亦不伤民。夫两不相伤，故德交归焉"；等等。

老子提出的仍然是一种平治天下的理论，只不过儒家是以仁义道德教化天下，老子则主张"无为而治""行不言之教"。所以，老子的理论是一种独特的治世理论，是一种无政府主义政治理论。另外，老子哲学也是一种个人生活哲学，主张先揭示出宇宙事物变化的不变规律——"道"和"常"，从而遵循此规律，调整自己的行为，使之对自己有利。

"无为"并不是什么都不做，并不是"不为"，而是含有不妄为、不乱为、顺应客观态势、尊重自然规律的意思。"无为而无不为"，这里的"无为"乃是一种立身处世的态度和方法，"为而不恃""为而不争"。在老子看来，管理的本质就是如何生发万物，促使万物各自完成生命的创造力，但又不占为己有，不居功、不控制、不勉强他人，而让万事万物能够顺其自然。看似清静"无为"，却能尊重事物的发展规律，达到"无不为"，这正是值得现代企业经营管理者借鉴的思想精髓。

2. 庄子的管理思想

庄子是老子思想的继承与发展者，相同点主要在"道法自然"的观点中，庄子说"天有大美而不言……是故至人无为，大圣不作，观于天地之谓也"，还有无为、反对战争等观点。后人常将他与老子并称"老庄"，是道家最重要的代表人物之一。

"老""庄"之间还是有区别的。老子的学说，除了强调自然的一面以外，还有讲权术的一面。老子说"柔弱胜刚强"，《老子》中也处处强调这一点。而庄子抛弃了老子思想中讲权术的一面。庄子具有非常显著的悲观主义，其思想主要关注在生命上，以修身为主旨，"内圣"的观念被庄子发挥到极致。庄子的人身哲学被后世用来倡导艺术精神的培养，打破小我与天地自然合一的超越精神，以审美的意态体悟世界，对中国的诗歌、绘画等许多艺术领域有着重要的影响。庄子在文学上也取得了相当成就，代表作《逍遥游》是先秦散文的巅峰作品之一。

对治国，庄子反对儒家的以仁义治国和法家的以刑罚治国。庄子认为儒家的仁义礼乐违背人性，使百姓"失其朴"。对于刑罚治国，"昔者尧治天下，不赏而民劝，不罚而民畏。今子赏罚而民且不仁，德自此衰，刑自此立，后世之乱自此始矣"。庄子反对儒家和法家治国方法的核心是以知治国。庄子认为知是"争之器"，而且知往往会被大盗利用，所谓"盗亦有道"便是如此。对于以知治国，庄子说："大乱之本，必生于尧舜之间，其末存乎千世之后。千世之后，其必有人与人相食者也。"

庄子与老子一样，主张无为治国，任其自然，认为"绝圣弃知而天下大治"，君主要"无容私"，"汝游心于淡，合气与漠，顺物自然而无容私焉，而天下治矣。"《庄子》一书中描写过他心中的"至德之世"："不尚贤，不使能，上如标枝，民如野鹿。端正而不知以为义，相爱而不知以为仁，实而不知以为忠，当而不知以为信，蠢动而相使，不以为赐。是故行而无迹，事而无传"。

（三）儒道之外的诸子管理思想

1. 法家的管理思想

关于法家的形成，国内学者比较一致的意见是：法家的先驱可以追溯到春秋时期的管仲、子产，其早期代表为战国中期的李悝、商鞅、申不害和慎到，而战国末期的韩非则是先秦法家理论的集大成者。

战国时期法家分为三派：以商鞅为代表的重法派，以申不害为代表的重术派，以慎到为代表的重势派。三派各有特点。商鞅重"法"。他协助秦孝公在秦国进行了彻底的变法运动，使秦国富强起来，奠定了以后秦始皇统一中国的基础。商鞅认为"仁义不足以治天下"，法令是人民的生命、治国的根本；因而圣明的君王不贵义而贵法，法必明，令必行。在他看来，只有法令昭彰，刑罚严格，才能稳定社会秩序，使政策得以贯彻，达到"民安""国治"。他主张法令面前人人平等。申不害重"术"，即权术。申不害认为，君主必须执掌权术，以驾驭群臣。"术"的主要作用在于辨别群臣的忠奸，考核其能力，衡量其功过，以加强法制和君主专制。慎到重"势"，即权势。他认为，贤人之所以屈服于不肖者，是因为贤人"权轻"；不肖者之所以服于贤人，是因为贤人"位尊"。正因为如此，君主只有拥有绝对的权势，才能治理好天下。

韩非比较了前期"法""术""势"三派的得失，认为必须综合采用三派的长处，才能完成一统天下的帝王之业。韩非系统地发展了法家的法治思想，对于中央和地方的关系，韩非提出"事在四方，要在中央，圣人执要，四方来效"。韩非的这些主张，为结束诸侯割据，建立统一中央集权的封建国家，提供了理论根据。

法家的管理学说，本质上是一种控制理论。韩非法治思想的特点是，主张"法""术""势"相结合。"势"涉及的是控制系统问题；"法"涉及的是控制标准问题；"术"涉及的则是控制手段问题。在韩非看来，要实现对国家的有效控制，必须同时具备"法""术""势"三个要件。

2. 兵家的管理思想

兵家是春秋战国时期诸子百家中的一家，研究讨论的主要是战争哲学思想，学说重点在于"用兵"，即战略战术问题。春秋战国之后，通晓军事的军事家、学者也往往归入或称为"兵家"。

兵家的思想源头可以追溯到商周时期的吕尚（即史上著名的姜太公）。在春秋战时期，兵家的主要代表人物主要有孙子、孙膑、吴起等。其中，孙子是世界公认的史上最伟大的军事思想家之一，其伟大著作《孙子兵法》于古今中外都影响深远。国外的许多大学师生和企业家都把《孙子兵法》作为管理著作来研读。"不战而屈人之兵""上兵伐谋""必以全争于天下""出其不意，攻其不备""唯民是保"等思想至今仍为管理者们所运用。兵家管理思想的主要内容如下。

（1）"不战而屈人之兵"的最高境界。即不用流血牺牲而使敌人屈服。这包括：采取政治斗争、外交斗争等手段，但归根到底是以谋略、智慧战胜敌人；"上兵伐谋"，第一流的将帅是以谋略胜人，而不是单靠攻城略地的武力，强调斗智胜于斗力；强调"必以全争于天下"，力求以最小的损失获取最大的战果。

（2）预测与决策关系全局。强调"庙算"作为军事决策的重要性，以及战争与政治、经济、外交、天文、地理等各种因素的关系，指出将帅指挥战争要审时度势，因时、因地制宜，决不可凭主观意愿行事。必须实事求是，摸清一切情况，以敌我双方的实际情况部署和指挥每一场战役，"知彼知己者，百战不殆"，"知天知地，胜乃不穷"。

（3）灵活机动的战略战术。实际情况总处于动态变化之中，因此不能墨守成规陷入经验主义。"兵无常势，水无常形，能因敌变化而取胜者，谓之神"，"运用之妙，存乎一心"，要根据不同的敌情、我情、天时地利等各种条件，灵活用兵。只要有这"一心"，运用各种不同战略战术的方案，就会"无穷如天地，不竭如江河"。"出其不意，攻其不备""避实就虚""速战速决"，要把奇和正、虚和实巧妙地运用，欺骗敌人，调动敌人。准确选择好主攻方向和主攻目标，以压倒敌人的优势和迅雷不及掩耳之势去展开进攻，打击敌人，赢得胜利。

（4）人的因素决定胜负。在决定战争胜负的各种因素中，孙子突出强调人的重要性。"上下同欲者胜"，有了共同目标，官兵团结一致就能同心协力取得胜利。重视军队建设，对将帅提出了严格要求，认为必须以"智、信、仁、勇、严"作为衡量将帅的标准，认为了解士兵的将帅所起到的关键作用："故知兵之将，民之司命，国家安危之主也。"提出将帅在治理军队、领导部属时要赏罚分明，军法如山，恩威并重，"视卒为爱子"，才能训练出战斗力强的军队。

（5）"唯民是保"的战争基点。孙子说："故进不求名，退不避罪，唯民是保，而利合于主，国之宝也。"既要保民，又要利主，把对民众负责与对君主负责统一起来。这是战争决策的基点，充分体现了重民思想。

三、中国社会主义革命和建设时期管理思想与管理经验

（一）著名班组管理经验

1949 年新中国成立，党的工作重心从农村转向城市，提出了由落后的农业国向先进的工业国转变的经济建设总目标。1949 年 3 月，毛泽东在中国共产党七届二中全会上指出："从我们接管城市的第一天起，我们的眼睛就要向着这个城市的生产事业的恢复和发展。我们的同志必须用极大的努力去学习生产的技术和管理生产的方法，必须去学习同生产有密切联系的商业工作、银行工作和其他工作。"①1950 年 2 月 7 日，《人民日报》发表社论《学会企业管理》，要求全党和全国人民学会企业管理，把官僚资本主义企业改造成新民主主义企业。《人民日报》社论向全国人民提出探索社会主义企业管理的历史任务，吹响了中国共产党带领中国人民探索社会主义现代企业管理模式和管理理论的号角。

新中国成立初期，在中国共产党的领导下，通过开展合理化建议、创新纪录及增产节

---

① 毛泽东. 毛泽东选集：第 1 卷[M]. 北京：人民出版社，1964：1318.

约这三大群众性的生产竞赛运动，不仅对国民经济的恢复和发展起了不可估量的重要作用，也为我国社会主义企业管理积累了宝贵经验。翻身做了主人的中国工人阶级爆发出了无比的热情和伟大的创造性，涌现出了为数众多的先进生产经验，覆盖了国民经济建设的各个行业，也涉及了企业生产和管理的方方面面。1949—1952年，先后评出先进集体、先进单位1.9万个[①]，有力地推动了生产技术的发展，促进了管理水平的提高。以班组管理为形式的先进生产经验异彩纷呈，这些班组管理经验以班组中的先进人物名字命名。马恒昌小组是机器制造行业的先进生产小组，也是新中国成立初期最早闻名全国的先进生产班组之一。据不完全统计，1951年参加马恒昌小组发起的竞赛活动的就有11159个生产小组[②]；郝建秀小组以一套比较科学的细纱工作法，即"郝建秀工作法"闻名全国；刘长福小组是天津钢厂线材部轧钢车间的先进生产小组，1951年该小组在推行小组经济核算制中成绩突出，成为全国冶金工业中的优秀典型；马六孩小组是大同煤矿的先进生产小组，因改进掘进技术而闻名全国。

注意发动群众，重视人的作用，注重技术革新是这些班组管理经验的共同特征，包含了社会主义企业民主管理的思想精华。这些经验在当时的社会主义企业管理实践中得到了较好的推广，经过长期的传播以后，这些经验中的思想精华逐渐融入了当时的创业文化之中，成为当时企业管理所遵循的基本价值准则。

（二）党委领导下的厂长负责制

我国从1953年开始执行发展国民经济的第一个五年计划。新中国成立初期，我们缺乏有计划地开展大规模经济建设的经验，没有现成的企业管理制度，当时强调向苏联学习，在苏联帮助中国进行工业化建设的过程中，苏联专家将"马钢宪法"管理模式引入我国企业。所谓"马钢宪法"，是毛主席对苏联最大的冶金联合企业——马格尼托哥尔斯克冶金联合工厂的管理经验的称呼，这一模式旨在推行"一长制"，即厂长负责制。强调行政命令，依靠少数专家制定标准化规章制度，在技术上也只认同专业精英。此模式在我国企业恢复生产初期发挥了很大作用，对于克服当时企业管理上的责任不明、无人负责的现象，建立各种责任制，使我国的企业管理尽快走上科学化的轨道，保证"一五"计划的顺利进行起了积极作用。随着大规模经济建设的发展，以"一长制"为代表的苏联工业管理模式，逐渐暴露出一些弊端。例如，厂矿负责人钻研业务少，官僚主义多，职工得不到有效指导，缺乏工作动力等，束缚了生产力的进一步发展。

1956年9月，中共八大决定在工矿企业实行党委领导下的厂长负责制，即在企业中建立以党为核心的集体领导与个人负责相结合的领导制度。凡是重大问题都应经过党委集体讨论和共同决定，凡是日常工作都应由专人分工负责。1957年3月，在企业实行党委领导下厂长负责制的同时，党中央决定实行职工代表大会制。这样，以党委领导下厂长负责制和党委领导下的职工代表大会制为基础的我国企业领导体制在制度层面基本形成。

（三）"鞍钢宪法"和大庆精神

"鞍钢宪法"和大庆精神是新中国成立以来管理思想与管理经验的典型代表，是探索

---

① 韩柚岚. 中国企业史：现代卷上[M]. 北京：企业管理出版社，2002: 201.
② 李立三. 开展劳动竞赛，庆祝党的三十周年纪念[N/OL]. 人民日报，1951-07-01.

社会主义企业管理的重要理论成果，标志着在吸收其他国家企业管理思想的基础上，党带领人民已经在积极探索和形成独立自主的中国企业管理思想。

1. "鞍钢宪法"

"鞍钢宪法"是以毛泽东为主要代表的中国共产党人在探索社会主义建设道路的过程中，通过总结正反两方面的经验，探索出的适合我国的企业管理模式。1958 年中苏两党发生分歧以后，以毛泽东为首的中国共产党人更加坚定了解放思想、自力更生、走自己的发展道路的信念。1960 年 3 月 22 日，毛泽东在中共中央转发的《鞍山市委关于工业战线上的技术革新和技术革命运动开展情况的报告》回复批示中，批评了苏联"马钢宪法"中的厂长负责制（"一长制"），将当时中国最大工业企业，鞍山钢铁公司的以"两参一改三结合"为核心的管理经验称为"鞍钢宪法"。用"宪法"一词来形容鞍山钢铁公司创造的企业管理办法，表现了毛泽东对它的高度欣赏和充分肯定，也表达了毛泽东对探索一条适合中国实际工业管理方式的迫切心情。

"鞍钢宪法"的主要内容包括坚持政治挂帅、加强党的领导、实行"两参一改三结合"、大搞技术革新和技术革命等社会主义工业企业管理的重要原则，对于探索社会主义工业企业发展道路具有重要指导意义。其核心思想是"两参一改三结合"的管理制度，即干部参加劳动和工人参加管理，改革不合理的规章制度，领导干部、技术人员和工人群众相结合。

"鞍钢宪法"的精神与原则被收入 1961 年 9 月中央颁布的中国工业企业管理的第一个总章程《国营工业企业工作条例（草案）》中，对现代企业管理及中国工业经济发展产生了深远影响。中国共产党第十一届六中全会 1981 年 6 月，决议，将"鞍钢宪法"中"两参一改三结合"的内容作为毛泽东思想的组成部分。

欧美和日本的管理学家认为，"鞍钢宪法"的精神实质是"后福特主义"，即对福特式僵化、以垂直命令为核心的企业内分工理论的挑战。"两参一改三结合"的独特模式是对传统计划体制下部门化分工理论的挑战。用 21 世纪的管理学术语来说，"两参一改三结合"就是团队合作。美国麻省理工学院管理学教授罗伯特·托马斯明确指出，"鞍钢宪法"是"全面质量"和"团队合作"理论的精髓，它弘扬的"经济民主"恰是增进企业效率的关键之一。日本著名的管理大师石川馨对"鞍钢宪法"给予了极高的评价：**"中国的经验给了西方现代科学管理理论一个鲜活的生动实例。"**石川馨教授在广泛考察了中国企业的实践活动之后，把中国"两参一改三结合"的经验与美国和日本的现代企业管理模式进行了比较之后认为：美国人创立的现代科学管理只是注重管理者的作用，而日本在从美国引进"全面质量管理体系"的过程中，尽管也注意到了人的作用，但真正把人作为第一要素的则是中国人。石川馨认为日本的企业管理来自于美国"曼哈顿工程"创立的科学管理体系，但日本却在其中融入了"东方人文思想"。因此，日本在推行美国的全面质量管理体系过程中，把日本的"劳资关系融合"经验模式纳入了其中。但这种融合怎样推行却是受到中国人的启发：**日本企业管理在中国找到了具体的答案**。这就是"鞍钢宪法"的"两参一改三结合"！

2. 大庆精神

1960 年，我国正处于经济严重困难时期：严重的自然灾害；苏联撕毁合同，撤走专家，索要抗美援朝时的贷款；以美国为首的西方国家加紧对中国实行"战略围堵"。当时我国被西方称为"贫油国"，外援断绝以后石油紧缺，给社会生产和生活等各个方面带来了严重的困难。

在严峻的形势下，国家决定开展大庆石油会战。几万人的会战大军从祖国四面八方汇集到荒无人烟的茫茫大草原上。会战之初，缺经验、少技术，勘探开发设备落后，油藏地质条件复杂，生活生产环境艰苦。天寒地冻，未通水电，没有公路，无灶具、无床铺，吃住行等最基本的生存条件都无法保证；生产条件极为困难，设备不齐全、不配套，供水供电无法保障，没有硬化路，没有代步车……恶劣的自然环境没有吓倒以"铁人"王进喜为代表的几万大庆工人，他们斗严寒、战风雪、抢晴天、战雨天。严重匮乏的财力、物力没有难倒他们，没有房子住就挖"地窝子"、建"干打垒"，住地窖子；粮食短缺就吃野菜，"五把铁锹闹革命"，开荒种地，自己动手搞农副业生产；布匹贫乏就自办缝补厂，自制"两旧一新"工服；生产材料不足就回收废旧物资，修旧利废；没有大型吊车就硬生生地靠几万人的冲天干劲，采用人拉肩扛加滚杠的办法；为保障钻井所需的巨大用水量，就凿冰层、排"长龙"，靠人力用水桶、脸盆、铝盔等盛水运水。[①]

在这场长达三年多的石油大会战中，几万会战大军凭借"没有条件，创造条件也要上"的坚定信念，谱写了气吞山河、波澜壮阔的壮丽史诗。他们自觉把甩掉"贫油"帽子同国家命运结合起来，在最困难的时期、最困难的地点、最困难的条件下，持续忘我奋斗，从根本上改变了中国石油工业的面貌，开创了中国石油工业发展新纪元。到1963年底，大庆油田累计生产原油1155万吨，中国人使用"洋油"的时代就此画上了具有历史转折性的句号。1963年12月3日，周恩来总理在二届全国人大四次会议闭幕会上向世人宣布："我国需要的石油，过去绝大部分依靠进口，现在已经可以基本自给了。"[②] 1963年12月26日，《人民日报》发文，提出"中国人民使用'洋油'的时代，即将一去不复返了"。[③]

以"爱国、创业、求实、奉献"为核心内容的大庆精神，创造出了大庆油田前所未有的辉煌业绩。经过几代石油人的努力和几代党和国家领导人的培育，大庆品牌享誉中外。大庆精神是中国工人阶级优秀品质在社会主义建设时期的充分展示和生动体现，是中华民族精神在工业领域的具象化符号，更是整个中华民族勇于斗争、敢于胜利的强大精神力量。

大庆油田的开发建设探索出了一套我国工业企业的管理办法，奠定了中国工业企业管理的基础。1975年，国务院成立了工业学大庆办公室，概括了大庆式企业六条标准：坚持社会主义方向；有一个坚强的领导核心；有一支能打硬仗、有"三老四严"作风的职工队伍；有一套符合生产要求的科学管理制度；科技不断有新成果，全面完成国家计划，技术经济指标达到国内先进水平；安排好职工生活。用现代企业管理制度衡量这六条标准，不难发现，其核心内容是超载时代的。例如：正确的办企业方向、严密的组织形式、高效的管理制度、注重团队意识与创新精神；以人为本，不断改善员工生产生活条件；坚持科技创新，敢于超越权威、超越前人、超越自我；坚持向管理要效益；等等。大庆精神如一盏明灯，照亮着现代企业管理发展和企业文化建设之路。

① 黄金. 大庆精神的形成、内涵与价值[J]. 红色文化学刊，2021(04): 62-69, 111.

② 第二届全国人民代表大会第四次会议新闻公报[N/OL]. 人民日报，1963-12-04.

③ 从国外进口"洋油"的时代即将一去不返——我国石油产品基本自给[N/OL]. 人民日报，1963-12-26.

第二节　管理理论的产生与发展

一、科学管理阶段

管理理论比较系统的建立是在 19 世纪末 20 世纪初。随着资本主义自由竞争逐步向垄断过渡，企业规模不断扩大，市场也在迅速扩展，从一个地区扩展到整个国家，从国内扩展到国外。例如，当时的英国，就自称是"日不落"国家，因为几乎在世界各大洲都有它的殖民地，这些殖民地成为英国企业攫取原料、倾销商品的市场。随着资本主义市场范围和企业规模的扩大，特别是资本主义公司的兴起，企业管理工作日益复杂，对管理的要求越来越高。资本家单凭个人的经验和能力管理企业、包揽一切的做法，已不能适应生产发展的需要。客观上要求资本所有者与企业经营者分离，要求管理职能专业化，建立专门的管理机构，采用科学的管理制度和方法。同时，也要求对过去积累的管理经验进行总结，使之系统化、科学化并上升为理论，以指导实践，提高管理水平。正是基于这些客观要求，资本主义国家的一些企业管理人员和工程技术人员开始致力于总结经验，进行各种试验研究并把当时的科技成果应用于企业管理。这个阶段所形成的管理理论称为"古典管理理论"或"科学管理理论"，主要包括泰勒的科学管理理论、法约尔的组织管理理论和马克斯·韦伯的行政组织理论。

（一）泰勒的科学管理理论

科学管理理论的创始人是美国的弗雷德里克·泰勒。泰勒出生于美国费城的一个律师家庭，1874 年，他以优异的成绩考入美国著名的哈佛大学法学院，但因眼疾未能入学。1878 年泰勒进入费城卡德维尔钢铁厂工作，先后当过技工、工长、总机械师、总工程师和总经理，总共获得 100 多项专利。泰勒长期从事企业管理工作，具有丰富的实践经验，他以毕生精力从事企业管理研究，相继发表了《计件工资制》（1895 年）、《车间管理》（1903 年）等论著，这是他后来创立科学管理的基础。为了试验和推广科学管理，他于 1901 年 45 岁时就从有报酬的工作岗位退休，为许多著名的公司当管理咨询顾问，专心研究科学管理原理，1911 年他出版了《科学管理原理》一书，这是企业管理从经验向科学过渡的标志。由于泰勒在管理发展史上的特殊地位，他被后人称为"科学管理之父"。

泰勒的管理思想和理论主要有以下三个观点。

（1）科学管理的根本目的是谋求最高工作效率。泰勒认为，最高工作效率是工厂主和工人共同达到富裕的基础。它能使较高的工资与较低的劳动成本统一起来，从而使工厂主得到较多的利润，使工人得到较高的工资。这样，便可以提高工厂主扩大再生产的兴趣，促进生产的发展。所以，提高劳动生产率是泰勒创立科学管理理论的基本出发点，是泰勒确定科学管理的原理、方法的基础。

（2）达到最高工作效率的重要手段是用科学的管理方法代替旧的经验管理。泰勒认为管理是一门科学。在管理实践中，建立各种明确的规定、条例、标准，使一切科学化、制度化，是提高管理效能的关键。

（3）实施科学管理的核心问题是要求管理人员和工人双方在精神上和思想上的彻底变

革。泰勒认为，科学管理是一场重大的精神变革。他要求工厂的工人树立对工作、对同伙、对雇主负责任的观念；同时，也要求管理人员——领工、监工、企业主、董事会改变对同事、工人，以及对一切日常问题的态度，增强责任观念。通过这种重大的精神变革，使管理人员和工人双方都把注意力从盈利的分配转到增加盈利数量上来。当他们用友好合作和互相帮助代替对抗和斗争时，他们就能够创造出比过去更多的盈利，从而使工人的工资大大增加，使企业主的利润也大大增加。这样，双方之间便没有必要再为赢利的分配而争吵了。

根据以上观点，泰勒提出以下管理制度。

（1）对工人提出科学的操作方法，以便合理利用工时，提高工效。具体做法是从执行同一种工作的工人中，挑选出身体最强壮，技术最熟练的一个人，把他的工作过程分解为许多个动作，在他最紧张劳动的时候，用秒表测量并记录完成每一个动作所消耗的时间，然后按照经济合理的原则加以分析研究，对其中合理的部分加以肯定，不合理的部分进行改进，制定出标准的操作方法，并规定出完成每一个标准操作或动作的标准时间，制定劳动时间定额。

（2）对工人进行科学的选择、培训和提高。泰勒曾经对经过科学选择的工人用上述的科学作业方法进行训练，使他们按照作业标准工作，以改变过去凭个人经验选择作业方法及靠师傅带徒弟的办法培养工人的落后做法。这样改进后，生产效率大为提高。例如：在搬运生铁的劳动试验中，经过选择和训练的工人，每人每天的搬运量从12.5吨提高到47.5吨；在铲铁的试验中，每人每天的平均搬运量从16吨提高到50吨。

（3）制定科学的工艺规程，并用文件形式固定下来。对工人的操作方法、使用的工具、劳动和休息的时间进行合理的搭配，同时对机器安排和作业环境等进行改进，形成一种标准的作业条件。泰勒用了10年以上时间进行金属切削试验，制定了切削用量规范，使工人选用机床转数和走刀量都有了科学标准。

（4）实行具有激励性的差别计件工资制。按照作业标准和时间定额，规定不同的工资率。对完成和超额完成工作定额的工人，以较高的工资率计件支付工资；对完不成定额的工人，则按较低的工资率支付工资。

（5）使管理和劳动分离，把管理工作称为计划职能，工人的劳动称为执行职能。泰勒指出，在旧的管理中，所有的计划都是由工人凭个人经验制订的，实行新的管理制度后，就必须由管理部门按照科学规律制订计划。他认为，即使有的工人很熟悉生产情况，也能掌握科学的计划方法，但要他在同一时间既在现场做工，又在办公桌上工作是不可能的。在绝大多数情况下，需要一部分人先做出计划，由另一部分人去执行。因此，他主张把计划职能从工人的工作内容中分离出来，由专业的计划部门去做。计划部门的任务是，规定标准的操作方法和操作规程，制定定额，下达书面计划，监督、控制计划的执行。从事计划职能的人员称为管理者，负责执行计划的人称为劳动者。管理者和劳动者在工作中互相呼应、密切合作，以保证工作按照科学的设计程序进行。

（6）职能工长制。为了使工长有效地履行其职责，必须把管理工作细分，使所有的工长每人只承担一种或两种管理职能。这样，管理者的职责比较单一明确，培养管理者所花的时间和费用也比较少。但是，这样一来，一个工人就要从几个职能不同的工长那里接受命令，容易造成多头命令，同时增加管理费用。

（7）例外原则。指企业的高级管理人员把一般的日常事务授权给下级管理人员去处理，自己只保留对例外事项（重要事项）的决策权和控制权，第一次或者在特殊情况下发生的非常规的事情才由上级亲自处理。比如，有关企业战略的重大问题和重要的人事任免等。例外原则至今仍是管理中重要的原则。

以上这些改革，现在看来似乎是非常平常、早已为人们所熟悉的常识，在当时却是重大的变革。实践证明，这种改革收到了很好的效果，生产效率得到了普遍提高，出现了高效率、低成本、高工资、高利润的新局面。

与泰勒同时代对管理改革做出过贡献的还有甘特、吉尔布雷斯夫妇、亨利·福特等。

甘特曾是泰勒的同事，后来独立开业，从事企业管理技术咨询工作。他的重要贡献之一是设计了一种用线条表示的计划图表，称为甘特图。这种图现在仍然用于编制进度计划。甘特还提出了"计件奖励工资制"，即除了支付日工资外，超额完成定额部分，再计件给予奖金，完不成定额的，只能拿到日工资。这种制度比泰勒的"差别计件工资制"好，使工人感到收入有保证，从而激发其劳动积极性。这个事实第一次说明，工资收入有保证也是一种工作动力。甘特的代表作是 1916 年出版的《工业领导》和 1919 年出版的《工作的组织》。

机械师弗兰克·吉尔布雷斯和他的妻子、心理学者莉莲·吉尔布雷斯以进行"动作研究"而著称。他们开始是在建筑行业分析研究用哪种姿势砌砖省力、舒适、效率高。经过试验，制定出一套砌砖的标准作业方法，使每人每日砌砖量增加两倍。他们还在其他行业进行过动作研究，并把工人劳动时手和臂的活动分解成 17 项基本动作。他们的研究方法是，在工人的手臂上绑上小灯泡，将工人劳动时的动作拍摄成带有时间指针的组图，然后对照相片与其他人一起分析哪些动作是合理的、应该保留的，哪些动作是多余的、可以省掉的，哪些动作需要加快速度，哪些动作应该改变次序，然后定出标准的操作程序。他们的动作研究比泰勒的研究更为细致和广泛。他们的研究成果反映在 1911 年出版的《动作研究》一书中。

美国的亨利·福特在泰勒的单工序动作研究的基础上，为了提高企业的竞争能力，对如何提高整个生产过程的生产效率进行了研究。他充分考虑了大量生产的优点，规定了各个工序的标准时间，使整个生产过程在时间上协调起来，创造了第一条流水生产线——汽车流水生产线，从而提高了整个企业的生产效率，并使成本明显降低。福特为了利于企业向大量生产发展，进行了多方面的标准化工作，包括：产品系列化——减少产品类型，以便实行大量生产；零件规格化——利于提高零件的互换性；工厂专业化——不同的零件分别由专门的工厂或车间制造；机器及工具专用化——提高工作效率，并为自动化打下基础；作业专门化——使各工种的工人反复进行同一种简单的作业。

泰勒及其他同期先行者的理论和实践构成泰勒制，着重解决用科学的方法提高生产现场的生产效率问题。所以，人们称以泰勒为代表的这些学者所形成的学派为科学管理学派。

泰勒制应用在生产现场管理中效果显著，但是在推广过程中却遭到了反对和抵抗。一方面是由于社会上传统意识的影响，另一方面是由于它本身存在的弱点。对此，应当用历史的观点客观地加以评价。

（1）它冲破了百多年沿袭下来的传统的、落后的经验管理办法，将科学引进了管理领域，并且创立了一套具体的科学管理方法代替单凭个人经验进行作业和管理的旧方法。这是管理理论上的进步，也为管理实践开创了新局面。

（2）泰勒制采用了科学的管理方法和科学的操作程序，使生产效率提高了两三倍，推动了生产的发展，适应了资本主义经济在这个时期发展的需要。

（3）由于管理职能与执行职能的分离，企业中开始有一些人专门从事管理工作。这就使管理理论的创立和发展有了实践基础。

（4）泰勒制是资本家最大限度压榨工人血汗的手段。它把工人看成"会说话的机器"，使工人只能按照管理人员的决定、指示、命令进行劳动。泰勒的"标准作业方法""标准作业时间""标准工作量"都是以身体最强壮、技术最熟练的工人在进行最紧张的劳动时所测定的时间定额为基础的，是大多数工人无法忍受和坚持的。

（5）泰勒制把人看作纯粹的"经济人"，认为人的活动仅仅出于个人的经济动机，忽视企业成员之间的交往及工人的感情、态度等社会因素对生产效率的影响。泰勒认为，工人的集体行为会降低工作效率，只有使"每个工人个别化"，才能达到最高效率。

（6）泰勒制所强调的"科学管理"是"精神变革"，而且"对劳资双方都有利"，掩盖了早期资本主义制度对工人进行剥削的实质。

泰勒制是适应历史发展的需要而产生的，同时也受到历史条件和倡导者个人经历的限制。泰勒制主要解决工人的操作问题、生产现场的监督和控制问题，管理的范围比较小，管理的内容也比较窄。企业的供应、财务、销售、人事等方面的活动基本没有涉及。

（二）法约尔的组织管理理论

泰勒制在科学管理中的局限性，主要是由法国的法约尔加以补充的。亨利·法约尔1860年从圣艾帝安国立矿业学院毕业后进入康门塔里—福尔香堡采矿冶金公司，由一名工程技术人员逐渐成长为专业管理者，长期担任公司总经理，积累了管理大企业的经验。与此同时，他还在法国陆军大学任过管理教授，对社会上其他行业的管理进行过广泛的调查。他在退休后，创办了管理研究所。法约尔的经历决定了他的管理思想要比泰勒开阔。泰勒的研究是从"车床前的工人"开始的，重点内容是企业内部具体工作的效率。法约尔的研究则是从"办公桌前的总经理"出发的，以企业整体作为研究对象。他认为，管理理论是指"有关管理的、得到普遍承认的理论，是经过普遍检验并得到论证的一套有关原则、标准、方法、程序等内容的完整体系"，有关管理的理论和方法不仅适用于公私企业，也适用于军政机关和社会团体。这正是其一般管理理论的基石。

法约尔的管理理论集中反映在他的代表作——1916年出版的《工业管理与一般管理》一书中。主要内容有以下三点。

1. 指出经营与管理是两个不同的概念

法约尔认为，经营活动可分为六大类，管理只是经营活动中的一类。企业经营的六类活动是：①技术活动，包括设计、工艺和加工等；②商业活动，包括购买、销售和交换等；③财务活动，包括资本的筹集和运用等；④安全活动，包括机器设备和人员保护等；⑤会计活动，包括财产清点、资产负债表制作、成本核算和统计等；⑥管理活动，包括计划、组织、指挥、协调和控制。法约尔认为，经营的六类活动是上至高层领导，下至普通工人，每个人都不同程度地要从事的活动，只不过随着职务高低的不同而有所侧重。例如，普通工人侧重于技术活动，高层领导人侧重于管理活动。

2. 全面、系统地论述了管理的职能

法约尔在他的著作中侧重对管理活动进行了理论研究，指出管理包括五种职能（或要素），即计划、组织、指挥、协调和控制。

（1）计划。管理人员要尽可能地准确预测企业未来的各种事态，确定企业的目标和完成目标的步骤，既要有长远的指导计划，也要有短期的行动计划。

（2）组织。组织即确定执行工作任务和管理职能的机构，由管理机构进一步确定完成任务所必需的机器、物资和人员。

（3）指挥。指挥即对下属的活动给予指导，使企业的各项活动互相协调配合。管理人员要树立良好的榜样，全面了解企业职工的情况及职工与企业签订合同的情况。管理人员应对下属人员进行考核，对不称职的要立即解雇。对组织结构也应当经常加以审议，依据管理的需要随时进行调整和改组。

（4）协调。协调即协调企业各部门及各个员工的活动，指导他们走向一个共同的目标。

（5）控制。控制即确保实际工作与规定的计划、标准相符合。

这五种职能形成一个完整的管理过程，因此，又称为管理过程理论。

3. 总结、归纳了管理的 14 条原则

（1）分工。劳动专业化是各个机构和组织前进和发展的必要手段，减少了每个工人所须掌握的工作项目，提高了生产效率。劳动的专业化，使实现大规模生产和降低成本有了可能。同时，每个工人工作范围的缩小，工人的培训费用也大为减少。

（2）权力与责任。法约尔认为，权力即"下达命令的权利和强迫别人服从的力量"。权力可以区分为管理人员的职务权力和个人权力。职务权力是由职位产生的，个人权力是由担任职务者的个性、经验、道德品质以及能使下属努力工作的其他个人特性产生的。个人权力是职务权力不可缺少的条件。他特别强调权力与责任的统一。有责任必须有权力，有权力就必然产生责任。

（3）纪律。法约尔认为，纪律的实质是遵守公司各方达成的协议。要维护纪律就应做到：①对协议进行详细说明，使协议明确而公正；②各级领导要称职；③在纪律遭到破坏时，要采取惩罚措施，但制裁要公正。

（4）统一命令。一个员工在任何活动中只应接受一位上级的命令，如果违背这个原则，就会使权力和纪律遭到严重的破坏。

（5）统一领导。为达到同一目的而进行的各种活动，应由一位首脑根据一项计划开展，这是统一行动、协调配合、集中力量的重要条件。

（6）员工个人要服从整体。法约尔认为，整体利益大于个人利益的总和。一个组织谋求实现总体目标比实现个人目标更为重要。协调这两方面利益的关键是领导阶层要有坚定性并做出良好的榜样。协调要尽可能公正，并经常进行监督。

（7）人员的报酬要公平。报酬必须公平合理，尽可能使职工和公司双方满意。对贡献大、活动方向正确的员工要给予奖赏。

（8）集权。集权就是降低下级的作用。集权的程度应视管理人员的个性、道德品质、下级人员的可靠性及企业的规模、条件等情况而定。

（9）等级链。等级链即从最上级到最下级各层权力联成的等级结构。它是一条权力线，用以贯彻执行统一的命令和保证信息传递的秩序。

（10）秩序。秩序即人和物必须各尽其能。管理人员首先要了解每一工作岗位的性质和内容，使每个工作岗位都有称职的员工，每个员工都有适合的岗位。同时还要有条不紊地精心安排物资、设备的合适位置。

（11）平等。平等即以亲切、友好、公正的态度严格执行规章制度。员工们受到平等的对待后，会以忠诚和献身的精神去完成他们的任务。

（12）人员保持稳定。生意兴隆的公司通常都有一批稳定的管理人员。因此，最高层管理人员应采取措施，鼓励员工尤其是管理人员长期为公司服务。

（13）主动性。给人以发挥主动性的机会是一种强大的推动力量。必须大力提倡、鼓励员工们认真思考问题和创新的精神，同时也要使员工的主动性受到等级链和纪律的限制。

（14）集体精神。员工的融洽、团结可以使企业产生巨大的力量。实现集体精神最有效的手段是统一命令。在安排工作、实行奖励时不要引起嫉妒，以避免破坏融洽的关系。此外，还应尽可能直接地交流意见等。

法约尔的管理思想具有较强的系统性和理论性，他对管理职能的分析为管理科学提供了一套科学的理论构架。后人根据这种构架，建立了管理学，并把它引入课堂，培养了大量管理人才。法约尔提出的管理 14 条原则，经过多年的研究和实践检验，总的说来仍然是正确的，这些原则过去曾经给企业管理人员极大的帮助，现在仍然为许多管理者所推崇。法约尔被后人尊称为"现代经营管理之父"。

法约尔的组织管理理论的不足之处是：管理原则缺乏弹性，有时让管理人员无法完全遵守。例如，统一命令原则，法约尔认为，不论什么工作，一个下属只能接受一个上级的命令，并把这一原则作为一条定律，这一点在实践中可能会与分工原则发生矛盾。因为，根据分工原则，只有将各种工作按专业化进行分工，才有助于提高效率。当某一层次的管理人员制定决策时，他就要考虑来自各个专业部门的意见或指示，但这是统一命令原则所不允许的。

（三）韦伯的行政组织理论

马克斯·韦伯生于德国，曾担任过教授、政府顾问、编辑，在社会学、宗教学、经济学与政治学方面都有相当的造诣，是德国颇具影响力的学者和著名作家。他在管理思想方面的贡献是在《社会组织和经济组织理论》一书中提出了理想行政组织理论，也就是"官僚制"（或译为科层制）。韦伯认为，官僚制是一种严密的、合理的、形同机器那样的社会组织，它具有熟练的专业活动，明确的权责划分，严格执行的规章制度，以及金字塔式的等级服从关系等特征，从而使其成为一种系统的管理技术体系。这一理论对工业化以来各种不同类型的组织产生了广泛而深远的影响，成为现代大型组织广泛采用的一种组织管理方式。韦伯由此被人们称为"组织理论之父"。

韦伯的行政组织理论的核心内容有以下两个方面。

1. 权力的基础

行政组织理论的实质在于以科学确定的"法定的"制度规范为组织协作行为的基本约束机制，主要依靠外在于个人的、科学合理的理性权力实行管理。韦伯指出，组织管理过程中依赖的基本权力将由个人转向"法理"，以理性的、正式规定的制度规范为权力中心实施管理。

2. 行政组织的特征

韦伯所提出的行政组织理论具有以下特征。

（1）劳动分工。在分工的基础上，规定每个岗位的权力和责任，把这些权力和责任作为明确规范而制度化。

（2）权威等级。按照不同职位权力的大小，确定其在组织中的地位，形成有序的等级系统，以制度形式巩固下来。

（3）正式的甄选。组织中所有人员的选拔和提升都要依据技术能力。员工的技术能力通过考试或者根据培训和经验来评估。

（4）正式的规则和法规。管理人员在实施管理时，要受制于规则和程序，以保证员工产生可靠的和可以预见的行为。

（5）服从制度规定。组织的所有成员原则上都要服从制度规定，而不是服从于某个人。

（6）管理者与所有者分离。管理者是职业化的专家，而不是所有者。管理者的职务就是他的职业，他有固定的报酬，有按才晋升的机会，他忠于职守而不是忠于某个人。

韦伯的理论所提出的科学管理体系是一种制度化、法律化、程序化和专业化的组织理论；阐明了官僚制与社会化大生产之间的必然联系，突破了妨碍现代组织管理的以等级门第为标准的家长制管理形式；促进了管理方式的转变，消除了管理领域非理性、非科学的因素。理想的行政组织理论无论是对西方学术界，还是社会各个领域，都产生了深刻的影响，现代社会各种组织都在不同程度地按照官僚制原理来建立和管理。但是，韦伯的行政组织理论也存在着难以克服的缺陷：他忽视了组织管理中人的主体作用，偏重于从静态角度分析组织结构和组织管理，忽视了组织之间、个人与组织之间、个人之间的相互作用；突出强调了法规对于组织管理的决定作用，以及人对法规的从属和工具化性质。

二、行为科学阶段

20 世纪，学科越分越细，学科之间的联系也愈加广泛，相继出现了不少边缘学科，在此基础上，科学家们开始考虑如何利用有关的科学知识研究人的行为。1949 年在美国芝加哥大学召开了一次由哲学家、精神病学家、心理学家、生物学家和社会学家等参加的跨学科的科学会议，讨论了应用现代科学知识来研究人类行为的一般理论。会议给这门综合性的学科定名为"行为科学"。1953 年，芝加哥大学成立了行为科学研究所。

泰勒的科学管理理论把人看作"活的机器""机器的附件""经济人"等，而行为科学认为"人"不单是"经济人"，还是"社会人"，即影响工人生产效率的因素除物质条件外，还有人的工作情绪。人的工作情绪又受人所在的社会及本人心理因素的影响。

行为科学是一门研究人类行为规律的科学。资本主义管理学家试图通过行为科学的研究，掌握人们行为的规律，找出对待工人、职员的新方法和提高工效的新途径。

（一）梅奥及霍桑试验和人际关系学说

1. 梅奥及霍桑试验

"行为科学"的发展是从人际关系学说开始的。埃尔顿·梅奥是人际关系学说的创始人。他出生在澳大利亚，早年学医，以后又学习心理学，曾任昆士兰大学讲师，讲授伦理学、哲学和逻辑学。他到美国，执教于宾夕法尼亚大学的华登金融商业学院。1926年，应聘在哈佛大学担任工业研究副教授。他的著作主要有《工业文明的人类问题》《工业文明的社会问题》等。

1924—1932年，梅奥应美国西方电气公司的邀请，在该公司设在芝加哥附近霍桑地区的工厂，进行长达8年的试验，即引起管理学界重视的"霍桑试验"。霍桑试验的目的是要找出工作条件对生产效率的影响，以寻求提高劳动生产率的途径。这一项由美国国家研究委员会赞助的研究计划，共分四个阶段进行。

（1）工厂照明试验。试验首先从变换工作现场的照明强度着手。研究人员将参加试验的工人分成两组，一组为试验组，另一组为控制组。控制组一直在平常的照明强度下工作，而对试验组则给予不同的照明强度。当试验组的照明强度逐渐增大时，试验组的生产增长比例与控制组大致相同；当试验组的照明强度逐渐降低时，试验组的产量才明显下降。试验表明，照明度的一般改变，不是影响生产率的决定因素。

（2）继电器装配试验室研究。为了能够更有效地控制影响工人生产的因素，研究人员将一组人独置在一个工作室，与别的工人避免接触，这次试验是在电话继电器装配实验室分别按不同工作条件进行实验的。试验开始后，先逐步增加休息次数，延长休息时间，缩短每日工作时间，供应茶点，实行五日工作制等；接着，又逐步取消这些待遇，恢复原来的工作条件。结果发现，不论工作条件如何变化，生产量都是增加的，而且工人的劳动热情还有所提高，缺勤率减少了80%。后来又选择了工资支付方式作为试验内容，即将集体奖励制度改为个人奖励制度。试验结果又发现，工资支付方式的改变也不能明显影响工人的生产效率。那么，为什么试验过程中工人的产量会有上升呢？研究小组认为，可能出于工人对试验的关心和兴趣，工人们则认为，生产上升的原因是没有工头的监督，工人可以自由地工作。试验中比较尊重工人，试验计划的制定、工作条件的变化事先都倾听过工人的意见，因而工人与研究小组的人员建立了良好的感情。工人之间由于增加了接触，也滋生了一种团结互助的感情。为了进一步研究这一点，他们进行了第三阶段的试验。

（3）谈话研究。研究小组用了前后两年多时间，对两万工人作了调查。在访问中，起初是用"直接提问"方式谈话。例如，问管理工作和工作环境的问题。虽然他们向工人说明，谈话内容均将保密，但是工人的回答仍然有所戒备。后改用"非直接提问"方式，甚至让工人自由选择话题。在这样的大规模谈话中，研究人员收集到有关工人态度的大量资料。经过分析，研究人员了解到，工人的劳动效果不但和他们在组织中的地位、身份有关，而且也与小组其他人的影响有关，工人中似乎存在一种非正式组织。研究小组在得到了这个结论后，又作了进一步的系统研究，于是试验进入第四阶段的观察研究。

（4）观察研究。研究小组对有14名男工的生产小组进行了观察试验。这个小组是根据集体产量计算工资的，根据组内人员的情况，完全有可能超过他们原来的实际产量。可是，进行了5个月的统计，小组产量总是维持在一定的水平上。经过观察，研究人员发现组内存在着一种默契：往往不到下班，大家已经歇手；当有人超过日产量时，旁人就会暗示他停止工作或放慢工作速度。大家都按着这个集体的平均标准进行工作，谁也不做超额生产的拔尖人物，谁也不偷懒。他们当中，还存在着自然领袖人物。这就证实"非正式组织"是存在的，而这个组织对工人的行为有着较强的约束力，这种约束力甚至超过经济上的刺激。在进行试验的同时，研究小组还同工人进行了广泛的交谈，以了解工人对工作和工作环境、监工和公司当局的看法，以及持有这种看法对生产有什么影响。他们前后共与两万多名职工进行了交谈，取得了大量的材料。

2. 人际关系学说

梅奥等人就试验及访问交谈结果进行了总结，得出的主要结论是：生产效率不仅受物理的、生理的因素影响，而且受社会环境、社会心理的影响。这一点是与科学管理的观点截然不同的。以霍桑试验为基础，梅奥提出了人际关系学说，其主要内容有三点。

（1）企业的员工是"社会人"。从亚当·斯密到科学管理学派，都把人看作仅仅为了追求经济利益而进行活动的"经济人"，或者是对于工作条件的变化能够做出直接反应的"机器的模型"。但是，霍桑试验表明，物质条件的改变，不是劳动生产率提高或降低的决定性因素，甚至计件制的刺激性工资制对于产量的影响也不及生产集体所形成的一种自然力大。因此，梅奥等人创立了"社会人"的假说，即认为人不是孤立存在的，而是属于某一工作集体并受这一集体影响的。他们不是单纯地追求金钱收入，还要追求人与人之间的友情、安全感、归属感等社会的和心理的欲望的满足。梅奥等人曾经用这样一句话来描绘人：人是独特的社会动物，只有把自己完全投入到集体之中才能实现彻底的"自由"。

（2）满足工人的社会欲望，提高工人的士气，是提高生产效率的关键。科学管理理论认为，生产效率与作业方法、工作条件之间存在着单纯的因果关系，只要正确地确定工作内容，采取恰当的刺激制度，改善工作条件，就可以提高生产效率。可是，霍桑试验表明，这两者之间并没有必然的、直接的联系。生产效率的提高，关键在于工作态度的改变，即工人士气的提高。梅奥等人从人是"社会人"的观点出发，认为士气高低决定于安全感、归属感等社会、心理方面的欲望的满足程度。满足程度越高，士气就越高，生产效率也越高。士气又取决于家庭、社会生活的影响及企业中人与人之间的关系。

（3）企业中实际存在着一种非正式组织。人的组织可分为正式组织和非正式组织两种。所谓正式组织，是指企业组织体系中的环节，是为了实现企业总目标而担当有明确职能的机构。这种组织对于个人有强制性。这是古典组织论者所强调和研究的。人际关系学说认为：企业员工在共同工作、共同生产中，必然产生相互之间的人际关系，产生共同的感情，自然形成一种行为准则或惯例，要求个人服从。这就构成了非正式组织。这种非正式组织对于工人的行为影响很大，是影响生产效率的重要因素。

正式组织与非正式组织在本质上是不同的。正式组织以效率和成本为主要标准，要求企业成员为了提高效率、降低成本而确保形式上的协作。非正式组织则以感情为主要标准，要求其成员遵守人际关系中形成的非正式的、不成文的行为准则。

人际关系学说认为：非正式组织不仅存在于工人之中，而且存在于管理人员、技术人员之中，只不过效率与成本对于管理人员、技术人员比对于工人更为重要，而感情一般说来，在工人中比在管理人员、技术人员中占有更为重要的地位。如果管理人员、技术人员仅仅依据效率与成本的要求来进行管理而忽略工人的感情，那么两者之间必将发生矛盾和冲突，妨碍企业目标的实现。因此，调和这种矛盾，解决这种冲突，是管理的根本问题。

人际关系学说是行为科学理论的早期思想，它为以后行为科学的发展奠定了基础。人际关系学说只强调要重视人的行为，而行为科学还要求进一步研究人的行为规律，找出产生不同行为的影响因素，探讨如何控制人的行为以达到预定目标。

（二）行为科学理论

行为科学有广义和狭义两种理解。广义的行为科学是指包括类似运用自然科学的实验和观察方法，研究在自然社会环境中人的行为的科学。狭义的行为科学是指有关工作环境中个人和群体行为的一门综合性学科。

梅奥的人际关系学说是行为科学发展的第一阶段，20 世纪 50 年代以后，行为科学得到了新的发展，20 世纪 60 年代以后，又出现了组织行为学的名称。组织行为学是由行为科学进一步发展起来的，它是研究在一定组织中人的行为的发展规律，重点则是研究企业组织中的行为。组织行为学分三个层次：个体行为理论、团体行为理论和组织行为理论。

1. 个体行为理论

个体行为理论主要包括两方面的内容：一是有关人的需要、动机和激励理论；二是有关企业中的人性理论。

（1）激励理论。梅奥的人际关系学说强调人是"社会人"，满足人的社会需求。以后的行为科学家在这方面又有所发展。他们指出，人的各种各样行为，都有一定的动机，而动机又产生于人类本身内在的、强烈要求得到满足的需要。在组织管理中，可以根据人的需要和动机加以激励，使之更好地完成任务，在这中间也就能更好地实现自己。这时的行为科学研究者，研究的重点已从"社会人"发展到"自我实现的人"，研究的已不仅是职工能否满足其社会需要的问题，而是员工能否获得更有意义、更具有挑战性的工作，在工作中能否获得成就感、尊重与自我满足，能否自我实现的问题。这方面的研究，主要有以下几种理论。

①需要层次理论。美国的人本主义心理学家和行为科学家亚布拉罕·马斯洛 1954 年发表了著作《动机和人格》，在这本书中，他提出了需要层次理论，在西方管理学界广为流传。

需要层次理论有两个基本论点。一个基本论点是：人是有需要的动物，其需要取决于他已经得到了什么，还缺少什么，只有尚未满足的需要能够影响行为。换言之，已经得到满足的需要不能再起激励作用。另一个基本论点是：人的需要都有轻重层次，某一层需要得到满足后，另一层需要才会出现。

马斯洛认为，在特定的时刻，人的一切需要如果都未能得到满足，那么满足最主要的需要就比满足其他需要更迫切。只有排在前面的那些需要得到了满足，才能产生更高一级的需要。而且只有当前面的需要得到充分的满足后，后面的需要才显出其激励作用。

马斯洛将需要划分为五级：生理的需要、安全的需要、社交的需要、尊重的需要和自我实现的需要。

a. 生理的需要。任何动物都有这种需要，但不同的动物，其需要的表现形式是不同的。就人类而言，人们为了能够继续生存，首先必须满足基本的生活要求，如衣、食、住、行等。马斯洛认为，这是人类最基本的需要。人类的这些需要得不到满足就无法生存，也就谈不上其他需要。所以在经济不发达的社会，必须首先研究并满足这方面的需要。

b. 安全的需要。基本生活条件具备以后，生理需要就不再是推动人们工作的最强烈力量，取而代之的是安全的需要。这种需要又可分为两小类：一类是对现在安全的需要，另一类是对未来安全的需要。对现在安全的需要，就是要求自己现在社会生活的各个方面均能有所保证，如就业安全、生产过程中的劳动安全、社会生活中的人身安全等；对未来的安全需要，就是希望未来生活能有保障。未来总是不确定的，而不确定的东西总是令人担忧的，所以人们都追求未来的安全，如病、老、伤、残后的生活保障等。

c. 社交的需要。马斯洛认为，人是一种社会动物，人们的生活和工作都不是独立进行的。因此，人们常希望在一种被接受或属于的情况下工作，也就是说，人们希望在社会生活中受到别人的注意、接纳、关心、友爱和同情，在感情上有所归属，属于某一个群体，而不希望在社会中成为离群的孤鸟。人们的这种需要多半是在非正式组织中得到满足的。比如，在企业中，一般员工都有自己的小圈子。这个圈子里的人一般意气相投、观点相同、利益一致。一人有了困难，圈子里的其他成员会在不同程度上以不同方式给予同情、安慰和帮助。社交的需要比生理的需要和安全的需要来得细致。需要的程度也因个人性格、经历、受教育程度的不同而异。

d. 尊重的需要。"不落后别人，如有可能要高别人一筹"，这也是一种心理上的需要，包括自尊和受别人尊重。自尊是指在自己取得成功时有一股自豪感；受别人尊重，是指当自己做出贡献时，能得到他人的承认，如领导和同志们的好评与赞扬等。

自尊和受人尊重，这两者是联系在一起的。要得到别人的尊重，首先自己要有被别人尊重的条件。自己要先有自尊心；对工作有足够的自信心；对知识的掌握不愿落他人之后，别人懂得的，自己不能不懂，别人不懂的，自己也要知道。只有这样才有可能受到别人的尊重。

自尊心是驱使人们奋发向上的推动力，自尊心人人皆有。领导者要注意研究员工在自尊方面的需要和特点，要设法满足他们的尊重的需要，不能伤害他们的自尊心，只有这样，才能激发他们在工作中的主动性和积极性。

e. 自我实现的需要。这是更高层次的需要。这种需要就是希望在工作上有所成就，在事业上有所建树，实现自己的理想或抱负。有人认为这种需要只存在于那些事业心极强的人身上，其实这种看法是很片面的。同尊重的需要一样，自我实现的需要几乎在任何人身上都有不同程度的表现。自我实现的需要通常表现在两个方面。

一是胜任感方面。有这种需要的人力图控制事物或环境，不是等事情被动地发生和发展，而是希望在自己的控制下进行。比如，在企业生产中，青年工人开始时在师傅的指导下工作，后来掌握了一定的技术后，就会萌发独立操作的想法，在此基础上，他们不愿再机械地去重复、从事、完成工作，而是利用掌握的知识积极地、主动地去分析、研究工作，去改进、完善工作。

二是成就感方面。与物理的"充分负荷"原理相似，人们在工作中常为自己设置一些既有一定困难，但经过努力又可以达到的目标。他们进行的工作既不保守也不冒险，他们是在认为自己有能力影响事情结果的前提下工作的。对这些人来说，工作的乐趣在于成果或成功。有成就感的人往往需要知道自己工作的结果。成功后的喜悦远比其他任何报酬都要重要。

马斯洛的需要层次理论为我们提供了一个研究人类各种需要的参照样本。只有在认识到了需要的类型及其特征的基础上，领导者才能根据不同属下的不同需要进行有效的激励。

②双因素理论。美国心理学家弗雷德里克·赫茨伯格在1959年与别人合著出版的《工作与的激励因素》和1966年出版的《工作与人性》两本著作中，提出了激励因素和保健因素，简称双因素理论。

20世纪50年代后期，赫茨伯格为了研究人的工作动机，对匹兹堡地区的200名工程师、会计师进行了深入的访问调查，提出了许多问题。例如：在什么情况下你对工作特别满意，在什么情况下对工作特别厌恶，原因是什么，等等。调查结果发现，使他们感到满意的因素都是工作的性质和内容方面的，使他们感到不满意的因素都是工作环境或者工作关系方面的。赫茨伯格把前者称作激励因素，把后者称作保健因素。

激励因素：当这类因素具备时，可以起到明显的激励作用；当这类因素不具备时，也不会造成职工的极大不满。这类因素归纳起来有六种：工作上的成就感、受到重视、提升、工作本身的性质、个人发展的可能性和责任。

保健因素：意思是这类因素对职工行为的影响类似卫生保健对人们身体的影响。当卫生保健工作达到一定的水平时，可以预防疾病，但不能治病。同理，当保健因素低于一定水平时，会引起职工的不满；当这类因素得到改善时，职工的不满就会消除。但是，保健因素对职工起不到激励的积极作用。保健因素可以归纳为10项：企业的政策与行政管理、监督、与上级的关系、与同事的关系、与下级的关系、工资、工作安全、个人生活、工作条件和地位。

分析上述两类因素可以看到，激励因素是以工作为中心的，即以员工对工作本身是否满意，工作中个人是否有成就，是否得到重用和提升为中心的；而保健因素则与工作的外部环境有关，属于保证工作完成的基本条件。研究中还发现，当职工受到很大激励时，他对外部环境的不利能产生很大的耐性；反之，就不可能有这种耐性。

赫茨伯格的双因素理论与马斯洛的需要层次理论有很大的相似性。马斯洛的高层次需要即赫茨伯格的主要激励因素，而为了维持生活所必须满足的低层次需要则相当于保健因素。可以说，赫茨伯格对需要层次理论做了补充。他划分了激励因素和保健因素的界限，分析出各种激励因素主要来自工作本身，这就为激励工作指出了方向。

（2）人性理论。人的本性问题，从来是伦理学家争论的一个问题，也是管理学者研究的一个中心课题。早在科学管理时期，就有人探讨这个问题。梅奥等人关于"社会人""非正式组织"的论述也同这个问题有关。到了后期的行为科学，对此更做了较深入的研究。人性理论主要有道格拉斯·麦格雷戈的"X理论和Y理论"，以及威廉·大内的"Z理论"。

①X理论和Y理论。美国麻省理工学院教授道格拉斯·麦格雷戈于1957年首次提出X理论和Y理论，并在1960年正式出版的《企业的人性方面》一书中，对两种理论进行了比较。他认为，在管理中对人性的假设存在两种截然不同的观点，即X理论和Y理论。

麦格雷戈所指的X理论主要观点是：人的本性是坏的，一般人都有好逸恶劳、尽可能逃避工作的特性；由于人有厌恶工作的特性，因此对大多数人来说，仅用奖赏的办法不足以战胜其厌恶工作的倾向，必须进行强制、监督、指挥，并以惩罚进行威胁，才能使他们付出足够的努力去完成给定的工作目标；一般人都胸无大志，通常满足于平平稳稳地完成工作，而不喜欢具有"压迫感"的、创造性的困难工作。

与 X 理论相反的是 Y 理论。麦格雷戈认为，Y 理论是较为传统的 X 理论的合理替换品。Y 理论的主要观点是：人并不是懒惰，他们对工作的喜好和憎恶决定于这工作对他是一种满足还是一种惩罚；在正常情况下人愿意承担责任；人们都热衷于发挥自己的才能和创造性。

对比 X 理论和 Y 理论，可以发现，它们的差别在于对工人的需要看法不同，因此采用的管理方法也不相同。按 X 理论来看待工人的需要，进行管理就要采取严格的控制、强制方式；按 Y 理论看待工人的需要，管理者就要创造一个能多方面满足工人需要的环境，使人们的智慧、能力得以充分的发挥，以更好地实现组织和个人的目标。

②Z 理论。美国加州大学管理学院日裔美籍教授威廉·大内在研究分析了日本的企业管理经验之后，提出了他所设想的 Z 理论。Z 理论认为企业管理当局与职工的利益是一致的，两者的积极性可融为一体。

按照 Z 理论，管理的主要内容有以下几点。

a. 企业对职工的雇佣应是长期的而不是短期的。企业在经济恐慌及经营不佳的状况下，一般也不采取解雇职工的办法，而是动员大家"节衣缩食"，共渡难关。这样，就可以使职工感到职业有保障而积极地关心企业的利益和前途。

b. 上下结合制定决策，鼓励职工参与企业的管理工作。从调查研究、反映情况，到参与企业重大问题的决策，都启发、支持职工进行参与。

c. 实行个人负责制。要求基层管理人员不机械地执行上级命令，而要敏感地体会上级命令的实质，创造性地执行。强调中层管理人员对各方面的建议要进行协调统一，统一的过程就是反复协商的过程。这样做虽然费些时间，但便于贯彻执行。

d. 上下级之间关系要融洽。企业管理当局要处处显示对职工的全面关心，使职工心情舒畅愉快。

e. 对职工要进行全面的知识培训，使职工有多方面工作的经验。如果要提拔一位计划科长担任经营副经理，就要使他在具有担任财务科长、生产科长的能力之后，再选拔到经营副经理的位置上。

f. 准备评价与稳步提拔。强调对职工进行长期而全面的考察，不以"一时一事"为根据对职工表现下结论。

g. 控制机制要较为含蓄而不正规，但检测手段要正规。

2. 团体行为理论

团体行为理论主要研究团体发展的各种因素相互作用和相互依存的关系。团体行为理论的研究成果很多，这里仅介绍卢因的"团体动力学理论"。

库尔特·卢因（Kurt Lewin，1890—1947），德国心理学家，场论的创始人，社会心理学的先驱，以研究人类动机和团体动力学而著名。他借用物理学中场论和力学的概念，说明了团体成员之间各种力量相互依存、相互作用的关系。这一理论的宗旨是寻找和揭示团体行为及团体中个体行为的动力源问题。

卢因认为，人的心理、行为决定于内在的需要和周围的相互作用。当人的需要尚未得到满足时，会产生内部力场的张力，而周围环境因素起着导火线的作用。人的行为动向取决于内部力场与情境力场（即环境因素）的相互作用，但主要的决定因素是内部力场的张力。

卢因"场"的理论最初用于研究团体中的个体行为规律。他以实验为依据，认为个体行为是个体与环境（包括团体）各种有关力量相互作用的结果。用公式表示如下。

$$B = f(P, E)$$

式中，B——行为；P——个人；E——环境。

公式说明，人的行为是个人与环境相互作用的函数。之后，他又把场论应用于团体行为的研究。研究结果认为，团体行为是不断发展变化的动态过程，团体行为的产生，是团体内部各种力量相互作用的结果，包括团体的领导力量、团体的规范、团体压力和顺从、团体内聚力、团体人群关系和沟通及团体决策等影响团体发展变化的所有力量的总和。

团体行为理论强调重视人的因素，把团体与其成员间的相互作用看成团体行为的动力，把如何提高团体绩效的问题看作充分调动人的积极性问题。

3. 组织行为理论

组织行为理论主要包括领导理论和组织变革、组织发展理论等。支持关系理论（support relation theory）是领导理论中影响比较大的理论，是美国现代行为科学家伦西斯·利克特提出的，其要点如下。

对人的领导是管理工作的核心。必须使每个人建立起个人价值的感觉，把自己的知识和经验看成对个人价值的支持。所谓"支持"，是指员工置身于组织环境中，通过工作交往亲身感受和体验到领导者及各方面的支持和重视，从而认识到自己的价值。这样的环境就是"支持性"的，这时的领导者和同事也就是"支持性"的。

支持关系理论把企业领导方式分为专权命令式、温和命令式、协商式和参与式四种。其中参与式效率最高，能最有效地发挥经济激励、自我激励、安全激励和创造激励的作用。参与式程度越高，管理越民主，企业的效率越高；反对单纯地以生产或以人为中心。

支持关系理论实际上要求组织成员都认识到组织担负着重要使命和目标，每个人的工作对组织来说都是不可或缺、意义重大和富有挑战性的。组织里的每个人都受到重视，都有自己的价值。如果在组织中形成了这种"支持关系"，员工的态度就会很积极，各项激励措施就会充分发挥作用，组织内充满协作精神，工作效率就会很高。

三、管理理论丛林

第二次世界大战以来，随着现代科学和技术日新月异的发展，生产和组织规模急剧扩大，生产力和生产社会化程度不断提高，管理理论逐渐引起了人们的普遍重视。许多学者和实际工作者在前人理论与实践经验的基础上，结合自己的专业知识进行现代管理问题的研究。由于研究条件、掌握材料、观察角度以及研究方法等方面的不同，必然产生不同的看法，形成不同的思路，从而形成了多种管理学派。

美国管理学家哈罗德·孔茨将管理理论的各个流派统称为"管理理论丛林"。1961年12月孔茨在美国《管理学杂志》上发表《管理理论的丛林》一文，认为由于当时各类科学家对管理理论的兴趣有了极大的增长，他们为了各种目的，标新立异，导致管理理论的丛林蔓生滋长，使人们难以通过。他当时划分了6个主要学派：管理过程学派、经理学派、人类行为学派、社会系统学派、决策理论过程学派和数学学派。

1980 年，孔茨又在《管理学会评论》上发表《再论管理理论的丛林》一文，指出经过这段时间以后，管理理论的丛林不但存在，而且更加茂密，至少产生了 11 个学派：社会系统学派、决策理论学派、系统管理学派、经验主义学派、权变理论学派、管理科学学派（数量学派）、组织行为学派、经理角色学派、经营管理理论学派、社会技术系统学派和人际关系学派。

第三节　现代管理学学派

20 世纪 60 年代以后，人类在科学技术方面进入一个新的阶段。一些新的学科门类的出现，为各学科的发展提供了基础和条件。例如，系统论、控制论和信息论的广泛研究，影响到其他许多学科，包括管理科学。许多管理学者（包括社会学家、数学家、人类学家、计量学家等）从不同的角度发表了对管理学的见解，管理理论呈现分散化趋向。在这个时期，管理理论流派众多，除系统理论之外，决策理论学派、经验主义学派、管理科学学派等均有较大建树，并且构成这个时期管理思想的丰富内容。同时，随着现代科学技术的发展，管理科学大量吸收和借鉴现代科学成果，从而使管理科学的科学化程度日益提高。

一、现代管理学学派概述

（一）管理过程学派

管理过程学派以法约尔、孔茨为代表，主要研究管理过程与管理职能，其基本观点如下。

（1）管理是一个过程，即让别人同自己实现既定目标的过程。

（2）管理过程的职能有五个：计划、组织、人员配备、指挥、控制。

（3）管理职能具有普遍性，即各级管理人员都执行管理职能，但侧重点因管理级别的不同而不同。

（4）管理应当具有灵活性，要因地制宜，灵活应用。

（二）经验主义学派

经验主义学派，又称案例学派，主张从管理者的实践经验寻求管理活动的一般规律和共性，并使之系统化、理论化，以指导人们的管理活动。这一学派的代表人物主要有：美国的学者彼得·德鲁克；管理学家欧内斯特·戴尔、哥伦比亚大学教授威廉·纽曼等。

（三）系统管理学派

西方学者把系统论应用于工商企业的管理，形成系统管理学派。这一学派的主要代表人物是理查德·约翰逊、弗里蒙特·卡斯特、詹姆士·罗森茨韦克，他们于 1963 年出版了《系统理论和管理》一书，成为系统管理学派的代表之作。其主要观点有以下几方面。

（1）组织是人们建立起来的相互联系并共同运营的要素（子系统）所构成的系统。

（2）任何子系统的变化均会影响其系统的变化。

（3）系统具有半开特性——既有自己的特性，又有与外界沟通的特性。

系统管理学派强调系统的综合性、整体性，强调构成系统各部分之间的联系，认为只有把各个部门、各种资源按系统的要求进行组织和利用，才能提高企业的整体效益。

（四）决策理论学派

决策理论学派的代表人物是美国卡内基-梅隆大学教授赫伯特·西蒙。他是 1978 年诺贝尔经济学奖获得者。西蒙认为，管理活动的全部过程都是决策的过程。决策贯穿于整个管理过程，所以管理就是决策。

（五）管理科学学派

管理科学学派，又称作管理中的数量学派或运筹学派。其代表人物是美国的埃尔伍德·斯潘赛·伯法。该学派认为，解决复杂系统的管理决策问题，可以用电子计算机作为工具，寻求最佳计划方案，以达到企业的目标。管理科学其实就是管理中的一种数量分析方法。它主要用于解决能以数量表现的管理问题。其作用在于通过管理科学的方法，减少决策中的风险，提高决策的质量，保证投入的资源发挥最大的经济效益。

（六）权变理论学派

权变理论学派在 20 世纪 70 年代形成于美国，该学派的代表人物是美国尼布拉加斯大学教授弗雷德·卢桑斯。该学派认为，在管理领域，没有一种适合于任何时代、任何组织和任何个人的普遍行之有效的管理方法，以前各种管理理论都有一定的适用范围，也没有所谓"最佳"的管理方法，对组织的管理应依据其所处的内外部环境条件和形势的变化，因地制宜、因时制宜地灵活采用不同的管理方法。所以，作为管理人员，在任何形势下，都必须对各种变动的环境因素进行具体分析，然后采取适用于某种特定环境的管理方法，才能取得良好效果。

二、管理理论的新发展

随着环境的迅速变化，管理思想和实践也发生着变革。20 世纪 80 年代以来，西方管理学界出现了许多新的管理理论，这些理论代表了管理理论发展的新趋势。

（一）企业文化

企业文化是 20 世纪 80 年代以来企业管理科学理论丛林中分化出来的一个新理论。第二次世界大战后，作为战败国的日本满目疮痍，一片废墟。日本没有自然条件方面的优势，国土狭小，自然资源匮乏。日本企业家深刻认识到，如果要在世界强国之林占有一席之地，日本企业只有付出更加艰辛的劳动，不仅需要有足够的物质和技术力的支持，更需要一种激励员工艰苦奋斗、为企业尽心尽责的精神力量，即企业文化。

（二）学习型组织理论

1990 年，美国麻省理工学院斯隆管理学院的彼得·圣吉教授出版了享誉世界的著作《第五项修炼——学习型组织的艺术与实践》，引起管理界的轰动。从此，建立学习型组织、实行五项修炼成为管理理论与实践的热点。为什么要建立学习型组织？因为世界变化太快，要求企业不能再像过去那样被动地适应。

彼得·圣吉提出了学习型组织的五项修炼技能。①系统思考。系统思考是为了看见事物的整体。进行系统思考，一是要有系统的观点，二是要有动态的观点。系统思考不仅是要学习一种思考方法，更重要的是在实践中要反复运用，从而可以从任何局部的蛛丝马迹中看到整体的变动。②超越自我。超越自我既是指组织要超越自我，又是指组织中的个人也要超越自我。超越自我不是不要个人利益，而是要有更远大的目标，要从长期利益出发，要从整个全局的整体利益出发。③改变心智模式。不同的人，对同一事物的看法不同，是因为他们的心智模式不同。人们在分析事物时，需要运用已有的心智模式作为基础。但是，如果现有的心智模式已不能反映客观事物，就会做出错误的判断。特别是在企业领导层出现这种情况时，小则使企业经营出现困难，大则给企业带来灾难性的影响。而改变心智模式的办法是：一要反思自己的心智模式；二要探询他人的心智模式，从自己与别人心智模式的比较中完善自己的心智模式。④建立共同愿景。愿景是指对未来的愿望、景象和意象。企业作为一个组织，是以个人为单元的。企业一旦建立了共同愿景，建立了全体员工共同认可的目标，就能充分发挥每个人的力量。共同愿景的建立不是企业领导人单方面的设计，而是对每一个人利益的融合。⑤团队学习。团队学习是发展员工与团体的合作关系，使每个人的力量能通过集体得以实现。团队学习的目的，一是避免无效的矛盾和冲突，二是让个别人的智慧成为集体的智慧。团队学习的一种很重要的形式是深度会谈。深度会谈是对企业重大而又复杂的议题进行开放性的交流，使每一个人不仅能表达自己的看法，同时也能了解别人的观点，通过交流减少差异，从而能够相互协作配合。

（三）企业流程再造

企业流程再造（business process reengineering，BPR），又称业务流程重组，是 20 世纪 80 年代末、90 年代初发展起来的企业管理的新理论。1993 年，迈克尔·海默与杰姆斯·钱皮合著《企业再造》一书。该书总结了过去几十年来世界成功企业的经验，阐明了生产流程、组织流程在企业决胜于市场竞争中的决定作用，提出了应对市场变化的新方法，即企业流程再造。

企业流程再造的目的是提高企业竞争力，从业务流程上保证企业能以最小的成本、高质量的产品和优质的服务提供给企业客户。企业流程再造的实施方法是，以先进的信息系统和信息技术为手段，以顾客中长期需要为目标，通过最大限度地减少对产品增值无实质作用的环节和过程，建立起科学的组织结构和业务流程，使产品的质量和规模发生质的变化。

企业流程再造的基本内容是：首先，以企业生产作业或服务作业的流程为审视对象，从多个角度，重新审视其功能、作用、效率、成本、速度、可靠性、准确性，找出不合理因素；然后，以效率和效益为中心对作业流程和服务流程进行重新构造，以达到业绩质的飞跃和突破。企业流程再造强调以顾客为导向和服务至上的理念，对企业整个运作流程进行根本性的重新思考，并加以彻底的改革。企业必须把重点从过去的计划、控制和增长转到速度、创新、质量、服务和成本上，目的是吸引顾客，赢得竞争和适应变化。

本 章 小 结

1. 最早对经济管理思想进行系统论述的学者首推英国经济学家亚当·斯密。他在 1776 年（当时正值英国的工场手工业开始向机器工业过渡时期）出版了《国民财富的性质和原因的研究》一文，系统地阐述了劳动价值论及劳动分工理论。

2. 英国人查理·巴贝奇发展了斯密的论点，提出许多关于生产组织机构和经济学方面的带有启发性的问题。这一时期的著名管理学者除了斯密和巴贝奇之外，还有英国的空想社会主义者罗伯特·欧文。这些管理思想虽然不系统、不全面，没有形成专门的管理理论和学派，但对于促进生产以及以后科学管理理论的产生和发展，都有积极的影响。

3. 管理理论比较系统的建立是在 19 世纪末 20 世纪初。这个阶段所形成的管理理论称为"古典管理理论"或"科学管理理论"，主要包括泰勒的科学管理理论、法约尔的组织管理理论和韦伯的行政组织理论。

4. 科学管理理论的创始人是美国人泰勒，他于 1911 年出版了《科学管理原理》一书，这是企业管理从经验向科学过渡的标志。他被后人称为"科学管理之父"。

5. 法国人亨利·法约尔以企业整体作为研究对象。他认为，管理理论是指"有关管理的、得到普遍承认的理论，是经过普遍检验并得到论证的一套有关原则、标准、方法、程序等内容的完整体系"，有关管理的理论和方法不仅适用于公私企业，也适用于军政机关和社会团体。这正是其一般管理理论的基石。法约尔的管理理论集中反映在他的代表作——1916 年出版的《工业管理与一般管理》一书中。主要内容有三点：指出经营与管理是两个不同的概念；全面、系统地论述了管理的职能；总结、归纳了管理的 14 条原则。亨利·法约尔被后人尊称为"现代经营管理之父"。

6. 马克斯·韦伯在《社会组织和经济组织的理论》一书中提出了理想行政组织理论，也就是"官僚制"。韦伯认为，官僚制是一种严密的、合理的、形同机器的社会组织，它具有熟练的专业活动，明确的权责划分，严格执行的规章制度，以及金字塔式的等级服从关系等特征，从而使其成为一种系统的管理技术体系。这一理论对工业化以来各种不同类型的组织产生了广泛而深远的影响，成为现代大型组织广泛采用的一种组织管理方式。韦伯由此被人们称为"组织理论之父"。

7. 泰勒的科学管理理论、法约尔的组织管理理论、韦伯的行政组织理论具有共同的局限性：把人看成"经济人"，忽视"人"的因素及人的需要和行为；没有看到组织与外部的联系，只关注组织内部的问题，把组织看成一个封闭的系统。由于这些共同的局限性，20 世纪初西方建立的这三大管理理论被统称为古典管理理论。

8. 以霍桑实验为基础，梅奥提出了人际关系学说，其主要内容有三点：企业的职工是"社会人"；满足工人的社会欲望，提高工人的士气，是提高生产效率的关键；企业中实际存在着一种"非正式组织"。这种非正式组织对于工人的行为影响很大，是影响生产效率的重要因素。人际关系学说是行为科学理论的早期思想，它为以后行为科学的发展奠定了基础。

9. 行为科学是一门研究人类行为规律的科学。20 世纪 50 年代以后，行为科学得到新的发展，60 年代以后，又出现了组织行为学的名称。组织行为学分三个层次：个体行为理论、团体行为理论和组织行为理论。

10. 组织行为理论主要包括领导理论和组织变革、组织发展理论等。其中，影响比较大的理论主要有支持关系理论和管理方格理论。

11. 第二次世界大战以来，随着现代科学技术和生产力、生产社会化程度不断提高，管理理论逐渐引起人们的普遍重视，形成了多种管理学派。美国管理学家哈罗德·孔茨将管理理论的各个流派统称为"管理理论丛林"。孔茨认为管理理论的丛林至少产生了 11 个学派：社会系统学派、决策理论学派、系统管理学派、经验主义学派、权变理论学派、管理科学学派（数量学派）、组织行为学派、经理角色学派、经营管理理论学派、社会技术系统学派和人际关系学派。

思考与练习

1. 简述斯密劳动价值论及劳动分工理论的内容，以及巴贝奇对斯密理论的发展。
2. 说明中国古代各家管理思想的精华，并思考它们对现代企业经营管理的启示。
3. 简述"鞍钢宪法"的核心内容及其意义。
4. 简述大庆精神和大庆式企业六条标准。
5. 泰勒的管理理论的主要内容是什么？该理论有什么贡献？有何局限性？对当前我国的企业管理有何指导意义？
6. 法约尔的组织理论的主要内容有哪些？该理论的贡献和局限性是什么？你认为法约尔管理的 14 条原则对我们今天的管理有何指导意义？
7. 人际关系学说的主要内容是什么？
8. 行为科学研究的主要内容是什么？
9. 马斯洛的需要层次理论的主要内容是什么？在"双因素理论"中，激励因素和保健因素指什么？
10. 麦格雷戈的 X 理论和 Y 理论的主要内容是什么？对当前我国企业管理有何启示？
11. 简述现代管理学学派的主要观点及代表人物。

即学即测

案例讨论

王传福：比亚迪，筑梦四时

第三章 管理的基本职能

本章提要

本章阐述管理的五大职能：决策、计划、组织、控制、领导。对决策的一般概念、决策的过程，计划的一般概念、编制程序，组织的含义、组织设计的原则及管理组织的类型，控制的一般概念、控制的过程及要求，领导的内涵、领导者的素养、领导方式及其理论等进行比较系统的论述。

重点难点

- 决策、计划、组织、控制、领导的概念及内涵
- 决策的影响因素
- 计划的编制程序
- 组织设计的原则、组织结构的类型、虚拟企业组织的特点
- 控制的过程及要求
- 领导方式及其理论、领导权变理论

引导案例

红 舞 鞋

这是安徒生一个流传甚广的童话故事。

有一双非常漂亮、吸引人的红色的舞鞋，女孩若把它穿在脚上，跳起舞来就会感到轻盈、富有活力。因此姑娘们见了这双红舞鞋，眼神都发亮，兴奋得喘不过气来，谁都想穿上这双红舞鞋翩翩起舞一番。可是姑娘们都只是想想而已，没有谁敢真的把它穿上脚去跳舞。因为传说这双红舞鞋是一双具有魔力的鞋，一旦穿上跳起舞来就会永无休止地跳下去，直到耗尽舞者的全部精力为止。

但仍有一个擅舞的、年轻可爱的姑娘抵挡不住这双红舞鞋的魅力，不听家人的劝告，悄悄地穿上跳起舞来，果然，她的舞姿更加轻盈，她的激情更加奔放，姑娘感到有舞之不尽的热情与活力。她穿着红舞鞋跳过街头巷尾，跳过田野乡村，她跳得青春美丽焕发，人见人爱，人见人羡。姑娘自己也感到极大的满足和幸福，她不知疲倦地舞了又舞。夜幕在不知不觉之中降临了，观看姑娘跳舞的人群都回家休息了，姑娘也开始感到了倦意，她想停止跳舞，可是，她无法停下舞步，因为红舞鞋还要跳下去。姑娘只好继续跳下去。狂风暴雨袭来了，姑娘想停下来去躲避风雨，可是脚上的红舞鞋仍然在快速地带着她旋转，姑娘只好勉强地在风雨中跳下去。姑娘跳到了陌生的森林里，她害怕起来，想回温暖的家，可是红舞鞋还在不知疲倦地带着她往前跳，姑娘只好在黑暗中一面哭，一面继续跳下去。

案例思考

人们绝不会以生命为代价去追求个人事业上的短暂成功。可是人们还具有太多不受理

66

性控制的感情方面的因素。人生的道路上，像红舞鞋这样的诱惑随处可见、时时可见。面对它而能够做到心不为所乱，行不为所动，实在是很不容易的事情。经营企业如同经营人生。企业的表现归根结底就是企业经理人的表现。企业经理人每天也同样面临着类似于红舞鞋的诱惑。

彼得·德鲁克在 20 世纪 50 年代初提出"企业的首要责任是活着"。当时，他的这种观点被认为是保守的，显然与一些经济学家认为的"公司存在的目的就是要谋求利润的最大化"这一观点截然不同。无独有偶，任正非先生在各种场合反复地强调："我现在想的不是企业如何去实现利润最大化的事，而是考虑企业怎么活下去，如何提高企业核心竞争力的问题。"乍一听，这句话的调门不高，但是仔细一想，这却是一句对企业实实在在负责任的话。企业的首要责任不是寻找魅力无穷的红舞鞋，而是活着。企业正确的活法是以独特的核心竞争能力创造出顾客所需要的真正价值。决定企业成败的关键在于创始人能不能搭建一支团队和一个系统，在变化的环境中不断调适，找到正确的方向并坚定不移地走下去。

资料来源：https://tech.china.com/news/company/892/20160219/21545412.html.

按照管理二重性理论，管理具有两种基本职能，即合理组织生产力和维护生产关系。前者是管理自然属性的表现，是由劳动社会化所产生的管理的一般职能；后者是管理社会属性的表现，是由劳动过程的社会性质所决定的管理的特殊职能。正是管理的这两种基本职能，才使生产力得以发展，生产关系得以维护，生产过程得以顺利进行，生产经营目的得以实现。当管理的这两种基本职能集合在一起，共同作用于企业运行过程时，又表现为一系列具体的职能。

最早系统地提出管理各种具体职能的人是法国的亨利·法约尔。他认为管理具有计划、组织、指挥、协调和控制五种职能。之后又有"三功能派""四功能派"和"七功能派"等。管理活动具有哪些最基本的职能？这一问题经过了许多学者近百年的研究，提出了决策、计划、组织、指挥、控制、领导、协调、沟通、激励、用人、指导、代表、监督、检查、创新 15 种职能，但至今仍是众说纷纭。其中计划、组织、领导、控制是各管理学派普遍公认的职能。本书将管理职能划分为：决策、计划、组织、控制、领导五种职能。

第一节 决 策

决策是管理的核心。可以认为，整个管理过程都是围绕着决策的制定和组织实施而展开的。诺贝尔经济学奖获得者西蒙甚至强调，管理就是决策，决策充满了整个管理过程。由此可见决策在管理中的重要地位。

一、决策的一般概念

（一）决策的定义

所谓决策，是指组织或个人为了实现某种目标而对未来一定时期内有关活动的方向、内容及方式的选择或调整过程。

这个定义包含以下几层含义。

（1）决策的主体既可以是组织，也可以是组织中的个人。

（2）决策要解决的问题，既可以是对组织或个人活动的选择，也可以是对这种活动的调整。

（3）决策选择或调整的对象，既可以是活动的方向和内容，也可以是在特定方向下从事某种活动的方式。

（4）决策涉及的时限，既可以是未来较长的时期，也可以仅仅是某个较短的时段。

毛泽东说："领导者的责任，归结起来，主要是出主意、用干部两件事。一切计划、决议、命令、指示等等，都属于'出主意'一类。"这里的"出主意"就是决策。

（二）决策的类型

1. 组织决策与个人决策

从决策主体来看，决策可以分为组织决策与个人决策。

组织决策是组织整体或组织的某个部分对未来一定时期的活动所做的选择或调整。组织决策是在环境研究的基础上制定的。通过环境研究，认识到外部环境的变化对组织的存在造成了某种威胁或提供了某种机会，了解到自己在资源拥有和应用能力上的优势和劣势，便可据此调整活动的方向、内容或方式。

个人决策是指个人在参与组织活动中的各种决策。个人参与组织活动的过程，实质上是一个不断地做出决定或制定决策的过程。个人决策通常是在无意中提出并在瞬间完成的；而组织决策都是有意识地提出并解决的，常常表现为一个完整的程序。

2. 初始决策与追踪决策

从决策需要解决的问题来看，决策可以分为初始决策与追踪决策。

初始决策是指组织对从事某种活动或从事该种活动的方案所进行的初次选择；追踪决策则是在初始决策的基础上对组织活动方向、内容或方式的重新调整。如果说初始决策是在对内外部环境某种认识的基础上做出的，追踪决策则是由于这种环境发生了变化，或者是由于组织对环境特点的认识发生了变化而引起的。显然，组织中的大部分决策属于追踪决策。

3. 战略决策与战术决策

从决策调整的对象和涉及的时限来看，决策可以分为战略决策和战术决策。"战略"与"战术"是从军事学上借用的术语。前者涉及战争的总体政策或方案，或者涉及战斗开始前的方案制定，后者则主要与战斗过程中的具体行动有关。

在管理学的研究中，战略决策与战术决策的区别主要表现在以下几个方面。

（1）从调整对象来看，战略决策调整组织的活动方向和内容，战术决策调整在既定方向和内容下的活动方式。战略决策解决的是"干什么"的问题，战术决策解决的是"如何干"的问题，前者是根本性决策，后者是执行性决策。

（2）从涉及的时空范围来看，战略决策面对的是组织整体在未来较长一段时期内的活动，战术决策需要解决的是组织某个或某些具体部门在未来各个较短时期内的行动方案，组织整体的长期活动目标需要靠具体部门在各阶段的作业中实现。因此，战略决策是战术决策的依据，战术决策是在战略决策的指导下制定的，是战略决策的落实。

（3）从作用和影响来看，战略决策的实施是组织活动能力的形成与创造过程，战术决策的实施则是对已经形成的能力的应用。因此，战略决策的实施效果影响组织的效益与发展，战术决策的实施效果则主要影响组织的效率与生存。

中国共产党之所以能够领导人民取得抗日战争和人民解放战争的胜利，制定一系列正确的战略决策是其中不可忽视的一个重要因素。比如：抗日战争时期坚持敌后游击战、同顽固派既斗争又联合的方针；提出建立民主联合政府主张，照顾同盟者的利益等。又如，解放战争时期，以毛泽东为核心的中共中央确立了向北发展、向南防御的方针，抢占先机，建立东北根据地，集中优势兵力，各个歼灭敌人的组织方针，及时组织战略进攻和战略决战等。①

二、决策过程与影响因素

（一）决策过程

一般认为，决策过程可以划分为四个主要阶段：找出制定决策的理由；找到可能的行动方案；对行动方案进行评价和抉择；对付诸实施的抉择进行评价。前三个阶段是决策过程的核心，然后经过评价阶段，又进入一轮新的决策循环，因此决策实际上是一个"决策—实施—再决策—再实施"的连续不断的循环过程，贯穿于全部管理活动和管理的各种职能活动过程中。

1. 发现问题

决策过程的第一阶段，首先要求找出关键性问题和认准问题的要害，找出为什么要针对这个问题而不是针对其他问题做决策的理由。关键问题抓不准或者问题的要害抓不准，就解决不了问题，所做的各种决策就不可能是合理的、有效的。发现问题是决策者的重要职责。为此，决策者要进行充分的调查研究，分析在特定环境条件下实际已达到的状况与应达到的理想状况的差距，并进一步查明造成差距的原因。

2. 明确决策的目标

问题找到后，决策者就应当着手确定决策目标。在实际工作中会遇到各种问题，于是就同时存在多个目标。这就要求决策者在需要与可能的基础上分清主要目标与次要目标，战略目标与具体目标。在满足决策需要的前提下，应尽量减少目标，要先解决重要目标，再考虑次要目标，确保战略目标的实现。实践证明，失败的决策往往是由于决策目标不正确或不明确造成的。而犹豫不决，通常也是由于目标模糊或目标设立不合理造成的。

3. 拟订可行方案

方案产生的过程是在环境研究、发现不平衡的基础上，根据组织任务和消除不平衡的目标，提出改进设想开始的；在此基础上，对提出的各种改进设想进行集中、整理和归类，形成多种不同的初步方案；在对初步方案进行筛选、补充和修改以后，对确定的方案进一步完善，并预计其执行结果，便形成了一系列不同的可行方案。可供选择的方案数量越多，被选方案的相对满意程度就越高，决策就越有可能完善。为了使在方案拟订基础上进行的

---

① 罗平汉. 毛泽东的战略决策与领导艺术[N]. 人民政协报，2021-05-31(11).

选择有意义，这些不同的方案必须相互替代、相互排斥，而不能相互包容。

4. 综合评价和选择方案

每个实现决策目标的可行方案，都会对目标的实现发挥某种积极作用和影响，也会产生消极作用和影响。因此必须对每个可行方案进行综合的评价和比较，即进行可行性研究。评价和比较的主要内容有以下几个方面。

（1）方案实施所需的条件能否具备，筹集和利用这些条件需要付出何种成本。

（2）方案实施能给组织带来何种长期和短期利益。

（3）方案实施中可能遇到风险从而导致活动失败的可能性。

在方案比较和选择过程中，决策的组织者要注意处理好以下几个方面的问题。①要统筹兼顾。不仅要注意决策方案的各项活动之间的协调，而且要尽可能保持组织与外部结合方式的连续性，要充分利用组织现有的结构和人力条件，为实现新的目标服务。②要注意反对意见。因为反对意见不仅可以帮助我们从多种角度考虑问题，促进方案的进一步完善，还可以提醒我们防范一些可能出现的弊病。③要有决断的魄力。决策者要在充分听取各种意见的基础上，根据自己对组织任务的理解和对形势的判断，权衡各种方案的利弊，做出决断。

5. 检查评价和反馈处理

这是决策过程的最后一个步骤。通过追踪检查与评价，可以发现决策执行过程中出现的偏差，以便采取相应的处理措施进行决策控制。具体追踪处理措施有三种：①保持现状，不采取措施；②采取措施纠正偏差；③修正原决策。到底选择哪一种办法，取决于许多条件。具体地说，如果出现的偏差较小，不致影响决策的全局效果，或者纠正偏差需要付出较大的代价或已超出现有的条件，那么往往听任偏差的存在，继续观察；如果对实施结果及偏差原因做出分析后，认为原决策在现有条件下仍然是正确的，或者说客观条件的变化还不足以表明具有修正决策的必要，而已经出现的偏差又会影响决策的效果，那么在这种情况下就应采取措施纠正偏差，以保证原决策目标的顺利实现。

以上是对决策过程一个粗略的阶段划分，不能机械地理解和对待。实际决策运行过程中可能存在各阶段相互交叉的情况，而且在不同的决策中，省略某个阶段也是允许的。决策过程如图 3-1 所示。

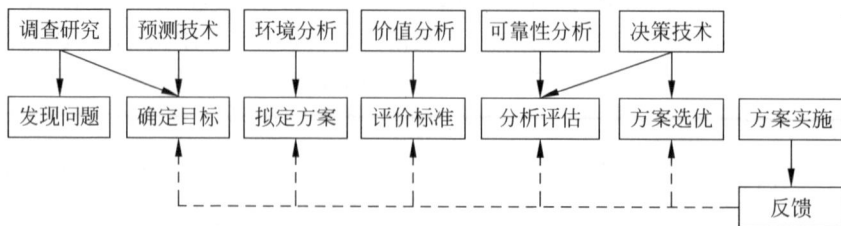

图 3-1　决策过程

（二）影响因素

在上述过程中，组织的决策受到以下因素的影响。

1．环境

环境对组织决策的影响不言而喻。这种影响是双重的。

（1）环境的特点影响着组织的活动选择。比如：就企业而言，如果市场稳定，今天的决策主要是昨天决策的延续，如果市场急剧变化，则需对经营方向和内容经常进行调整；位于垄断市场上的企业，通常将经营重点放在内部生产条件的改善、生产规模的扩大及生产成本的降低方面，而处在竞争市场上的企业，则需密切注视竞争对手的动向，不断推出新产品，努力改善营销宣传，建立健全销售网络。

（2）对环境的习惯反应模式也影响着组织的活动选择。即使在相同的环境背景下，不同的组织也可能做出不同的反应。而这种调整组织与环境之间关系的模式一旦形成，就会趋向固定，限制人们对行动方案的选择。

2．过去的决策

在大多数情况下，组织决策是对初始决策的完善、调整或改革。组织过去的决策是目前决策过程的起点，过去选择的方案的实施，不仅伴随着人力、物力、财力等资源的消耗，而且也伴随着内部状况的改变，带来对外部环境的影响。"非零起点"的目前决策不能不受到过去决策的影响。

过去的决策对目前决策的制约程度受到它们与现任决策者关系的影响。如果过去的决策是由现在的决策者制定的，而决策者通常要对自己的选择及其后果负管理上的责任，因此会不愿对组织活动进行重大调整，而倾向于仍把大部分资源投入到过去方案的执行中，以证明自己的一贯正确。相反，如果现在的主要决策者与组织过去的重要决策没有很深的渊源关系，则会易于接受重大改变。

3．决策者对风险的态度

由于决策是人们确定未来活动的方向、内容和目标的行动，而人们对未来的认识能力有限，目前预测的未来状况与未来的实际状况不可能完全相符，因此，在决策指导下进行的活动，既有成功的可能，也有失败的危险。任何决策都必须冒一定程度的风险。

组织及其决策者对待风险的不同态度会影响决策方案的选择。愿意承担风险的组织，通常会在被迫对环境做出反应以前就已采取进攻性的行动；而不愿承担风险的组织，通常只对环境做出被动的反应。愿意承担风险的组织经常进行新的探索；而不愿承担风险的组织，其活动则要受到过去决策的严重限制。

4．组织文化

组织文化制约着组织及其成员的行为和行为方式。在决策层次上，组织文化通过影响人们对改变的态度而发生作用。

任何决策的制定，都是对过去在某种程度上的否定；任何决策的实施，都会给组织带来某种程度的变化。组织成员对这种可能产生的变化怀有抵御或欢迎两种截然不同的态度。欢迎变化的组织文化有利于新决策的实施，而抵御变化的组织文化则可能给任何新决策的实施带来灾难性的影响。在后一种情况下，为了有效实施新的决策，必须首先通过大量工作改变组织成员的态度，建立一种有利于变化的组织文化。因此，决策方案的选择不能不考虑到为改变现有组织文化而必须付出的时间和费用的代价。

5. 时间

美国学者威廉·R. 金和大卫·I. 克里兰把决策类型划分为时间敏感决策和知识敏感决策。时间敏感决策是指必须迅速而尽量准确的决策。战争中军事指挥官的决策多属于此类。这种决策对速度的要求远甚于质量。相反，知识敏感决策，对时间的要求不是非常严格，这类决策的执行效果主要取决于其质量，而非速度。制定这类决策时，要求人们充分利用知识，做出尽可能正确的选择。组织关于活动方向与内容的决策，即所谓战略决策，基本属于知识敏感决策，这类决策着重于运用机会，而不是避开威胁，着重于未来，而不是现在，所以选择方案时，在时间上相对宽裕，并不一定要求必须在某一日期以前完成。

中国共产党在长期的领导活动中，不仅表现了非凡的决策能力，积累了丰富的决策经验，而且形成了完整的决策理论。毛泽东管理思想把决策纳入认识论，以辩证唯物论为理论基础，提出实事求是，一切从实际出发的决策出发点，从群众中来到群众中去的决策基本程序。调查研究是毛泽东决策思想的重要方法，没有调查就没有发言权。决策权也是发言权，而且是决定性的发言权，成败所系，生死攸关。调查研究是决策的起点、基础，又贯穿于决策的全过程。从全局出发是毛泽东决策思想的根本。毛泽东认为，只有通观全局，把握整体，全面了解事物矛盾的各个方面及它们的联系和中介，才能把握事物的本质、规律和发展趋势，得到对事物的正确认识，从而做出正确的决策。因此，毛泽东强调决策时必须胸怀全局，一切从全局出发。现代企业管理中越来越强调用数据说话、强调调研的重要性，这些都是毛泽东管理思想在现代企业管理中具体指导意义的体现。

第二节 计 划

一、计划的一般概念

（一）计划的定义

概括地说，计划就是对未来组织所要从事的事业的谋划、规划和打算。计划包括：确定组织的目标，制定全局战略以实现这些目标；开发一个全面的分层计划体系以综合和协调各种活动。计划既涉及目标（做什么），也涉及达到目标的方法（怎么做）。

计划可以被进一步区分为非正式计划和正式计划。非正式计划是指管理者本人考虑过组织想要达到什么目标，以及怎么实现目标，并不写成文字。非正式计划是粗略的且缺乏连续性，很少或没有与组织中其他人共享的目标。

本书中提到的计划，是指正式计划。正式计划对每一个时期都有具体的目标，这些目标被郑重地写下来并使组织的全体成员都知道。就是说，管理当局明确规定组织想要达到什么目标和怎么实现这些目标。

毛泽东非常善于设立目标，根据中国的实际情况制定了具体性的、阶段性的目标，在中国共产党成立之初就规定了党的最低纲领、最高纲领，土地革命时期提出了"农村包围城市、武装夺取政权"的目标，抗战时期提出了"建立抗日民族统一战线"的目标，在解放战争时期，提出了"打倒蒋介石，解放全中国"的目标。引领中国革命从一个胜利走向又一个胜利。

（二）计划的目的

首先，计划是一种协调过程，它给管理者和非管理者指明方向。当所有有关人员了解到组织的目标和为达到目标他们必须做出什么贡献时，他们就能开始协调活动，互相合作，结成团队。而缺乏计划则会走许多弯路，从而使实现目标的过程失去效率。

其次，通过制订计划，促使管理者展望未来，预见变化，考虑变化的冲击，并制定适当的对策。计划可以减小不确定性，使管理者能够预见行动的结果。计划还可以减少重叠性和浪费性的活动。《国语·越语上》中的经典对话"臣闻之贾人，夏则资裘，冬则资絺，旱则资舟，水则资车，以待乏也"，清朝朱柏庐《治家格言》中的"宜未雨而绸缪，毋临渴而掘井"，都很好地体现了制订计划的重要性。

最后，计划设立目标和标准以便于进行控制。如果不清楚要达到什么目标，怎么判断是否已经达到目标？在计划中我们设立目标，而在控制职能中，将实际的绩效与目标进行比较，发现可能发生的重大偏差，采取必要的校正行动。没有计划，就没有控制。

（三）计划的类型

划分计划类型最普遍的方法，是根据计划的广度（分为战略计划和作业计划）、时间框架（分为短期计划和长期计划）和明确性（分为具体计划和指导计划）对计划进行分类。但是，这些分类方法所划分出的计划类型不是相互独立的。战略计划和作业计划之间、长期计划和短期计划之间就存在紧密的关系。

1. 战略计划与作业计划

应用于整体组织的，为组织设立总体目标和寻求组织在环境中的地位的计划，称为战略计划。规定总体目标如何实现的细节的计划称为作业计划。战略计划与作业计划在时间框架、范围和是否包含已知的一套组织目标方面是不同的。作业计划趋向于覆盖较短的时间间隔，如月度计划、周计划、日计划就属于作业计划；战略计划趋向于包含持久的时间间隔，通常为 5 年甚至更长，覆盖较宽的领域而不规定具体的细节。此外，战略计划的一个重要任务是设立目标；而作业计划则只是在假定目标已经存在的基础上，提供实现目标的方法。

2. 长期计划与短期计划

长期计划描述组织在较长时期（通常为 5 年以上）的发展方向和方针，规定组织的各个部门在较长时期内从事某种活动应达到的目标和要求，绘制组织长期发展的蓝图。长期计划规定的长期目标需要组织的各个部门在未来不同阶段的具体活动中实现。短期计划便是因此而产生的，它具体地规定组织的各个部门从目前到未来的各个较短的时间阶段（通常指 1 年以内的期间），特别是最近的时段中，应该从事何种活动，从事该种活动要达到何种要求，为各组织成员在近期内的行动提供依据。长期计划的目的在于组织活动能力的再生和扩大，因而其执行结果主要影响组织的发展能力；短期计划的目的在于已经形成的组织活动能力的充分利用，因而其执行结果主要影响组织活动的效率及由此决定的生存能力。

3. 具体计划与指导性计划

直观地看，具体计划比指导性的或宽松的计划更可取。具体计划具有明确规定的目标，不存在模棱两可，没有容易引起误解的问题。例如，一位经理打算使企业的销售额在未来的 12 个月中增长 20%，他或许要制定特定的程序、预算分配方案，以及实现目标的各项活动的进度表，这就是具体计划。

但是，具体计划也存在缺点，它要求的明确性和可预见性条件不一定都能够满足。当计划的不确定性很高时，要求管理当局保持灵活性以防意外发生，因此，这种情况下指导性计划就更可取。指导性计划只规定一般的方针，它指出重点，但不把管理者限定在具体的目标或特定的行动方案上。例如，一个增加利润的具体计划，可能具体规定在未来的 6 个月中，成本要降低 4%，销售额要增加 6%；而指导性计划也许只提出在未来的 6 个月中计划使利润增加 5%~10%。显然，指导性计划具有内在的灵活性。当然，必须把这种优点与具体计划的明确性进行权衡。

二、计划编制的过程

计划编制过程包括五个阶段的工作：收集资料的准备阶段；目标或任务的分解阶段；目标结构的分析阶段；综合平衡阶段；编制并下达行动计划阶段。

（一）收集资料

计划是为决策的组织落实而制订的，了解决策者的选择，理解有关决策的特点和要求，分析决策制定的环境特点和决策执行的条件要求，是编制行动计划的前提。由于计划安排的任务需要组织内部不同环节的组织成员利用一定的资源完成，因此计划的编制者还需要收集反映不同部门和环节活动能力及外部有关资源供应情况的资料，为计划编制提供依据。

（二）目标或任务分解

目标或任务分解是将决策确定的组织总体目标分解落实到各个部门、各个活动环节，将长期目标分解为各个阶段的具体目标。通过分解，确定组织的各个部分在未来各个时期的具体任务以及完成这些任务应达到的具体要求。分解的结果是形成组织的目标结构，包括目标的时间结构和空间结构。目标结构描述了组织中较高层次目标与较低层次目标相互间的指导与保证关系。

（三）目标结构分析

目标结构分析是指研究较低层次目标对较高层次目标的保证能否落实，即分析组织在各个时期的具体目标能否实现，从而能否保证长期目标的达成；分析组织各个部分的具体目标能否实现，从而能否保证整体目标的达成。如果较低层次的某个具体目标不能充分实现，则要考虑能否采取有关补救措施，否则就要调整较高层次目标的要求，有时甚至可能导致整个决策的重新修订。

（四）综合平衡

综合平衡是计划工作的重要环节，具体内容包括以下三点。

（1）分析由目标结构决定的或与目标结构对应的组织各部分在各时期的任务是否相互衔接和协调，包括任务的时间平衡和空间平衡。时间平衡是要分析组织在各时段的任务是否相互衔接，从而能否保证组织活动顺利地进行；空间平衡则要研究组织各个部分的任务是否保持相应的比例关系，从而能否保证组织的整体活动协调进行。

（2）研究组织活动的进行与资源供应的关系，分析组织能否在适当的时间筹集到适当品种和数量的资源，从而能否保证组织活动的连续性。

（3）分析不同环节在不同时间的任务与能力之间是否平衡，即研究组织的各个部分是否能够保证在任何时间都有足够的能力完成规定的任务。由于组织的内外部环境和活动条件经常发生变化，从而可能导致任务的调整，因此，在任务与能力平衡的同时，还需要留有一定的余地，以保证这种将会产生的调整在必要时有可能进行。

（五）编制并下达行动计划

在综合平衡的基础上，组织可以为各个部门（如业务、人事、财务、供应）编制各个时段（长期、年度、季、月等）的行动计划，并下达执行。

三、计划的执行与调整

组织计划执行的基本要求是：保证全面地、均衡地完成计划。所谓全面地完成计划，是指组织整体、组织内的各个部门按主要指标完成计划，而不能有所偏废；所谓均衡地完成计划，是指根据时段的具体要求，做好各项工作，按年、季、月，甚至旬、周、日完成计划，以建立正常的活动秩序，保证组织稳步地发展。

如果说计划的制订主要是专业工作者的事情，那么计划的执行则需要依靠组织全体成员的努力。因此，能否全面地、均衡地完成计划，在很大程度上取决于在计划执行中能否充分调动全体组织成员的工作积极性。

目标管理（management by objectives，MBO）是经常用到的一种重要的、有效的执行计划的管理技法。

计划在执行过程中，有时需要根据情况进行调整。这不仅因为计划活动所处的客观环境可能发生了变化，而且因为人们对客观环境的主观认识可能有了改变。为了使组织活动更加符合环境特点的要求，必须对计划进行适时的调整。

滚动式计划是保证计划在执行过程中能够根据情况变化适时修正和调整的一种现代计划方法。滚动式计划的基本做法是：制订好组织在一个时期的行动计划后，在执行过程中根据组织内外部条件的变化定期加以修改，使计划期不断延伸，滚动向前。

滚动式计划方法主要应用于长期计划的制定和调整。长期计划面对的环境较为复杂，有许多因素组织本身难以控制，采用滚动式计划，便可以适时地根据环境的变化和组织活动的实际进展情况进行调整，使组织始终有一个为各部门、各阶段活动导向的长期计划。当然，这种计划方式也可以应用于短期计划工作，如年度计划或季度计划的编制和修订。在采用滚动方式编制年度计划时，可将计划期向前推进一个季度，到第一季度末根据第一季度计划执行结果和客观情况的变化，对原来的年度计划做相应的调整，使计划期向前推进一个季度。滚动式计划程序如图3-2所示。

滚动式计划有以下主要特点。

（1）计划分为若干个执行期，其中近期行动计划编制得详细具体，而远期计划则相对粗略。

（2）计划执行一定时期,就要根据执行情况和环境变化对以后各期计划内容进行修改、调整。

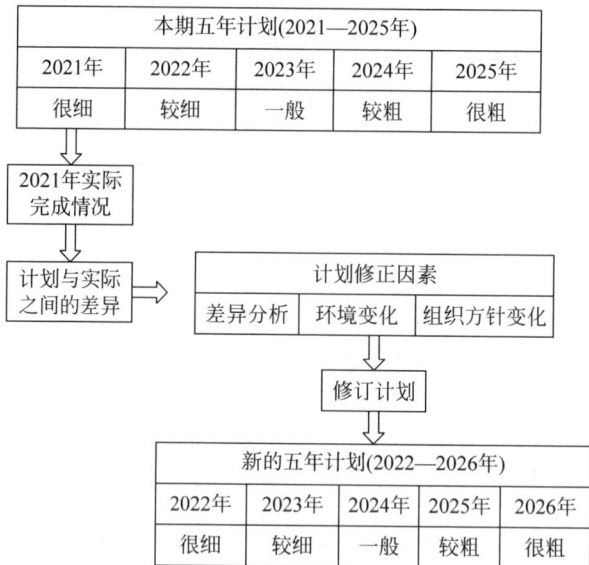

本期五年计划(2021—2025年)				
2021年	2022年	2023年	2024年	2025年
很细	较细	一般	较粗	很粗

2021年实际完成情况

计划与实际之间的差异

计划修正因素		
差异分析	环境变化	组织方针变化

修订计划

新的五年计划(2022—2026年)				
2022年	2023年	2024年	2025年	2026年
很细	较细	一般	较粗	很粗

图 3-2　滚动式计划程序

（3）上述两个特点决定了组织的计划工作始终是一个动态过程,因此滚动式计划避免了计划的凝固化,提高了计划的适应性,从而对实际工作更具指导性。

第三节　组　　织

组织工作是由人类对合作的需要而产生的。要使合作的人们在实施计划的过程中,能有比各合作个体总和更大的力量、更高的效率,就应当根据工作的要求与人员的特点设计岗位,通过授权和分工,将适当的人员安排在适当的岗位上,用制度规定各个成员的职责和上下左右的相互关系,形成一个有机的组织结构,使整个组织协调运转。这就是管理的组织职能。

管理组织理论分为两个相互联系的分支学科:组织结构学和组织行为学。组织结构学侧重于组织的静态研究,以精干合理为目标;组织行为学侧重于组织的动态研究,以建立良好的人际关系为目标。从总体上讲,两者都是为了提高组织效率。本节重点介绍组织结构学的有关内容。

一、组织概述

（一）组织的含义

所谓组织,是指人们为了达到一项共同目标建立的组织机构,是综合发挥人力、物力、财力等各种资源效用的载体。它包括对组织机构中的全体人员指定职位、明确责任、交流信息、协调工作等。这个定义有三层含义。①组织作为一个整体,具有共同的目标。因此,在管理活动中，一个组织机构的建立、撤销、合并等，都必须服从于组织的目标。②完成组织目标的业务活动和主要责任是决定各级组织权责范围的基础。③决定组织效率的两个主要因素是组织内的信息交流和协调配合。

（二）组织的要素

组织的要素，主要包括以下四点。

（1）共同的目标。组织作为一个整体，首先要具有共同的目标，有了共同的目标，才能统一指挥，统一意志，统一行动。这种共同目标应该既为宏观所要求，又能被各个成员接受。应尽量消除组织中成员的个人目标和组织目标之间的背离。

（2）人员与职责。为了实现共同目标，就必须建立组织机构，并对机构中全体人员指定职位、明确职责。

（3）协调关系。即把组织成员中愿意合作，愿意为共同目标做出贡献的意志进行统一，否则共同目标再好也无法实现。

（4）交流信息。即将组织的共同目标和各成员的协作意愿联系起来，它是进行协调关系的必要途径。交流的信息分为两大类：一类是非定型的，如命令、指示、报告、要求、开会等；另一类是肯定型的，如规章、制度、手册等。

（三）组织的实质

组织的实质在于它是进行协作的人的集合体。管理的组织职能主要是设计、形成、保持一种良好的、和谐的集体环境，使人们能够互相配合，协调行动，以获得优化的群体效应。

上述管理组织的实质，最明显的是表现为组织成员为实现共同目标而有效地工作，即组织机构运行的高效化。组织高效化有以下四种衡量标准。

（1）管理效率高，层次简明合理，很少出现扯皮现象。

（2）信息传输迅速而准确，使组织的领导者能及时掌握新情况，做出相应决策。

（3）人员任用合理，人人都能在自己的岗位上充分发挥作用，人与人之间关系和谐、协调。

（4）整体组织的目标和计划已被组织工作分解下去，使得目标和计划的完成有了切实保障。

管理的根本动力是充分发挥人的主动性、积极性和创造性。而要做到这一点，就必须通过合理的分工、机构设置、权力布局、沟通联系等，维持一种发挥人的主动性、积极性和创造性的集体士气、气氛、风气，形成每个人的强烈事业心、进取心，以及为实现组织目标而共同奋斗的集体精神。这是保持组织有持久活力和内在动力的根本。相对于组织外部形态的各种形式来说，这是实质性的、根本性的组织内容。

二、组织结构设计

如果说一般意义上的管理是对人们从事的业务活动的计划、组织和控制，那么管理中的组织职能首先是对管理人员的管理劳动的管理。组织结构的设计就是在管理劳动分工的基础上，设计出组织所需的管理职务和各个管理职务之间的关系。

（一）组织结构设计的任务

组织结构设计的任务有两个：提供组织结构系统图，编制职务说明书。

组织结构系统图的基本形状如图 3-3 所示，用方框和箭线组成，方框表示各种管理职务或相应的部门；箭线表示权力的指向；通过箭线将各方框连接，表明各种管理职务或部门在组织结构中的地位及它们之间的相互关系。

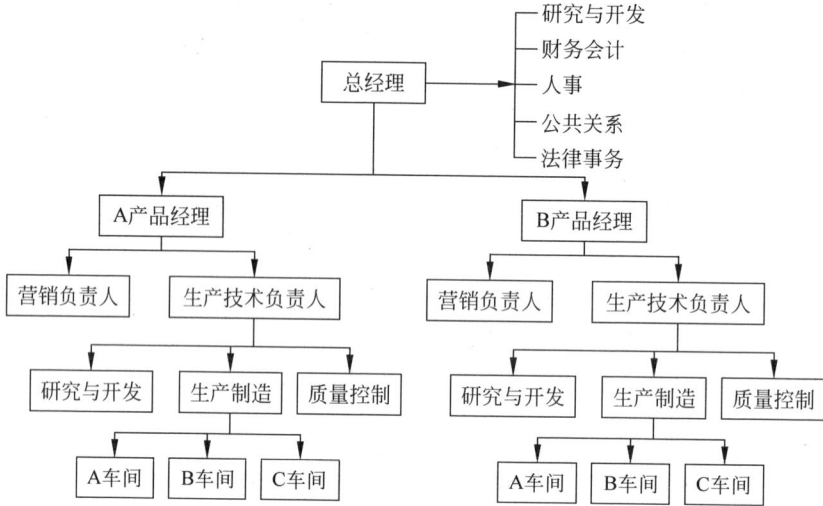

图 3-3　组织结构系统

职务说明书要求能简单而明确地指出各管理职务的工作内容、职责与权力、与组织中其他部门和职务的关系，指出担任该项职务者所必须拥有的基本素质、技术知识、工作经验、处理问题的能力等。

为了提供这两种组织设计的最终成果，组织设计者要完成以下三个步骤的工作。

1. 职务设计与分析

组织结构系统图是自上而下绘制的，在研究现有组织的改进时，往往也是自上而下地重新划分各个部门的职责。但是，设计一个全新的组织结构却需要从最基层开始，也就是说，组织结构设计是自下而上进行的。

职务设计与分析是组织结构设计的最基础工作，是在目标活动逐步分解的基础上，设计和确定组织内从事具体管理工作所需的职务类别和数量，分析担任每个职务的人员应负的责任、应具备的素质要求。

2. 部门划分

根据各个职务性质及职务间的相互关系，依照一定的原则，可以将各个职务组合成被称为"部门"的管理单位。组织活动的特点、环境和条件不同，划分部门所依据的标准也不同。对同一个组织来说，在不同时期的背景中，划分部门的标准也可能会不断调整。

3. 结构的形成

职务设计与分析和部门划分是根据工作要求进行的，在此基础上，还要根据组织内外能够获取的现有人力资源对初步设计的部门和职务进行调整，并平衡各部门、各职务的工作量，以使组织机构合理。如果再次分析的结果证明初步设计是合理的，那么剩下的任务便是根据各自工作的性质和内容，规定各管理机构之间的职责、权限及义务关系，使各管理部门和职务形成一个严密的网络。

（二）组织结构设计的依据

组织结构设计是为了合理组织管理人员的劳动，而需要管理的组织活动总是在一定的环境中利用一定的技术条件，并在组织总体战略的指导下进行的。组织结构设计不能不考虑到这些因素的影响。此外，组织在不同的规模和阶段时，也会要求有不同的结构形式。

1. 战略

战略是实现组织目标的各种行动方案、方针和方向选择的总称。为实现同一目标，组织可以在多种战略中进行选择。

战略选择的不同会在两个层次上影响组织结构：不同的战略要求不同的业务活动，从而影响管理职务的设计；战略重点的改变，会引起组织工作重点的改变，各部门与各职务在组织中重要程度的改变，因此要求对各管理职务及各部门之间的关系做相应的调整。

2. 环境

任何组织作为社会的一个单位，都存在于一定的环境中，组织外部的环境必然会对内部的结构形式产生一定程度的影响。这种影响主要表现在三个不同的层次上。

（1）对职务和部门设计的影响。组织是社会经济大系统中的一个子系统，与其他社会子系统之间存在着分工关系。社会分工方式的不同决定了组织内部工作内容的不同，从而所需完成的任务、所需设立的职务和部门也不同。在我国过去的计划经济体制下，企业的任务仅是利用国家供给的各种生产要素制造产品，企业内部的机构设置主要偏重于围绕生产过程的组织；随着经济体制的改革，国家逐步把企业推向市场，使企业内部增加了要素供应和市场营销的工作内容，要求企业必须相应地增设或强化资源筹措和产品销售的部门。

（2）对各部门关系的影响。环境不同，使组织中各项工作完成的难易程度及对组织目标实现的影响程度也不相同。例如：当产品的需求大于供给时，企业关心的是如何增加产量、扩大生产规模，生产部门成为组织的中心；而一旦市场供过于求，企业的营销职能会得到强化，营销部门成为组织的中心。

（3）对组织结构总体特征的影响。外部环境是否稳定，对组织结构的要求也不相同。稳定环境中的经营，要求组织结构稳定（称为机械式管理系统），管理部门与人员的职责界限分明，工作内容和程序经过仔细的规定，各部门的权责关系固定，等级结构严密；而多变的环境则要求组织结构灵活（称为有机的管理系统），各部门的权责关系和工作内容需要经常做适应性的调整，等级关系不甚严密，组织结构设计中强调的是部门间的横向沟通而不是纵向的等级控制。

3. 技术

组织的活动需要利用一定的技术和反映一定技术水平的物质手段进行。技术及技术设备的水平不仅影响组织活动的效果和效率，而且会作用于组织活动的内容划分、职务的设置和工作人员的素质要求。例如，信息处理的计算机化必将改变组织中的会计、文书、档案等部门的工作形式和性质。

4. 规模与组织所处的发展阶段

规模是影响组织结构的一个不容忽视的因素。适用于仅在某个区域市场上生产和销售产品的企业组织结构形态，不可能也适用于在国际经济舞台上从事经营活动的巨型跨国公司。

组织的规模往往与组织的发展阶段相联系。伴随着组织的发展，组织活动的内容会日趋复杂，人数会逐渐增多，活动的规模会越来越大，组织的结构也需随之调整。

（三）组织设计的原则

任何组织在进行机构和结构的设计时，都需遵守以下原则。

1. 因事设职与因人设职相结合的原则

组织设计的根本目的是保证组织目标的实现，是使目标活动的每项内容都落实到具体的岗位和部门，即"事事有人做"，而非"人人有事做"。因此，在组织设计中，逻辑性地要求首先考虑工作的特点和需要，要求因事设职，因职用人，而非相反。但这并不意味着组织设计中可以忽视人的因素、忽视人的特点和人的能力。

2. 权责对等的原则

为了保证"事事有人做""事事都能正确地做好"，不仅要明确各个部门的任务和责任，而且在组织设计中，还要规定取得和利用人力、物力、财力及信息等工作条件的权力。没有明确的权力，或权力的应用范围小于工作的要求，则可能使责任无法履行，任务无法完成。当然，对等的权责也意味着赋予某个部门或岗位的权力不能超过其应负的职责。权力大于工作的要求，虽能保证任务的完成，但会导致不负责任地滥用，甚至会危及整个组织系统的运行。

3. 统一命令的原则

统一命令是组织工作中的一条重要原则。组织内部的分工越细、越深入，统一命令对于保证组织目标的实现就越重要。只有实行这条原则，才能防止政出多门、遇事推诿扯皮，才能保证有效地统一和协调各方面的力量、各单位的活动。

为了防止上述现象的出现，要做到：在组织设计中，要根据一个下级只能服从一个上级领导的原则，将管理的各个职务形成一条连续的等级链，明确规定链中每个职务之间的责任、权力关系，禁止越级指挥或越权指挥；在组织实践中，在管理的体制上，要实行各级行政首长负责制，减少甚至不设各级行政主管的副职，以防止副职"篡权""越权"，从而干扰正职的工作，以保证统一命令原则的贯彻。

4. 有效管理幅度与有效管理层次的原则

组织的最高主管因受到时间和精力的限制，需委托一定数量的人分担其管理工作。委托的结果是减少了他必须直接从事的业务工作量，但与此同时，也增加了他协调受托人之间关系的工作量。因此，任何主管能够直接有效地指挥和监督的下属数量总是有限的。这个有限直接领导的下属数量被称为管理幅度。

由于同样的理由，最高主管的委托人也需将受托担任的部分管理工作再委托给另一些人来协助进行，并依此类推下去，直至受托人能直接安排和协调组织成员的具体业务活动。由此形成组织中最高主管到具体工作人员之间的不同管理层次。

　　管理层次与组织规模成正比，与管理幅度成反比。管理层次与管理幅度的反比关系决定了两种基本的管理组织结构形态：扁平结构和锥形结构。

　　扁平结构是管理幅度较大、管理层次较少的一种组织结构形态。这种形态的优点是：层次少，信息的传递速度快，从而可以使高层尽快地发现信息所反映的问题，并及时采取相应的纠偏措施；同时，由于信息传递经过的层次少，传递过程中失真的可能性也较小；此外，较大的管理幅度，使主管人员对下属不可能控制得过多、过死，从而有利于下属主动性和首创精神的发挥。但过大的管理幅度，也会带来一些局限性。比如：主管不能对每位下属进行充分、有效的指导和监督；每位主管从较多的下属那儿获取信息，众多的信息量可能淹没了其中最重要、最有价值的部分，从而可能影响信息的及时利用等。

　　锥形结构是管理幅度较小、管理层次较多的高、尖、细的金字塔形态。其优点和局限性正好与扁平结构相反：　较小的管理幅度可以使每位主管仔细地研究通过每位下属得到的有限信息，并对每位下属进行详尽的指导；但过多的管理层次，不仅影响了信息从基层传递到高层的速度，而且每次传递都被各层主管加进了许多自己的理解和认识，从而可能使信息在传递过程中失真；同时，过多的管理层次，可能使各层主管感到自己在组织中的地位相对渺小，从而影响其积极性的发挥；另外，过多的管理层次也往往容易使计划的控制工作更加复杂。

　　因此，组织设计要尽可能地综合两种基本组织结构形态的优势，克服其局限性。

　　5. 集权与分权管理相结合的原则

　　集权是指决策权在组织系统中较高管理层次的一定程度的集中；与此相应，分权是指决策权在组织系统中较低管理层次的分散。

　　在现实社会中的组织，没有绝对的集权，也没有绝对的分权，在进行组织设计时要遵循集权与分权相结合的原则，研究哪些权力宜于集中，哪些权力宜于分散，在什么样的情况下集权的成分应多一点，何时又需要较多的分权。

　　在现实社会的组织中几乎普遍存在一种集权的倾向，这主要与组织的历史和领导的个性有关，有时也是出于追求行政效率的考虑。一个组织，当它的规模还比较小时，高度集权可能是必需的，而且可以充分显示其优越性。但随着组织规模的扩大，如果将决策权过度地集中在较高管理层次上，则会降低决策的质量、降低组织的适应能力和组织成员的工作热情，这些弊端会对组织造成致命的危害。

　　组织活动及其管理在诸多方面要求分权，其中最主要的原因如下。

　　（1）组织的规模。组织的规模越大，管理的层次越多。多层次管理人员为了协调和指挥下属的活动，必然要求相应的权力。因此，权力往往随着组织规模的扩大和管理层次的增加而与职责一起逐层分解。同时，在组织规模达到一定程度以后，决策权仍高度集中，则可能导致"规模负经济"。因此，分权往往是发展中的组织避免或至少是推迟达到"最佳规模"的手段。

　　（2）活动的分散性。组织的某个工作单位如果远离总部，则往往需要分权。这是因为总部难以正确、有效地指挥现场的操作；同时，分散在各地区的单位主管往往表现出强烈的自治欲望，这种欲望如果不能得到一定程度的满足，则可能破坏组织的效率。

　　（3）培训管理人员的需要。"在游泳中学会游泳"，在权力的使用中学会使用权力。低层次管理人员如果很少有实践权力的机会，或只有实践很少权力的机会，则难以培养成为能够统御全局的人才，从而不能使组织在内部造就高层管理的后备力量。相反，独当一面的分权化单位主管可以非常迅速地适应总经理的工作。

同时，分权管理要注意考虑以下因素，以避免分权对组织产生破坏。

（1）政策的统一性。组织作为一个统一的社会单位，要求内部的各方面政策是统一的。如果一个企业在同一产品销给不同用户的价格上、在职工的报酬标准上等方面采取不同的政策，则可能导致统一组织的解体。分权则可能对组织的统一性起到某种破坏作用。

（2）拥有受过良好训练的管理人员。分权与管理人员的培训是互为因果的。现有组织的重新设计不能不考虑组织现有管理人员的素质：分权化导致基层决策权力的增加，要求这些权力被正确、有效地运用。唯有如此，才符合分权的初衷，才能促进组织效率的提高。然而，正确地运用权力，要求管理人员具有相应的素质。现有组织如果缺乏足够的符合要求的低层次管理人员，则往往对进一步分权造成限制。缺乏受过良好训练的管理人员，也往往成为组织主管不愿分权的借口。

"两弹一星"事业是中国人民在中国共产党领导下呈献给人类的惊世创举，在组织管理方面也积累和形成了一整套较为完整、适合我国国情的、行之有效的"两弹一星"组织管理办法。首先，是实施集中统一的组织领导，即党中央、国务院、中央军委集中统一的组织领导和在重大问题上科学的决策。其次，在组织设计上，建立技术与行政"两条指挥线"，实施设计师系统、行政指导系统"两条指挥线"的紧密配合、协调动作。技术指挥系统负责技术协调，行政指挥系统负责计划协调，这两种协调相互交叉又相互渗透。计划协调以技术协调为基础，而技术协调又通过计划协调来实现，行政指挥系统要采取各项强有力的措施，保证技术指挥系统实现技术决策；技术指挥系统要把技术决策建立在现实的基础上，以避免给行政指挥系统造成不必要的困难。钱学森先生写道："这一套组织是科学的，又是具有中国特色的，符合中国实际的，是中国土生土长的。这套东西的形成，就是在周总理领导下创立的，这是很重要的经验。"这套组织管理的成功经验与西方的"曼哈顿工程""阿波罗计划"的组织管理相比毫不逊色。当年，我国在设备、财力、物力等条件都不如美国的情况下，以较少的资金投入和低事故率，取得了同样令世界震惊的成果。直至今日，我国三峡水利枢纽工程的组织管理还受惠于这套成功的经验。"两弹一星"科研生产的领导、组织和管理经验，对新形势下的国家重大科技工程的领导、组织和管理仍具有非常重要的参考与借鉴价值。

三、组织结构的基本模式

合理的组织结构：从纵向看，应该是形成一个统一的、自上而下的、领导自如的指挥系统；从横向看，应该是各部门、各环节密切配合的协作系统，这样可以使企业形成一个有机的整体。管理机构的组织形式随着生产、技术和经济的发展而不断演变，经历了一个由简单到复杂的过程。

（一）直线制组织

直线制是工业发展初期所采用的一种简单的组织形式。主要特点是组织内上级管理层与下级管理层按垂直系统进行管理。信息沟通和传递渠道只有一条直线通道。一个下级只接受一个上级管理者的命令，而不设立专门的职能机构。结构形式如图3-4所示。

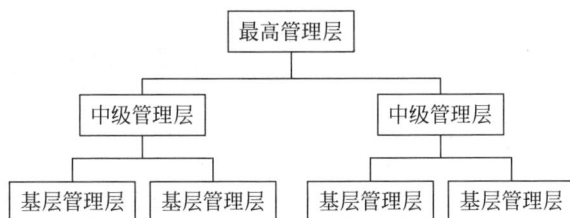

图 3-4　直线制组织结构图

直线制的优点：结构简单、权责分明、指挥与命令统一、联系简捷、决策迅速、用人较少、费用较低、工作效率较高。其缺点：组织内信息沟通不顺畅，不符合"例外管理"原则要求。这种组织形式只适合于那些产品单一、供销渠道稳定、工艺过程简单、规模较小的企业。

（二）职能制组织

职能制结构是按分工负责原则组成的机构，各级行政负责人都设有相应的职能机构，这些职能机构在自己的业务范围内，都有权向下级下达命令和指示。因此，下级行政负责人，除了要服从上级行政领导的指挥外，还要服从上级职能机构的指挥。结构形式如图3-5所示。

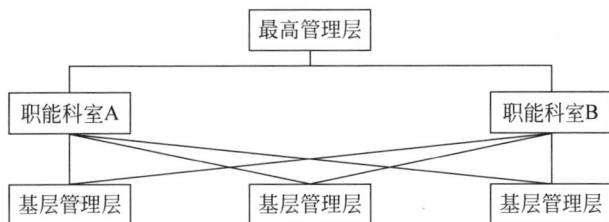

图 3-5　职能制组织结构图

职能制的优点：将管理工作按职能分工，适应了现代管理工作分工较细的特点；便于组织内部的信息沟通顺畅；同时，提高了管理的专业化程度，减轻了各级领导人的工作负担。其缺点：①妨碍组织的集中统一指挥，多头领导，不利于明确划分各级行政负责人和职能科室的职责权限；②弹性较差，对于调整、改革，易产生一种自发的抗拒倾向；③在工作人员缺席（如病、事假）的情况下，易导致工作无法继续进行。

（三）直线职能制组织

这是在吸收了上述两种组织结构优点的基础上形成的一种组织结构。它以直线制为基础，在各级生产行政领导者之下设置相应的职能部门，分别从事专业管理。组织结构以直线管理为主，职能部门根据授权拟定相关的计划、方案并下达有关命令。结构形式如图3-6所示。

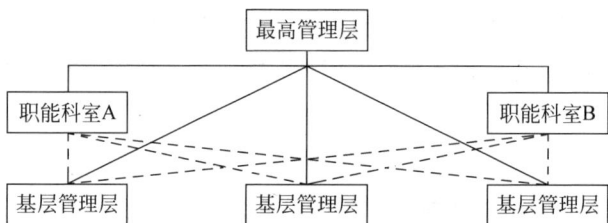

图 3-6　直线职能制组织结构图

这种组织形式既综合了直线制和职能制的优点，又在很大程度上克服了其缺点。在保持直线制统一指挥优点的基础上，吸收了职能制发挥专业管理部门作用的长处，从而提高了管理工作效率，为发挥生产行政指挥系统的作用提供了组织保证。其不足之处是各职能部门之间横向联系较差，容易发生脱节和矛盾。特别是当各职能部门分别隶属于不同的行政领导时，仍然存在多头领导的问题。

（四）事业部制组织

事业部制是一种"分权式"组织形式。它是在集中指导下进行的分权管理，是在职能制和直线职能制结构的基础上，为克服两者的缺点而发展起来的组织形式，是现代社会化大生产发展的必然趋势。它首创于美国通用汽车公司。其特点是把企业的生产经营活动，按照产品种类或地区划分，建立事业部。各事业部实行相对独立的经营，有独立的产品或市场，实行独立核算，每个事业部都是一个利润中心。按"集中决策、分散经营"的原则，公司最高管理机构负责重大方针政策的制定，掌握影响公司成败的重大问题的决策权，如财务控制、重要管理人员的任免、基建投资等。事业部的经理根据总公司的指示，统一领导其主管的事业部的工作。结构形式如图 3-7 所示。

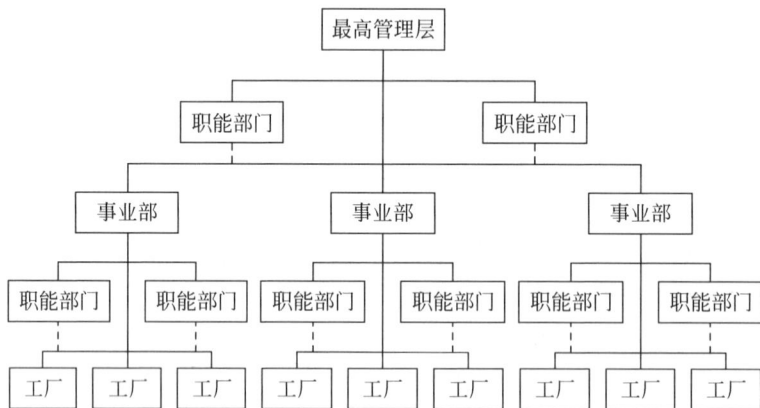

图 3-7　事业部制组织结构图

事业部制的优点：有利于企业最高领导层摆脱日常的行政管理工作，专心致力于企业的战略决策和长远规划；有利于发挥各事业部生产经营的主动性和积极性，根据市场变化灵活地组织生产经营活动；有利于提高管理人员的专业能力和领导能力；有利于提高企业稳定性和对环境的适应性。

事业部制的缺点：职能机构重复设置，容易造成人、财、物的浪费；职权下放过多，最高管理层的控制能力有所削弱，不利于全局协调；实行独立核算，容易使各事业部产生本位主义，忽视企业的整体利益和长远发展。

目前，事业部制已成为世界各大公司广泛采用的一种组织形式。它适合于企业规模较大，产品种类较多，各产品之间的工艺差别较大，而市场条件变化较快的大型企业。

（五）矩阵制组织

矩阵制组织是由纵横两套管理系统组成的矩形形态的组织结构。一套是按指挥职能划分的垂直领导系统，另一套是按项目（产品或工程）划分的横向领导系统，两者组成一个矩形结构。矩阵制组织一般是为完成某项特别任务，或为开发新产品，或为完成某项工程而设立的。项目小组成员均来自各职能部门，任务一旦完成，便回原单位执行别的任务，也就是说，项目小组都是暂时性组织。但在项目进行过程中，项目小组成员必须接受双重领导，既要接受项目小组的领导，又要接受职能部门的领导。其结构形式如图3-8所示。

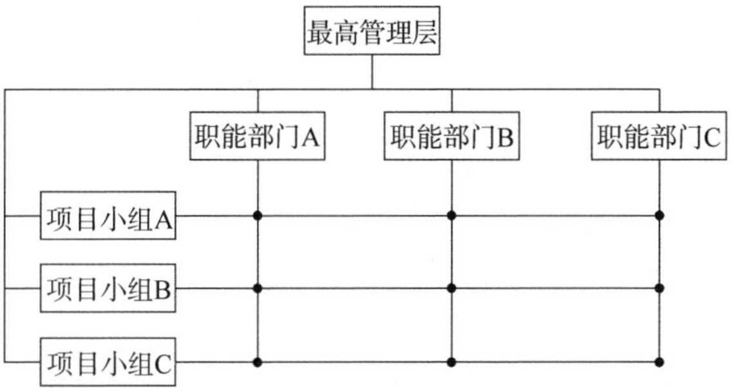

图 3-8　矩阵制组织结构图

矩阵制组织的优点：具有很大的弹性和适应性，可以根据工作的需要，集中各种专门的知识和技能，短期内迅速完成重要任务；由于在项目小组中集中了各种人才，便于知识和意见的交流，能促进新观点和设想的产生；此外，由于成员来自各个不同的职能部门，项目小组的活动还可促进各个部门间的协调和沟通。其缺点：其成员是根据工作的进展情况临时从各职能部门抽调的，其隶属关系不变，从而可能使他们产生临时观念，影响工作责任心；而且由于要接受并不总是保持一致的双重领导，项目小组成员在工作中可能有时会感到无所适从。

矩阵制组织的特点决定了它主要适用于那些工作内容变动频繁、每项工作的完成需要众多技术知识的组织，或者作为一般组织中安排临时性工作任务的补充结构形式。

（六）多维组织

这种结构是矩阵制结构的进一步发展，是近年来为适应新形势要求而产生的一种新的管理组织形式。它是在一个企业的组织机构中包含三四个方面的管理机构，使企业能够更好地协调、更易发挥效率。其结构一般分三维：①按产品划分的事业部，是产品利润中心；②按职能（市场研究、生产、调查、技术、管理）划分的专业参谋机构，是专业成本中心；③按地区划分的管理机构，是地区利润中心。

在这种管理组织结构形式下，事业部经理不能单独做出决策，而是由产品事业部经理、专业参谋部门和地区部门的代表三方面共同组成产品事业委员会，对各类产品的产销进行领导。这样，就把产品事业部经理和地区经理以利润为中心的管理与专业参谋部门以成本为中心的管理较好地结合起来，协调了产品事业部之间、地区之间的矛盾，有助于及时互通情报，集思广益，共同决策。

在国外，这种组织结构大多适用于跨国公司或规模巨大的跨地区性的公司。随着中国经济的繁荣和对外开放的发展，这种组织也被用于中国的一些大型公司或企业。

多维组织结构形式如图 3-9 所示。

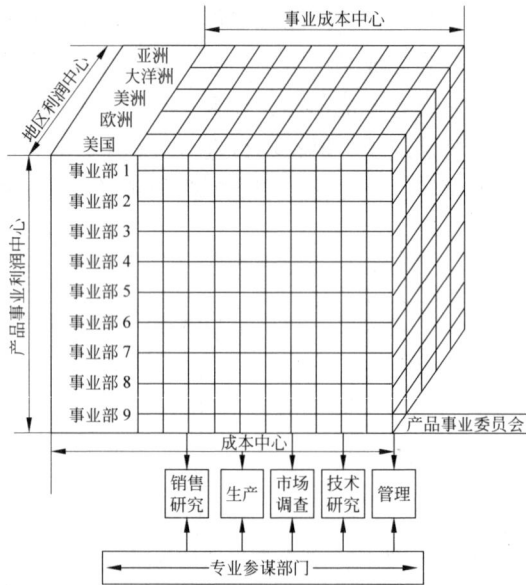

图 3-9　多维组织结构图

四、企业组织结构的发展趋势

（一）横向型组织

随着计算机及其网络的广泛运用，信息的传递与沟通造成企业中层管理作用被削弱，管理层次必然减少，组织结构由金字塔形态转向扁平形态。其特征围绕工作流程而不是部门职能来建立结构，传统部门的边界被打破，纵向的层级组织扁平化，可能只在传统的支持性职能部门，如财务部门和人力资源部门，存留少量高级管理者，管理的任务委托到更低的层级。顾客驱动了横向型组织的发展，企业流程必须以满足顾客需要为基础，这使得企业员工像与供应商联系一样与顾客进行直接的、经常的联系。

横向型组织包括四个方面内容：横向结构、横向系统、横向人力资源体系、横向冲突解决程序。横向型组织内容如图 3-10 所示。

（二）网络结构组织

网络结构组织是随着新技术的发展和企业低成本竞争的加剧而出现的一种新颖组织结构，它对外部环境具有很强的适应能力和应变能力。网络结构组织有一个中心组织，组

图 3-10　横向型组织的内容

织的主要工作是创造一个关系网络，它与许多独立的设计者、制造商、代理销售商保持联系，依靠他们以合同形式来执行相应的职能。也就是说，在网络结构组织中，各种职能大部分是从组织外"购买"来的。这给最高层管理提供了高度的灵活性，使该组织集中精力做好它们最擅长的事。网络结构组织的基本形式如图 3-11 所示。

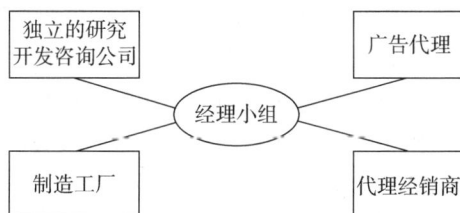

图 3-11　网络结构组织

网络结构组织并不适用于所有的企业，它比较适合那些生产过程中需要大量廉价劳动力的组织，如服装生产企业。网络结构组织需要借助计算机的手段，获得大量的信息，该组织要与其他组织保持直接的、经常的相互联系与交流，这样，才能使网络结构组织得以运行。

网络结构组织的本质是利用优先获得最佳资源的信息，依靠其他组织的生产、销售等能力，从而获得较大收益。它的最大优点是运营成本低，运营效率高，适应能力和应变能力强。其主要缺点是外协单位的工作质量难以控制，创新产品的设计容易被他人窃取。

（三）虚拟企业

虚拟是指把不同地区的资产迅速组成一种没有围墙、超越空间约束的企业组织模式，它依靠电子网络手段形成统一指挥的经营实体，并能以最快的速度推出高质量、低成本的新产品。

虚拟企业有两种基本形态。一种是机构虚拟型，即在信息技术条件下，原有的实体企业改变了形式。机构虚拟型企业没有有形的结构，通过信息网络和契约关系把相关的、分布于不同地方的资源连结起来，员工可以通过信息网络在任何地方及任何时间商讨工作。

另一种是功能虚拟型，功能虚拟型企业虽然在运作时有完整的功能，但在企业内没有完整执行这些功能的组织。这类企业仅在体内保留核心或关键功能，而其他功能则被精简，根据业务需要，借助外部企业实现这些功能。

信息网络、知识网络、物流网络、契约网络四个平台构成了虚拟企业运作的整体平台。虚拟企业的运作流程如图 3-12 所示。

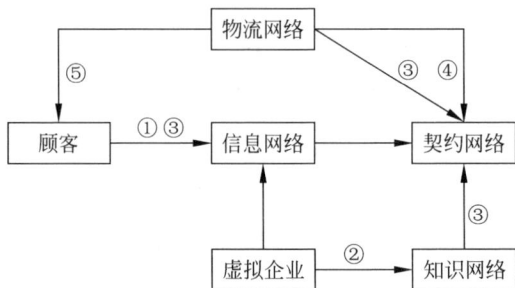

图 3-12　虚拟企业运作流程

虚拟企业运作程序如下。

（1）顾客将需求信息传递到信息网络，同时虚拟企业通过信息网络得到需求信息。这里虚拟企业得到的信息与顾客需求是一致的，而不像实体企业那样通过市场调研获取的信息，是经过企业主观处理后的信息，不确定性很大。

（2）虚拟企业同时通过信息网络与知识网络形成契约网络。

（3）物流网络、信息网络、知识网络相结合，并统一到契约网络中。

（4）虚拟企业生产的产品传递到物流网络。

（5）顾客从物流网络得到产品。

虚拟企业具有自组织的特征：自形成、自管理、自学习。自组织中没有独裁的组织者，所有的组织成员都是其所属组织的组织者，根据任务导向或某种共识，大家通过信息网络自行结合在一起，并相互协调自己与组织成员之间的关系，基于对任务、愿景的理解，使相应的组织过程得以顺利实现。

虚拟企业组织结构设计中，应遵循两个原则：①按核心能力划分虚拟能力团队；②根据任务组成临时运作网络和虚拟工作团队。

第四节　控　　制

一、控制的一般概念

（一）控制的定义

控制可以定义为，监视各项活动以保证它们按计划进行并纠正各种重要偏差的过程。所有的管理者都应当承担控制的职责，即便他的部门是完全按照计划运作的。因为管理者在对已经完成的工作与计划所应达到的标准进行比较之前，并不知道他部门的工作是否进行得正常。一个有效的控制系统可以保证各项行动完成的方向是朝着达到组织目标方向进行的。控制系统越完善，管理者实现组织的目标就越容易。

（二）控制的必要性

美国北得克萨斯州立大学企业管理教授亨利·西斯克指出："如果计划从来不需要修改，而且是在一个全能领导人的指导之下，由一个完全均衡的组织完美无缺地来执行的，那就没有控制的必要了。"然而，这种理想的状态是不可能成为企业管理的现实的。无论计划制订得如何周密，由于各种各样的原因，人们在执行计划的活动中总是会或多或少地出现与计划不一致的现象。管理控制的必要性主要是由下述原因决定的。

1. 环境的变化

如果企业面对的是一个完全静态的市场，市场供求条件永不发生变化，每年都以同样的费用取得同样性质和数量的资源，同时又能以同样的价格向同样的客户销售同样品种和数量的产品，那么，企业管理人员便可以年复一年、日复一日地以相同的方式组织企业经营，工人可以以相同的技术和方法进行生产作业，因而，不仅控制工作，甚至管理的计划职能都将成为完全多余的东西。事实上，这样的静态环境是不存在的，企业外部的一切每时每刻都在发生着变化。这些变化必然要求企业对原先制订的计划，进而对企业经营的内容做相应的调整。

2. 管理权力的分散

只要企业经营达到一定规模，企业主管就不可能直接地、面对面地组织和指挥全体员工的劳动。时间与精力的限制要求他委托一些助手代理部分管理事务。由于同样的原因，这些助手也会再委托其他人帮助自己工作。这便是企业管理层次形成的原因。为了使助手们有效地完成受托的部分管理事务，高一级的主管必然要授予他们相应的管理权力。因此，任何企业的管理权限都制度化或非制度化地分散在各个管理部门和层次。企业分权程度越高，控制就越有必要；每个层次的主管都必须定期或非定期地检查直接下属的工作，以保证授予他们的权力得到正确的利用，并且利用这些权力组织的业务活动符合计划与企业目的的要求。如果没有控制，没有为此而建立相应的控制系统，管理人员就不能检查下级的工作情况，即使出现权力不负责任的滥用，或活动不符合计划要求等其他情况，管理人员也无法发现，更无法采取及时的纠正措施。

3. 工作能力的差异

即使企业制订了全面、完善的计划，经营环境在一定时期内也相对稳定，对经营活动的控制也仍然是必要的。这是由不同组织成员的认识能力和工作能力的差异造成的。完善计划的实现要求每个部门的工作严格按计划的要求协调地进行。然而，由于组织成员是在不同的时空进行工作的，他们的认识能力不同，对计划要求的理解可能发生差异；即使每个员工都能完全正确地理解计划的要求，但由于工作能力的差异，他们的实际工作结果也可能在质和量上与计划要求不符。某个环节可能产生的这种偏离计划的现象，会对整个企业活动的进行造成冲击。因此，加强对这些成员的工作控制是非常必要的。

（三）控制的类型

管理中的控制手段可以在行动开始之前、进行之中或结束之后进行。分别称为前馈控制、同期控制、反馈控制。

1. 前馈控制

前馈控制是管理者最渴望采取的控制类型，因为它能避免预期出现的问题。之所以称为前馈控制，是因为它发生在实际工作开始之前，它是未来导向的。采用前馈控制的关键是要在实际问题发生之前就采取管理行动。

前馈控制是期望用来防止问题的发生而不是当出现问题时再补救。这种控制需要及时和准确的信息，但不幸的是，这些常常很难办到。因此，管理者总是不得不借助另外两种类型的控制。

2. 同期控制

同期控制是发生在活动进行之中的控制。在活动进行之中予以控制，管理者可以在发生重大损失之前及时纠正问题。

最常见的同期控制方式是直接视察。当管理者直接视察下属的行动时，管理者可以同时监督雇员的实际工作，并在发生问题时马上进行纠正。虽然在实际行动与管理者做出反应之间肯定会有一段延迟时间，但这种延迟是非常短的。技术设备可以设计成具有同期控制的功能。例如，许多计算机系统在程序中就设置了当出现错误时操作人员应采取的行动。当你输入一个错误的命令时，程序的同期控制会拒绝你的要求，有时甚至会告诉你为什么错了。

3. 反馈控制

最常用的控制类型就是反馈控制。控制作用发生在行动之后。反馈控制的主要缺点在于：管理者获得信息时损失已经造成了。这与亡羊补牢类似。但是在许多情况下，反馈控制是唯一可用的控制手段。

与前馈控制和同期控制相比，反馈控制在两个方面具有优势。首先，反馈控制为管理者提供了关于计划实际效果的真实信息。如果反馈显示标准与现实之间只有很小的偏差，说明计划的目标是达到了；如果偏差很大，管理者就应该利用这一信息使新计划制订得更有效。其次，反馈控制可以增强员工的积极性。因为人们希望获得评价他们绩效的信息，而反馈正好提供了这样的信息。

二、控制的过程及要求

（一）控制的过程

控制是根据计划的要求设立衡量绩效的标准，然后把实际工作结果与预定标准相比较，以确定组织活动中出现的偏差及其严重程度；在此基础上，有针对性地采取必要的纠正措施，以确保组织资源的有效利用和组织目标的圆满实现。不论控制的对象是新技术的研究与开发还是产品的加工制造或是市场营销宣传，是企业的人力条件还是物质要素或是财务资源，控制的过程都包括三个基本环节的工作：确立标准、衡量成效、纠正偏差。

1. 确立标准

标准是人们检查和衡量工作及其结果（包括阶段结果与最终结果）的规范。制定标准是进行控制的基础。没有一套完整的标准，衡量成效或纠正偏差就失去了客观依据。一般来说，企业可以使用的建立标准的方法有三种。

（1）用统计方法来确定预期结果。

（2）根据经验和判断来估计预期结果。

（3）在客观定量分析的基础上建立工程（工作）标准。

2. 衡量成效

该步骤的内容主要是将实际工作成绩和控制标准相比较，对工作做出客观评价，从中发现二者的偏差，为进一步采取控制措施及时提供全面、准确的信息。

3. 纠正偏差

利用科学的方法，依据客观的标准，对工作绩效的衡量，可以发现计划执行中出现的偏差。纠正偏差就是在此基础上，分析偏差产生的原因，制定并实施必要的纠正措施。

（二）控制的要求

控制的目的是保证企业活动符合计划的要求，以有效地实现预定目标。为此，有效的控制应符合下述要求。

1. 准确性

一个提供不准确信息的控制系统将会导致管理层在应该采取行动的时候没有行动，在没有出现问题时反而采取行动。因此，一个准确的控制系统是可靠的，并且能提供正确的数据。

2. 适时性

控制系统应该能及时地改变管理层的注意力，使之防止某一部门出现对组织造成严重危害的行为。最好的信息，如果过时了，也将是毫无用处的。因此，一个有效的控制系统必须能够提供及时的信息。

3. 经济性

一个控制系统在运用过程中，从经济角度上看必须是合理的。任何控制系统产生的效益都必须与其成本进行比较。为了使成本最少，管理层应该尝试使用能产生期望结果的最少量的控制。

4. 灵活性

控制系统应该具有足够的灵活性以适应各种不利的变化，或利用各种新的机会。几乎没有处于稳定的环境而不需要适应性的组织，即使是高度机械式的结构，也需要随时间和条件的变化调整其控制方式。

5. 通俗性

一个不容易理解的控制系统是没有价值的。因此，有时需要用简单的控制手段来代替复杂的控制手段。一个难以理解的控制系统会导致不必要的错误，会挫伤员工的积极性，以致最终被遗忘。

6. 标准合理性

控制的标准必须是合理的且能达到的。如果标准太高或不合理，它将不会起到激励作用。员工通常不愿意因指责上级要求得太高而显得无能。因此控制标准应该是一套富有挑战性的、能激励员工表现得更好的标准，而不是让人感到泄气或鼓励欺诈的标准。

7. 战略高度

管理层不可能控制组织中的每一件事。即使能够这样做，也将是得不偿失，应该控制那些对组织行为有战略性影响的因素，包括组织中关键性的活动、作业和事件。也就是说，控制的重点应放在容易出现偏差的地方，或放在偏差造成危害很大的地方。例如，在某一个部门中，人工成本是每月 2 万美元，邮寄费用是每月 50 美元。显然前者如果超出 5%，比后者超出 20%更要紧。因此我们必须在人工成本上采取更严格的控制，而对邮寄费用的控制就不是那么重要。

8. 强调例外

由于管理层不可能控制所有的活动，因此他们的控制手段应该顾及例外情况的发生。一种例外系统可以保证当出现偏差时管理层不至于不知所措。比如，公司管理政策赋予管理者的权力是：每月不超过 200 美元的年工资增长额批准权，每笔支出不超过 500 美元和年度总支出不超过 5 000 美元的审批权，如果超出上述标准则需经上级管理部门的批准。这些检验点是一种对权力进行约束的控制手段，同时它还可以免除上级对日常开支的大量检查工作。

9. 多重标准

管理者与普通员工一样都希望寻找一种"好看"的标准。如果管理者真的采用一个单一的衡量标准，如单件利润，那么员工就会在这方面下功夫并使之看起来很好。而多重标准则会减少这种狭隘的工作方式。

多重标准具有双重效果。由于多重标准比单一标准更难于把握，因此它可以防止工作中出现做表面文章的现象。此外，实际工作是很难用单一标准进行客观评价的。所以多重标准能够更准确地衡量实际工作。

10. 纠正行动

一个有效的控制系统不仅可以指出一个显著偏差的发生，而且可以建议如何纠正这种偏差。也就是说，它应该在指出问题的同时给出解决问题的方法。

华为公司历来把腐败问题置于极限高压状态，靠的是以下六大机制。

（1）高层宣誓机制。从 2005 年的《EMT 自律宣言》，到后来的"董事会监事会自律宣言宣誓""干部工作作风宣誓"，形成了从高管团队到代表处的层层宣誓机制。干部要签署"干部八条"，其中包括：绝不搞迎来送往、绝不说假话、绝不偷窃、绝不私费公报、绝不贪污受贿、绝不造假等九个"绝不"和十个"不"。

（2）三层防控机制。**第一层是业务管理者**，做好典型高风险岗位权责适配，落实关键内控。**第二层是内控及风险监督部门**，对一层防线的业务主管进行内控赋能。**第三层是内部审计部**，作为华为的"司法部队"，通过独立评估和事后调查建立冷威慑。审计抓住一个缝子，不依不饶地深查到底。

（3）内部特赦机制。鼓励员工主动交代经济或账目问题，不要背上沉重的心理包袱。结果在一个月的时间内，选择"坦白从宽"的人数高达 4 000 多人。

（4）外部豁免机制。对于以往与外部合作中的历史问题，华为采取举报豁免机制。对承诺以后不再发生类似问题的合作伙伴，不影响其与华为公司继续合作。

（5）失信查询机制。推出了"除名查询"系统，将员工在华为工作期间的违规行为在社会上公开，减少员工犯错后"打一枪换一个地方"的侥幸心理。

（6）反腐分钱机制。华为公司反腐收缴的资金不作为公司收入，更不作为反腐部门收入，而是奖罚分明，将反腐收缴资金作为奖金，发给遵纪守法的所有员工。

第五节　领　　导

一、领导概述

（一）领导的含义

对不同的管理学学者来说，领导有不同的含义。我们把领导定义为指挥、带领、引导和鼓励部下为实现目标而努力的过程。这个定义包括下列三要素。

（1）领导者必须有部下或追随者。没有部下的领导者谈不上领导。

（2）领导者拥有影响追随者的能力或力量。这些能力或力量包括由组织赋予领导者的职位和权力，也包括领导者个人所具有的影响力。

（3）领导的目的是通过影响部下来达到企业的目标。

领导和管理的关系如何？从本质上说，管理是建立在合法的、有报酬的和强制性权力基础上对下属命令的行为。下属必须遵循管理者的指示。在这一过程中，下属可能尽自己最大的努力去完成任务，也可能只尽一部分努力去完成工作。而领导也可能建立在合法的、有报酬的和强制性的权力基础上，但是，领导更多的是建立在个人影响权和专长权及模范作用的基础上。据研究，主管人员的职权管理只能发挥职工能力的60%左右，主管人员引导和鼓励能力所激发出的职工能力为40%左右。一个人可能既是管理者也是领导者，但是，管理者和领导者两者分离的情况也是有的。一个人可能是领导者，但并不是管理者。非正式组织中最具影响力的人就是典型的例子，组织没有赋予他们职位和权力，他们也没有义务去负责企业的计划和组织工作，但他们却能引导和激励，甚至命令自己的成员。一个人可能是个管理者，但并不是个领导者。领导的本质就是被领导者的追随和服从，它不是由组织赋予的职位和权力决定的，而是取决于追随者的意愿，因此，有些具有职权的管理者可能没有部下的服从，也就谈不上真正意义上的领导者。从企业的工作效果来看，应该选择好的领导者从事企业的管理工作。非正式组织中有影响力的人参加企业正式组织的管理，会大大有益于管理的成效。对于不具备领导才能的人，应该从管理人员队伍中剔除或减少。

领导者的个人魅力是组织凝聚力的关键。毛泽东所具有的人格魅力像是一块巨大的磁石，把党组织成员凝聚在一起，是整个党的精神支柱。毛泽东有胆有识。他早在学校时期就曾带领学生军逼降进犯长沙的三千溃军；在革命陷入低谷时期，毛泽东果敢自信地把革命队伍带上了井冈山，提出了"枪杆子里面出政权"。此外，毛泽东还是自信的。他在革命初期就写出了"自信人生二百年，会当击水三千里"的豪迈诗句；在革命低潮时，毛泽东提出"星星之火，可以燎原"；面对强大的敌人，毛泽东又发出"一切帝国主义和反动派都是纸老虎"的著名论断，这就是强大的自信。毛泽东对待人生的逆境，仍能不屈不挠，表现出非凡的勇气与毅力。就如记者埃德加·斯诺对毛泽东的评价："他的态度使人感到他有着一种在必要时候当机立断的魄力。"有这样一位具有极大人格魅力的领导，组织成员必然愿意凝聚在其周围。[①]

（二）领导的作用

在带领、引导和鼓舞部下为实现组织目标而努力的过程中，领导者要具体发挥指挥、协调和激励三个方面的作用。

1. 指挥作用

在人们的集体活动中，需要有头脑清晰、胸怀全局，能高瞻远瞩、运筹帷幄的领导者帮助人们认清所处的环境和形势，指明活动的目标和达到目标的途径。领导者只有站在群众的前面，用自己的行动带领人们为实现企业目标而努力，才能真正起到指挥作用。

2. 协调作用

在许多人协同工作的集体活动中，即使有了明确的目标，但因各人的才能、理解能力、工作态度、进取精神、性格、作风、地位等不同，加上外部各种因素的干扰，人们之间在思想上发生各种分歧、行动上出现偏离目标的情况也是不可避免的。因此，就需要领导者来协调人们之间的关系和活动，把大家团结起来，朝着共同的目标前进。

3. 激励作用

尽管大多数人都具有积极工作的愿望和热情，但是这种愿望并不能自然地变成现实的行动，这种热情也未必能自动地长久保持下去。在复杂的社会生活中，企业的每一个职工都有各自不同的经历和遭遇，困难、挫折或不幸必然会影响工作的热情。使每一个职工都保持旺盛的工作热情，最大限度地调动他们的工作积极性，引导不同职工朝向同一个目标努力，协调这些职工在不同时空的贡献，这便是领导者在组织和率领职工为实现企业目标而努力工作的过程中必须发挥的具体作用。

毛泽东曾说过："胡宗南进攻延安以后，在陕北，我和周恩来、任弼时同志在两个窑洞指挥了全国的战争。"周恩来也说："毛主席是在世界上最小的司令部里，指挥了最大的人民解放战争。"为什么这个世界上最小的司令部凭借一封封电报，就能够指挥千军万马取得一个又一个胜利？毛泽东高超的领导与指挥艺术无疑是重要的决定因素之一。一是对前方指挥员的高度信任，充分发挥其主动性、积极性和创造性。二是下级仗没打好不指责反而加以宽慰。毛泽东曾说过，打三个仗，两个打胜了，一个打败了，就算好的将军。三是高度重视前线指挥员的意见。粟裕后来评价说，毛泽东"总是既通观和掌握战争全局，又处处从战场实际情况出发。他十分重视战场指挥员的意见，给予应有的机动权和自主权，充分发挥战场指挥员的能动作用"。协调是毛泽东调动广大干部、群众的一个重要方法。毛泽东协调的目的不是和稀泥而是"调动一切积极因素"。首先，统筹全局，全面协调。毛泽东身为党和国家领导人，肩负着国家建设和发展各部门、各行业、各地区各种关系的"大组织"协调重任，这一协调工作的成败事关党和国家的兴衰。为了调动一切积极因素，毛泽东的做法是全面进行科学协调。其次，找准根本，重点协调。毛泽东在协调工作中，

---

① 柳青. 管理学视域下毛泽东对党组织凝聚力的培养与提升[J]. 理论观察，2016(07): 28-29.

很讲究艺术和方法。在重点协调中，他的协调艺术又表现为他找准根本问题下手，解决主要矛盾，尽量减少内耗，使组织内部协调有序。[①] 既保证组织全面协调的开展，又能使出现的特殊问题更有针对性地得到解决。

二、领导者的素养

领导者的素质修养，指的是为达到有效的领导目标所要求的水平、素质而做的自我努力过程，简称为素养。领导者的素养是指在先天禀赋的生理素质基础上，通过后天的实践锻炼、学习而成的，在领导工作中经常起作用的那些内在要素的总和。

领导者的素养包含以下基本内容。

（一）品德素养

对一个领导者的素养要求是多方面的，但思想品德素养始终是首位的。作为一名优秀的领导者，其品德必须超过被领导的下属，越是高层，品德要求越高。这是因为：首先，一个人的品德会直接影响自己的心理和行为。一个人的能力不仅取决于他的才智，更重要的取决于他的品德。其次，领导者的品德会直接影响下属在工作中的心理和行为。孔子曰："其身正，不令则从；其身不正，虽令不从。"领导者的高尚品德，是无声的命令，比有声的行政命令作用更大。可以说，领导的艺术首先取决于领导的品德，自身不正，就不能被指望能发动他人去执行决策。

与智商相提并论的"情商"，是领导者人格魅力的另一主要来源。领导者应一心为公，不谋私利，谦虚谨慎，戒骄戒躁，不文过饰非，严于解剖自己，实事求是，不图虚名；艰苦朴素，与群众同甘共苦，不搞特殊化，模范遵守规章制度和道德规范；平等待人，和蔼可亲，心胸开阔，不计较个人恩怨，密切联系群众，关心群众疾苦，坚持五湖四海、一视同仁。

（二）知识素养

1. 马克思主义的理论素养

马克思主义理论对于领导工作的重要作用已被实践充分证明。掌握马克思主义的立场、观点和方法是一个现代领导者必须具备的理论素养。同时要懂得市场经济的基本原理，掌握邓小平有中国特色的社会主义市场经济理论。

2. 广博的科学文化知识

广博的知识、文化能有效地辅助领导者塑造其深厚的底蕴，诸如心理学、人才学、行为科学、社会学、经济学、法学、史学、美学、文学等，都是形成领导力的无尽的源泉。作为领导者应该注重随时随处的点滴积累，积小流成江海，形成丰富的学养，厚积而薄发。

3. 专业知识和管理知识

领导者应掌握本行业、本企业的相关专业知识，熟悉本企业的产品结构和制造工艺，了解科研和技术的发展方向；应懂得管理的基本原理、方法和各项专业管理的基本知识；此外，还应学习管理学、统计学、会计学、经济法、财政金融和外贸等方面的基本知识，

---

① 谢彩华. 毛泽东管理思想在企业管理中的应用研究[J]. 学理论，2011(14): 70-72.

了解国内外管理科学的发展方向。

（三）能力素养

1. 领导者的综合能力

领导者的综合能力包含许多具体内容，可以从以下几个方面来理解。

（1）信息获取能力。领导者应能在纷繁复杂的众多信息中，透过现象看本质，抓住主要矛盾，运用逻辑思维，进行有效的归纳、概括、判断，及时获得最有效的信息。

（2）知识综合能力。成功的领导是科学理论和实践经验相结合的产物，是一门综合性很强的艺术。领导者必须具备灵活性、创造性地综合运用各种知识的能力。

（3）利益整合能力。国家、集体与个人之间，领导者、管理者与普通员工之间，企业与政府之间等，不同利益主体的各自利益常常在某些时候产生矛盾和冲突。领导者必须有能力调整和协调各种利益关系，消除矛盾冲突，使不同人群或地域的利益达到整合。

（4）组织协调能力。领导者应熟悉并善于运用各种组织形式，善于运用组织的力量，协调企业内外各种人力、物力和财力，以期达到综合平衡，获得最佳效果。

2. 领导者的创新能力

领导者的创新能力有多种表现，主要如下。

（1）洞察力。敏锐地、迅速地、准确地抓住问题要害的能力。

（2）预见力。超前把握事态发展趋势的能力。

（3）决断力。迅速做出选择、下定决心、形成方案的能力，也就是实际的决策能力。

（4）推动力。善于激励下级实现创新意图的能力。

（5）应变力。在事物发展的偶然性面前善于随机处理的能力。

（6）辨才力。善于识别和起用人才的能力。

（四）心理素养

领导者的心理素养，主要是指领导者应该具有的个性品质类型，表现在以下几个方面。

1. 敢于决断的气质

领导者必须具有决断的魄力，敢于决断不是盲目武断，而是要有切实的情报工作和细致的方案比选。俗话说，"一将无谋，累死千军"，领导者犹豫不决，是无法动员下属全力以赴地去从事工作的。

2. 竞争开放的个性

领导者需要具有充满自信、豁达乐观，乐于进取、勇于竞争，临变不乱、多谋善断等心理素质，以良好的心理状态投入竞争环境。要养成善于与人交往，倾听各方面意见的开放型性格。对上，要尊重，争取帮助和支持；对下，要谦虚，平等待人；对内，要有自知之明，知道自己的长处和短处；对外，要热情、公平而客观。

3. 坚韧不拔的意志

在当前飞速发展的新形势下，领导者必然要面临许多新情况、新问题，既无前人的经验可借鉴，也无现成的公式可套用，特别是在遇到挫折、走弯路的时候，作为一个领导者绝不能悲观、失望、气馁。要以一个领导者坚韧不拔的意志从中吸取教训，解除症结，领导者只有在自己的认知心理上树立起必胜的信心，才能冲破前进中的惊涛骇浪，到达胜利的彼岸。

三、领导方式及其理论

（一）领导方式的基本类型

早期对领导方式的分类是根据领导者如何运用他们的职权来划分的，认为领导方式的基本类型有以下三种：专权型领导、民主型领导和放任型领导。

所谓专权型领导，是指领导者个人决定一切，布置下属执行。这种领导者要求下属绝对服从，并认为决策是自己一个人的事情。

所谓民主型领导，是指领导者发动下属讨论，共同商量，集思广益，然后决策，要求上下融洽、合作一致地工作。

所谓放任型领导，是指领导者撒手不管，下属愿意怎样做就怎样做，完全自由。他的职责仅仅是为下属提供信息并与企业外部进行联系，以此有利于下属的工作。

领导方式的这三种基本类型各具特色、适用于不同的环境。领导者要根据所处的管理层次、所担负的工作性质及下属的特点，在不同时空处理不同问题时针对不同下属，选择不同的领导方式。

（二）连续统一体理论

美国学者罗伯特·坦南鲍姆（R. Tannenbaum）和沃伦·施密特（W. H. Schmidt）认为，领导方式是多种多样的，从专权型到放任型，存在着多种过渡形式。根据这种认识，他们于 1958 年提出了"领导方式的连续统一体理论"。图 3-13 概括描述了这种理论的基本内容和观点。

图中列出了七种典型的领导方式。

1. 上级做出并宣布决策

在这种方式中，上级确认一个问题，考虑各种可供选择的解决方法，从中选择一个，然后向下属宣布，以便执行。他可能考虑，也可能不考虑下属对他的决策的想法，但不管怎样，他不给下属参与决策的机会。下属只有服从他的决定。

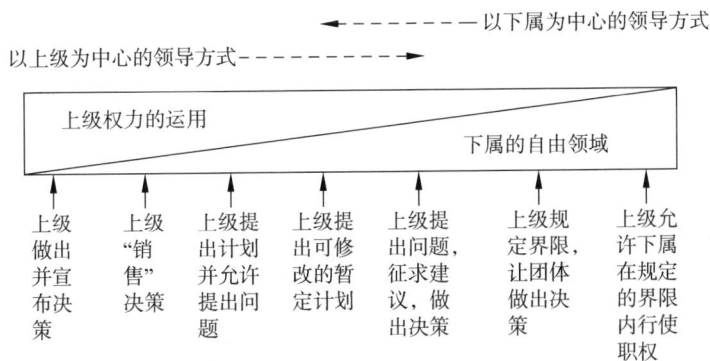

图 3-13 领导方式的连续统一体理论

2. 上级"销售"决策

在这种方式中，如同前一种方式一样，上级承担确认问题和做出决定的责任，但他不是简单地宣布这个决策，而是说服下属接受他的决策。这样做是表明他意识到下属中可能有某些反对意见，他企图通过阐明这种决策给下属带来利益以消除这种反对。

3. 上级提出计划并允许提出问题

在这种方式中，上级做出决策，并期望下属接受这个决策，但他向下属提供一个有关他的想法和意图的详细说明，并允许提出问题，这样，他的下属可以更好地了解他的意图和计划。这个过程使上级和他的下属能深入探讨这个决策的意义和影响。

4. 上级提出可以修改的暂定计划

在这种方式中，允许下属对决策发挥某些影响作用，但确认问题和决策的主动权仍操纵在上级手中。他先对问题进行考虑，并提出一个计划，但只是暂定的计划，然后把这个计划交给有关人员征求意见。

5. 上级提出问题，征求建议，做出决策

在这种方式中，虽然确认问题和进行决策仍由上级来进行，但下属有建议权。下属可以在上级提出问题后，提出各种解决问题的方案，上级从他自己和下属提出的方案中选择满意者。这样做的目的是充分利用下属的知识和经验。

6. 上级规定界限，让团体做出决策

在这种方式中，上级把决策权交给团体。在这样做之前，他解释需要解决的问题，并给要做的决策规定界限。

7. 上级允许下属在规定的界限内行使职权

在这种方式中，团体有极度的自由，唯一的界限是上级所做的规定。如果上级参与了决策过程，也往往以普通成员的身份出现，并执行团体所做的任何决定。

坦南鲍姆和施密特认为，上述方式孰优孰劣没有绝对的标准，成功的上级不一定是专权的人，也不一定是放任的人，而是在具体情况下采取恰当行动的人。当需要果断指挥时，他善于指挥；当需要职工参与决策时，他能提供这种可能。只有这样，才能取得理想的领导效果。

（三）管理方格理论

管理方格理论是研究企业的领导方式及其有效性的理论，由美国的行为科学家罗伯特·布莱克（Robert R. Blake）和简·莫顿（Jane S. Mouton）提出。管理方格图如图 3-14 所示。

管理方格图是纵轴和横轴各九等分的方格图，纵轴和横轴分别表示企业领导者对人和对生产的关心程度。第 1 格表示关心程度最小，第 9 格表示关心程度最大。全图总共 81 个小方格，分别表示"对生产的关心"和"对人的关心"这两个基本因素以不同比例结合的领导方式。其中最典型的有五种。

1. 1.1 型

1.1 型为贫乏型的管理。在这类管理中，管理者对职工和生产几乎都漠不关心，只以最小的努力来完成必须做的工作。这种领导方式将会导致失败，这是很少见的极端情况。

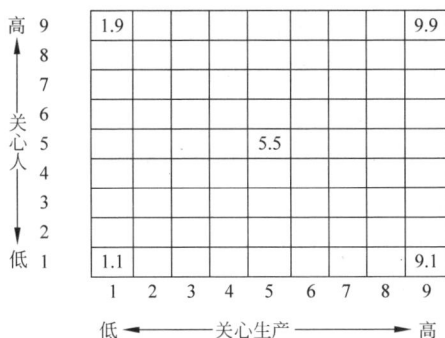

图 3-14　管理方格图

2. 1.9 型

1.9 型为俱乐部型的管理。在这类管理中，主管人员很少甚至不关心生产，而只关心人。他们促成一种人人得以放松、感受友谊与快乐的环境，而没有人关心去协同努力以实现组织的目标。

3. 5.5 型

5.5 型为中间型的管理。这种领导对人的关心度和对生产的关心度虽然都不算高，但是能保持平衡。一方面能比较注意管理者在计划、指挥和控制上的职责；另一方面也比较重视对职工的引导鼓励，设法使他们的士气保持在必需的满意的水平上。但是，这种领导方式缺乏创新精神，只追求正常的效率和满意的士气。

4. 9.1 型

9.1 型为任务第一型的管理。领导作风是非常专制的，领导集中注意于对生产任务和作业效率的要求，注重计划、指导和控制职工的工作活动，以完成组织的目标，但不关心人的因素，很少注意职工的发展和士气。

5. 9.9 型

9.9 型为团队式的管理。即对生产和人都极为关心，努力使职工个人的需要和组织的目标最有效地结合，注意使职工了解组织的目标，关心工作的成果。由于与职工建立了"命运共同体"的关系，因而职工关系协调，士气旺盛，能进行自我控制，生产任务完成得极好。

（四）权变理论

权变理论认为不存在一种"普适"的领导方式，领导工作强烈地受到领导者所处的客观环境的影响。换句话说，领导和领导者是某种既定环境的产物，即

$$S = f(L, F, E)$$

具体地说，领导方式是领导者特征、追随者的特征和环境的函数。在上式中，S 代表领导方式，L 代表领导者特征，F 代表追随者的特征，E 代表环境。

领导者特征主要是指领导者的个人品质、价值观和工作经历。如果一个领导者决断力很强，并且信奉 X 理论，他很可能采取专制型的领导方式。

追随者的特征主要是指追随者的个人品质、工作能力、价值观等。如果一个追随者的

独立性较强，工作水平较高，那么采取民主型或放任型的领导方式比较适合。

环境主要是指工作特性、组织特征、社会状况、文化影响、心理因素等。工作是具有创造性还是简单重复，组织的规章制度是比较严密还是宽松，社会时尚是倾向于追随服从还是推崇个人能力等，都对领导方式产生了强烈的影响。

弗雷德·菲德勒（Fred E. Fiedler），美国当代著名心理学家和管理专家。菲德勒的领导权变理论是比较具有代表性的一种权变理论。该理论认为各种领导方式都可能在一定的环境内有效，这种环境是多种外部因素和内部因素的综合作用体。

菲德勒将领导环境具体化为三个方面，即职位权力、任务结构和上下级关系。所谓职位权力，是指领导者所处的职位具有的权威和权力的大小，或者说领导的法定权、强制权、奖励权的大小。权力越大，群体成员遵从指导的程度越高，领导环境也就越好；反之，则越差。任务结构是指任务的明确程度和下属对这些任务的负责程度。如果这些任务越明确，并且下属责任心越强，则领导环境越好；反之，则越差。上下级关系是指群众和下属乐于追随的程度。如果下级对上级越尊重，群众和下属越乐于追随，则上下级关系越好，领导环境也越好；反之，则越差。

菲德勒设计了一种问卷来测定领导者的领导方式。该问卷的主要内容是询问领导者对最不与自己合作的同事（least-preferred coworker，LPC）的评价。如果领导者对这种同事的评价大多用敌意的词语，则该种领导趋向于工作任务型的领导方式（低LPC型）；如果评价大多用善意的词语，则该种领导趋向于人际关系型的领导方式（高LPC型）。

菲德勒认为环境的好坏对领导的目标有重大影响。对低LPC型领导来说，他比较重视工作任务的完成。当环境较差时，他将首先保证完成任务；当环境较好时，任务能够确保完成，这时他的目标将是搞好人际关系。对高LPC型领导来说，他比较重视人际关系。当环境较差时，他将首先把人际关系放在首位；当环境较好时，人际关系比较融洽，这时他将追求完成工作任务。如图3-15所示。

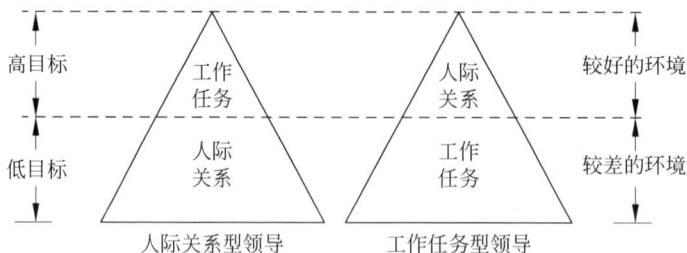

图 3-15　领导目标与环境关系示意图

菲德勒对1200个团体进行了抽样调查，得出以下结论（见表3-1菲德勒模型）。

领导环境决定了领导的方式。在环境较好的Ⅰ、Ⅱ、Ⅲ和环境较差的Ⅶ、Ⅷ情况下，采用低LPC领导方式，即工作任务型的领导方式比较有效；在环境中等的Ⅳ、Ⅴ和Ⅵ情况下，采用高LPC领导方式，即人际关系型的领导方式比较有效。

表 3-1 菲德勒模型

人际关系	好	好	好	好	差	差	差	差
工作结构	简单	简单	复杂	复杂	简单	简单	复杂	复杂
职位权力	强	弱	强	弱	强	弱	强	弱
环境	I	II	III	IV	V	VI	VII	VIII
	好			中等			差	
领导目标	高			不明确			低	
工作任务型领导	人际关系			不明确			工作	
人际关系型领导	工作			不明确			人际关系	
有效的领导方式	工作任务型			人际关系型			工作任务型	

早在 2 500 多年前，我国春秋末期著名军事家孙武的《孙子兵法》中就有对现代管理权变理论思想的系统论述。他十分强调"为将之道，重在权变"的领导权变理论，论述了"五事""七计"，以"道"为首的权变基础；"上下同欲"、令文齐武、"将能君不御"的权变情境；因敌而变、因势而变、因事制宜的权变规律和"知己知彼""悬权而动""料敌制胜""践墨随敌"的权变方法等，为当代领导者研究借鉴其权变思想并在管理实践中灵活运用提供了有力的帮助，其权变思想也被世界各国公共行政和管理学界广为引用。

本 章 小 结

1. 管理的基本职能集合在一起共同作用于企业运行过程时，表现为一系列具体的职能。最早系统地提出管理各种具体职能的是法国的亨利·法约尔。他认为管理具有计划、组织、指挥、协调和控制五种职能。本书将管理职能划分为：决策、计划、组织、控制、领导五种职能。

2. 决策是指组织或个人为了实现某种目标而对未来一定时期内有关活动的方向、内容及方式的选择或调整过程。从决策主体来看，决策可分为组织决策与个人决策；从决策需要解决的问题来看，决策可分为初始决策与追踪决策；从决策调整的对象和涉及的时限来看，决策可分为战略决策和战术决策。

3. 一般认为，决策过程可以划分为四个主要阶段：找出制定决策的理由；找到可能的行动方案；对行动方案进行评价和抉择；对于付诸实施的抉择进行评价。决策的影响因素包括环境、过去的决策、决策者对风险的态度、组织文化和时间。

4. 计划就是对未来组织所要从事的事业的谋划、规划和打算。计划包括：确定组织的目标；制定全局战略以实现这些目标；开发一个全面的分层计划体系以综合和协调各种活动。计划既涉及目标（做什么），也涉及达到目标的方法（怎么做）。根据计划的广度（分为战略计划和作业计划）、时间框架（分为短期计划和长期计划）和明确性（分为具体计划和指导计划）对计划进行分类。

5. 计划编制过程包括五个阶段的工作：收集资料的准备阶段；目标或任务的分解阶段；目标结构的分析阶段；综合平衡阶段；编制并下达行动计划阶段。目标管理是经常用到的一种重要的、有效的执行计划的管理技法；滚动式计划是保证计划在执行过程中能够根据情况变化适时修正和调整的一种现代计划方法。

6. 组织是指人们为了达到一项共同目标建立的组织机构，是综合发挥人力、物力、财力等各种资源效用的载体。它包括对组织机构中的全体人员指定职位、明确责任、交流信息、协调工作等。组织的实质在于它是进行协作的人的集合体。管理的组织职能主要是设计、形成、保持一种良好的、和谐的集体环境，使人们能够互相配合，协调行动，以获得优化的群体效应。

7. 组织设计就是要在管理劳动分工的基础上，设计出组织所需的管理职务和各个管理职务之间的关系。组织设计的任务有两个：①提供组织结构系统图；②编制《职务说明书》。

8. 管理机构的组织形式随着生产、技术和经济的发展而不断演变，经历了一个由简单到复杂的过程。组织结构的基本模式包括直线制组织、职能制组织、直线职能制组织、事业部制组织、矩阵制组织、多维组织等。

9. 控制是监视各项活动以保证它们按计划进行并纠正各种重要偏差的过程。管理中的控制手段可以在行动开始之前、进行之中或结束之后进行。分别称为前馈控制、同期控制、反馈控制。控制的过程包括三个基本环节的工作：确立标准；衡量成效；纠正偏差。

10. 领导可以定义为指挥、带领、引导和鼓励部下为实现目标而努力的过程。这个定义包括三个要素：①领导者必须有部下或追随者；②领导者拥有影响追随者的能力或力量；③领导的目的是通过影响部下来达到企业的目标。

11. 领导方式的基本类型有三种：专权型领导、民主型领导和放任型领导。领导方式的连续统一体理论认为，领导方式是多种多样的，从专权型到放任型，存在着多种过渡形式；管理方格理论是研究企业的领导方式及其有效性的理论；权变理论认为不存在一种"普适"的领导方式，领导工作强烈地受到领导者所处的客观环境的影响。

思考与练习

1. 何谓决策？有哪几层含义？
2. 何谓追踪决策?与初始决策相比有何特点？
3. 战略决策与战术决策有何区别？
4. 决策过程包括哪几个阶段的工作？组织决策受到哪些因素的影响？
5. 说明计划的定义、目的和类型。
6. 计划编制包括哪几个阶段的工作？
7. 滚动式计划有何特点？
8. 说明组织的含义、要素和实质。
9. 组织设计的任务是什么？设计时要考虑哪些因素的影响？依据哪些基本原则？
10. 组织的基本结构形态有哪两种类型？这两种结构形态各有何特点？
11. 如何使集权与分权合理地结合？
12. 各种管理组织有何特点？
13. 什么是控制？管理控制有何必要性？

14. 控制有哪几种类型?

15. 描述控制的过程。控制有何要求?

16. 领导的内涵和作用是什么?

17. 做一个领导者应具备哪些素养?

18. 领导方式有哪几种基本类型? 领导方式理论给我们哪些启示?

即学即测

案例讨论

世界的 **Mr.** 曹，中国的德旺!

第二篇

制度、文化与战略

第四章 现代企业制度

本章提要

本章追溯了我国国有企业改革的历程，明确了现代企业制度的概念，分析了现代企业制度具有的基本特征，探讨了公司治理结构的内涵、组织形式及基本内容。

重点难点

- 现代企业制度的概念和特征
- 产权制度
- 公司治理结构的内涵

引导案例

红豆集团构建中国特色现代企业制度

创办于 1957 年的红豆集团经历了乡镇企业→股份制改造→现代企业制度的跳跃发展后，现已成为一家集纺织服装、生物医药、橡胶轮胎、房地产四大产业于一体的大型民营企业集团。近年来，红豆集团积极探索构建中国特色现代企业制度，把党的政治优势转化为企业发展优势，形成"现代企业制度+党的建设+社会责任"的内部治理模式，以期突破企业管理的"天花板"。在这一模式中，"现代企业制度"是基础，"党的建设"是灵魂，"社会责任"是使命。在探索建立"中国特色现代企业制度"的过程中，红豆集团中全面实行"五个双向"的工作机制，为有效发挥党组织的政治核心作用和政治引领作用提供了有力保证。

班子双向进入。在企业决策、管理、经营、生产各个层面，全面推行党组织领导班子和管理层双向进入、交叉任职，从体制机制上保证党组织有效参与决策和管理。集团党委委员全部进入董事会、监事会、经理层，董事会成员全部兼任党委委员，形成了适应公司治理结构的党组织领导体系。实行厂长经理一岗双职。不断完善集团内部党的组织网络，与企业发展同步调整、配备党组织和经营管理班子。集团子公司党员总经理和党员厂长全部兼任党（总）支部书记。

工作双向互动。集团党委通过党委扩大会、管理层和党组织联席会议等方式，把国家的方针政策转化为企业发展的具体行动。建立周一晨报会、周五党委委员和公司经理例会等制度，加强党组织与企业管理层的互动交流，推动各项决策的落实。把实现企业绩效目标作为检验党建成效的重要标准，通过签订年度计划书、月度任务书、岗位责任书，强化对各党组织和党员的目标引领，把党建工作的目标要求转化为推动企业发展的实绩需求。

人才双向培养。充分发挥党组织培养人才、使用人才、凝聚人才的优势，形成企业各类人才双向培养、共同发展的良好局面。实施"百才工程"，引进博士生、高级工程师等国内外高端人才，并加大在高级人才中发展党员的力度，党员科技人才比例已达 31.7%。建立党员示范岗、党员营销团队、党员技术攻关小组，开展党员身边"无隐患、无违章、无次品"等活动，增强党员骨干岗位奉献意识和岗位建功能力。

文化双向互促。集团党委坚持用社会主义核心价值体系引领企业文化建设，通过加强引导、增进共识、创新方法、健全制度等措施，在集团上下形成基本道德规范，凝聚精神力量，提升企业核心竞争力。办好红豆报、红豆网站、红豆电视台和红豆大学，在企业中深入开展形势政策、基本国情、革命传统、改革开放和国防教育，帮助企业职工牢固树立中国特色社会主义共同理想和信念。以"铸造红色品格、打造绿色企业、建设幸福红豆"为愿景，大力弘扬优秀民族文化，营造红豆"情"文化氛围。

制度双向互补。集团党委认真分析党的建设和现代企业制度各自优势，找准二者结合点，推动企业发展和党建工作互促共赢。把党的民主集中制运用到企业重大问题决策之中，帮助企业掌握实情、科学决策。坚持任人唯贤、制度选人，把党委领导班子成员公推直选、党内考核评优机制引入企业人力资源管理，全面推行企业管理层人员竞争上岗，以绩效导向取代关系导向，为企业员工创造了公平公正的发展机会。把企业管理的方法和理念导入党建工作，完善集团党建工作运行机制，使党建目标定量化、工作任务具体化、实施过程规范化、绩效考核精细化。

案例来源：周海江. 红豆集团构建中国特色现代企业制度的探索实践[J]. 江南论坛，2013（07）：30-32.

案例思考

1. 你认为红豆集团构建的中国特色现代企业制度，"特"在哪里？
2. 你认为"五个双向"的工作机制对于其他企业有何借鉴意义？

建立现代企业制度，是发展社会化大生产和市场经济的必然要求，也是推动我国企业高质量发展的必然选择。从上述案例可以看出：红豆集团探索形成的中国特色现代企业制度和公司治理模式，彰显出强大的制度优势，推动企业实现了从传统单一产业向现代多元产业，从粗放管理向科学管理，从本土经营向跨国经营的跨越。现代企业制度是适应社会主义市场经济发展要求，符合中国改革发展实际情况，真正体现企业是一个独立的法人实体和市场竞争主体要求的一种企业制度。《中共中央关于建立社会主义市场经济体制若干问题的决定》提出，我国要建立"以公有制为主体的现代企业制度"。这表明，我国要建立的现代企业制度是社会主义市场经济的基础。因此，全面正确地把握现代企业制度的内涵、基本特征，认识现代企业制度的内容体系，对指导整个企业的改革具有重要的现实意义。

第一节　现代企业制度的概念与特征

建立现代企业制度是我国在经过对国有企业改革的多年探索后提出来的。中华人民共和国成立以后，国家采取了多种措施实现了对资本主义工商业的社会主义改造，形成了一大批国家所有、国家经营的国营企业，构成我国社会主义制度的坚实基础。改革开放之初，国民经济基本上是国营企业一统天下的局面。僵化的国营企业管理体制严重地制约着国民经济的良性发展。农村实行大包干责任制后，国家总结成功经验，着手进行了以国营企业改革为核心的城市经济体制的改革。国有企业改革大体上先后经历了扩权让利阶段（1978—1984年）、利改税阶段（1984—1986年）、承包制阶段（1987—1990年）、建立现代企业制度（1991 年至今）四个阶段。从第四个阶段开始，国家着手解决国有企业改革中的深层次矛盾，进行企业制度创新，要求把国有企业建设成为适应社会主义市场经济需要，产权清晰、权责明确、政企分开、管理科学的具有法人资格的市场主体。改革开放 40 多年来，我国国有企业不断进行制度创新，已基本建立了适应社会主义市场经济体制的现代企业制度，公司治理不断完善，企业效益持续提高。

一、现代企业制度的概念

现代企业制度是以企业法人制度为基础，以企业产权制度为核心，以产权清晰、权责明确、政企分开、管理科学为条件而展开的由各项具体制度所组成的，用于规范企业基本经济关系的制度体系。它是为适应我国国有企业制度创新的需要而提出来的特定概念，是企业制度的现代形式。

现代企业制度包括以下几层含义。

（一）现代企业制度是企业制度的现代形式

企业制度不断发展变化，现代企业制度是从原始企业制度发展而来的，是商品经济或市场经济及社会化大生产发展到一定阶段的产物。现代企业制度中的"现代"一词具有双重含义：一是相对于我国原有产品经济体制条件下的传统企业制度而言；二是相对于企业组织发展史的角度而言，企业组织形式的发展经历了从独资企业到合伙企业再到公司制企业的过程。公司制企业是在进入现代社会后才大量发展起来的，它是一种现代的企业组织形式。相对于我国传统的企业制度而言，建立现代企业制度的一项重要内容是要对多数国有企业进行公司制改组，但现代企业制度并不仅仅适用于国有企业，它同样适用于非国有企业。现代企业制度下的企业组织形式不仅仅包含股份有限公司和有限责任公司，还包括能够适应现代市场经济体制要求的其他企业组织形式，如无限公司、两合公司、股份两合公司、独资企业和合伙企业等。这个判断有利于我们把握现代企业制度的动态性和可变性，有利于我们避免将现代企业制度理解为一种固定、僵化的模式。

（二）现代企业制度是由若干具体制度相互联系而构成的系统

现代企业制度是一种制度体系。现代企业制度不是企业的某一种制度，而是企业及涉及企业的一系列制度和制度环境的统称，是现代企业法人制度、现代企业产权制度、现代企业组织制度、管理制度等有机耦合的统一体。这层含义有利于防止把建立现代企业制度简单地理解为公司化的倾向，有利于我们用新的观点来审视我国已经改建成的股份有限公司和有限责任公司，以及正在进行的企业改制实践，有利于我们加深对建立现代企业制度复杂性和艰巨性的理解。

（三）企业法人制度是现代企业制度的基础

现代企业法人制度是企业产权的人格化。企业作为法人，有其独立的民事权利能力和民事行为能力，是独立享受民事权利和承担民事义务的主体。规范和完善的法人企业享有充分的经营自主权，并以其全部财产对其债务承担责任，而终极所有者对企业债务责任的承担仅以其出资额为限。所以，正是在现代企业法人制度的基础上，才产生了有限责任制度。我们强调建立现代企业制度，转换国有大中型企业经营机制，实质内容之一就是在我国确立规范、完善的现代企业法人制度，使国有大中型企业成为自主经营、自负盈亏、自我约束、自我发展的市场竞争主体，使作为终极所有者的国家承担有限责任。

（四）产权制度是现代企业制度的核心

产权亦即财产权。构成产权的要素有所有权、占有权、处置权和收益权等。现代企业制度是以终极所有权与法人财产权的分离为前提的。现代企业产权制度就是企业法人财产权制度。在此制度下，终极所有权的实现形式主要是参与企业的重大决策，获得收益；法人企业则享有其财产的占有权、处置权等。这是用建立现代企业制度去改造我国国有企业的核心所在。因为只有建立现代企业产权制度，才能使国家公共权力与法人企业民事权利分离开来，才能使全民所有权（国家所有权）与法人企业财产权分离开来，才能使政企真正分开。

（五）现代企业制度以公司制为主要组织形式

公司制是现代企业制度的主要组织形式，但现代企业制度不等于现代企业组织形式。公司制是一种现代的企业组织形式，它仅仅是现代企业制度的一项组成内容，而不是现代企业制度的唯一内容。在我国，建立现代企业制度主要是针对国有企业改革的问题而提出来的。对于国有企业的改革而言，确实主要是应该建立现代公司制度。现代公司制度主要是指股份有限公司和有限责任公司。从这个意义上讲，建立现代企业制度主要是公司化。这里包含两层意思：一是不能认为，建立了公司制就建成了现代企业制度，因为它还有其他丰富的内容；二是股份有限公司和有限责任公司只是现代企业制度的典型形式，即并非其他符合现代企业制度内容的形式不算现代企业制度。强调这一点是重要的，因为我们要在绝大多数国有企业建立现代企业制度，但并不是把它们都改成股份有限公司或有限责任公司，还可以探索其他有效形式。

二、现代企业制度的特征

现代企业制度的基本特征概括起来就是产权清晰、权责明确、政企分开、管理科学。

（一）产权清晰

产权清晰是指要以法律的形式明确企业出资者与企业基本的财产关系，尤其要明确企业国有资产的直接投资主体，彻底改变原来的那种企业国有资产理论上出资者明确、实践上出资者含糊，没有人格化的投资主体，无人负责，哪个政府部门都可以代表国有资产出资者来行使一部分国有资产产权的权能，而谁又都不必为国有资产负责的状况。明确国家作为企业国有资产出资者的有限责任，彻底改变国家对企业的债务实际上承担无限责任的状况，以确保国有资产的合法权益。

国有企业产权清晰的第一个内容，也是最起码的要求，是要弄清"家底"，即弄清每个国有企业的资产总额，包括流动资产、固定资产、无形资产及其他类别的资产。这里特别重要的，是要符合建立社会主义市场经济体制的要求。通过资产评估，按照法定程序，运用科学方法，对资产某一时点的价格进行评定和估算。为此，就必须建立包括资产评估的主体、客体、目的、程序、标准和方法在内的要素体系。它不仅是国有资产保值增值的前提，而且是推行多种改革形式的一般前提。

国有企业产权清晰的第二个内容，是要明确资产所有者代表。国有资产的所有者是全民，社会主义国家是全民的代表，这是清楚的。但是如果要问，谁代表国家来行使国有资产的所有者职能？怎样落实国有资产的管理、监督和经营责任制，明确责权利关系？答案就变得十分不确定、十分抽象、十分不清晰了。从所有者（所有权）归根到底要决定和制约经营者（经营权）这个意义上说，所有者代表缺位，甚至"千呼万唤难寻觅"的状况，是国有资产实现保值增值的最根本障碍，也是国有资产流失的最危险根源，是体制性的缺陷。如果国有资产所有者代表不确定，或者定位不准确，以经营国有资产为目标的国有企业，就不可能真正成为独立的法人实体和市场竞争主体。

国有企业产权清晰的第三个内容，涉及对"产权清晰"的动态理解。对"产权清晰"的理解，不深入到产权流动、产权交易（这是社会主义市场经济条件下，产权流动的一般形式），以及在市场机制作用下资源的优化配置这个层次，那就是为清晰而清晰，失去了最重要的经济意义。在社会主义市场经济条件下，加快国有资产流动，积极而又慎重地推进产权交易，具有重大的理论与实践意义。从历史与现实来看，这是对长期旧的体制所形成的非市场化资源配置方式、非集约型的生产力布局，以及不合理产业结构所进行的根本变革。只有通过这种根本变革，才能实现资产存量的分解和组合，才能以现有企业为基础、充分利用现有的生产能力进行扩大再生产。从未来发展来说，产权流动和产权交易不仅丝毫不会减弱其作用，而且将越来越成为提高国民经济运行质量的大杠杆。人类历史上所发生的几次产业革命，推动经济飞跃的几次浪潮，其实质内容，都是在新技术革命引导下所进行的资源重新配置，是产业结构的升级。如果没有产权交易，如果资产产权不能流动，那么上述这一切都将成为空谈。

国有企业建立现代企业制度，应该明确企业与其所有者之间基本的财产关系，理顺企业的产权关系。企业中的国有资产属全民所有，即国家所有，由代表国有资产所有者的政府所授权的有关机构作为投资主体，对经营性国有资产进行配置和运用，作为企业中国有资产的出资人，依法享有出资者权益，并以出资额为限对企业承担有限责任。

产权不清晰往往造成企业产权在变动过程中无人对其真正负责的情况，国有产权的合法权益得不到有效保障，资产经营效率低下。国有资产从各种途径流失严重，企业的相关各方权责不明确，对企业资产产权归属发生纠纷。而在清晰产权的过程中，也有可能会造成一部分国有资产的流失，这就要求我们不仅要通过尽快清晰企业国有资产产权，确立国有资产的投资主体，以及其他一系列办法去有效地防止在清晰产权、产权变更过程中的国有资产的流失，更要通过深化企业改革，加强企业管理，提高企业的经济效益，以防止国有资产的流失。

（二）权责明确

权责明确是指要在产权清晰、理顺产权关系、建立公司制度、完善企业法人制度的基础上，通过法律法规明确出资人和企业法人对企业财产分别拥有的权利、承担的责任和各自履行的义务。公司制度、法人制度与有限责任制度是现代企业制度在组织方面的三个典型特征，也是权责明确的基础。

企业的出资人要按照其对企业的出资额依法享有股东的各项权利，同时也要以其出资额为限对企业债务承担有限责任。代表国家的政府作为企业国有资产的出资人，要改变原有的那种对企业实行所谓的"父爱主义"的做法，切实转变国有企业预算约束软化的问题，不再对企业的债务承担实际上的无限责任。出资人不直接参与企业的具体经营活动，不能直接支配企业的法人财产。

企业拥有法人财产权，以全部法人财产独立享有民事权利、承担民事责任，依法自主经营。企业以独立的法人财产对其经营活动负责，以其全部资产对企业债务承担责任。通过建立企业法人制度和公司制度形成企业的自负盈亏机制和对企业经营者的监督机制。同时，企业法人行使法人财产权，这种法人财产权形成和确立的组织基础也是公司制度和企业法人制度。企业法人财产权的行使要受出资人所有权的约束和限制，必须对出资人履行义务，依法维护出资人权益，对所有者承担资产保值增值的责任，而不是以损害出资人的合法权益为前提。

（三）政企分开

政企分开是指在理顺企业国有资产产权关系、产权清晰的基础上，实行企业与政府的职能分离，建立新型的政府与企业的关系。

实行政企分开，建立企业与政府之间适应社会主义市场经济体制的新型的政企关系，要求在清晰企业产权的基础上，实行政府对企业的调控、管理和监督。

首先，要把政府的社会经济管理职能和国有资产所有权职能分开，积极探索国有资产经营的合理形式和途径，通过构筑国有资产出资人与企业法人之间规范的财产关系，强化国有资产的产权约束。政府与国有企业的关系，从社会经济管理者和被管理者的角度看，要用行政法来调整；从国有资产所有者和法人财产支配者的角度看，要用民法来调整。

其次，要把政府的行政管理职能和企业的经营管理职能分开。政府主要通过法律法规和经济政策等宏观措施，调控市场，引导企业；政府对企业的监督管理有些可通过诸如会计师事务所、律师事务所等中介组织来实现，通过中介组织沟通政府与企业间的联系。当然，确立中介组织的中立地位，中介组织的规范、自律、守信用等都是目前迫切需要解决的问题；要取消企业与政府之间的行政隶属关系和企业的行政级别，对企业的管理人员不应像对国家公务员那样进行管理；要规范国家与企业的分配关系，政府依法收税，企业依法纳税；要把企业承担的政府和社会职能分离出去，分别由政府和社会组织承担。

（四）管理科学

管理科学是指要把改革与企业管理有机地结合起来，在产权清晰、权责明确、政企分开的基础上，加强企业内部管理，形成企业内部的一系列科学管理制度，尤其要形成企业内部涉及生产关系方面的科学的管理制度。

管理科学是建立现代企业制度的保证。一方面，要求企业适应现代生产力发展的客观规律，按照市场经济发展的需要，积极应用现代科技成果，在管理人才、管理思想、管理组织、管理方法、管理手段等方面实现现代化，并把这几方面的现代化内容同各项管理职能有机地结合起来，形成有效的现代化企业管理；另一方面，还要求建立和完善与现代化生产要求相适应的各项管理制度，主要包括以下内容。

1. 现代企业领导制度

企业领导制度的核心是关于对企业内部领导权的归属、划分及如何行使等所做的规定。管理科学要求改革企业领导体制，建立和实行科学规范的公司治理。科学规范的公司治理是确立公司制度、实现公司正常运转和有效经营的基本保障，既是公司制改造的重要方面，又是国有企业改组为公司的一个难点，其中关键的问题是如何在企业领导制度方面，实现原有的那种适应产品经济体制要求的企业领导制度，向能够适应社会主义市场经济体制要求的企业领导制度转变。要根据决策权、执行权、监督权相互分离、相互制衡和相互配合的原则，建立由股东大会、董事会、监事会和经理层组成的公司治理结构，不同的机构权责明确、各司其职、相互制衡、相互配合，分别行使决策权、执行权和监督权。这从企业内部而言，也是权责明确的一个方面。建立科学完善的企业领导制度，是搞好企业管理的一项最根本的工作。现代企业领导制度应该体现领导专家化、领导集团化和领导民主化的原则。

2. 现代企业劳动人事制度

企业劳动人事制度是用来处理企业用工方式、工资分配，以及企业法人、经营者与劳动者在劳动过程中所形成的各种经济关系的行为准则。建立与市场经济要求相适应的、能促进企业和劳动者双方相互选择、获得最佳经济效益和社会效益的，市场化、社会化、法制化的企业劳动、人事和工资制度，从而实现劳动用工市场化、工资增减市场化、劳动争议仲裁法规化，是建立现代企业制度的重要内容。

在市场经济条件下，企业实行市场化用工，即实行企业与职工双向选择的企业自主用工、劳动者自主择业的用工制度，并打破身份界限，实行能者上、庸者下的管理人员聘任制度。

现代企业根据劳动就业供求状况和国家有关政策规定，由董事会自主确定本企业的工资水平等内部分配方式，实行个人收入货币化和规范化。职工收入依岗位、技能和实际贡献确定。高层管理人员的报酬由董事会决定；董事、监事的报酬由股东大会决定。

3. 现代企业财会制度

现代企业财会制度是用来处理在企业法人与国家、股东、劳动者之间财会信息沟通和财产分配关系的行为准则，以保护股东和国家的利益不受侵犯。

现代企业财会制度应充分体现产权关系清晰、财会政策公平、企业自主理财并与国际惯例相一致的原则。现代企业有充分的理财自主权，包括自主的市场取向筹资、自主投资、资产处置、折旧选择、科技开发费提取及留用资金支配等权利。现代企业有健全的内部财会制度，并配备合格的财会人员。其财务报告须经注册会计师签证，上市公司要严格执行公开披露财务信息的制度。

4. 现代企业破产制度

现代企业破产制度是用来处理企业在生产经营过程中形成的各种债权债务关系，维护经济运行秩序的法律制度。它不是以行政命令的方式来决定企业的存亡，而是以法律保障的经济运行方式"自动"筛选和淘汰一些落后企业，为整个经济运行提供一种优胜劣汰的途径。

第二节　现代企业的公司治理结构

现代企业所有权与控制权相分离的特点，必然要求在所有者与经营者之间形成一种相互制衡的机制，依靠这套机制对企业进行管理和控制，这套机制被称为公司治理结构，又称为法人治理结构。公司治理结构的重要性在于，它是现代公司运行和管理的基础，在很大程度上决定了企业的效率。良好的公司治理结构可以激励董事会和经理层通过更有效地利用资源去实现那些符合公司和股东利益的奋斗目标。

一、公司治理结构的内涵

尽管公司治理结构如此重要，而且这一术语被广泛使用，但迄今为止并没有形成一个统一的定义。1999 年，由 29 个发达国家组成的经济合作与发展组织（Organization for Economic Co-operation and Development，OECD）理事会通过了《公司治理结构原则》（以下简称《原则》）。该《原则》对公司治理结构界定为："公司治理结构是一种据以对工商公司进行管理和控制的体系。公司治理结构明确规定了公司的各个参与者的责任和权利分布，诸如董事会、经理层、股东和其他利益相关者。并且清楚地说明了决策公司事务时所应遵循的规则和程序。同时，它还提供了一种结构，使之用以设置公司目标，也提供了达到这些目标和监控运营的手段。"

具体而言，公司治理结构是有关所有者、董事会和高级执行人员即高级经理人员和其他利益相关者之间权利分配和制衡关系的一种制度安排，表现为明确界定股东大会、董事会、监事会和经理人员职责和功能的一种企业组织结构。从本质上讲，公司治理结构是企业所有权安排的具体化，是有关公司控制权和剩余索取权分配的一整套法律、文化和制度性安排，这些安排决定了公司的目标、行为，决定了在公司的利益相关者中，在什么状态下由谁来实施控制、如何控制、风险和收益如何分配等有关公司生存和发展的一系列重大问题。

一般而言，理想的公司治理结构标准包括以下几项。

（1）应能够给经营者以足够的控制权自由经营管理公司，发挥其职业企业家的才能，给其创新活动留有足够的空间。

（2）保证经营者从股东利益出发，而非只顾个人利益使用这些经营管理公司的控制权。这要求股东有足够的信息去判断他们的利益是否得到保证、期望是否正在得到实现。如果其利益得不到保证、期望难以实现，股东有果断行动的权利。

（3）能够使股东充分独立于职业企业家，保证股东自由买卖股票，给投资者以流动性的权利，充分发挥开放公司的关键性优势。显然，这些理想要求或标准在实际中很难完全实现，因为它们常常是冲突和矛盾的。而公司治理结构就是要在各利益相关者权利和利益的矛盾中寻求动态平衡。

正是公司治理结构这种动态平衡的内在要求，决定了公司治理结构的灵活性。这种灵活性一方面表现为一个公司的治理结构不是一成不变的，需要根据企业外部环境和内部条件的变化不断改进和完善。这个改进和完善的过程在很大程度上表现为职业企业家控制权的动态调整过程，表现为利用控制权调整激励约束企业家行为的过程，进而表现为企业效率的改进过程。公司治理结构灵活性的另一方面表现为不同公司治理结构的差异性，这种差异性进一步影响了公司竞争力。虽然经济理论和法律研究确定了关于公司治理结构的一个基本框架（例如，OECD 给出的《公司治理结构原则》），为股东、董事会和经理人员之间关系的确定提供了一个基本规范，但具体到各个国家各个公司的治理结构，有关三者之间关系的规定常常是不尽相同的。例如：关于公司的兼并、收购事宜，有的公司由股东大会直接决定，有的公司则授权董事会决定；关于高层执行官员的任命，多数公司授权董事会，少数公司则由股东大会自己掌握批准权；有些公司董事会只任命一个首席执行官员或总经理，其他高层经理人员由总经理选择，而有些公司的所有高层经理人员都由董事会直接任命。

二、公司治理结构的具体内容

（一）公司治理结构的组织形式

公司治理的组织制度坚持决策权、执行权和监督权三权分离的原则，由此形成了公司股东大会、董事会和监事会并存的组织框架（见图 4 -1）。

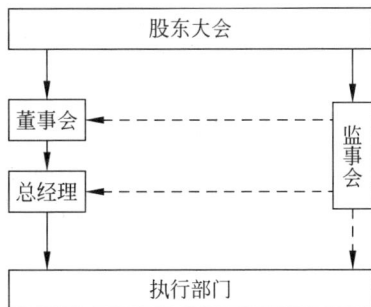

图 4-1　公司治理结构的组织形式

公司治理机构的组织形式通常包括股东大会、董事会、监事会及经理人员四大部分。按其职能分别形成决策机构、监督机构和执行机构。

1. 决策机构

股东大会及其选出的董事会是公司的决策机构，股东大会是公司的最高权力机构，董事会是股东大会闭会期间的最高权力机构。

2. 监督机构

监事会是由股东大会选举产生的，对董事会及其经理人员的活动进行监督的机构。

3. 执行机构

经理人员是董事会领导下的公司管理和执行机构。

这种组织制度既赋予经营者充分的自主权，又切实保障所有者的权益，同时又能调动生产者的积极性，因此，它是现代企业公司治理制度不可缺少的内容。

（二）公司治理结构内部的制衡关系

在公司治理结构中，股东大会、董事会、监事会、经理人员之间存在着密切但又性质不同的关系，只有明确划分股东大会、董事会、经理人员和监事会的权利与责任，才能形成公司治理结构的制衡关系。

1. 股东大会与董事会之间的信任委托关系

在公司治理结构中，董事会受股东大会的信任委托，托管公司的法人财产和负责公司经营，成为公司的经营决策层。这种关系是一种信任托管关系，主要表现在以下几个方面。

（1）董事会受股东委托来经营公司。这样，它就成为公司的法定代表，其行为对全体股东负责。股东既然将公司交由董事会托管，则不再直接干预公司的管理事务，也不能以商业经营原因，如正常的经营失败来解聘董事。但当董事会成员玩忽职守、滥用权利，未尽到受托责任时，股东就可以起诉董事，或不再推举他们连任。不过选举不能由单个股东决定，而要取决于股东大会投票的结果。个别股东如对受托董事的治理绩效不满意，还可以"用脚投票"，即转让自己的股权脱离该公司。

（2）受托经营的董事不同于受雇的经理人员。董事会只是全体股东的代表，为全体股东的利益行使公司的经营权利。在有限责任公司的情况下，由于股东人数较少，董事会成员大多具有股东身份，意味着大股东直接控制公司；在股份有限公司的情况下，由于股权分散化，董事会主要由经营专家及社会人士组成。

（3）在法人股东占主导地位的情况下，大法人股东一般会派出自己的代表充当被持股公司的董事。

2. 董事会与经理人员之间的委托代理关系

董事会以经营管理才能和创利能力为标准，挑选和任命本公司的经理人员。经理人员，特别是总经理，作为董事会的议定代理人，拥有管理权和代理权。管理权是指经理人员对公司内部事务的管理职能；代理权是指经理人员在诉讼方面及诉讼之外的商业代理权。这种委托代理关系有其明显的特色。

（1）经理人员作为聘用代理人，其权利受到董事会委托范围的限制，如经营方向、经营策略、公司财产处置等方面的限制。主要包括法定限制和意定限制两个方面。法定限制是指来自于法律与公司章程方面的限制；意定限制是指由董事会的授权范围和决定所形成的限制。

（2）公司对经理人员的聘用是有偿的和约束的，具体表现为奖励或解聘。公司治理结构中董事会和经理人员的这种委托代理关系表明，董事会的主要职能已从经营管理转为战略决策和对执行管理职能的经理人员的制约作用。加强对经理人员的约束和激励，是完善公司治理结构中制衡关系的重要一环。

在这种委托关系中，委托人和代理人各自追求的目标是不同的。作为委托人的董事会要求经理人员尽心尽力，完成职责，执行好经营管理的职能，为公司获取更多的可分配利润；而作为代理人的经理人员所追求的，是其自身的人力资本（知识、才能、社会地位）的增值和提供人力资本所取得的收入最大化。为实现各自的追求，董事会特别需要建立一套有效的约束与激励机制，根据经理人员的工作绩效（包括公司的赢利状况、市场占有率等）对他们进行激励。激励形式包括薪金、奖金、在职消费、公司股票或股票期权。经理人员客观上要受到产品市场、资本市场和经理人员劳动力市场三重市场竞争机制的约束。

3. 股东大会、董事会与经理人员、监事会间的相互制衡关系

（1）股东大会作为公司的最高权力机构，掌握着公司最终的控制权，他们可以决定董事会的人选，并有推举或不推举直至起诉某位董事的权利。但是，一旦授权董事会负责公司经营决策后，股东就不能随意干预董事会的决策。而董事会作为公司的经营决策机构，

职权也受到一定的约束：第一，董事会作为公司的法定代表机构，不得从事与公司业务无关或有损公司利益的活动，否则将被股东起诉或罢免；第二，董事会不能超越股东大会的授权范围行事；第三，董事会要接受股东大会和监事会的检查与监督。

（2）经理人员受聘于董事会，作为公司的代理人统管公司日常经营业务，在董事会授权范围内，经理人员有权决策，其他人包括股东、董事不能随意干涉。

（3）作为公司监督机构的监事会，是强化公司治理结构制衡关系的重要一环。监事会由股东代表与职工代表组成，负责对董事会及其成员以及经理人员进行监督与检查，防止董事会、总经理等滥用职权，损害公司利益。对于发生董事会及其成员以及总经理滥用职权、经营不善的情况，监事会可以提请召开股东大会，改组董事会或更换董事，提请董事会更换总经理。

三、公司治理结构中各机构的权责界定

（一）股东大会

股东大会是非常设的由全体股东所组成的公司权力机构。

1. 股东大会的职权

设置股东大会的目的是保护股东的合法权益。具体表现为：第一，为解决股东大会以外的公司机构，如董事会、监事会等所不能解决的事项；第二，使各股东明了公司经营状况及未来的发展方向。

股东大会的职权可分为法定职权和公司章程规定的职权。

（1）法定职权。法定职权是指各国以公司法的形式确定下来的股东大会拥有的职权。以股份有限公司为例，股东大会一般拥有以下法定职权：①决定公司的经营方针和投资计划；②选举和更换董事，决定有关董事的报酬事项；③选举和更换由股东代表出任的监事，决定有关监事的报酬事项；④审议批准董事会的报告，审议批准监事会的报告；⑤审议批准公司的年度财务预算方案、决算方案；⑥审议批准公司的利润分配方案和弥补亏损方案；⑦对公司增加或减少注册资本做出决议；⑧对发行公司债券做出决议；⑨对公司合并、分立、解散和清算等事项做出决议；⑩修改公司章程。

（2）公司章程规定的职权。公司章程在不违反法律法规的前提下，可以增加规定一些股东大会的职权，但不能缩减股东大会的职权。例如，有的股份有限公司章程规定，股东大会还可以为本公司选择合适的会计师事务所。

股东大会虽然是公司的非常设机构，但它却是必要的权力机构。公司存在一天，股东大会的职权就照常行使一天。即使在公司清算过程中，董事会、经理人员等都被终止了职权，但股东大会的职权照常行使。公司清算结束后，清算组应当制作清算报告，报股东大会确定。

2. 股东会议的决议

股东会议的决议可分为普通决议和特别决议。

（1）普通决议。一般而言，普通决议是指用于公司普通决议事项，以简单多数即可通过的决议。简单多数是指代表公司出资比例50%以上的股东出席，以出席会议的股东表决

权的过半数同意。除法定的特别决议事项以外，其他事项都可由公司章程规定为普通决议事项，由普通决议方法通过。具体内容可以包括：①关于公司的经营方针和投资计划的决议；②选举和更换董事，有关董事报酬事项的决议；③选举和更换由股东代表出任的监事，有关监事报酬事项的决议；④对董事会报告的批准；⑤对监事会或者监事会报告的批准；⑥对公司的年度财务预算方案、决算方案的批准；⑦对公司的利润分配方案和弥补亏损方案的批准；⑧关于发行公司债券的决议。

（2）特别决议。特别决议是指针对公司的特别决议事项，以绝对多数方能通过的决议。这里的绝对多数，不同的国家对不同的表决事项有不同的要求：《公司法》规定，对公司股东会议的特别决议，需经代表 2／3 以上有表决权的股东通过，才能有效。

根据《公司法》，公司股东会议的特别决议事项有以下几条：①关于公司增加或者减少注册资本的决议；②关于公司合并、分立的决议；③关于发行公司债券的决议；④关于修改公司章程的决议；⑤公司章程规定的需由特别决议通过的其他事项。

总之，不论是普通决议，还是特别决议，都必须在法律法规和公司章程的规范下进行，否则，即使是在大会会议中通过的决议事项，也是无效的。

（二）董事会

董事会是由公司股东大会所选出的一定数目的董事所组成的，法定的、常设的、集体的、对内进行经营管理及决定股东大会权限以外事项的机构。

1. 董事会的组成与召集

董事会的组成，按《公司法》规定，有限责任公司一般不得少于 3 人，且最多不超过 13 人；股份有限公司最少要 5 人，最多不超过 19 人。一般来说，董事会的组成人需单数，以便董事会投票表决能顺利得出结果。

董事会会议的召集由董事长负责并主持，董事长因故不能履行职务时，可由其指定的副董事长或某董事召集主持。

2. 董事

董事由股东大会选举产生，具有权利能力和行为能力。董事除以董事会成员身份参加董事会会议、就讨论事项进行表决外，还可依董事会的决定，负责具体实施股东大会决议、董事会决议，处理公司经营管理中的事务。

3. 董事长

董事长是公司法定代表人，全面负责公司的经营管理。董事长作为公司的法定代表人，代表公司从事一切对外活动。董事长是公司的最高负责人，其本身即代表公司。董事长是从具有董事资格的人员中选任，在董事会上以全体董事的过半数选举产生的。

董事长的职权可分为法定职权和董事会授权行使的职权。

（1）董事长的法定职权。董事长法定行使以下职权：①主持股东大会和召集、主持董事会会议；②检查董事会决议的实施情况；③签署公司股票、公司债券的发行文件。

（2）董事会授权行使的职权。除上述职权之外，根据公司需要，可以由董事会授权董事长在董事会闭会期间，行使董事会的部分职权。这意味着董事长可以行使以下部分职权：①负责召集股东大会，并向股东大会报告工作；②执行股东大会的决议；③决定公司的经营计划和投资方案；④制定公司的年度财务预算方案、决算方案；⑤制定公司的利润分配方案和弥补亏损方案；⑥制定公司增加或者减少注册资本的方案，以及发行公司债券的方案；⑦制定公司合并、分立、解散或者变更公司形式的方案；⑧决定公司内部管理机构的设置；⑨聘任或解聘公司经理，根据经理的提名，聘任或解聘公司副经理、财务负责人，决定其报酬事项；⑩制定公司的基本管理制度，以及其他公司章程规定的董事会的职权。

（三）总经理

总经理是公司董事会聘任的，执行股东大会和董事会决议，具体管理公司事务，对外在董事会授权范围内代理公司进行商业活动，是法定必要的公司业务执行机构的主要负责人。

总经理之所以成为公司必要的常设业务执行机构的主要负责人，是因为公司董事会的组成分子即董事不一定是由管理专家、技术专家担任，而公司的日常业务经营活动却要求公司必须有精通管理、技术的人才能处理。公司设置总经理正是出于其业务经营的需要。

1. 总经理的职权

总经理对董事会负责，辅助董事会执行公司业务，负责公司的日常生产经营管理工作。其职权具体包括：①主持公司的生产经营管理工作，组织实施董事会决议；②组织实施公司年度经营计划和投资方案；③拟订公司内部管理机构设置方案；④拟订公司的基本管理制度；⑤制定公司的具体规章；⑥提请聘任或者解聘公司副经理、财务负责人；⑦决定聘任或者解聘除应由董事会聘任或解聘以外的负责管理人员；⑧公司章程和董事会授予的其他职权。

总经理行使其职权主要通过以总经理为首的行政工作系统来实现，具体体现为董事会领导下的总经理负责制。

总经理领导下的日常行政管理体系一般包括总经理、副总经理、各部门经理、总经济师、总会计师、总工程师等。副总经理是总经理的副手，通常情况下，协助总经理总揽公司业务工作，在总经理因故不能行使职权时，代行总经理职务；各部门经理是主管一个部门的工作或某项业务的负责人。而总经济师、总会计师和总工程师是协助总经理分管整个公司的总体效益、财务、技术等方面的负责人。

2. 总经理的义务与责任

（1）总经理的义务

作为公司日常经营活动的总负责人，总经理必须承担以下义务：①依照与公司订立的聘任协议的有关要求，兢兢业业，认真负责地做好各项经营管理工作，以实现公司的利益最大化为目标，不以权谋私，为公司的发展努力工作；②遵守法律、公司章程及股东大会、董事会决议，在处理业务时，选择对公司最有利的可行办法，应诚实而正当地行使所授权限；③当因为个人失职给公司经营活动造成重大损失时，根据《公司法》章程等，应向公司赔偿由此造成的损失。

（2）总经理的责任

作为公司日常经营活动的总负责人，总经理也必须：①应当遵守公司章程，忠实履行职务，维护公司利益，不得利用在公司的地位和职权为自己牟取私利；②总经理不得利用职权收受贿赂或者其他非法收入，不得侵占公司财产；③不得挪用公司资金或者将公司资金借贷给他人；④不得将公司资产以其个人名义或者以其他个人名义开立账户存储；⑤不得以公司资产为本公司股东或者其他个人债务提供担保；⑥不得自营或者为他人经营与其所任职公司同类的营业或者从事损害本公司利益的活动，从事上述营业或者活动的，所得收入应当归公司所有；⑦除公司章程规定或者股东大会同意外，不得同本公司订立合同或者进行交易；⑧除依照法律规定或者经股东大会同意外，不得泄露公司秘密。

（四）监事会

监事会是公司必设的组织管理机构之一，对董事会和总经理行政管理系统行使监督权，对公司的财务状况进行审查考核的常设机构。监事会对股东大会负责，向股东大会报告工作。设置监事会的意义在于维护公司股东和职工的利益，保证公司的健康发展，制止董事、经理人员等握有公司经营管理大权的人员滥用职权、违法失职、损害公司利益，保证公司良好的管理与运行。它能约束董事会、经理人员的行为，在公司治理结构中建立起权力制衡关系。

1. 监事会的组成

监事会由股东代表和适当比例的公司职工代表组成，具体的比例由公司章程决定。股东大会选举和更换由股东代表出任的监事，并决定监事的报酬。监事会中的职工代表人选，由公司职工代表大会民主选举产生。股份有限公司和规模较大的有限责任公司，监事会成员不少于三人。监事应在所有监事中推举一名监事会主席，负责监事会会议的召集。

2. 监事会的职权

监事会可依法行使以下职权：①检查公司的财务；②对董事、经理执行职务时违反法律法规或者公司章程的行为进行监督；③当董事和经理的行为损害公司的利益时，要求董事和经理予以纠正；④提议召开临时股东大会；⑤公司章程规定的其他职权。

监事会对其职权范围内的一般事项（例如，调查董事、经理的行为，核实公司财务状况等），可交由监事负责执行。而对职权范围内的重大事项（例如，对董事、经理的违法、违章行为的纠正），则以会议方式为之。关于会议议事方式及表决程序可参照董事会会议的有关内容。监事会行使其职权时，应遵守其法定职务，谨慎行事，以维护公司利益为出发点，不得滥用职权。

3. 监事的义务与责任

监事负有监督的职能，享有一系列的法定和公司章程规定的职权，同时，也有其应尽的义务和责任。监事应当遵守公司章程，忠实履行职务，维护公司利益，不得利用在公司的地位和职权牟取私利。监事不得利用职权收受贿赂或者其他非法收入，不得侵占公司的财产。监事有保守公司秘密的义务，除依照法律规定或者经股东大会同意外，不得泄露公司秘密。若监事执行公司职务时违反法律、行政法规或公司章程的规定，给公司造成损害的，应当承担赔偿责任。

本 章 小 结

1. 我国国有企业改革的过程，大体上可以分为四个阶段:扩权让利阶段、利改税阶段、承包制阶段、建立现代企业制度阶段。

2. 现代企业制度是以企业法人制度为基础，以企业产权制度为核心，以产权清晰、权责明确、政企分开、管理科学为条件而展开的由各项具体制度所组成的，用于规范企业基本经济关系的制度体系。它是为适应我国国有企业制度创新的需要而提出来的特定概念，是企业制度的现代形式。

3. 产权亦即财产权。构成产权的要素有所有权、占有权、处置权和收益权等。现代企业产权制度就是企业法人财产权制度，在此制度下，终极所有权的实现形式主要是参与企业的重大决策，获得收益；法人企业则享有其财产的占有权、处置权等。

4. 现代企业制度的基本特征概括起来就是产权清晰、权责明确、政企分开、管理科学。

5. 一般而言，理想的公司治理结构标准包括：①应能够给经营者以足够的控制权自由经营管理公司，发挥其职业企业家的才能，给其创新活动留有足够的空间。②保证经营者从股东利益出发而非只顾个人利益使用这些经营管理公司的控制权。③能够使股东充分独立于职业企业家，保证股东自由买卖股票，给投资者以流动性的权利，充分发挥开放公司的关键性优势。

6. 公司治理的组织制度坚持决策权、执行权和监督权三权分离的原则，由此形成了公司股东大会、董事会和监事会并存的组织框架。

思考与练习

1. 怎样理解现代企业制度的概念及其内涵？
2. 要做到产权清晰，需要具备哪几个要件？
3. 公司治理结构的意义何在？
4. 市场环境对现代企业制度的实施有何影响？
5. 找出你熟悉的一家上市公司的章程，了解其是如何界定各机构之间的权责关系的。

即学即测

案例讨论

以混促改　融合共生——云南白药混改启示录

第五章　企　业　文　化

本章提要

本章追溯了企业文化理论的源起，总结了企业文化的定义与内涵及特点，分析了企业文化的结构层次及各层次之间的关系，探讨了企业文化所具有的 5 个功能。

重点难点

- 企业文化的内涵
- 企业文化的结构
- 企业文化的观念层

Ⓝ 引导案例

百度的"排名不分先后"

在许多企业，不仅称呼很有"学问"，排名更有"讲究"。在公共场合，谁先谁后，谁左谁右，谁主谁客，谁主陪谁副陪，谁一号桌，谁二号桌，谁一号车，谁二号车，等级森严，反复斟酌。要由专业人员运用"大智慧"，甚至要请示领导才能排好。一旦排名顺序出了问题，被排错序号者首先不高兴不说，上了报纸电视，就是"天大"的问题。看来对排名可真不能等闲视之。

但在百度，排名是随机的，背后没有什么特别的"学问"。

百度每周都有例会，不仅组长参加，公司的首席架构师和架构师也都参加。例会上，大家是随便就座的，没有看到架构师或组长坐在居中的位子上，环绕四周的是其他员工。最为普通的一名员工，经常心安理得地坐在那个被认为是最为显贵的领导位置上。

员工经常相互之间发送群体邮件，其中列有许多同事的邮件地址，但这个地址顺序是随机的，什么也不代表。即使代表了什么，但它会随机变化，总体上看，还是什么也不代表。

在百度，凡是有排名的场合，似乎总是不分先后。这种"排名不分先后"的做法也应算是百度的一种文化。

百度"排名不分先后"的文化，首先有赖于公司高层的价值观和理念，有赖于他们的率先垂范，同时也与以工程师为主体的公司人员组成结构和公司所从事的事业有关。百度的工程师们个个血性高傲、聪明敏感，他们都在自己的岗位上发挥着不可或缺甚至是不可替代的作用。举个例子，作为万维网搜索引擎的开发和运行维护来讲，要抓网页、反作弊、分析网页内容、分词、建索引、查询。分词的目的是建索引，建索引为的是快速查询，反作弊为的是滤除作弊网页，目的还是建高质量的索引。谁主谁次，谁尊谁卑，谁能够说得清。无论哪个环节出了问题，都会最终影响到搜索引擎的整体表现，进而影响到用户体验，从而影响到用户流量，最终影响到公司效益。

案例来源：姜吉发. 百度文化之十大关键词，百度内刊《简单》第 1 期.

案例思考

1. 你赞同百度的"排名不分先后"这种做法吗？为什么？

2. 你认为企业文化对公司发展有什么样的影响？

从以上案例可以看出：企业除了要有"硬性"的规章制度之外，还要有一种"软性"的协调力和凝合剂，它以无形的"软约束"力量构成企业有效运行的内在驱动力，这种力量就是被称为"管理之魂"的企业文化。企业文化是一个有机系统，塑造企业文化是领导者必须实践的一项职能。一旦企业文化被融入组织，它便为全体员工提供了行为准则，不管他们在任何地方工作，都能运用已经融入心中的价值观指导自己的行动。企业文化的基本思路是要改变管理者和被管理者的对立，使他们自觉为企业的共同目标奋斗。企业文化是现代管理理论与文化理论相结合的产物，也是现代管理实践的产物，对企业的经营决策和领导风格，对企业职工的工作态度和工作作风都起着决定性作用。

第一节　企业文化的内涵

一、企业文化的源起

企业文化研究热潮的兴起，源于日本经济的崛起对美国所造成的冲击。日本是第二次世界大战的战败国，但在二战以后，日本经济却在短短 30 年左右的时间里迅速崛起，一跃成为世界第二大经济强国。日本经济的崛起，使西方国家乃至全世界都为之震惊。是什么力量促成了日本经济的成功？日本靠什么样的管理使其产品在国际市场上具有如此强大的竞争力？面对这些问题和困惑，许多美国管理学者进行了美日管理学的比较研究。他们在研究中发现，美国企业管理较为注重诸如技术、设备、制度、方法、组织结构等"硬"因素的分析，而日本企业则更多地强调人、目标、信念、价值观等"软"因素。其中最大的差别是日本企业员工有爱厂如家的观念，而美国企业的员工缺乏这种观念。这表明，美日两国不同管理模式的背后存在文化的差异。在系统地比较了美日两国企业在管理上的差异，以及总结了美国成功企业的经验后，一些美国的管理学者认识到企业文化在企业发展中的重要作用，他们纷纷发表论著，揭示企业文化的概念，论述企业文化的内容和作用。1979 年，美国的沃格尔发表了《日本名列第一》一书，开创了企业文化研究的先河。进入20 世纪 80 年代，美国理论界接连出版了四本畅销书：《Z 理论——美国企业界怎样迎接日本的挑战》《日本企业管理艺术》《企业文化：企业生存的习俗和礼仪》《追求卓越：美国最成功公司的管理经验》。这四本著作以其崭新的思想、独到的见解、精辟的论述和丰富的例证，构成了一个理论体系，被誉为企业文化的"四重奏"。它们的出版，标志着企业文化理论的诞生。

日裔美国学者威廉·大内的著作《Z 理论——美国企业界怎样迎接日本的挑战》发表于 1981 年，该书对美国和日本的企业管理方式进行了比较，把美国式的领导个人决策、职工被动服从的企业称为 A 型组织，把日本式的领导层和职工积极融为一体的组织称为 J 型组织。大内认为应该通过学习日本的企业来革新美国的企业，创立新型的 Z 型组织，强调企业与职工荣辱与共，决策采取集体研究与个人负责相结合的方式，树立牢固的整体观念，以自我指挥代替等级指挥等。他同时还揭示了企业文化较完整的定义："传统和气氛构成了一个公司的文化。同时，文化意味着一个公司的价值观，诸如进取、守旧或是创新——这些价值观构成了职工的活动、意见和行为规范。管理人员身体力行，把这些规范灌输给职工并代代相传。"作者认为，只有在组织内部培养出共同的目标和信任感，经营才可能成功。

《日本企业管理艺术》由理查德·帕斯卡尔与安东尼·阿索斯合著。该书揭示了著名的"7 因素理论"或称"7S"理论，它是从管理的机制上认识企业文化，认为企业文化从结构上应分为七个方面：结构（structure）、战略（strategy）、制度（system）、技能（skills）、作风（style）、人员（staff）和最高目标（superordinate goals)。该书认为美国企业在管理过程中过分地强调前三项，而日本则在不忽略前三项的基础上，较重视后四项，因此使日本企业在竞争中充满活力。

特伦斯·迪尔和爱伦·肯尼迪合著的《企业文化：企业生存的习俗和礼仪》于 1982年出版，该书首次将企业文化作为一门系统的理论加以研究。该书认为企业文化由企业环境、价值观念、英雄人物、文化仪式和文化网络五个要素组成，并把企业文化分为强人文化，拼命干、尽情玩文化，风险文化，过程文化四种类型。该书为企业文化这一理论奠定了深厚的基础，是企业文化理论探索的一个里程碑。

《追求卓越：美国最成功公司的管理经验》一书的作者是两位企业专家托马斯·J. 彼得斯和小罗伯特·H. 沃尔曼。他们归纳了成功公司的八个共同特点，其中突出的一条就是长期坚持形成有自己特色的企业文化，以此作为企业发展的动力。

20 世纪 80 年代以后，我国学者也开始了对企业文化的研究，对企业文化的含义和本质提出了以下看法。

有人认为，企业文化是指企业生存与活动过程中的精神现象，即企业的价值观念与活动过程中的精神现象，亦即以价值观念为核心的思维方式和行为方式。也就是说，企业文化是企业中与物质紧密相连的精神文化现象。这就是所谓的"精神现象说"。

有人认为，企业文化是指以企业为主体的、广义的、深层次的文化，是企业在长期实践中所形成的价值观念、道德规范、行为准则、传统作风、群体意识及员工的整体素质。它是企业最重要的经营资源，是维系企业生存和发展的精神支柱。这就是所谓的"企业精神"说。

有人认为，企业文化是企业这个系统形成群体意识和由此产生的群体行为规范，是一种共同价值观体系，其主要内容是强调一个企业必须有自己明确的哲学思想、道德、文化传统、价值准则和经营方针，能够用崇高的精神力量去吸引、引导、团结和鼓舞员工，形成共同的目标、方向和使命，使员工为之而努力奋斗。这就是所谓的"企业特色的共同价值"说。

还有人认为，企业文化是指企业受民族文化、社区文化等文化系统，以及政治、经济、法律、哲学、教育、自然地理诸多因素的影响，在企业经营过程中所呈现出来的企业员工群体的心理水平状态、行为规范和管理行为习惯的总和。

二、企业文化的内涵

综上所述，我们认为：企业文化就是企业在长期生存和发展过程中所形成的、为企业多数成员所共同遵循的经营观念或价值观体系。企业文化的内容包括价值标准、企业哲学、管理制度、行为准则、道德规范、文化传统、风俗习惯、典礼仪式及组织形象等。其中，共同的价值观是形成企业文化的核心。因此，企业文化也可以认为是以企业哲学为主导，以企业价值观为核心，以企业精神为灵魂，以企业道德为准则，以企业形象为形式的系统理论。

企业文化的内涵，可以从以下几个方面进一步理解。

（一）企业文化的核心是企业价值观

企业总是要把自己认为最有价值的对象作为本企业追求的最高目标、最高理想或最高宗旨，一旦这种最高目标和基本信念成为统一本企业成员的共同价值观，就会构成企业内部强烈的凝聚力和整合力，成为统领组织成员共同遵守的行动指南。因此，企业价值观制约和支配着企业的宗旨、信念、行为规范和追求目标，企业价值观是企业文化的核心。

（二）企业文化的中心是以人为主体的人本文化

人是整个企业中最宝贵的资源和财富，也是企业活动的中心和主旋律，因此，企业只有充分重视人的价值，充分调动人的积极性，发挥人的主观能动性，努力提高企业全体成员的社会责任感和使命感，使企业和成员成为真正的命运共同体和利益共同体，这样才能不断增强企业的内在活力和实现企业的既定目标。

（三）企业文化的管理方式是以软性管理为主

企业文化是以一种文化的形式出现的现代管理方式，也就是说，它通过柔性的而非刚性的文化引导，建立起企业内部合作、友爱、奋进的文化心理环境，自动地协调企业成员的心态和行为，并通过对这种文化氛围的心理认同，逐渐地内化为企业成员的主体文化，使企业的共同目标转化为成员的自觉行动，使群体产生最大的协同力。这种由软性管理所产生的协同力比企业的刚性管理制度有着更为强烈的控制力和持久性。

（四）企业文化的重要任务是增强群体凝聚力

企业的成员来自五湖四海，不同的风俗习惯、文化传统、工作态度、行为方式、目的愿望等都会导致成员之间的摩擦、排斥、对立、冲突乃至对抗，这就不利于企业目标的顺利实现。而企业文化通过建立共同的价值观和寻找观念共同点，不断强化企业成员之间的合作、信任和团结，使之产生亲近感、信任感和归属感，实现文化的认同和融合，在达成共识的基础上，使企业具有一种巨大的向心力和凝聚力，这样才有利于企业共同行为的齐心协力和整齐划一。

三、企业文化的特点

企业文化是在企业长期发展过程中逐步形成和完善的。由于各个企业的历史传统和社会环境不同、行业特点不同、技术设备和生产经营状况不同、人员组成结构和员工素质不同，以及它们所处的社会文化背景不同，各个企业所形成的企业文化模式也不尽相同。企业文化的本质特征可以归纳为以下几点。

（一）民族性

企业文化作为文化系统中的亚文化，不可避免地受到作为主文化的民族文化和社会文化的影响和制约。从企业文化的形式看，企业文化是企业的全体员工经过长期的劳动交往而逐渐形成的被全体成员认可的文化，这些成员的心理、感情、行为不可避免地受到民族文化的熏陶，因而在他们身上必然表现出共同的民族心理和精神气质，即文化的民族性。这种文化的民族性通过员工在企业文化上得到充分的体现。因而，民族文化是企业文化的根基，企业文化的形成离不开民族文化。在世界文化体系中，每个民族都有自己独特的进化途径和文化个性，在不同的经济环境和社会环境中形成特定的民族心理、风俗习惯、宗教信仰、道德风尚、伦理意识、价值观念等，它们反映在企业文化上的总和就是企业文化的民族性。

（二）客观性

企业文化是一种文化的积淀。它是在其所处的社会物质环境——包括文化传统、社会组织方式、社会交往方式、社会心理素质等的合力作用下，在具有一定生产工艺、运行机制及其传统、习俗、信念、意识等企业生产经营实践中形成的。尽管不排除人的主观努力，但从总体上说，它主要是客观、独立地形成的。成功的企业有优秀的企业文化，失败的企业有不良的企业文化。不管人们是否意识到，企业文化总是客观存在的，并不断地发挥着或正或负、或大或小的作用。

（三）独特性

每个企业都有自己的历史、类型、性质、规模、人员素质等。因此，在企业经营管理的发展过程中，必然会形成具有本企业特色的价值观、经营准则、经营作风、道德规范，也就是说，每个企业的企业文化都应具有鲜明的个体性和独特性。在一定条件下，这种独特性越明显，其内聚力就越强。所以，在建立企业文化的过程中，一定要结合企业自身的特点，形成自己的个性特征。

（四）综合性

文化是精神活动、精神性行为及精神物化产品的总称，文化内容的综合性使企业文化也带有综合性的特征。企业文化作为一种独特的文化，在内容上带有综合性，它渗透到企业的各个方面，可以说，企业的各项内容都有可能成为企业文化的组成部分。一个职工的价值观不是企业文化内容，而大部分职工共同的价值观就是企业文化的一部分；一种营销技术不是企业文化的内容，而企业共同的营销观念就是企业文化的一部分；企业的一项制度不是企业文化的内容，而企业所有制度的共同习性就是企业文化的一部分。由此可见，企业文化的内容是非常丰富的。

此外，企业文化不是从某一个侧面、某一个部分影响企业的生产经营活动的，而是综合了企业精神、价值观念、经营准则、道德规范和企业目标等因素形成一个有机整体，以文化的手段调整企业员工的思想和行为，激发企业产生强大的凝聚力与向心力，对企业经济活动产生整合的功能效果。

（五）历史性

企业文化有一个形成和发展的过程。企业文化的传统性是在历史过程中形成的。企业文化一经形成，就具有较强的、相对稳定的持续力，对企业在一定历史期内的生产经营活动起着巩固维系的作用。企业文化不易因企业人员的变更而在短期内发生彻底改变。一旦某个企业在生产、经营等活动中形成了具有自身特色的企业文化，就说明该企业已经具备了自己的文化传统。每一种文化都是在承袭了前人的优秀文化成果和传统的基础上建立起来的，企业文化历经漫长的岁月磨炼会逐渐形成自身相对稳定的传统，企业成员在日常生活与工作中也因此有所依据和遵循，企业也能够发扬自身的传统优势，用文化的力量去激励企业员工与企业同心同德，共创未来。

第二节　企业文化的结构

根据企业文化的内涵及特点，我们可以看出企业文化的大致结构。再综合学术界的各种观点，我们认为，企业文化的结构应包括物质层（器物层）、行为层、制度层和观念层四个层次（见图5-1）。其中观念层属于一种隐性文化，它是企业文化的根本，主要包括企业精神、企业哲学、企业价值观、道德规范等。这些内容是企业在长期的生产经营活动中形成的，存在于企业员工的观念中，对企业的生产经营活动产生直接的影响。物质层、行为层和制度层则属于显性文化的内容，是指企业的精神以物化产品和精神性行为为表现形式，能被人们直接感觉到的内容，包括企业制度、企业行为、企业设施、企业形象和标识等。

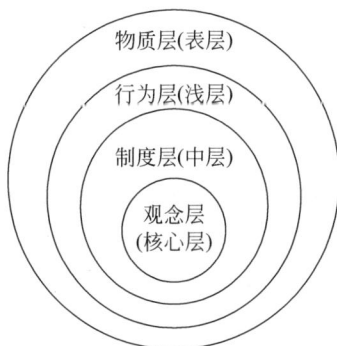

图 5-1　企业文化结构示意图

在企业文化结构的研究上，有些学者提出了动态企业文化的概念，强调企业文化在知识经济时代的动态性与适应能力。清华大学教授吴维库提出了"文化陀螺"的概念，他认为，企业文化可以被看作一个动态运转的"文化陀螺"，该陀螺的支轴是企业的核心价值观，即静态文化的观念层，而陀螺的惯性盘则是制度层、行为层和物质层。由于"文化陀螺"是动态的，因而它具有更强的适应能力。

一、物质层

物质层包含的是企业员工创造的产品和各种物质设施等所构成的器物文化。它主要包括企业产品结构和外表、款式，企业劳动环境和员工休息娱乐环境，员工的文化设施，以及厂容厂貌等。物质层文化是企业员工的理想、价值观、精神面貌的具体反映，所以尽管它是企业文化的最外层，却集中表现了一个现代企业在社会上的外在形象。因此，它是社会对一个企业总体评价的起点。物质层文化的载体是指物质文化赖以存在和发挥作用的物化形态。它主要体现在以下几类。

（一）生产设施及环境

物质层文化载体中的生产设施包括机器工具、设备设施等。这些是企业直接生产力的实体，是企业进行生产经营活动的物质基础，它标志着人类文明进化的程度，是社会进步程度的指示器。

企业的生产机器、设备设施的摆设等往往折射出管理理念和企业的价值观。例如，在日本的许多企业中，对员工的关怀往往体现在对安全生产的重视，对安全标语、安全设施、保养维护、安全检查、工厂平面配置、现场布置、区域划分均有整体的科学规划。丰田汽车厂就运用最佳动作的原理，将产品输送带抬高，使作业人员不必弯腰工作，既提高了劳动生产率，又减轻了工人的体力负荷。企业技术、设备的现代化与企业的文明程度密切相关，它是企业进行生产经营活动的物质基础，是生产资料中最积极的部分。在现代企业中，员工凭借先进的技术、设备，使劳动对象达到预期的目标，为社会生产出质优价廉的产品，创造优质的物质文化。

企业环境主要是指工作环境，如办公楼、厂房、俱乐部、图书馆，以及生活设施和环境绿化等。企业环境也是企业文化建设的重要内容。一方面，优美的环境、良好的工作条件能激发员工热爱企业、积极工作的自觉性；另一方面，企业环境也是企业形象与经营实力的一种外在表现。所以，它对扩大企业的社会影响、拓展经营业务都会产生积极的作用。

（二）企业的产品

企业不仅通过有目的的具体劳动，把意识中的许多表象变为具有实际效用的物品，更重要的是在这一过程中，不时地按照一种文化心理来塑造自己的产品，使产品的使用价值从一开始就蕴含着一定的文化价值。

企业生产的产品和提供的服务是企业生产的经营成果，它是企业物质文化的首要内容。例如，腾讯公司作为目前中国最大的互联网综合服务提供商之一，提出："要使产品和服务像水和电一样融入人们的生活，为人们带来便捷和愉悦；关注不同地域、群体，并针对不同对象提供差异化的产品和服务；打造开放共赢平台，与合作伙伴共同营造健康的互联网生态环境。"

（三）企业名称和标识

企业名称和企业标识都是企业文化的可视性象征之一，充分体现出企业的文化个性。企业名称和企业标识还被企业作为一种文化、智慧、进步的结晶奉献给社会，以显示其文化风格。

企业标识是以标志性的外化形态来表示本企业的文化特色，并与其他企业明显地区别开来的内容，包括厂牌、厂服、厂徽、厂旗、厂歌、商标等。这些标识能明显而形象地概括企业的特色，有助于企业形象的塑造，有助于激发职工的自觉性和责任感，使全体职工自觉地维护本企业的形象。因此，企业标识已成为企业文化的最表层，但又不可缺少的组成部分。

中国的银行建筑风格大体一致，即为坚实、牢固、宏大，银行门口雕塑的都是威风凛凛的雄狮。这就根源于中华民族传统的文化习俗——中国人在把自己经过千辛万苦挣来的、节衣缩食省下来的钱送到银行时，一定认为这是最牢靠的地方。因此，银行的建筑风格都是碉堡般坚不可摧的，门口有"兽中之王"守护着，这样才能暗合老百姓的心理，给他们一种可信之感。

二、行为层

企业文化的行为层是指企业员工在生产经营、学习娱乐中产生的活动文化，它包括企业经营、教育宣传、人际关系活动、文娱体育活动中产生的文化现象。它是企业经营作风、精神面貌、人际关系的动态体现，也折射出企业精神和企业的价值观。

根据不同的行为主体划分，企业行为包括企业家行为和企业员工行为。

（一）企业家行为

企业家是企业的灵魂。企业文化是企业创始人、领导人、企业制度建立者和社会建筑师的创业活动的结果。企业家行为决定了企业文化健康与优化的程度，决定了员工对企业的信心程度，也决定了企业在未来竞争中的胜负。有什么样的企业家，就有什么样的企业和什么样的企业文化。企业家的文化知识、教育背景和个性特质等因素，会使其对企业轮廓、纹理和样貌的设想，对企业人财物和彼此关系存在的认知产生独特影响。企业家在塑造企业文化过程中，首先是基于所偏好的生产要素进行占有、归类和分配；其次是展现例外事件的态度倾向和解决危机的处理方式；再次通过领导者示范、灌输、讲授等方式宣贯自身理念，并以此形成挑选、奖惩和晋升等制度化标准。

企业的文化主要是由企业家导向的，它深深地烙上了企业家的个性、志趣情操、精神状态、思维方式和目标追求，所有这些都对企业文化起着决定性的影响。企业家是企业文化的设计者、倡导者、推动者、弘扬者，也是"企业文化的旗手"。企业家的文化素养孕育了企业文化的养分。企业家一生的磨砺与追求奠定了企业文化的基础。优秀的企业家通过追求成功实现自己人生的崇高理想和信念，通过将自己的价值观在企业的经营管理中身体力行、推而广之，形成企业共有的文化理念、传统、风貌、士气与氛围，也形成独具个性的企业形象，以及企业对社会的持续贡献。

企业家文化是企业文化的核心，企业家的人格力量、信念力量、知识力量是企业家事业追求的驱动力。企业家最重要的任务是创造和管理文化，以自己的言行影响企业健康文化的生成。企业家文化主要体现在专业素养、思想道德、人格风范、创新精神、理想追求等方面。企业家对企业文化的理解深度与行为选择，反映了他的领导水平与领导能力。习近平总书记强调弘扬企业家精神，要求企业家"在爱国、创新、诚信、社会责任和国际视野等方面不断提升"，就是基于这个道理。

纵观成功的企业，几乎所有优秀的企业领导者总是不惜耗费时日去创造、倡导、塑造、维护自己或创业者们构架的具有强势力量的企业文化，并通过自己的行为不断地对员工和企业施加积极的影响。"世界船王"包玉刚一向以稳健、谨慎的风格来经营企业，没有十分的把握，他不会冒险决策。他在创业之初，就选定了风险相对较小的船运业。他认为只要处理好海情，风险就不算什么，这是国际性的服务活动，具有广阔的前景。就这样，包玉刚走出了通向船王之路的第一步。回避风险成为他事业成功的重要秘诀。他的这种稳健、谨慎的风格直接影响到他旗下的几十家集团、公司，使整个企业所烘托出来的文化处处表现出安全可靠、为客户着想的氛围。这些企业文化反过来又帮助了包玉刚以卓著的信誉、良好的经营风格不断扩大自己的企业王国。由此可见，企业家的特殊风格直接影响和左右着企业文化。

（二）员工行为

企业员工是企业的主体，企业员工的群体行为决定了企业整体的精神风貌和企业文明的程度。因此，企业员工群体行为的塑造是企业文化建设的重要组成部分。

海底捞是国内知名的餐饮服务公司。每个去海底捞的客人都能够感受到它的优质服务。无论哪个顾客，只要进入任何一家海底捞，服务员都会笑容可掬地主动向顾客致意。人们进入该店，处处都有宾至如归的家庭温馨感。员工的微笑都会一直伴随着你，让你倍感亲切、愉快，它的服务宗旨有两条：一是细心、耐心、周到、热情；二是客人的每件小事要当成大事去做。海底捞规定了员工的"四不准"：不准给脸色给客人看，不准与客人争吵；不准因客人的打扮而轻视客人、议论客人；不准因认识或了解客人而议论客人；客人遗落在餐厅的物品不能据为己有，应主动上交吧台。在海底捞的排号等候区，顾客上门时会提供免费的茶饮、小吃，还有免费的节目可观看，更有贴心的服务员时不时上来服务，给顾客端茶倒水兼陪聊，保证不冷场。当然，如果你想做个美甲，海底捞这里也有。由这些员工身上所散发出来的企业文化，不仅托起海底捞固有的文化，而且还以这种文化去影响一批又一批的顾客，使他们也融入这种文化。

三、制度层

制度层也叫企业的制度文化，它在企业文化中位居中层，是具有本企业文化特色的各种规章制度、道德规范和职工行为准则的总称，包括厂规、厂纪及生产经营中的交往方式、行为准则等，也包括企业内部长期形成的企业风俗，是一种强制性文化。企业制度文化是企业为实现自身目标对员工的行为给予一定限制的文化，它具有共性和强有力的行为规范的要求。企业制度文化的"规范性"是一种来自员工自身以外的、带有强制性的约束，它规范着企业的每一个员工。

在企业文化中，企业制度文化是人与物、人与企业运营制度的结合部分，它既是人的意识与观念形成的反映，又由一定物的形式构成。同时，企业制度文化的中介性，还表现在它是精神与物质的中介。制度文化既是适应物质文化的固定形式，又是塑造精神文化的主要机制和载体。正是制度文化这种中介的固定、传递功能，使它对企业文化的建设具有重要的作用。

企业的规章制度主要包括企业的领导制度、人事制度、劳动制度和奖惩制度。企业的领导制度规定着企业领导者的权限、责任及其具体的实施方式，是企业的基本制度。人事制度包括用工制度和晋升制度，它关系到企业人力资源的充足程度、使用效率、员工的素质和企业内部的人际关系，是企业的重要制度之一。劳动制度包括企业的安全管理、劳动时间和劳动纪律，它是企业生产顺利进行的必要保证。奖惩制度是企业员工的行为导向，通过奖励和惩罚向员工表明企业所倡导和禁止的东西，以此规范企业员工的行为。制度的内容必须具有合法性、统一性和准确性。就是说，各种制度内容要符合国家和地区的各项法律规定，相互之间协调统一，表达准确、清晰、通俗易懂，避免模棱两可和晦涩难懂。

四、观念层

企业文化的观念层是现代企业文化的核心层，指企业在生产经营中形成的独具本企业特征的意识形态和文化观念。它包括企业精神、企业价值观、企业理念、企业伦理等。由于精神文化具有企业的本质特点，因此它是在企业多年的运营过程中逐步形成的。

（一）企业精神

企业精神是现代意识与企业个性相结合的一种群体意识。每个企业都有各具特色的企业精神，它往往以简洁而富有哲理的语言形式加以概括。一般地说，企业精神是企业全体或多数员工共同一致、彼此共鸣的内心态度、意志状况和思想境界。它可以激发企业员工的积极性，增强企业的活力。企业精神作为企业内部员工群体心理定势的主导意识，是企业经营宗旨、价值准则、管理信条的集中体现，它构成了企业文化的基石。

企业精神源于企业生产经营的实践之中。随着这种实践的发展，企业逐渐提炼出带有经典意义的指导企业运作的哲学思想，成为企业家倡导并以决策和组织实施等手段所强化的主导意识。企业精神集中反映了企业家的事业追求、主攻方向及调动员工积极性的基本指导思想。企业精神常常以各种形式在企业组织过程中得到全方位强有力的贯彻。于是，企业精神常常成为调节系统功能的精神动力。

国外的许多成功企业都有自己独特的企业精神。例如，本田精神：追求技术与人的结合，而不仅仅是生产摩托车；人要有创造性，决不模仿别人；要有世界性，不拘泥于狭窄地域；要有接受性，增强相互之间的理解。

日立公司是日本四大电器公司之一，至今已有 100 多年的历史。由于它历来重视技术，在日本素有"技术的日立"之美称，其提倡的"日立精神"就是"诚""和""开拓精神"。"诚"代表产品信赖度，即经过严格的质量管理，给顾客提供最佳产品，日立公司的产品一向很少发生故障。因此，一般舆论认为日立公司是一家充满诚心、脚踏实地的电器公司。"和"就是要求广大的日立员工广开言路，团结凝聚成一股强大的合力以发挥最大的力量，努力谋求两个协调，即"日立集团内部"的协调和"集团与社会"之间的协调。"开拓精神"就是继往开来、先苦后乐、永不停止地开拓。日立公司创建 100 多年来，不仅没有衰老的迹象，相反一直在电机、电子行业中保持领先地位，这不能不归功于它所提倡的"开拓精神"。这三位一体的"日立精神"不仅给具有民族特点的传统思想"诚""和"注入了新鲜内容，而且把它与现代化的口号"开拓精神"巧妙地结合起来，形成具有特色的企业精神。

（二）企业价值观

所谓价值观，简单地讲，就是关于价值的观念，它是客观的价值体系在人们主观意识中的反映，是价值主体对自身需要的理解，以及对价值客体的意义、重要性总的看法和根本观点。它包括价值主体的价值取向、价值主体对价值客体及自身的评价。价值是客观的，价值观念则是主观的，由于人们的社会生活条件、生活经验、目的、需要、兴趣不同，价值观念也彼此不同，企业价值观是指企业中绝大多数员工所共同持有的价值观。对一个企业而言，只有当绝大多数成员的价值观趋于一致时，企业价值观才能形成。企业价值观是企业推崇和信奉的基本行为准则，是企业进行价值评价、决定价值取向的内在依据。国内外经营成功的企业都很注重企业价值观的塑造，并号召企业员工自觉推崇和尊重自己企业的价值观。

核心价值观是支撑公司走向成功并持续走下去的内在动力。华为的核心价值观是"以客户为中心"，并在以奋斗者为本的机制上提出了三轮驱动，即价值创造、价值评价与价值分配。京东奉行客户为先、诚信、团队、创新、激情的价值观，期望成为全球最值得信赖的企业。顺丰集团提出诚信担当、成就员工、成就客户、创新包容、追求卓越的核心价值观。迪士尼的核心价值观是"极其注重一致性和细节刻画，通过创造性、梦幻和大胆的想象不断取得进步，严格控制、努力保持迪士尼的魔力形象"。中国海尔集团提出"真诚到永远"，把真诚地为顾客提供高质量的产品和服务作为自己的价值追求。

不同企业对自身价值信念的提法虽然各有千秋，但无一不是强调企业的社会责任感及其在社会生活中的存在价值，并以此把企业与职工凝聚在一起。成功企业的经验证明，积极向上的企业价值观，能使员工把维护企业利益、促进企业发展看作有意义的工作，从而激发员工极大的劳动热情和工作主动性，使企业的外部适应能力和内部协调能力得到加强，企业也由此获得成功和发展。

（三）企业理念

企业理念是一个总概念，它包括企业存在的意义、经营信条和行为规范等，并表达企业存在于这个世界上的使命是什么，宣告如何去实现这一使命。企业理念一般是在长期的生产、经营实践中逐渐建立起来的，表现为企业所遵循的根本原则以及企业全体员工对共同理想和信仰的追求，实际上是企业文化中的一个组成部分，主要以企业精神的形式反映出来，是企业文化中经营哲学、价值观、经营宗旨等内容的凝结和提炼。由于企业经营理念综合性地反映了企业精神，确立了企业的行为目标和发展方向，所以称它为企业的灵魂。建立在企业群体文化知识、理想认同和行为规范上的企业理念，对外能够昭示企业所确立的社会身份、精神面貌和经营风格，对内能够成为全体员工的统一意志，唤起员工的巨大工作热情，促使企业充满活力。

微软的使命是"让全球的人们以及企业充分发挥潜能"；百度的使命是"用科技让复杂的世界更简单"；华为的使命是"让无处不在的联接，成为人人平等的权利；让无所不及的智能，驱动新商业文明；所有的行业和组织，因强大的数字平台而变得敏捷、高效、生机勃勃；个性化的定制体验不再是少数人的专属特权，每一个人与生俱来的个性得到尊重，潜能得到充分地发挥和释放"。这些国际知名企业的使命都体现了企业及其员工的共同理想和追求。

IBM公司的创始人托马斯·汉森把"营销导问"作为企业理念，关心用户、关心社会成为公司价值观的支柱，IBM倡导公司经营的各个环节都要直接或间接地参与营销，从公司各级领导到各制造厂的工人，都要遵守企业规章制度，把"服务至上"和"IBM就是服务"的理念灌输到每一个员工的思想之中，不把产品卖出作为服务的终点和最终目的，而是以与用户建立持久良好的关系作为成功的标志。公司要求全体员工对用户提出的问题必须在 24 小时内给予落实或答复。

企业理念是一个整体的概念，它以企业的价值观为基础，以企业组织系统和物质系统为依托，以企业员工的群体意识和行为表现形成一个企业特有的生产经营管理的思想作风和风格。

（四）企业伦理

企业伦理既是一种善恶评价，可以通过舆论和教育的方式，影响员工的心理和意识，形成员工的善恶观念和生活信念，同时，它又是一种行为标准，可以通过舆论、习惯、规章制度等成文或不成文的形式，来调节企业及员工的行为。

伦理文化是一种最直接的社会文化层面。同样，企业伦理是现代企业文化的重要组成部分，它是一种社会意识，是一种微观的道德文化，同时，它又是一种新的富有效力的管理观念，即主张以人为核心，用道德观念和道德规范来调节企业员工的行为。任何一个企业的文化，如果离开风尚、习惯、道德规范，就是不成熟、不系统的，它不可能是一种成功的企业文化。因此，在建设企业文化时，必须高度重视企业伦理建设。

日本中岛轮业集团董事长中岛武夫先生，经历了半个世纪经营企业的磨炼，深深地体会到，作为一个公司的经营者，首先要明确："销售到底为了达到什么目的？"他的结论是，经营者必须具有崇高的道德信念：销售的目的是"通过工作贡献社会"。为此，他制定了"三足鼎立原则"的经营理念，即让客户满意、求得公司发展、促进职员幸福，这三者要放在同一水平面上，否则就不能鼎立。在这种伦理目标和理念的指导下，企业十分红火，股票价格持续上扬。他表示："作为经营者的我，亲身感受了实践伦理的意义，决心终身不懈地磨炼和升华自己的人格。"

五、企业文化各层次的关系

企业文化的结构不是静止的，它们之间存在着相互的联系和作用。

首先，观念层决定了行为层、制度层和物质层。观念层是企业文化中相对稳定的层次，它的形成是受社会、政治、经济、文化及本企业的实际情况、企业管理理论等的影响。观念层一经形成，就处于比较稳定的状态。观念层是企业文化的决定因素，有什么样的观念层就有什么样的物质层。

美国的埃克森公司的价值观是：高度尊重个人的创造性，绝对相信个人的责任感，但同时，默认在做出一项重要决定前要达成一致。这就决定了在制度层表现为随便的衣着和沟通方法：没有等级标志，相互之间争论等。而另一家总部设在欧洲的麦迪公司，它的价值观是尊重资历、学识和经验，注重通过服务时间的长短、整体工作情况和个人的教育背景来评价职工，因此在制度层和物质层就表现为：一切都是规范化和正式化，大楼中各办公室都有正式标志，大厅中是静默气氛。行为层往往通过人们在大厅中见面时周全的礼节得到体现，专门的高级经理人员餐厅，文件中使用正式学术用语，以及注意计划、程序和正式的会议文件等。埃克森公司和麦迪公司精神层的不同使它们的制度层和物质层表现为完全不同的内容。

其次，制度层是观念层、物质层和行为层的中介。观念层直接影响制度层，并通过制度层影响物质层。企业领导者和职工在企业哲学、价值观念、道德规范等的基础上，制定或形成一系列的规章制度、行为准则来实现他们的目的，体现他们特有的观念层的内容。可见，观念层对制度层的影响是最直接的。在推行或实施这些规章制度和行为准则的过程中，会形成独特的物质层，并以特有的价值取向和观念反映在其行为中。可见，观念层对物质层的影响一般是间接的。制度层的中介作用，使得许多卓越的企业家都非常重视制度层的建设，使它成为本企业的重要特色。

最后，物质层和制度层是观念层的体现。观念层虽然决定着物质层、制度层和行为层，但观念层具有隐性的特征，它隐藏在显性内容的后面，必须通过一定的表现形式来体现，它们的精神活动也必须付诸实践。因此，企业文化的物质层和行为层就是观念层的体现和实践。物质层和制度层以其外在的形式体现了企业文化的水平、规模和内容。因此，当我们看到一个企业的工作环境、文化设施、规章制度，就可以想象出该企业的文化精髓。企业文化的物质层和制度层除了体现观念层的作用以外，还能直接影响职工的工作情绪，直接促进企业哲学、价值观念、道德规范的进一步成熟和定型。所以，许多成功的企业都十分重视企业文化中物质层和制度层的建设，明确企业的特征和标志，完善企业的制度建设和规范的形成，从而以文化的手段激发职工的自觉性，实现企业的目标。

企业文化的物质层、行为层、制度层和观念层是密不可分的，它们相互影响、相互作用，共同构成企业文化的完整体系。其中，企业的观念层是最根本的，它决定着企业文化的其他三个方面。因此，我们在研究企业文化的时候，要紧紧抓住观念层的内容，只有抓住了观念层，企业文化的其他内容就顺理成章地揭示出来了。

第三节　企业文化的功能

企业文化作为一种理性的和自觉的文化，具有特定的功能。认识、把握、实现企业文化的特定功能，正是研究企业文化的根本目的。实践证明，企业文化对企业经营的成败影响极大，优秀的企业之所以优秀，是因为它们具有独特的文化性质，企业文化的功能得到了充分的发挥。

企业文化不同于一般的社会文化，企业文化的功能与一般的社会文化功能也不相同。

一、导向功能

企业文化反映了企业整体的共同追求、共同价值观和共同利益。这种强有力的文化，能够对企业整体和企业每个成员的价值取向和行为取向起到导向的作用。一个企业的企业文化一旦形成，它就建立起自身系统的价值和规范标准，对企业成员个体思想和企业整体的价值、行为取向发挥导向作用。

企业文化的导向功能，主要是通过企业文化引导企业成员的行为心理，使人们在潜移默化中接受共同的价值观念，自觉自愿地把企业目标作为自己的追求目标并加以实现。

企业文化的导向功能具体体现在：一是规定企业行为的价值取向；二是明确企业的行动目标；三是建立企业的规章制度。正如迪尔和肯尼迪在《企业文化：企业生存的习俗和礼仪》一书中反复强调："我们认为人员是公司最伟大的资源，管理的方法不是直接用电脑报表，而是经由文化暗示，强有力的文化是引导行为的有力工具，它帮助员工做到最好。"

全球知名的 3M 公司是一家拥有百年历史的企业，它把宽容失败作为企业的文化，营造了宽松自由的创新环境，培育了员工自主创新精神和创造力。有一天，一名工程师不小心将一种新的化学混合物溅到网球鞋上，几天后她发现沾有该化合物的鞋面比其他部位更耐脏。受此启发，该化学混合物被 3M 公司研发成为著名织物保护剂。

二、凝聚功能

企业文化通过沟通企业职工的思想，使之形成对企业目标、准则、观念的认同感，产生对本职工作的自豪感和对企业的归属感，从而使职工个体的集体意识大大加强，使自己的思想感情和行为同企业的整体联系起来。这就是企业文化的凝聚功能。良好的企业文化会使职工与企业形成一定的相互依存关系，从而产生对企业的某种群体意识。这种意识能使个人行为、思想、感情与企业整体统一起来，产生一种合力，使企业内部组织一体化，朝着一个共同的目标努力。

一般来说，好的企业文化还会使企业职工产生强烈的归属感，从而形成强大的凝聚力。企业文化的群体行为模式，首先表现为企业成员的归属感。在企业这个群体中，个体虽说具有相对的独立性，但它也不是超越群体的孤立者，而是归属于这一群体的个体；个体通过参与群体的活动，利用种种措施来释放自身的能力，发挥聪明才智，为群体的发展做出贡献；同时，群体对个体的作用也进行鼓励和认可，这样就会大大增强个体"主人翁"地位的自我感觉，增强对群体的归属感。

日本索尼集团董事长盛田昭夫曾说过："对于日本最成功的企业来说，根本就不存在什么诀窍和保密的公式。没有一个理论计划或者政府的政策会使一个企业成功，但是，人本身却可以做到这一点。一个日本公司最重要的使命，是培养公司和雇员之间的良好关系，在公司中创造一种家庭式的情感，即经理人员同所有雇员同甘苦、共命运的情感。在日本，最成功的公司是那些通过努力与所有雇员建立一种共命运的情感的公司。"把每个员工视为企业不可替代的存在，理解人、尊重人，同心同德、齐心协力，这才是企业成功之道。企业内部的这种凝聚力是由企业文化的氛围营造的。在许多日本公司，当新员工入厂时，公司就对他们灌输他们必须与企业同存的观念。当员工过生日时，公司都会有生日卡和生日蛋糕及总经理的亲笔祝福：公司为能有你这样的员工而自豪，祝你生日快乐。当员工家庭遇到困难时，公司会送上关怀和帮助。日本企业这种以本民族团队精神教育的文化来影响员工，大大增强了企业的凝聚力。

三、激励功能

企业文化中的员工士气激励功能，是指企业文化以人为中心，形成一种人人受重视、人人受尊重的文化氛围，激励企业员工的士气，使员工自觉地为企业而奋斗。企业文化对企业员工不仅有一种"无形的精神约束力"，而且还有一种"无形的精神驱动力"。这是因为，企业文化使企业员工懂得了他所在企业存在的社会意义，看到了他作为企业一员的意义和自己生活的意义，就会产生一种崇高的使命感，以高昂的士气，自觉地为社会、为企业、为实现自己的人生价值而勤奋地工作。

企业文化的激励功能具体体现在以下两个方面。

（1）信任鼓励。只有使员工感到上级对他们的信任，才能最大限度地发挥他们的聪明才智。

（2）关心鼓励。企业各级主管应了解其部属的家庭和思想情况，帮助他们解决在工作和生活上的困难，使员工对企业产生依赖感，充分感受到企业的温暖，从而为企业尽力尽责。

华为公司在《华为基本法》的第五条里提出："我们决不让'雷锋'吃亏，奉献者定当得到合理的回报。"把雷锋精神、奉献精神与公司的分配机制巧妙地结合了起来。华为认为，虽然员工主动为公司奉献会得到精神上的回报，但作为经济组织的公司，还要根据员工贡献给予物质或经济回报，不能仅仅发奖状表彰一下了事。员工学雷锋，不求回报，但企业机制设计要能够激励更多"雷锋"。而且华为公司的分配机制还要向奋斗者、奉献者倾斜，干得好的员工的奖金必须是平均奖金的数倍。企业采取的是"按贡献分配原则"，而不仅仅是一般的按劳分配原则。常言道，好人必有好报，而做企业要设计出"好人好报"的机制。美国 IBM 公司就是采用"员工庆祝会"的方式来增强企业的凝聚力。该公司分别利用晚上租用新泽西州的体育场举行每个部门的"员工庆祝会"。当年销售任务完成以后，100 多名业务员像马拉松运动员一样争先恐后地从场外跑进广场，这时看台上巨大的电子计分器分别打出每个人的名字。公司的高级总裁、其他部门的同事及他们的家属都在主席台上热烈鼓掌，大声地为他们喝彩。通过这种方式，员工感到了公司对他们的鼓励和要求，理所当然地会得到理解和支持。

四、约束功能

企业文化的约束功能是通过制度文化和道德规范发生作用的。一方面，企业规章制度的约束作用较为明显，而且是硬性的，规章制度面前人人平等；另一方面，对于企业的伦理，包括社会公德和职业道德，员工都必须遵守，它是一种无形的、理性的韧性约束。

据有关专家对 1977—1988 年间两公司——沃尔玛公司和莱尼公司的研究发现：沃尔玛和莱尼两家公司的老总们一样，在创业初期，都十分注意提倡创业精神，重视顾客的满意程度，注重人才，注重企业形象与经营实力的提高。但随着企业的发展，两家公司因对企业文化的重视不一样出现了不同的经营结果。沃尔玛公司十分注意吸收优秀人才，极力做到"人尽其才，人尽其用"，并且采用一定的标准提高员工形象与员工素质，保持与发展了公司"和气生财"的传统，坚决执行了"第一条：顾客永远是对的。第二条：如有疑义，请参照第一条"的"沃尔玛十项基本原则"，包括顾客原则、促销原则、人才原则、沟通原则、道德原则、合作原则、平等原则、权力下放原则、遵纪守法原则、降低成本原则。这种企业文化使沃尔玛公司的业绩蒸蒸日上，成为世界著名的连锁店。而莱尼公司在发展到一定阶段后，放松了对企业文化的建设，致使企业员工在价值取向上失去了导向、指引及约束，最终使企业的竞争意识越来越淡薄，企业中滋生出一种裙带关系，职工晋升是凭关系而不是凭业绩或能力，原来的名牌文化被渐渐抛弃。没有企业文化的支撑，莱尼公司日趋衰落。

五、辐射功能

企业文化与社会文化紧密相连，在受社会大文化影响的同时，也潜移默化地影响着社会文化,并对社会产生一种感应功能,影响社会,服务社会,成为社会改良的一个重要途径。

企业文化不仅在本企业发挥作用,而且会对社会辐射和扩散。首先,企业文化可以通过企业精神、价值观、伦理道德向社会扩散,与社会产生某种共识,并为其他企业或组织所借鉴、学习和采纳。中国百年老店——北京"同仁堂"药店,把生产"药"提升到精神"德"的高度。"同声同气济民济世,仁心仁术医病医人""炮制虽繁必不敢省人工,品位虽贵必不敢减物力"。他们把经商和做人融为一体,在弘扬中华民族医学传统的同时,充分表现了中华民族传统文化中的道德价值和人格、国格意识,使顾客在购药用药时也体会到"同仁堂"员工美好的情操和高尚的品质。正是这种传统文化使创建于1669年的"同仁堂"几百年长盛不衰,成为中国医药行业倍受保护的驰名商标,成为中外顾客青睐的药店。其次,企业文化也通过员工的思想行为所体现的企业精神和价值观,向社会传播和扩散企业文化。比如,美国IBM公司有"蓝色巨人"之称,这名字源于公司的管理者人人都穿蓝色的西服,在股票市场上IBM公司的股票属业绩优良的蓝筹股。凡是在IBM公司有过工作经历的人,都是社会上争先抢聘的对象。

本　章　小　结

1. 企业文化就是企业在长期的生存和发展过程中所形成的、为企业多数成员所共同遵循的经营观念或价值观体系。企业文化的内容包括价值标准、企业哲学、管理制度、行为准则、道德规范、文化传统、风俗习惯、典礼仪式及组织形象等。其中,共同的价值观是形成企业文化的核心。

2. 企业文化的本质特征可以归纳为以下几点:民族性、客观性、独特性、综合性、历史性。

3. 企业文化的结构应包括物质层(器物层)、行为层、制度层和观念层四个层次。其中观念层属于一种隐性文化,它是企业文化的根本,主要包括企业精神、企业哲学、企业价值观、道德规范等。这些内容是企业在长期的生产经营活动中形成的,存在于企业员工的观念中,对企业的生产经营活动产生直接的影响。物质层、行为层和制度层则属于显性文化的内容,是指企业的精神以物化产品和精神性行为为表现形式,能被人们直接感觉到的内容,包括企业制度、企业行为、企业设施、企业形象和标识等。

4. 企业文化具有以下功能:导向功能、凝聚功能、激励功能、约束功能、辐射功能。

思　考　与　练　习

1. 如何理解企业文化的内涵?

2. 企业文化各个层次包括哪些具体内容?你赞同这种分层的方法吗?

3. 企业文化有哪些特点?

4. 企业文化具有哪些功能?

5. 从网站上收集国内外几家著名企业的企业文化方面的相关资料,并提炼出它们的企业精神、经营理念与核心价值观。

6. 结合日美企业文化的特点，请你谈谈应如何建设有中国特色的企业文化。

即学即测

案例讨论

华为集团总裁任正非给新入职员工的一封信

第六章　战略管理

本章提要

本章系统地讲述了企业战略管理的一般流程与原理，明确了战略管理的概念与特征，分析了企业面临的宏观环境、行业环境、竞争环境和内部环境，并从公司层、经营层及职能层等方面探析了企业可能采取的不同层次的战略。

重点难点

- 战略管理的内涵
- 战略环境分析
- 五力模型分析
- 多元化与专业化
- 一般竞争战略

引导案例

星巴克的互联网转型

在互联网大潮下，很多传统企业需要做互联网或者通过互联网来进行战略转型，但并不是所有的企业都能转型成功。星巴克的经验或许说明，传统企业的互联网转型，疾风劲雨并非最佳，循序渐进也是好办法。

1999 年 6 月 30 日，对星巴克 CEO 兼董事长霍华德·舒尔茨（Howard Schultz）来说是一生中最难堪的时间之一。当时这位公司创始人兴冲冲地向外界宣告这家销售咖啡饮料的公司正变成一家互联网公司——推出门户网站、在线销售咖啡和厨房用品、向一家在线聊天公司投资 2 000 万美元……结果星巴克股价当天应声下跌 15%。投资者不能理解一家卖咖啡饮料的公司为什么要如此积极地使用互联网技术，不菲的投入也把他们吓坏了。舒尔茨对媒体承认："我在这件事上摔了跟头。"直到 2012 年 8 月舒尔茨掏出 2 500 万美元坐进移动支付公司 Square 的董事会，外界才发现，舒尔茨从未放弃过为自己的公司加入科技基因而努力。

经历过当年的难堪之后，他学会小心翼翼地低调推行星巴克的改造。这家总部位于西雅图的公司除了建立起电子商务体系外，还非常积极地拥抱移动互联网。星巴克在 2009 年就推出了手机应用客户端。去年 1 月在美国市场推出手机支付后，截至今年 7 月交易数量已达 6 000 万笔，每周通过手机支付的订单超过 100 万笔。舒尔茨希望让消费者在潜移默化中接受一个与过去大不相同的星巴克。

时至今日，已经很难找到一家不提供手机应用或缺少社交媒体战略的大型公司，但星巴克在这方面的投入和营销已经领先于零售业的同行。如今星巴克不仅成为美国移动支付规模最大的零售公司，其在脸书（Facebook）、推特（Twitter）、拼趣（Pinterest）等社交媒体也是最受欢迎的食品公司。

舒尔茨如此迫切地向电子商务、手机支付和社交网络营销转移，原因很简单——顾客在哪儿，星巴克就去哪儿。更何况，新技术能把咖啡店内外的顾客关系紧密联系在一起，以前星巴克可做不到这些。根据星巴克的数据，其消费人群大部分都在使用智能手机，不论是苹果公司的苹果手机（iPhone）还是各种款式的安卓手机。吸引越来越多的顾客使用移动互联网在星巴克消费，这意味着能追踪他们，以他们为核心用户创建一个在线社区。较之以往，新方式让星巴克得以与自己的顾客们建立前所未有的牢固关系。掌握着顾客的消费习惯、口味喜好等数据，将使这家以兜售用户体验闻名的公司获得非比寻常的优势。舒尔茨正努力将星巴克的大量营销举措迅速采用新时代的数码方式。移动支付只是这个庞大计划中的一部分。

事实上，星巴克近来这些巨大的变化，并非因为自己的董事长舒尔茨是一个技术狂人，也并非因为这家公司与科技巨头微软和亚马逊同处一地。事实上，这位创始人回归之后，并没有研发出什么新口味的咖啡饮料，而是带领星巴克这家传统的咖啡连锁公司，悄然掀起一场营销革命。

长期以来，星巴克的咖啡连锁店之所以大受这个星球上很多城市的消费者青睐，原因在于它提供的不仅仅是咖啡或面包，而是一种生活方式。商家与顾客之间原本冷冰冰的买卖关系，被星巴克赋予了很多附加值在其中。

舒尔茨只是敏锐地预判到这个时代最大的变化就是互联网和手机对人们生活状态的影响，他意识到必须把这个时代特征迅速融入星巴克的产品和服务之中。于是星巴克开始为了跟随上时代而转变的行动。星巴克中国区副总裁说："数字化营销完善了星巴克体验，让顾客感受到'星巴克就在身边'。"

最近，一个病毒式传播的在线视频极好地诠释了星巴克的理念——在一款名为早起的鸟儿（Early Bird）的星巴克手机服务中，当设定好的起床闹钟响起时，只要用户点一下"马上起床"，而且在一小时内赶到任何一家星巴克门店，凭手机应用就能够喝到一杯打折的咖啡。这是一个将自己产品和用户的日常生活建立联系的好点子，它并没有强行向用户推销什么，而是提供了幽默的、打动你的服务。

案例思考

1. 你认为企业转型发展的根本动因是什么？
2. 你认为互联网会从哪些方面影响企业的发展？

资料来源：https//www.woshopm.com/operate/56172.html.

传统的饮料公司星巴克成功向互联网转型的案例表明，根据企业发展环境的不断变化，适当地调整企业的战略发展方向和发展路径，是企业是否能够持续发展的决定性因素。我国曾在20世纪末出现了一个所谓的"企业流星雨"现象：不少企业似乎在一夜之间崛起，成为"明星"，却又在一夜之间迅速"陨落"。典型的企业如巨人集团、三株集团等。这种现象促使我国的企业界专家和学者们开始思考：到底是什么因素，使这些企业经过了短暂的繁荣兴旺以后就在市场上销声匿迹，只能留下昙花一现的遗憾？如果把商场比成战场，那么，企业战略则是决定一些企业能否取得最终成功的重要因素。企业战略是"不战而屈人之兵"的制胜谋略。可以说，在现代环境下，市场竞争在某种意义上就是企业战略的竞争。因此，掌握企业战略的基本原理和相关理论知识，有助于我们运用全局性的眼光去审视企业现在与未来的发展方向，以判断企业在激烈的市场竞争中能否取得可持续发展。

第一节　战略管理概述

一、战略的概念

"战略"一词，原为军事用语，指作战的谋略。《辞海》对战略的解释是："军事名词，对战争全局的筹划和指挥。依据敌对双方的军事、政治、经济、地理等因素，照顾战争全局的各方面，规定军事力量的准备和运用。"

英文的"战略"一词来源于希腊语 strategos，是指将军指挥军队的艺术。卡尔·冯·克劳塞维茨在其著作《战争论》中指出："战略是为达到战争的目的而对战斗的运用。"长期以来，虽然人们一直在争论军事战略原理对企业的普通适用性，但是，越来越多的人承认，军事战略对企业管理有重要的借鉴作用。正因如此，自从 1965 年美国的伊戈尔·安索夫发表《企业战略论》以来，"企业战略"一词得到了越来越广泛的应用，越来越多的学者对企业战略管理的理论展开了深入的研究，战略的内涵也在研究中不断地得到丰富和完善。

综合多个战略管理流派及战略管理学者的观点，我们认为：企业战略是以企业未来为基点，为寻求和维持持久竞争优势做出的有关全局的重大筹划和谋略。

理解这个概念，需要把握以下几点。第一，企业未来的生存和发展问题是企业制定战略的出发点和归宿。企业不仅需要了解企业本身及所处行业的过去和现在，还要关注其内外部环境的动态变化，从而把握这种变化的趋势。第二，战略应为企业确定一个长期的一致的目标。这种目标不仅指明未来的发展方向和引导资源的配置，而且有助于协调不同部门和个人之间的活动，增强组织的凝聚力。第三，企业战略应是在经营活动中有目的、有意识地制定的，它应能适应环境变化所带来的挑战，同时也能利用环境变化所带来的机遇。第四，战略的实质在于帮助企业建立和维持持久的竞争优势，这种竞争优势能给企业带来高于行业平均利润水平的超额利润，从而使企业获得良性的可持续发展。

从战略的定义来看，战略具有全局性、指导性、长远性、竞争性、稳定性和风险性的特点。

二、战略的构成要素

关于战略的构成要素不同的学者有不同的见解。一般认为，企业战略主要包括以下四个要素。

1. 经营范围

经营范围是指要明确企业所从事的生产经营活动的领域，即企业应在哪些领域中经营。企业经营范围的确定，应该着重考虑与企业最密切相关的环境，根据企业所处的宏观环境、行业环境、生产的产品和市场等来确定经营范围。

2. 资源配置

资源配置是指企业中各种资源配置的状况。企业有形资源和无形资源的合理配置形成企业的能力，从企业所拥有的各种能力出发，企业可以发掘出自身的核心能力。资源是企业一切生产经营活动的基础。资源贫乏或配置不合理，将限制企业的经营范围，影响企业战略目标的实现。研究发现，大多数成功的企业在针对外部环境的变化考虑采取相应的战略行动时，都要对已有的资源配置进行不同程度的调整，以支持企业总体的战略目标。

3. 竞争优势

竞争优势是指企业通过确定经营范围与资源配置，所形成的在市场上与竞争对手不同的竞争地位。竞争优势既可以来自产品和市场的定位，也可以来自企业对特殊资源的运用。产品和市场的定位对于企业总体战略非常重要，资源配置对企业经营战略发挥着相当重要的作用。

4. 协同作用

协同作用是指企业从经营范围和资源配置的决策中所能寻求到的各种共同努力的效果。协作不仅可以产生积极作用，即企业总体资源的收益大于各部分资源收益之和，也可以产生消极作用。例如，当企业在新的领域进行多种经营时，新行业的环境条件与过去的经营环境是截然不同的，以往的管理经验发挥不了作用。在这种情况下，管理协作便会产生消极作用，企业可以通过评价由于联合经营而使企业成本下降的程度，或由于联合经营而使企业纯收入增加的程度，来衡量协作的效果。

总之，企业战略的构成要素对企业的生产经营有重要影响。它们存在于企业各个层次的战略之中。企业战略的层次不同，构成要素的相对重要程度也不同。

三、战略的层次

一般来说，一个企业的战略可以分为三个层次，即公司战略、经营战略和职能战略，如图 6-1 所示。

（一）公司战略

公司战略是企业总体的、最高层次的战略。公司战略应着重解决两个方面的问题。一是从公司全局出发，根据外部环境的变化及企业的内部条件，选择企业所从事的经营范围和领域，即要回答这样的问题：我们的业务是什么，我们应当在什么业务上经营。二是在确定所从事的业务范围后，在各项业务之间进行资源分配，以实现公司整体的战略意图，这也是公司战略实施的关键措施。

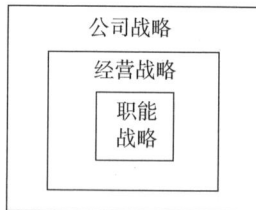

图 6-1　企业战略的层次

（二）经营战略

经营战略也称为竞争战略或一般竞争战略，主要解决在公司战略的指导下，企业的某一项特定业务如何与竞争对手展开竞争的问题，即主要解决竞争手段问题。它是企业与竞争对手争夺市场并赖以生存的基本工具。

（三）职能战略

职能战略是指在特定职能管理领域制定的战略。在既定的战略条件下，职能部门根据职能战略采取行动，集中各部门的潜能，支持和改进企业战略的实施，保证企业战略目标的实现。与总体战略或经营战略相比较，职能战略更为详细、具体。它是由一系列详细的方案和计划构成的，涉及经营管理的所有领域，包括财务、生产、销售、研究与开发、公共关系、采购、储运、人事等各个部门。职能战略是经营战略的延伸和细化，使经营计划更为具体、充实与完善。如果说，公司战略和经营战略强调做正确的事情，那么职能战略则强调将事情做好。职能战略直接处理了如何提高生产和营销系统的效率、顾客服务的满意度、争取提高特定产品或服务的市场占有率等这样一些问题。

公司战略、经营战略和职能战略是一个企业战略不可或缺的组成部分，它们之间相互联系，相互配合，每一层次的战略构成下一层次的战略环境，同时，低一层次战略又为高一层次战略的实现提供保障和支持。

四、企业战略管理过程

如前所述，企业的战略管理是对一个企业的未来发展方向制定决策并实施这些决策的动态管理过程。一个完整的战略管理过程大体可分解为 3 个阶段，即战略分析阶段、战略选择与评价阶段、战略实施与控制阶段。企业的战略管理过程可用图 6-2 来表示。

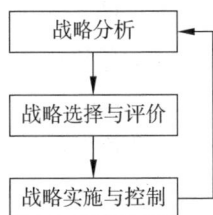

图 6-2 企业战略管理过程

（一）战略分析

这是指对企业的战略环境进行分析、评价，并预测这些环境未来发展的趋势，以及这些趋势对企业造成的影响。

（二）战略选择与评价

战略选择与评价过程实质就是战略决策过程，即制定多个可以实现组织目标的战略方案，并按照某些评价标准从中选择一个最优方案的过程。

（三）战略实施与控制

一个企业的战略方案确定后，必须通过具体化的实际行动，才能实现战略及战略目标。有效实施战略，不仅需要制定相关的职能战略；也需要对组织结构进行相应的变革；还需要领导者用强有力的措施保证战略的有效执行。同时，企业为了使实施中的战略达到预期目的，实现既定的战略目标，还必须对战略的实施进行控制。这就是说，将通过信息反馈回来的实际成效与预定的战略目标进行比较，如有偏差，即采取措施加以纠正。

第二节 战略环境分析

任何一个组织都不是孤立存在的，总要与它周围的环境发生这样或那样的联系。企业作为一个开放系统，在企业内部，以及在企业和它的外部环境要素之间发生着物质和信息的交换，通常企业的活动受到它内外部环境的影响。因此，企业在正确地制定战略目标并达成这些目标之前，必须对企业的外部环境进行分析，以识别环境变化所带给企业成长的机会与威胁，同时也要对企业自身的内部环境和资源条件进行分析，以确定企业在整个行业竞争中的优势与劣势。

企业的环境可分为四个层次，即宏观环境、行业环境、竞争环境和内部环境。前三种环境可统称为企业外部环境。企业环境的结构如图 6-3 所示。

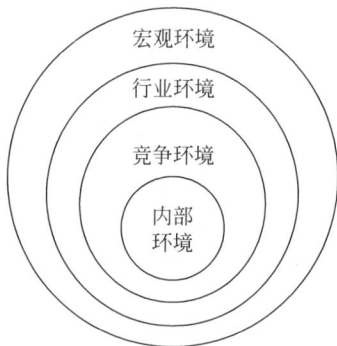

图 6-3　企业环境结构图

一、宏观环境分析

宏观环境因素分析的意义，是确认和评价各宏观环境要素对企业战略目标和战略选择的影响。对企业宏观环境的分析一般采用 PEST 分析法，即分析政治（political）因素、经济（economical）因素、社会（social）因素及技术（technological）因素对企业的影响。

（一）政治与法律因素

政治与法律环境的变化显著地影响着企业的经营行为和利益。它主要是对企业经营活动产生重要影响的政治力量，同时也包括对企业经营活动加以规范和限制的法律法规。具体来说，政治因素包括国家的政治体制、政局与政策的稳定性、国际关系等方面的因素。很容易想象，在一个战火纷飞的国家，各种企业的经营活动都要受到限制，除非是靠战争发财的军火商。如果一个国家的政策朝令夕改，那么该国企业很难判断出政策的变化方向及其对企业经营的有利性，企业不可能形成长远的发展战略。此外，良好的国际关系也为企业特别是以外贸进出口为主的企业营造了一个良好的经营环境。

一些政治因素对企业的行为有直接的影响，但一般说来，政府主要是通过制定法律法规来间接地影响企业的活动。例如，我国为了促进和指导企业的发展，颁布了一系列用于规范企业与市场行为的法律法规。通过历届全国人民代表大会的努力工作，我国已初步形成社会主义市场经济法律体系框架，这为我国企业在市场经济中的规范经营与发展提供了良好的法律保障。

（二）经济因素

经济环境分析首先要分析宏观经济的总体状况，主要用国民生产总值（gross domestic product，GDP）及其增长的速度来衡量。它反映一个国家的经济发展总水平、国民的富裕程度及经济发展的气候。如果一个国家 GDP 水平低、增长缓慢，那么企业经营环境就不好。据统计，1979—2018 年，我国 GDP 年平均增长率为 9.4%，而同一时期世界经济的增长率只有 2.9%。良好的宏观经济环境为我国企业的经营发展提供了良好的基础。

国家的经济政策也会给企业经营带来巨大的影响。当国家实行膨胀或紧缩的货币政策时，企业的融资成本和经营成本发生变化；国家的产业政策也会对处于某一个行业企业的经营产生深远的影响；国家的税收政策及税率也会对企业的经营成本产生重要的影响。

此外，国家的利率与汇率水平、失业率、消费者可支配的收入水平及通货膨胀率等因素，也会影响到企业的投资、产品的进出口及人力成本等方面。

除了以上的经济软环境以外，经济环境还包括一个国家或地区的经济活动所必需的各种基础设施，主要包括能源和原材料的供应状况、交通运输状况、通信状况及互联网接入的可获得性等。这些硬的经济环境，决定着企业能否保证生产所需的材料和产成品的及时运输，也决定了企业是否能够及时获得市场信息。

（三）社会和自然因素

企业存在于一定的社会环境中，同时企业又是由社会成员组成的一个小的社会团体，不可避免地要受到社会环境的影响和制约。社会因素包括社会文化、社会习俗、宗教信仰、社会道德观念、社会公众的价值观念、职工的工作态度及人口统计特征等。

社会文化是人们的价值观、思想、态度、社会行为等的综合体。人们的购买决策和消费行为都受到文化因素的影响。不同国家有不同的文化传统，也有着不同的亚文化群、社会习俗和道德观念。例如，韩国的社会文化强调基于对层次的尊重和对服从于权威的和谐，中国强调关系，日本强调集体的和谐及团体的协作等。这些社会文化意识会影响人们的消费方式和消费偏好，同时也影响了企业的经营方式。因此企业必须了解社会文化因素的变化对企业的影响。

人口统计特征是社会环境中的另一重要因素，它包括人口数量、人口密度、年龄结构的分布及其增长、地区分布、民族构成、职业构成、家庭规模、人口的受教育程度等。

自然因素是指一个国家或地区的客观环境因素，主要包括自然资源、地形地质、地理位置及气候等。

（四）技术因素

技术进步的深度和广度影响到社会的许多方面，它的影响主要来源于新产品、新工艺和新材料。技术方面的环境因素包括所有参与创造新知识，以及将新知识转化成新产品、新材料的组织机构和行为。技术水平及其产业化程度的高低是衡量一个国家和地区综合力量和发展水平的重要标志。近 10 年来，我国的高新技术发展迅速。以制造业为例，高技术制造业占规模以上工业增加值比重从 2012 年的 9.4%，提高到 2021 年的 15.1%，规模以上高技术制造业工业企业数从 2012 年的 2.46 万家，增长到 2021 年的 4.14 万家，成长出一大批具有国际竞争力的创新型领军企业。此外，信息时代下互联网技术所带来的变化丝毫不逊于工业化革命所带来的变化，它可以使跨国公司的不同子公司、企业不同部门之间的信息交流更为方便和快捷，对市场需求变化做出更快的反应，同时也使企业的组织结构扁平化和网络化。互联网技术还可以帮助企业实现在企业之间及企业和它的顾客之间的交易。

此外，由于技术的巨大进步，理论成果转化为可应用产品的间隔已大大缩短，企业研究和开发费用急剧增加。

二、行业环境分析

与宏观环境相比，行业环境对竞争优势和超额利润的影响更加直接。一个行业的竞争程度和行业利润潜力可以由五个方面的竞争力量反映并决定：新进入者的威胁，供应商讨价还价能力，买方讨价还价能力，替代品的威胁，以及现有竞争者之间的竞争程度。

（一）新进入者的威胁

行业的新进入者通常会给行业内的原有企业带来很大的威胁。原因之一是它们增加了行业总产出，从而导致整个行业的收入和回报降低；原因之二是新进入者通常拥有相当的资源，很想占领更大的市场份额。结果，新的竞争对手可能将迫使行业内的原有企业提高效率，学习如何在新的领域展开竞争。

企业进入一个行业的可能性大小是由两个因素决定的：进入障碍，以及对来自行业内企业采取报复行动的预期。当企业发觉要进入一个新的行业很困难，或者觉得进入一个新的行业将处于竞争劣势，这个行业就存在进入障碍。如果进入障碍高，原有企业反击激烈，潜在的进入者就难以进入该行业，新进入者的威胁就小。进入障碍的主要来源有以下几方面。

1. 规模经济

规模经济是指当企业逐渐扩大规模时，企业的边际效益也增加的这样一种现象。规模经济，即意味着当企业在一定时期内生产的产品增加时，单位产品的制造成本降低。新进入者面对行业内原有企业的规模经济将处在两难的境地。如果进入的规模很小，它们就会处在不利的成本地位。如果进入的规模较大，它们又会面临着强烈的竞争报复。

2. 产品差异化

对于那些存在产品差异的行业，现有的企业可能因为第一个进入该行业，或者由于过去的广告和良好的服务而赢得信誉和用户对品牌的忠诚，从而具有新进入者无法拥有的优势。在进入高度差异化的市场时，新进入者必须投入巨额广告费用和促销费用以消除用户对原有产品的忠诚，这些都将导致经营成本的上升，从而增加了进入的风险。

3. 资金需求

在新的行业，竞争意味着大量的投资。除了购买生产设备外，库存、市场营销活动及其他重要的职能，也需要很多资本。即使新的行业很有吸引力，企业也可能无法获得足够的资本支撑各种活动。

4. 转换成本

转换成本是指由于顾客转向新供应商购买所引起的一次性成本。例如，购买新的辅助设备的费用就属于转换成本。如果转换成本很高，那么新进入者必须为购买者在成本或服务上做出重大的改进，以便吸引购买者。

5. 进入分销渠道

进入分销渠道对新进入者可能会是一个很大的障碍，尤其是在非耐用消费品行业。新进入者必须说服经销商经销他们的产品。价格分成和广告分摊的做法可能会帮助新进入者达到目的，但是，新进入者的利润也会因此减少。

6. 与规模无关的成本劣势

有些时候，原有企业可能具有新进入者无法仿效的成本优势。例如，某种独有的产品技术，获得原材料的有利方法，有利的地理位置及政府资助等。

（二）供应商讨价还价能力

供应商可能会通过提高价格或降低产品质量来对行业内的竞争企业显示自己的力量。如果企业无法通过价格结构消化增长的成本，它的利润就会由于供应商的行为而降低。

在以下情况中，供应商有较强的讨价还价能力。

（1）供应掌握在少数几个公司手中，供应行业的集中化程度高于购买商行业的集中化程度。

（2）没有很好的替代品供应。

（3）对整个供应行业来说，这个行业中的企业不是它们的重要客户。

（4）供应商的产品是很重要的生产投入要素。

（5）供应商的产品已经给企业制造了很高的转换成本。

（6）供应商前向整合，进入企业所在行业的可能性很大（例如，印刷企业可以选择投资生产油墨等印刷耗材）。

（三）买方讨价还价能力

买方可能要求降低购买价格，要求高质量的产品和更多的优质服务，其结果是使行业的竞争者们互相竞争，导致行业利润下降。在下列情况下，买方有较强的讨价还价能力。

（1）买方购买了行业产出的一大部分。

（2）从这个行业购买的产品占买方成本的很大部分。

（3）它们能够不花费很大代价就转移到其他的产品。

（4）行业产品差别不大或者说标准化，并且买方后向整合进入行业的可能性很大。

（四）替代品的威胁

替代品是指那些与本行业产品有同样功能的其他产品。如果替代品的价格比较低，它投入市场就会使本行业产品的价格上限处于较低的水平，这就限制了本行业的利润水平。替代品的价格越是具有吸引力，这种限制作用就越大，对本行业构成的压力也就越大。正因为如此，本行业与生产替代品的其他行业进行的竞争，常常需要本行业所有企业采取共同措施和集体行动。一般来说，如果顾客面临的转换成本很低，或者当替代品的价格更低，或者质量更好，性能相似甚至超过竞争产品时，替代品的威胁就会很强。在顾客认为具有价值的地方进行差异化（价格、质量、售后服务、地点等），可以降低替代品的竞争力。

（五）现有竞争者之间的竞争程度

由于行业内的企业相互制约，一个企业的行为必然会引发竞争反应。因此，在许多行业，企业为了追求战略竞争力和超额利润，都积极投身竞争。企业一般采取的竞争手段有：价格战、广告战、产品开发和创新等。在下列情况下，现有企业之间的竞争会变得很激烈。

（1）行业内有大量的或均衡的竞争对手。当行业中的企业为数众多时，各企业势必采取更有力的行为，以占有更大的市场份额，这势必在现有竞争者之间形成激烈的竞争。即便在企业为数不多的情况下，如果各企业的实力相当，它们都有支持竞争和进行强烈反击的资源，也会使现有企业间竞争激化。

（2）行业增长缓慢。在成长的市场中，企业很少会有压力去从竞争对手手中争夺顾客。但是，在不增长或增长缓慢的市场，企业会投入战斗，试图吸引竞争对手的顾客来扩大自己的市场份额，这样竞争将会非常激烈。

（3）高的固定成本或库存成本。当行业固定成本较高时，企业为了降低单位产品的固定成本，势必采用增加产量的措施，结果又往往导致价格迅速下跌。与固定成本高有关的一种情况是产品的库存问题。如若行业生产的产品库存管理起来非常困难或费用极高，在这种情况下，企业就容易为尽快销售出去产品而遭受降价的损失。

（4）行业的产品没有差别或没有行业转换成本。当产品或劳务缺乏差异时，购买者的选择是价格和服务，这就会使生产者在价格和服务上展开竞争，使现有企业之间的竞争激化。同样，当转换成本低时，购买者有很大的选择自由，也会产生相同的作用。

（5）行业中的总体生产规模和能力大幅度提高。新的生产规模不断增加，必然会经常打破行业的供需平衡，使行业产品供过于求，迫使企业不断降价销售，强化了现有企业之间的竞争。

（6）竞争者在战略、目标及组织形式等方面千差万别。企业如果把市场当作解决生产能力过剩的出路，它就会采取倾销过剩产品的办法。多种经营的企业，若把某行业经营的产品视为厚利产品，它就会采取扩大或巩固销售量的策略，尽力促使该行业的稳定。小型企业为了保持经营的独立性，可能情愿取得低于正常水平的收益来扩大自己的销路，所有这些都会引起竞争的激化。

（7）行业对企业兴衰至关重要，而且取得成功的可能性大，那么行业中企业之间的竞争就会更加激烈而反复无常。例如，一个多元化经营的公司可能将成功的重点放在某一特定产业中，以推动公司整体战略的成功。或者，一个外国公司为了树立全球声望或技术上的优势，可能会强烈地认为需要在某一外国市场上建立稳固的市场地位。在这样的情况下，这些公司的目标可能不仅是多元化，而且更加带有突破性，因为它们只求扩张并含有牺牲其利润的潜在意向。

（8）退出行业的障碍很大。当退出障碍高时，经营不好的企业只好继续经营下去，这样使现有企业间的竞争激烈化。退出障碍主要来自具有高度专门化的资产、退出的费用、战略的协同关系、感情障碍、政府和社会的限制等。

三、竞争对手分析

竞争对手是企业经营行为最直接的影响者和被影响者，这种直接的互动关系决定了竞争对手分析在外部环境分析中的重要性。分析竞争对手的目的在于了解每个竞争对手可能采取的战略行动及其他公司的反应。对竞争对手的分析涉及以下四个方面：竞争对手的长远目标、竞争对手的现行战略，竞争对手的假设和竞争对手的能力。

1. 竞争对手的长远目标

对竞争对手目标的了解包括对公司级的、经营单位级的，甚至职能部门及个别经理目标的了解。对竞争对手目标的了解可以预测竞争对手对其目前的位置是否满意，由此，这个竞争对手将如何改变战略，以及对于外部事件（如经济周期的波动）或其他公司战略行动的反应能力。对竞争对手目标的了解也有助于预测它对战略变化的反应。此外，对竞争对手目标的了解还有助于解释竞争对手所采取的行动的严重性。

2. 竞争对手的现行战略

了解竞争对手正在做什么，正在哪些领域开展业务，竞争对手是如何开展竞争的。企业还可以通过了解竞争对手的各职能部门制定了哪些经营方针，来了解竞争对手的职能战略。

3. 竞争对手的假设

竞争对手的假设包括两个方面： 一是竞争对手对自己的假设，每个公司都对自己的情况有所假设。比如，它可能把自己看成是行业中的老大、低成本的生产者、著名公司等。二是竞争对手对产业及产业中其他公司的假设，竞争对手常借此分析和解释产业内各企业的竞争行为和可能采取的竞争手段。

4. 竞争对手的能力

要了解竞争对手的优势与劣势是什么，竞争对手有哪些资源，形成了何种核心能力，与竞争对手相比企业本身的实力又如何。

四、内部环境分析

在 21 世纪的竞争格局中，传统的条件和因素，包括劳动力成本、获取财务资源和原材料的能力，仍然能够为企业创造一种竞争优势。然而，这些因素所能带来的竞争优势正在逐渐减少。在新的竞争格局中，资源、能力和核心竞争力组成了企业的内部环境，它们可能会比外部环境中的条件对企业的业绩产生更重要的影响。那些最成功的企业认识到，只有核心能力（通过企业的内部环境研究可以找到）与机会（由企业的外部环境所决定）相契合时，企业才能获得战略竞争能力和超额回报。

（一）资源

资源是指被投入企业生产过程的生产要素，如资本、设备、员工的技能、专利、财务状况及经理人员的才能，这些都可以被看成资源。

企业资源可以是有形的，也可以是无形的。有形资源是指那些可见的、能量化的资产，包括企业的财务资源、组织资源、实物资源和技术资源四个方面。财务资源是指企业的借款能力，以及企业产生内部资金的能力。组织资源是指企业的报告系统，以及它正式的计划、控制和协调系统。实物资源包括厂房、设备，以及企业获取原材料的能力。技术资源则指企业所拥有技术的含量，如专利、商标、版权等。无形资源是指那些根植于企业的历史，长期以来积累下来的资产。因为它们是以一种独特的方式存在的，所以非常不容易被竞争对手了解和模仿。知识、员工之间的信任、员工的思想、创新能力、管理能力和企业的品牌、声誉等，这些都是无形资产。由于无形资源更难被竞争对手了解、购买、模仿或替代，企业更愿意把无形资源作为它们能力和核心竞争力的基础。无形资源还有另一个特点，就是它们的价值可以被更深地挖掘。

（二）能力

能力来源于资源的有效整合，同时它也是企业核心竞争力的来源。通过有形资源和无形资源的不断融合，企业所拥有的能力使企业能够利用洞察力和智慧创造并利用外部的机会，建立持久性的优势。能力通常是在某种职能领域（如生产、研发、市场营销）或者某一职能领域的部分领域中得到发展。有研究表明，企业在某个职能领域建立起来的竞争能力与企业的经营状况相关。因此，企业必须致力于在多元化企业里建立一种职能性的核心竞争能力。例如，沃尔玛公司在物流配送的职能领域中就具有有效地利用物流技术的能力，以及它在管理信息系统领域中的定点采购数据、有效控制存货的能力。麦肯锡公司在市场营销领域中具有有效地推广其品牌的能力，使其成为世界上最负盛名的管理咨询公司之一。

价值链是企业用于分析企业能力的有效工具。价值链反映了企业的资源增值过程。在不同的行业中，企业的价值链也有明显的不同。一些行业在产品设计阶段的增值比较明显，如计算机软件业。而另外一些行业可能在营销和分销阶段的增值较多，如软饮料行业。企业必须根据行业的特点和本身的条件来完成资源增值的过程。

著名的战略管理学者波特把企业的活动分成两类。一类是基本活动，主要涉及如何将输入有效地转化为输出，这部分活动直接与顾客发生各种各样的联系。另一类是支持性活动，主要体现为一种内部过程。如图 6-4 所示。

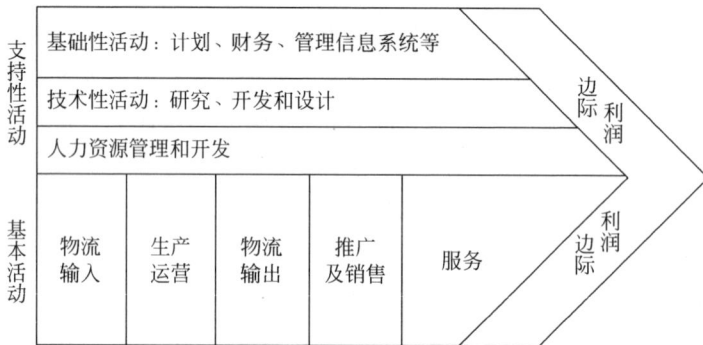

图 6-4　波特提出的价值链

基本活动主要包括以下几类。

（1）物流输入。物流输入包括资源接收、储存和分配活动，也包括材料处理、库存控制和运输等。

（2）生产运营。这一活动将各种输入转化成为最终的产品和服务，如制造、工艺调整和测试等。

（3）物流输出。物流输出包括产品的接受、储存和分销活动。

（4）推广及销售。推广与销售主要包括消费行为研究、广告和促销等。

（5）服务。服务包括安装、维修、培训和提供备件等。

支持性活动主要包括以下几类。

（1）基础性活动。基础性活动主要包括计划、财务、管理信息系统和质量控制以及法律服务等。

（2）技术活动。技术活动包括产品的研发和设计活动。

（3）人力资源管理与开发。人力资源管理与开发包括人员的招聘、选拔、培训、补偿和激励等。

随着经济全球化、一体化进程的加快，任何一个企业都是创造产品和服务的价值系统的一部分。因此，在了解价值产生和企业能力时，不仅要考察组织的每一项内部活动及它们之间的联系，还要对包括采购和销售链在内的整个价值过程进行深入的分析。

（三）核心竞争力

核心竞争力是指那些能为企业带来相对于竞争对手的竞争优势的资源和能力。例如，麦当劳拥有的四种核心竞争力，即房地产、餐饮管理、市场营销及遍布全球的各种设施。麦当劳具有竞争对手难以模仿的竞争优势。并不是所有的企业资源和能力都是有竞争价值并能带来竞争优势的。有些资源和能力可能会削弱企业的核心竞争力，因为它们可能会反映在企业相对于竞争对手较弱的领域。如果企业没有足够的财务资产，就有可能无法购买那些用于生产能带来顾客价值的产品的设备，也无法雇佣相关的人员。在这种情况下，财务资产就变成了一个弱项。

每一种核心竞争力都是能力，但并非每一种能力都是核心竞争力。在实际操作中，一种能力要想成为核心竞争力，必须是：从客户的角度出发，是有价值的并不可替代的；从竞争者的角度出发，是独特的并不可模仿的。也就是说，要判别一种能力是否是核心竞争力，只需要看其是否满足四个标准，即它是有价值的、稀有的、难以模仿的及不可替代的。

第三节 战略选择与评价

一、公司战略

从公司战略所要解决的问题确定企业的经营范围，即确定企业是在一个领域还是在多个领域中经营出发，我们可以把公司战略分成两类：多元化战略与专业化战略。

（一）多元化战略

多元化战略就是指企业在两个或两个以上的行业里进行经营。企业出于分散经营风险、逃避业务萎缩、提高资源配置效率等方面的考虑会采取多元化经营的战略。根据多元化业务之间相互关联的程度，可以把多元化战略细分为复合多元化、同心多元化、垂直多元化、水平多元化等。

1. 复合多元化

复合多元化是指各产品或劳务没有任何共同主线和统一核心的多元化。或者说这类企业进入没有任何技术、经济关联的多项业务领域。例如：美国杜邦公司除经营化学产品外还经营摄影器材、印刷设备、生物医学产品；首都钢铁公司除主营钢铁外，将经营范围扩展至电子、机械、建筑等行业。

2. 同心多元化

同心多元化是指以市场或技术为核心的多元化，主要有三种形式：第一种形式，多种产品或劳务都以相同市场为统一的核心。例如，一家公司生产电视机、电冰箱、洗衣机等各种产品，这些产品都统一于"家电"这个市场。第二种形式，各种产品或劳务都以相同技术为统一的核心。例如，冶金厂同时开展多种金属的冶炼业务，这些产品之间可以共享其冶炼技术等。第三种形式，各种产品或劳务以相同的市场、技术为统一的核心。例如，收音机、录音机、电视机等都以电子技术为基础而统一于家电市场。

3. 垂直多元化

垂直多元化是指在一个完整的产品价值链中，企业在原承担的生产阶段的基础上向前或向后发展经营。如果是向价值链的前端发展，就称为前向垂直多元化。例如，汽车制造厂在生产汽车元件并进行装配的同时，也生产车轮或汽车轮胎。又如，印刷企业也投资生产油墨等。如果是向价值链的后端发展，就称为后向垂直多元化。例如，一家轧钢厂也同时生产钢管，或者生产企业进行销售等。

4. 水平多元化

水平多元化是企业利用原有市场，在同一专业领域内进行多品种经营。例如，汽车制造厂生产轿车、卡车和摩托车等各种不同类型的车辆。

企业实现多元化经营可以通过内部增长或外部增长的方式来进行。内部增长，即企业通过建立新的生产设施和营销网络，将业务扩张至其他行业和产品领域，从而实现企业多元化经营的方式。内部增长可以通过投资新厂或者研究开发新产品等形式来实现。外部增长，即企业通过兼并和收购其他企业，通过向外扩张，而将业务扩张至其他行业和产品领域，从而实现企业多元化经营的方式。

多元化战略可以分散企业的业务，从而降低市场风险，同时也有利于企业发挥规模效应和品牌优势。但过分多元化将会使企业经营战线过长，使企业面临更大的管理失控的风险。

（二）专业化战略

专业化战略是指企业仅在一个行业中集中生产单一产品或服务的战略。由于专业化生产，企业可以在单一产品线或在单一产品上集中生产能力和资源要素，从而达到规模经济的效应。实行专业化战略的企业还可以为目标客户提供更多品种和规格的产品。此外，由于可以更好地研究目标顾客的消费偏好及消费趋势的变化，并且对这种变化能更快地采取适应性行动，因而，实行专业化战略的企业，可以以更快的速度生产出符合顾客不断变化的需求的产品。例如，格兰仕公司在20世纪90年代所采用的战略就是典型的专业化战略，它集中企业全部资源，只生产微波炉这一种单一产品，从而在实现规模经济后取得成本优势，迅速成长为中国微波炉市场的第一品牌。

专业化战略有利于企业集中优势资源，但也面临着该专业市场变化、市场需求萎缩的市场风险。

二、经营战略

经营战略也称为一般竞争战略，迈克尔·波特在《竞争战略》一书中指出，企业为了获取相对竞争优势，可以选择的三种不同类型的一般竞争战略，即成本领先战略、差异化战略和集中化战略。

（一）成本领先战略

成本领先战略的核心是使企业的产品成本比竞争对手的产品成本低，也就是在追求产量规模经济效益的基础上降低成本，使企业在行业内保持成本的领先优势。企业采用成本领先战略，尽管面对着强大的竞争对手，但仍能在本行业中获得高于平均水平的收益。实行成本领先战略可以在本行业中筑起较高的进入壁垒，并使企业进入一种成本—规模的良性循环。

企业之所以要采取成本领先战略，主要是因为其将给企业带来以下的战略好处。

（1）即便行业内存在很多竞争对手，具有低成本地位的企业仍可获得高于行业平均水平的利润。

（2）能有效防御来自竞争对手的竞争。因为其较低的成本意味着当其他的竞争对手由于对抗而把自己的利润消耗殆尽以后，它仍能获得适当的收益。

（3）企业的低成本领先战略能对抗强有力的买方，因为买方的讨价还价能力只能迫使价格下降到下一个在价格上最低的对手的水平，也就是说，买方讨价还价的前提是行业内仍有其他的企业向其提供产品或服务，一旦价格下降到下一个最有竞争力的对手的水平，买方也就失去了与企业讨价还价的能力。

（4）无论是规模经济还是在其他成本优势方面，那些导致成本领先的因素也成为了潜在进入者的进入障碍。

（5）具有成本领先地位的企业可以有效地应付来自替代品的竞争。

正因为成本领先战略具有上述明显的优势，因而企业很愿意采用成本领先战略进行竞争。价格战就代表了这样一种倾向。事实上，对于某些行业如日用品，成本优势是获得竞争优势的重要基础。

虽然成本领先可以给企业带来竞争优势，但采用这种战略也将面临一定的风险。首先，技术的迅速变化可能使过去用于扩大生产规模的投资或大型设备失效；其次，由于实施成本领先战略，高层管理人员可能将注意力过多地集中在成本的控制上，以致忽略了消费者需求的变化；最后，为降低成本而采用的大规模生产技术和设备过于标准化，因而可能会使产品生产缺乏足够的柔性和适应能力。企业实施成本领先战略可以通过以下方式来实现。

（1）控制成本。即企业对已有的成本支出进行控制。控制成本的重点应放在占整个产品成本比重较大的成本项目上，或与标准成本（计划成本）偏差（超支）较大的成本项目上。

（2）采用先进设备。企业采用先进的专用设备可以大幅度提高劳动生产率，但是要求企业具备足够资金及市场的支持，只有企业生产和销售的产品批量足够大，形成规模效益，才能最终降低产品的单位成本。

（二）差异化战略

差异化战略是指企业向顾客提供在行业范围内独具特色的产品或服务。由于产品独具特色，因而它可以带来额外的加价。差异化是企业广泛采用的一种战略。因为每个企业都可以在产品和服务的某些特征上与竞争的产品和服务不同，所以企业差异化的机会几乎是无限的。差异化战略并不是简单地追求形式上的特点与差异，企业必须了解顾客的需要和选择偏好是什么，并以此作为差异化的基础。为了保证差异化的有效性，必须注意两个方面：第一，企业必须了解自己拥有的资源和能力，以及其是否能创造出独特的产品；第二，从需求的角度看，必须深入了解顾客的需要和选择偏好。企业所能提供的独特性与顾客需要的吻合是取得差异化优势的基础和前提。采用差异化战略生产经营差异产品的企业，需要投入特殊的而不是通用的生产工艺、技术和机械设备，所以要支付比实行成本领先战略生产、销售标准产品（批量产品）更高的成本。

企业之所以要采用差异化战略，主要是因为差异化战略能带来以下的益处。

（1）产品差异化可以使顾客产生品牌忠诚，并降低对价格的敏感性，从而明显削弱顾客的讨价还价能力。由于顾客缺乏可比较的选择对象，因而不仅对价格的敏感性较低，而且更容易形成品牌忠诚。

（2）差异化本身可以给企业产品带来较高的溢价。这种溢价不仅足以补偿因差异化所增加的成本，而且可以给企业带来较高的利润，从而使企业不必去追求成本领先地位。产品的差异化程度越大，顾客越愿意为这种差异化支付较高的费用，企业获得的差异化优势也就越大。

（3）采用差异化战略的企业在对付替代品竞争时比其竞争对手处于更有利的地位。这是由于顾客更注重品牌与产品形象，一般情况下不愿意接受替代品。

差异化战略往往给企业带来相应的竞争优势，然而，在某些条件下，追求差异化的企业也会遇到一定的风险。首先，顾客选择差异化产品和服务，不仅取决于产品和服务的差异化程度，也取决于顾客的相对购买力水平。当经济环境恶化，人们的购买力水平下降时，顾客将把注意力从产品和服务的差异化特色转移到一些实用价值和功能上来。其次，竞争对手的模仿可能会减少产品的差异化程度。从这点来讲，企业能否通过差异化取得竞争优势，在一定程度上取决于其技术和产品是否易于被模仿。企业的技术水平越高，形成产品差异化时需要的资源和能力越具有综合性，竞争对手模仿的可能性越小。

对于企业来说，产品的差异化主要体现在产品实体的功能、售后服务，以及通过广告等市场营销手段、以商标等的差异作为产品差异的市场管理等方面。一般来说，企业应首先考虑在产品实体的功能和售后服务上形成差异，而市场管理则是形成产品差异的最后的，并且有一定风险的手段。

（三）集中化战略

集中化战略是指企业的经营活动集中于某一特定的购买者集团、产品线的某一部分或某一地域上的市场。如同差异化战略一样，集中化战略也可呈现多种形式。虽然成本领先战略和差异化战略二者是在整个行业范围内达到目的，但集中化战略的目的是很好地服务于某一特定的目标，它的关键在于能够比竞争对手提供更为有效或效率更高的服务。因此，企业既可以通过差异化战略来满足某一特定目标的需要，又可通过成本领先战略服务于这个目标。尽管集中化战略不寻求在整个行业范围内取得低成本或差异化，但它是在较窄的市场目标范围内来取得低成本或差异化的。成本领先战略、差异化战略和集中化战略这三种一般竞争战略的差别如图6-5所示。

同其他战略一样，集中化战略也能在本行业中获得高于一般水平的收益。主要表现在：第一，集中化战略便于集中使用整个企业的力量和资源，更好地服务于某一特定的目标；第二，将目标集中于特定的部分市场，企业可以更好地调查研究与产品有关的技术、市场、顾客及竞争对手等各方面的情况，做到"知彼"；第三，战略目标集中明确，经济成果易于评价，战略管理过程也容易控制，从而带来管理上的简便。根据中小型企业在规模、资源等方面所固有的一些特点，以及集中化战略的特性，可以说，集中化战略对中小型企业来说可能是最适宜的战略。

竞争优势

顾客觉察到的独特性　成本领先地位

图 6-5　三种一般竞争战略的差别

集中化战略也有相当大的风险，主要表现在：第一，由于企业全部力量和资源都投入一种产品或服务，或一个特定的市场，当顾客偏好这部分发生变化、技术出现创新或有新的替代品出现时，这部分市场对产品或服务的需求就会下降，企业就会受到很大的冲击；第二，竞争者打入了企业选定的部分市场，并且采取了优于企业的更集中化的战略；第三，产品销量可能变少，产品要求不断更新，造成生产费用的增加，使得采取集中化战略企业的成本优势被削弱。

三、一般竞争战略的选择

（一）选择竞争战略

企业一般竞争战略的确定是企业战略管理的重要内容之一。有的学者认为，波特提出的三种一般竞争战略实际是两种战略，即成本领先战略和差异化战略，集中化战略是在狭窄市场范围（市场的某一部分或其中的某一子市场）内对前两种竞争战略的具体运用。大量研究结果表明，许多成功的企业有一个共同的特点，就是在确定企业竞争战略时，都是根据企业内外部环境与条件在差异化战略和成本领先战略中选择了一个，从而确定具体目标，并采取相应措施而取得成功的。一般企业为了在竞争中取胜，并不是同时追求两个目标，而是选定一种战略，重点突破，以取得竞争中的绝对优势。

选择哪一种竞争战略，决定着企业的管理方式、产品的研究开发、企业的经营结构及市场理念。采用成本领先战略的企业就应该在所有的生产环节都实现彻底的合理化，除成本控制外，最重要的就是讲求产品的合适批量，以充分利用大机器生产标准的产品，实现规模效益。福特汽车公司在早期的发展中，创造性地开发出流水线生产方式，并用其生产汽车。流水线的发明，使汽车生产成本大大降低，因此，福特公司当时生产的汽车成为"大量生产、大量销售"时代的代表。采用差异化战略的企业，就必须有特别的工艺设备与技术，同时为了使顾客了解本企业的这种"差异"，或者让本来是标准品的产品在消费者心目中建立起"差异"的形象，企业还要在销售方面组织耗资巨大的广告宣传和产品推销活动等。这一切都决定了差异化战略必然与成本领先战略发生矛盾与冲突，同时实施这两种竞争战略的企业往往在市场竞争中失败，世界上最大的叉车制造厂——克拉克公司因同时追求这两个目标而失败的案例是典型的代表。

但是，同一企业在不同产品、不同阶段上可以采取不同的竞争战略，以下三种情况也是常见的。

（1）同一企业可以在不同种类的产品上采取不同的竞争战略。例如，汽车生产厂家可以对轿车和卡车分别采取差异化战略和成本领先战略。

（2）同一企业可以在生产与销售这两个不同环节上采取不同的竞争战略。例如，可以在生产上采取成本领先战略，而在销售和售后服务中采取差异化战略。

（3）同一企业在不同时期可以有不同的竞争战略。例如，当产品处于投入期与成长期时，可以采用成本领先战略；而当产品处于成熟期时，则采用差异化战略。

（二）选择企业竞争战略应考虑的问题

1. 外部环境

在社会经济高速发展时期，由于企业之间激烈的竞争，以及居民收入随生产力的发展而迅速提高，成本领先战略就会在很大程度上失去它的意义。反之，如果企业处于较落后的经济状态下，则应该高度重视成本领先战略以刺激需求。在欧美等发达国家，大众化的一般产品都强调差异化战略，而成本领先战略的模式则逐渐被企业抛弃；在发展中国家一般多采用成本领先战略。

2. 自身实力

对于规模较小的企业，由于其生产与营销能力都比较薄弱，因此应该选择集中化战略，以便集中企业优势力量瞄准某一特定顾客、特定地区或特定用途的产品打"歼灭战"；如果企业生产能力较强而营销能力较差，可考虑运用成本领先战略；相反，如果企业营销能力强而生产能力相对较弱，则可考虑运用差异化战略，以充分发挥企业销售能力强的长处；如果企业生产与营销能力都很强，则可以考虑在生产上采取成本领先战略，而在销售上采取差异化战略。

3. 产品种类

对于不同种类的产品，客户对其价格、质量、服务等要素具有不同的敏感度。对于生产资料来说，在保证基本质量的前提下，价格将成为企业竞争中最重要的因素，企业应尽量降低成本。而消费品往往非专家购买，绝大多数消费者是依据广告宣传、店员介绍、产品包装及说明、合适的价格来确定是否购买，所以对于消费品的生产企业来说，应尽量使本企业产品在服务和市场营销管理方面实施差异化战略。日常消费品与耐用消费品是对消费品的进一步划分。日常消费品是人们几乎每天都消费的、反复少量购买的产品。这种产品竞争的关键是价格，因此，企业应在保证质量的前提下用优惠价格出售。耐用消费品是一次购买、经久耐用的产品，若干年才买一次。产品的质量与售后服务对顾客来讲非常重要，这就要求企业在这两个方面下功夫，推出质量和服务更好的差异化产品。

4. 产品周期

在产品的投入期，为了抢占市场防止竞争者的进入，企业常常采用成本领先战略，以刺激需求，使企业处于成本、市场占有率、收益和设备投资四者的良性循环中。而到了产品的成熟期与衰退期，其消费需求呈明显多样性与复杂性，这时企业就应该采取差异化战略或集中化战略。

当然，也存在与上述相反的实际现象。例如，一些高档消费品在投入期与成长期，由于购买者较少，需要以较高的价格作为自己身份、地位的象征；而产品到了成熟期之后，由于原购买者已失去了把这些产品作为自己地位象征的兴趣，而新加入的消费者又主要着眼于产品的一般消费功能，所以这时，企业反而应从差异化战略转为成本领先战略，这种现象被称为高档品的日用品化。

第四节　战略实施与控制

一、战略实施

（一）战略制定与战略实施

企业一旦选择了合适的战略，战略管理活动的重点就从战略选择转移到了战略实施阶段。所谓战略实施，就是执行达到战略目标的战略计划或战略方案，这是将战略付诸实际行动的过程。俗话说，"说到不等于做到"，企业制定了发展战略，不等于这一战略能够自动成功实现。人们都知道，公司不仅需要制定战略，还需要将战略有效实施。然而，即便是处于最佳运作状态中的企业，也常常不能达到自己原先所设定的目标。因为，在战略实施中会遇到一些非常关键的约束条件，如人力资源、组织结构、实施业绩评估等。

美国管理学者博诺玛用图 6-6 形象地阐明了战略制定与战略实施的关系。可以看出，即使是一个合适的战略，如果不能很好地得以实施，也会导致整个战略的失败。有效的战略实施不仅可以保证一个合适的战略成功，而且还可以挽救一个不合适的战略或者减少它对企业造成的损害。

	战略制定	
	适宜的	不适宜的
优异	**成功** 实现增长和市场占有率目标，并能获利	**挽救或毁灭** 好的实施可以挽救一个不好的战略，也可能加速其失败
很差	**麻烦** 很差的实施妨碍一个好的战略发挥作用，而管理者可能认为是战略不适宜于企业	**失败** 尽管失败的原因很难分析，但一个糟糕的战略加之又没有能力去实施，肯定会失败

图 6-6　战略制定与战略实施的关系图

一位美国学者亚历山大在对美国 93 位经理人员进行调查后发现，一半以上的被调查对象认为，他们在战略实施过程中遇到了以下九方面的问题：①战略实施的实际时间总是超过原来预计的时间；②各职能部门之间的协调不力；③企业内外的日常事务分散战略管理者的注意力，干扰战略的实施；④员工和管理者的能力不强；⑤管理者不能控制各种环境因素发生不利变化；⑥职能部门的领导方式不当；⑦对低层员工的培训和管理不当；⑧关键项目和任务的定义不清；⑨管理信息系统对企业内外各种活动的监控不够。

以前战略实施没有像战略制定那样得到足够的重视，并不是因为没有这方面的研究，而是这些研究都被分解到了各个不同的组织与管理领域。比如，战略计划在企业政策局域中得到研究，而目标制定又在组织行为领域受到重视，组织结构的设计常常被认为是组织理论中的问题。这些领域研究成果都是战略实施过程的重要环节，本节就是针对这些战略实施的理论与实践知识给出一种综合应用的基本模式。

（二）战略实施的各个阶段

将企业战略转化为战略行动过程一般有四个相互联系的阶段。

1. 战略发动阶段

在这一阶段中，企业领导人要研究如何将企业战略的理想变为企业大多数员工的实际行动，调动起大多数员工实现新战略的积极性和主动性。领导者们向员工灌输新思想、新观念，提出新口号、新概念，批评某些不利于战略实施的旧观念、旧思想，以使大多数人逐步接受这一新战略，充分地认识与理解，直到拥护与支持。只有大多数人理解并支持了新战略，这一战略才能得以实施。

2. 战略实施计划阶段

战略实施计划就是将企业经营战略方案具体化，依据战略方案和战略重点，规定出任务的轻重缓急和时机，进一步明确工作量和期限。不编制具体的实施行动计划，再好的战略也是无法实施的。在制订计划时，要尽量做到企业各层次的管理者都应对企业内部组织进行全面的考察，在企业总体战略的指导下，提出具体实施的项目方案、编制出方案的成本预算，制定出执行工作方案的详细工作程序，要求包括所提方案的时间进展、资源条件、经营预算、企业能力等方面的可操作性内容。其中，应该注意战略实施的第一阶段，使新战略与旧战略有一个较好的衔接。

3. 战略实施阶段

根据企业经营战略，设计相适应的组织结构；调整各种可以利用的资源，进行再分配；建设良好的企业文化，有利于战略的成功实施；建立控制及激励制度，以及良好的内部沟通体制。

4. 战略的控制与评估阶段

战略是在变化的环境中实践的，企业只有加强对执行战略过程的控制与评估，适时调整战略计划，才能适应内外部环境与条件的改变，使企业总体战略得以成功实施。

二、战略控制

战略管理的基本假设是所选定的战略将能实现企业的目标。然而，在战略实施过程中，一方面，企业中每个人会由于缺乏必要的能力、认识和信息，对所要做的工作不甚了解，或不知道如何做得更好，从而出现行为上的偏差；另一方面，由于原来战略计划制订得不当或环境的发展与原来的预测不同，造成战略计划的局部或整体已不符合企业的内外部条件。因此，一个完整的战略管理过程就必须具有战略控制，以保证实际的成果符合预先制定的目标要求。

劳瑞格（P. Lorange）等人认为，在企业中有三种类型的控制：战略控制、战术控制和作业控制。战略控制涉及与环境的关系，企业基本的战略方向或态势；与此相对照的是，战术控制涉及战略计划的实施和执行；作业控制涉及短期的企业活动。

如同战略结构中有公司战略、经营战略和职能战略一样，企业中也存在着控制的结构，在公司级，控制的重点是使公司内各种各样的活动保持整体的平衡。在这一层次，战略控制和战术控制是最重要的控制。在事业部级，控制主要是维持和改进经营单位的竞争地位。在此层次，战术控制占主导地位。在各职能部门中，控制的作用是开发和提高以职能为基础的显著优势和能力。由于其时限较短，因此在这一层次上，作业控制和战术控制是最重要的控制。依据控制的这种层次结构，战略管理人员应确保控制的这三个层次能够一体化地融合在一起，并正确地运作，依据不同的管理角度或范围，侧重于不同的控制方式。

无论是哪一种类型的控制，控制的过程基本上都是一样的，即将实际工作成绩与评价标准进行对比。如果二者的偏差没有超出容许的范围，则无须采取修正行动；反之，如果实际工作成绩与评价标准的偏差超出了规定的界限，则应找出发生差距的原因，并采取纠正措施，以使实际工作成绩回到标准范围。在控制过程中，预期的结果，即长期或短期目标，在战略制定中就已经确立了。评价标准是一个参照物，它用以衡量企业是否达到了它的目标。评价工作成绩发生于将控制系统的输出与评价标准相比较的时候。如果输出与评价标准不符，则必须采取纠正措施。这些措施包括的范围很广。例如，改变预期结果（目标）、改变战略、改变企业的组织结构或者变更管理班子等。此外，如果控制系统表明企业的活动正在达到评价标准，就无须采取纠正措施。

本 章 小 结

1. 企业战略是以企业未来为基点，为寻求和维持持久竞争优势做出的有关全局的重大筹划和谋略。一般认为，企业战略主要包括以下四个要素：经营范围、资源配置、竞争优势、协同作用。

2. 一个完整的战略管理过程大体可分解为三个阶段，即战略分析阶段、战略选择与评价阶段、战略实施与控制阶段。

3. 企业的环境可分为四个层次，即宏观环境、行业环境、竞争环境及内部环境。前三种环境可统称为企业外部环境。

4. 宏观环境因素分析是确认和评价各宏观环境要素对企业战略目标和战略选择的影响。对企业宏观环境的分析一般采用 PEST 分析法，即分析政治因素、经济因素、社会因素及技术因素等对企业的影响。

5. 一个行业的竞争程度和行业利润潜力可以由五个方面的竞争力量反映并决定：新进入者的威胁、供应商讨价还价能力、买方讨价还价能力、替代品的威胁，以及现有竞争者之间的竞争程度。对竞争者的分析涉及以下四个方面：竞争对手的长远目标、竞争对手的现行战略、竞争对手的假设和竞争对手的能力。

6. 企业只有运用那些有价值的、稀有的、难以模仿的及不可替代的能力，才能获得持久性的竞争优势，并持久地获得高于行业平均利润水平的超额利润。

7. 战略按其影响的范围及内容可分为公司战略、经营战略和职能战略。公司战略所要解决的问题是确定经营范围及进行资源配置。可以把公司战略分成两类：多元化战略与专业化战略。经营战略也称为一般竞争战略，包括成本领先战略、差异化战略和集中化战略。

8. 将企业战略转化为战略行动过程一般有四个相互联系的阶段：战略发动阶段、战略实施计划阶段、战略实施阶段、战略的控制与评估阶段。

思考与练习

1. 如何理解企业战略？企业战略的构成要素有哪些？

2. 公司战略包括哪几种战略？这几种战略的分类标准是什么？你有其他可行的分类方法吗？

3. 经营战略包括哪几大类？如果一家企业没有明确的经营战略（夹在中间），它会面临什么样的风险？

4. 找出四家国内外著名的大公司，从公司层和经营层两个方面分析它们主要采用何种战略。

5. 企业在战略实施的过程中可能会出现一些什么问题？你能想出可能的对策吗？

即学即测

案例讨论

顺丰：因势谋变 守正创新

第三篇

企业专项管理

第七章 营销管理

本章提要

本章简要地介绍市场营销的基本概念和过程、市场营销机会分析的主要内容和方法，重点介绍市场细分、目标市场选择和市场定位，最后从产品、定价、渠道、促销 4 个方面详细介绍市场营销组合决策。通过本章内容的学习，学生应该掌握市场营销的基本概念和过程，理解市场营销观念的演变，树立正确的营销观念；理解市场营销环境因素，掌握市场营销机会分析的基本方法；理解市场细分、目标市场选择和市场定位的基本思路，掌握市场营销组合决策内容与方法。

重点难点

- 市场营销的概念与过程
- 市场营销机会分析的内容、方法
- 市场细分、目标市场选择与市场定位
- 市场营销组合决策的内容与方法

引导案例

电商扶贫按下快进键

小木耳、大产业。2020 年 4 月 20 日，在陕西考察的习近平总书记来到柞水县小岭镇金米村的直播平台前，点赞当地特产柞水木耳，成了"最强带货员"。他强调，电商不仅可以帮助群众脱贫，而且还能助推乡村振兴，大有可为。

8 万多包、12.2 吨柞水木耳，瞬间售罄

连日来，柞水木耳成为新晋网红。2020 年 4 月 21 日，《人民日报》直播间上线 8 万多包 12.2 吨柞水木耳，瞬间售罄。柞水木耳也成为淘宝等电商平台最热销的商品。

不少网友称："抢得刺激，买得上头，收得开心""电商+农副产品+扶贫攻坚，必须支持"。总书记点赞柞水木耳，更被称为"史上最强带货"，成为各大网络平台的热搜话题，红遍全网。网友"胶莱人"说，相信电商扶贫将按下快进键，为乡村振兴注入新动力。

2020 年 4 月 23 日晚，最大规模的陕西农产品公益直播举行。柞水木耳 10 秒光、陕西擀面皮 8 秒光、肉夹馍 16 秒光……一晚上 3 800 多家陕西商家农户带着 5 万多款农产品集体开播，"史上最强带货"带来的引领效应持续扩大。网友"梁先生"说，相信各地还会涌现一批"网红"市长县长，在各大电商平台直播推销本地土特产。

直播带货提供发展新思路

柞水木耳也是人民网综合性消费服务平台"人民优选"上的扶贫产品之一。乘着"史上最强带货"的东风，"人民优选"其他扶贫地区的木耳产品销量也有明显提升。新冠肺炎疫情对经济社会冲击不小，但也催生出不少新业态，"数字成为新农资，手机成为新农具，直播成为新农活"就是其中之一。

网友"闻所未文"说，总书记点赞农村电商，令人鼓舞。农业农村工作，说一千道一万，增加农民收入是关键。贯彻以人民为中心的发展思想，让"三农"借助互联网的东风，让广大农民尽快富裕起来，一直是总书记关心的事情。

央视主播李梓萌认为，总书记不仅仅是带货，更带出一种思路：新业态，要结合实际用起来！只要思维活起来，对新业态、新操作因地制宜用起来，一定能找到新的增长点。

农村网络零售增速不断加快

数字经济持续快速发展并产生巨大活力，正在成长为农村经济增长的新动能。人民网新电商研究院 2020 年 4 月 24 日发布《中国农村电商物流发展报告》指出，随着数字乡村建设、电子商务进农村综合示范和电商扶贫等工作深入推进，我国农村电商正保持迅猛发展劲头，农村网络零售增速不断加快，农村电商的发展有效激发了农村电商物流需求。电商平台正在成为农货上行体系中智能化、系统化、规模化的物流"新基建"代表。

《证券时报》评论称，发挥电商等新业态的效用，一方面要善用新业态，带货只是电商等新业态的一大功效，电商平台有太多可供挖掘的潜力；另一方面要善待新业态，通过更有力的制度安排推动电商平台再上新台阶，电商平台将发挥更大作用。必须用好新业态，主动作为，让田野更有希望，让乡亲更有盼头。

案例思考

结合案例思考：营销的价值是什么？如何结合实际推动营销创新？

资料来源：http://pditics.people.wm.cn/nl/2020/0427/clol-31688799.html.

党的十九大报告中指出，中国特色社会主义进入新时代，我国社会主要矛盾已经转化为人民日益增长的美好生活需要和不平衡不充分的发展之间的矛盾。2021 年 7 月 1 日，习近平总书记在庆祝中国共产党成立 100 周年大会上庄严宣告，我们在中华大地上全面建成了小康社会。在全面建成小康社会的基础上，人民美好生活需要日益广泛，不仅对物质文化生活提出了更高要求，而且在民主、法治、公平、正义、安全、环境等方面的要求日益增长。解决新时代社会主要矛盾，更好满足人民群众日益增长的美好生活需要，离不开产业的发展和企业的创新。

现代社会，成功的企业都有一个相同点，就是以顾客为中心，非常重视营销。管理大师德鲁克曾说，企业有两项基本的职能，一是营销，二是创新。营销是组织的一项职能，简单地说，市场营销就是管理有价值的顾客关系。市场营销的目的是为顾客创造价值，并获得顾客的回报。对于进入新时代的中国企业来说，适应中国社会主要矛盾转化，洞察作为消费者的人民群众的需要并有效地满足其需要，是企业营销的重要职能，也是企业应该担负的使命。

第一节　营销管理概述

一、市场营销的概念

在现代市场经济环境下，企业存在的价值是满足市场的需要，只有能够满足市场需要的企业才可能生存。市场营销是企业的一项重要职能，与企业的其他经营或管理职能不同，市场营销主要涉及企业与其顾客的关系，它处理与顾客相关的一切方面。简单地说，市场营销就是管理有价值的客户关系。市场营销的目的是通过承诺卓越的价值吸引新顾客，并通过创造满意留住和发展顾客。顾客始终是市场营销的中心，是市场营销的立足点和出发点。市场营销有多种定义，美国营销协会对市场营销的定义是：营销是组织的一项职能，是为消费者创造、传播、传递价值和管理顾客关系，为组织和利益相关者带来利益的一系列过程。市场营销大师菲利普·科特勒在其《市场营销原理》（第 17 版）中给出了广义市场营销和狭义市场营销两种定义。广义上，市场营销是一种通过创造和与他人交换价值，来实现个人与组织的需要和欲望的社会管理过程。狭义上，市场营销是企业为从顾客处获得利益回报而为顾客创造价值并与之建立稳固关系的过程。根据以上的定义，理解市场和顾客的需求和欲望，并采取行动满足其需求和欲望，借此实现个人和组织的目标是市场营销的核心。市场营销首先要理解和满足顾客的需求，其次才通过满足顾客需求实现个人和组织的收入或盈利目标，因此可以说，市场营销需要正确处理好利己和利人的关系，应是先利人后利己。市场营销过程的简单模型如图 7-1 所示。

| 理解市场和顾客需求 | → | 设计顾客价值导向的营销战略 | → | 构建传递卓越价值的整合营销计划 | → | 建立营利性的关系和创造顾客愉悦 | → | 从顾客处获得价值，以创造利润和顾客权益 |

图 7-1 市场营销过程的简单模型

二、理解市场与顾客需求

理解市场与顾客需求是市场营销的第一步。这涉及五个核心的概念：①需要、欲望与需求；②市场提供物；③顾客价值和满意；④交换和关系；⑤市场。

（一）需要、欲望和需求

需要是和人的生理及心理相联系的基本要求。欲望是指人希望得到更深层次需要的满足。例如，"吃讲营养、穿讲式样、住讲宽敞"，就是人追求更高层次满足的欲望。人的欲望是无限的，并受到外界环境的影响。需求是指针对特定产品的欲望，当消费者有支付能力且愿意购买某种产品时，欲望就形成了需求。市场营销就是关注人们的需要、欲望和需求，并有效地满足它。

（二）市场提供物

消费者的需要和欲望是通过市场提供物得到满足的，市场提供物包括产品、服务、信息或体验的集合，既包括有形的产品，也包括无形的服务。

（三）顾客价值和满意

价值反映了顾客对有形利益和无形利益及成本的认知。满意反映了一个人根据对产品的认知性能或效果与其预期的对比之后得出的判断。顾客对各种各样的市场提供物传递的价值和满意度形成预期并据此做出购买决策。

（四）交换和关系

市场营销发生在人们决定通过交换关系来满足需求和欲望之时。交换是一种为从他人那里得到想要的物品而提供某些东西作为对价的行为。市场营销包括与需要产品、服务、观点或其他事物的目标人群建立和维持合理交换关系的所有活动。

（五）市场

一般认为，市场是买卖双方聚集交易的场所，是各种交易关系的总和。现代市场营销理论认为，市场是由一切具有特定的欲望和需求，愿意并能够以交换来满足此欲望和需求的潜在顾客组成的。从顾客的角度来定义市场，实际上是针对某种产品买者的集合，与此相对应，卖者的集合则构成了产业。

三、顾客价值导向的市场营销战略与观念

理解了市场与顾客需求，下一步要做的就是制定顾客价值导向的市场营销战略，以更好地满足顾客的需求。制定顾客价值导向的营销战略，涉及两个核心的问题：一是我们将为哪些顾客服务，也就是谁是我们的目标顾客；二是我们怎样才能更好地为这些顾客服务，也就是我们的价值主张是什么。企业必须首先决定谁将接受服务，这涉及市场细分和目标市场的选择问题。企业选定目标市场之后，必须确定自己的市场定位，以及与其他企业提供产品或服务的差异化，也就是要有自己的价值主张。企业的价值主张是传递给顾客以满足其需要的利益和价值集合。例如，华为公司的愿景与使命是把数字世界带入每个人、每个家庭、每个组织，构建万物互联的智能世界，这就是华为的价值主张。

市场营销作为营销者的主动行为，必然反映了营销人员的价值观。任何市场营销活动，都是在一定的营销观念指导下进行的。指导企业市场营销活动的观念先后有生产观念、产品观念、推销观念、市场营销观念和社会营销观念等。

（一）生产观念

最早期的生产观念认为，消费者喜欢随处都可以买到的价格低廉的产品。因此，企业就通过努力提高生产效率，并扩大销售范围来实现销售和盈利目标。在短缺经济的情况下，生产观念是指导市场营销的有效观念。

（二）产品观念

产品观念认为消费者最关心产品的质量、性能和特色，偏好具有最高质量、性能水平和富有创新特点的产品。因此，企业的任务就是设计、开发、生产优良的产品，并不断改进。产品观念认为消费者需要的是产品本身，没有意识到消费者真正需要的是产品提供的功能，因此，和生产观念一样，它也是定位于生产者，较少与消费者沟通，往往会导致"营销近视症"——过分重视产品而忽略顾客需求。

（三）推销观念

推销观念认为，如果对消费者置之不理，他们不会大量购买本企业的产品，因此，企业应该努力进行推销和促销来扩大销售。推销观念通常适用于在正常情况下，消费者不会

主动想到要购买的产品，如保险等。

（四）市场营销观念

市场营销观念认为，要达到组织的目标，关键是正确确定目标市场的需要和欲望，比竞争对手更好地满足它。市场营销观念围绕目标市场的顾客需求，开展市场营销活动，通过满足消费者需求来创造利润，实现企业的目标。与传统的观念相比，市场营销观念是一种市场导向的观念，它们之间有着本质的区别。目标市场就是企业选择为之服务的顾客群，他们对企业的产品有特殊的需要，企业可以通过与消费者的沟通及市场调查等了解这些需要，并协调企业的各个部门和人员有效地满足顾客的需要，既包括销售部门和人员，也包括生产、设计、服务等部门和人员。市场营销的目的在于通过满足顾客的需求实现企业的目标，主要是盈利目标的实现。

（五）社会营销观念

随着环境恶化、资源耗竭、人口爆炸、收入不均等一系列环境和社会问题的出现，社会营销观念产生了。此观念认为，市场营销应该充分考虑社会的福利，也就是说，市场营销不但要满足目标市场的需要，同时也要改进社会福利，对社会大多数人都有利。例如，用新型的包装材料包装食品，既可以满足消费者的需要，又减少了污染和生态破坏，对社会是有利的，这就反映了关注社会福利的社会营销观念。

营销观念随着营销理论和实践的发展不断地发展，它反映了人们对营销活动规律认识水平的提升，以及经济社会发展对营销提出的新要求。近年来，关系营销观念、服务营销观念、体验营销观念、互动营销观念、数字化营销观念等不断发展并在营销实践中得以应用，指导营销活动开展。营销观念越来越关注公司、顾客、社会、其他利益相关者多方面利益的平衡，公司要与顾客、社会及其他利益相关者共创、共享价值。

四、市场营销计划、顾客关系与顾客价值

市场营销战略规定了企业服务顾客的总体目标和方向，为了落实市场营销战略，需要制定具体可操作的市场营销计划和方案，市场营销计划将市场营销战略转化为行动来建立客户关系，这往往要用到市场营销组合，即企业用于执行市场营销战略的营销工具，也就是4P组合，产品（product）、定价（price）、渠道（place）与促销（promotion）。

企业制定营销战略和营销计划，设计营销组合，目的是建立有价值的顾客关系，最终获得顾客价值。现代市场营销理论认为，建立顾客关系是实现企业价值的关键，因为企业的收入来自顾客，是顾客决定了企业的生死存亡。建立持久顾客关系的关键是创造卓越的顾客价值和满意。满意的顾客更容易成为忠诚的顾客，并为企业带来长久的业务和收入。顾客在面对多种产品和服务时如何选择？顾客选择能够给自己带来最大顾客价值的产品和服务。这种顾客价值是基于顾客的认知基础的，也可以说是顾客认知价值。顾客认知价值是指企业让渡给顾客，且能让顾客感受到的实际价值。顾客认知价值取决于总顾客价值与总顾客成本的差异。总顾客价值是顾客从购买的产品或服务中获得的所有价值的总和，包括产品价值、服务价值、人员价值和形象价值等。总顾客成本是指顾客为购买某一产品所耗费的时间、精神、体力及所支付的货币资金等成本之和，包括货币成本、时间成本、

体力成本和精力成本等。

顾客常常不能"准确"或"客观"地判断价值，他们依照认知价值行事。顾客满意取决于顾客对产品的感知效能与顾客预期的比较。如果产品效能低于预期，顾客不满意；如果效能符合预期，顾客满意；如果效能超过预期，顾客会非常满意。

五、市场营销的新变化

我们处于一个飞速变化的时代，政治、经济、文化、技术等方面的变化深刻地影响着市场营销的理论和实践。对市场营销影响比较突出的五个方面是：数字时代的到来、全球化进程的加快、经济环境的变化、人类对环境问题的关注提高以及各种非营利组织的成长等。

数字化、网络化、移动化、智能化的发展把人类带到一个信息化的社会和数字化的时代。无处不在的网络覆盖和高效便捷的网络接入把人与人、人与组织、组织与组织紧密地联系在一起，降低了信息搜集的成本和交流沟通的成本，克服了空间、时间及信息壁垒的限制，极大地加快了商业活动的速度，创造了新的消费时点。新技术突飞猛进的发展为了解、追踪客户，为客户量身定做产品、服务提供了新途径。信息技术也使企业分销产品更有效率，而且使企业既可以与大量客户同时交流，也可以进行一对一交流。数字技术和网络技术对营销的影响是全方位的，从产品、定价、分销到促销。例如，信息技术和产品的结合，提升了产品的信息化、智能化程度，如各种智能家居产品的出现。信息技术也影响到产品的定价方式，网上的竞拍、团购等。信息技术对产品的分销影响更为彻底，电子商务的快速发展使得一些行业网上的销售已经超过线下销售，网购已经成为"90后""00后"年轻一代的主要购物方式。在促销方面，借助网络的高效、互动特点，各种各样的促销活动成为亮点。社会化媒体营销、大数据营销、精准化营销、网络营销、短视频营销、直播带货等新型营销形式迅速兴起。

信息技术发展使得世界各地的联系更加密切，经济全球化的快速发展更使得全球的生产和消费全球化，营销与客户、市场合作者的联系越来越紧密。全球化生产使得企业在全球范围内布置自己的产业链和价值链，利用世界各地的资源，充分发挥比较优势和整合优势。全球化消费使得企业在面向全球市场开展营销活动时，需要深入了解世界各地的消费者及其消费差异，制定符合全球化消费时代的营销方案和组合。

近年来，经济环境也在发生一系列变化。受国际金融危机后续影响及一些西方国家贸易保护主义政策的影响，世界经济增长缓慢，对生产和消费均带来一定的影响。随着中国经济进入新常态，经济由高速增长阶段转向高质量发展阶段，人民日益增长的美好生活需要和不平衡不充分的发展之间的矛盾成为社会主要矛盾，市场营销应更加关注我国社会主要矛盾的变化及经济发展阶段的变化，准确理解和把握消费需求，做好营销和供给侧改革，有效对接需求、满足需求、引导需求，实现顾客价值和企业价值的共赢。

人类对环境问题关注程度日益提高，对企业的社会责任提出了越来越明确、越来越高的要求。市场营销必须适应这方面的变化，更加关注产品生产、消费及营销活动对环境的影响。党的十八大以后，中央提出创新、协调、绿色、开放、共享的新发展理念，绿色发展理念深入人心，人们的环保意识得到极大的提高，"绿水青山就是金山银山"得到广泛的认同并深入贯彻执行,已经取得显著的成果。2020 年 9 月,中国明确提出 2030 年"碳达峰"与 2060 年"碳中和"目标。"双碳"目标的提出,对于生产和消费都会产生直接和深远的影响。绿色、减碳、环保等成为指导营销活动的新理念。

传统上,营销主要是指营利性企业的事情,随着社会的发展,各种非营利组织在社会中的作用增加,营销也被应用到各种非营利组织的运营过程中,这是营销理论和实践的新领域。美国著名营销大师菲利普·科特勒出版了《区域营销》一书,首次提出政府营销的概念,他认为,一个国家的各地方政府相互之间都会为了自己的区域利益进行事实上的竞争,这种竞争关系的存在,决定了各地方政府为取得自己的相对竞争优势进行区域营销。

第二节 市场营销机会分析

一、营销信息系统与营销调研

现代企业面对多变的市场环境和顾客需求,要做出正确的营销决策,需要依靠大量准确、及时、系统的信息。信息的价值越来越重要,因此,企业除了管理好资金、设备、材料、人力等资源外,还要管理好信息资源,重要的是建立营销信息系统,做好营销调研工作,收集与整理各种与营销有关的信息,帮助市场营销者做好营销决策。

营销信息系统是由人、计算机和程序组成的集合体,它为市场营销决策者收集、整理、分析、评价并传递有用、适时和准确的信息。营销信息系统如图 7-2 所示。

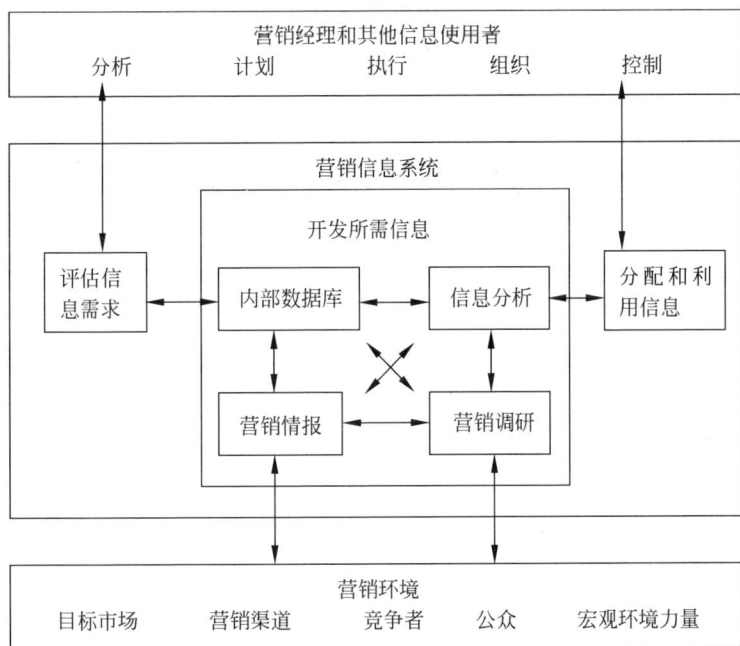

图 7-2 营销信息系统

营销信息系统的使用者包括营销经理和其他信息使用者。营销经理的任务是分析、计划、执行、组织和控制营销相关的活动。营销信息系统包括评估信息需求、开发所需信息及分配和利用信息三个方面。开发所需信息主要是利用各种可能的信息来源和信息搜集手段，获得营销决策所需要的信息。具体包括建设内部数据库、进行信息分析、搜集营销情报和开展专门营销调研等。营销决策所需的信息涉及营销活动的众多方面，包括目标市场、营销渠道、竞争者、公众和宏观环境力量等。这些方面构成营销环境，通过营销信息系统获得营销环境准确、及时、全面的信息，是做好营销决策和营销活动的基础。

二、营销宏观环境分析

当今时代，企业所处的环境复杂多变，企业之间的竞争日益激烈，给企业的持续经营带来诸多挑战。环境的变化，可能带来发展机遇，但往往会带来危机。优秀的企业能随时分析、掌握市场环境的变化，并通过改变自身的结构、体系、目标和方向来适应这种变化。

宏观的市场因素对企业有很大影响，而且这种影响因素企业无法控制。企业只能研究宏观环境及其变化，寻找对自己有利的机会。宏观环境因素主要有人口因素、经济因素、自然因素、技术因素、政治因素和文化因素。

市场由特定需要的人构成，因此，人口的规模与增长、年龄结构与民族构成、受教育程度、家庭结构、地区分布与流动等对企业有重要影响。

市场不仅取决于人的多少，也需要购买力支持。影响购买力的因素主要是收入水平、收入分配、价格水平、消费者的储蓄和消费情况等。

自然因素主要是指自然资源的状况、原材料的状况、能源供应等。另外，随着环境污染的加剧，各国对环境保护的立法加强也是因素之一。

技术推动了经济增长，改变了人类的生产、工作、生活、思考与娱乐方式。例如，互联网技术的发展，带动了一大批相关产业的发展，而且使传统产业也得到了改进，成为影响今天商业环境的一个重要因素。

对市场营销产生影响的政治因素主要是政府政策、立法及利益集团的压力。因此，市场营销者应该研究这些方面的影响。

文化是一个群体共同遵守的行为规范和价值观，文化对群体中的每个人都有内在的约束。文化具有持续性和稳定性，除主流文化外，在较小的群体内还有亚文化。另外，一种文化还会受到外来文化的影响，并随着时间的推移而发生变化。文化深刻地影响着人们的价值观、生活方式和消费观念等，因此，企业在市场营销中应充分重视文化因素的影响。

三、消费者市场分析

产品的生产是为了顾客的购买和消费。市场营销的目的是满足消费者的需要和欲望。大多数的产品和服务，其最终的购买者是个人和家庭，这构成了消费者市场。消费者市场人口规模巨大，代表了我们每年创造的 GDP 的大部分，深入了解消费者需求及行为模式对于做好营销至关重要。消费者在年龄、收入、教育水平和审美等各方面存在着巨大的差别。他们购买的产品及购买的方式可能千差万别，但是消费者的购买模式却有一定的规律可循。按照消费行为学的研究，认为消费者的购买行为应遵循刺激-反应模式，如图7-3所示。

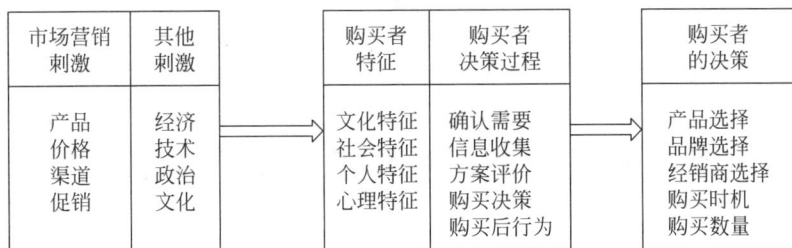

图 7-3   消费者的购买行为模式

对消费者的研究重点在于了解购买者的特征和购买决策过程。消费者的文化特征、社会特征、个人特征和心理特征影响消费者的行为。文化因素包括文化、亚文化及社会阶层。社会因素包括参照群体、家庭及个人的角色与定位。个人因素主要包括年龄、职业、经济状况、生活方式、个性与自我观念等。心理因素主要包括人的动机、感觉、学习及信念与态度。消费者的购买行为是这些因素综合作用的结果,很多因素市场营销人员无法改变。但是,研究这些方面,可以帮助营销人员制定产品、价格、分销和促销决策。一般地说,一项购买决策总要经过确认需要、信息收集、方案评价、购买决策及购买后行为等过程。简单的购买决策在短时间内就可能完成,复杂的购买决策则要经过仔细的评价与权衡,这与购买的产品类型有关。了解消费者的需要和购买过程是制定有效的市场营销战略的基础。通过了解购买者如何经历确认需要、信息收集、方案评价、购买决策和购买后行为等方面,市场营销人员可以更好地满足消费者的需要。

四、产业和竞争者分析

生产相同产品或提供相同服务的所有企业的集合构成产业。例如,汽车产业就是所有生产汽车产品和提供服务的企业集合。这些企业之间既存在竞争关系也存在合作关系。在市场经济条件下,生产相同产品或提供相同服务的企业之间的竞争是必然的,市场营销的关键是比竞争对手更有效地满足顾客的需要。因此,除了深入了解消费者,还要随时跟踪竞争对手的情况,采取应变措施。企业需要了解竞争对手五个方面的情况:谁是竞争者,竞争者的策略,竞争者的目标,竞争者的优势和劣势,竞争者的反应模式等。

提供相同或相似产品的企业构成竞争关系,竞争有直接竞争和潜在竞争。根据产品可以相互替代的程度,竞争区分为四种水平:品牌竞争、行业竞争、形式竞争、一般竞争。品牌竞争是一个企业可以将其竞争者看作以相同的价格向同一顾客提供相同产品的其他企业。行业竞争是指所有生产同样产品或同类产品的企业之间的竞争,如同样生产电视机的厂家的竞争。形式竞争是一个企业和所有提供相同产品与服务的企业的竞争,如航空和铁路在运输方面的竞争。一般竞争是企业更加广泛地把所有为争取相同顾客的货币而竞争的企业作为竞争者,如汽车、电器和住宅之间的竞争。

企业明确了谁是竞争者之后,就要设法识别竞争者的策略。例如,日本汽车就很注意研究其竞争对手——美国汽车企业的策略,使日本汽车后来居上,占领了很大一部分市场。为了更清楚地了解竞争对手的情况,还要确定竞争者的目标。通常利润目标是企业的主要目标,除此之外,还有其他目标,如市场份额扩大、提高服务水平、提高竞争力、减少风险等。企业应该研究竞争对手的目标及其重要性。另外，企业还要分析竞争者的优势与劣势，估计竞争者对企业行为的反应，并选择进入哪些市场、攻击哪个竞争对手等。

第三节　市场细分、目标市场选择与市场定位

现代市场营销理论认为，市场是由一切具有特定的欲望和需求，愿意并能够以交换来满足此欲望和需求的潜在顾客组成的。对大多数消费品而言，所面对的是一个由人数众多的消费者组成的大市场，而且是一个差异性、层次性非常大的市场。对任何企业而言，都受到自身实力和资源的限制，很难去满足所有的市场需求，企业必须对市场进行细分，选择目标市场，通过提供差异化产品创造更高的客户价值，通过市场定位在目标消费者心中形成市场位置，最终获取最大的利润。市场细分、目标市场选择和市场定位是现代市场营销的重要内容。市场细分、目标市场选择与市场定位的基本步骤如图 7-4 所示。

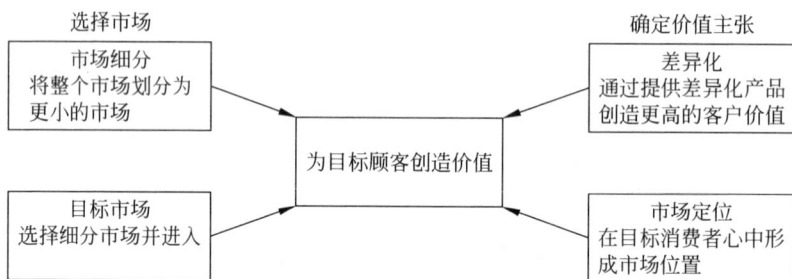

图 7-4　市场细分、目标市场选择和市场定位的步骤

第一步是进行市场细分：根据消费者的不同需求、特征或行为方式把整个市场划分为更小的群体，并且每个群体都追求特定的产品或营销组合。第二步是选择目标市场：对每个细分市场的吸引力进行评估，确定一个或几个想要进入的细分市场。第三步是实行差异化：通过向市场提供不同的产品创造更高的顾客价值。第四步是市场定位：相对于竞争产品，使公司的产品在目标消费者心中占据一个清晰、鲜明、理想的位置。

一、市场细分

（一）市场细分的概念

市场细分是指根据消费者对产品不同的欲望和需求，不同的购买行为和购买习惯，把整体市场分割成不同的或相同的小市场群。市场细分的本质就是把同类产品的消费者作为一个总体，然后根据一定的细分变量把总体划分为一个个子总体，每一个子总体就是一个被进一步分割的市场。现代企业面对众多的消费者，消费者的需求各不相同，即使在同类产品上也表现出很大的差异性。因此，由于企业的资源、技术等条件也各不相同，一个企业不可能在所有的市场上都取得成功，只有识别一部分顾客的详细需求，并集中为这一部分顾客提供优质的产品或服务，才能获得顾客满意，保持企业的竞争优势。也就是说，企业必须对市场进行细分，并选择一部分作为自己的目标市场开展经营活动。

消费者市场、商业市场和国际市场都可以按照一定的标准进行划分。这里重点介绍消

费者市场的细分。有多种进行消费者市场细分的变量，这些变量单独或者组合使用都可以进行市场细分。消费者市场的主要细分变量如表 7-1 所示。

表 7-1　消费者市场的主要细分变量

细分因素	主要细分变量	细分因素	主要细分变量
地理因素	地区或国家	心理因素	社会等级
	城市规模		价值观
	人口密度		生活方式
	气候		个性
人口统计因素	年龄	行为因素	使用时机
	性别		利益偏好
	家庭人口		使用者情况
	家庭生命周期		使用率
	收入		忠诚度
	职业		准备程度
	教育		对产品的态度

地理细分要求把市场划分为不同的地理单位，如国家、地区等。把市场按照城市规模划分为大城市市场和中小城市市场，一线城市市场和二三线城市市场也是地理因素的划分。人口统计细分是指用人口统计变量如年龄、性别、家庭人口、家庭生命周期、收入、职业、教育水平等把市场划分为不同的群体。心理细分是根据价值观、社会阶层、生活方式、个性等特征对市场进行划分。行为细分是根据消费者的知识、态度、产品使用率或对产品的反应划分细分市场。

（二）市场细分的步骤

根据一系列的细分变量可以将市场划分为若干细分市场，可以根据收入、年龄、职业等进行细分。市场细分的步骤如下。

（1）市场调查。先利用焦点小组座谈等定性调查方法，了解消费者的动机、态度和行为。然后设计调查问卷，利用问卷调查消费者对产品属性及其重要程度的认识，品牌知名度及其受欢迎程度，产品使用方式，调查对象对产品类别的态度，以及调查对象人口统计特征、心理特征和接触媒体的习惯等信息。

（2）数据分析。信息收集完成后，要进行数据分析，用因子分析法分析资料，删除相关性高的变量，并用聚类分析法确定差异性大的细分市场。

（3）细分市场描绘。确定细分市场后，要对细分市场的特征进行描绘，便于制定有效的营销措施。利用消费者不同的态度、行为、人口统计变量、心理变量和消费习惯等勾画各细分市场的轮廓。

二、目标市场的选择

目标市场的选择就是根据细分市场确定企业的服务对象。首先要对各个细分市场进行评价，其次是从中选择目标市场。

（一）评价细分市场

企业在对细分市场进行评价时，要考虑的因素有：细分市场的规模和发展前景、细分市场结构的吸引力、企业的目标和资源。

企业应该选择有一定规模和发展前景的细分市场作为备选的目标市场，缺乏一定规模，企业就是进入了该市场也难以盈利。缺乏发展前景的细分市场也不值得进入，因为缺乏长期发展的机会。

具有一定规模和发展前景的细分市场对企业来说还不一定意味着具有盈利潜力，还需要评价细分市场结构的吸引力，评价同行竞争者、潜在的竞争加入者、替代产品、购买者和供应商影响细分市场的利润吸引力。如果在细分市场内存在众多的、具有实力的同行竞争者，那么该市场就缺乏吸引力。如果潜在的竞争者众多，而且很容易进入细分市场，就会存在新的竞争者加入，那么该市场也缺乏吸引力。当细分市场存在现实或潜在的替代产品时，也会失去吸引力。因为替代品的出现，会占领现有的市场，抑制现有产品的价格和利润，使细分市场失去吸引力。购买者也会影响细分市场的吸引力，如果购买者势力强大或联合起来提高议价能力，则会限制该细分市场的吸引力。另外，供应商的议价能力也是影响细分市场吸引力的重要因素，供应商的垄断能力越强，细分市场的吸引力越小。

细分市场有一定的规模和发展前景，市场结构具有吸引力是企业选择目标市场的基础，但是，还要结合企业自己的目标和资源进行综合考虑，选择符合企业长远发展目标，具有充分资源保障的细分市场作为目标市场。

（二）目标市场的选择

在对细分市场评价的基础上，企业可以有不同的选择目标市场的模式，决定进入哪些目标市场，以及如何进入的问题。有五种基本模式可以选择，如图7-5所示。

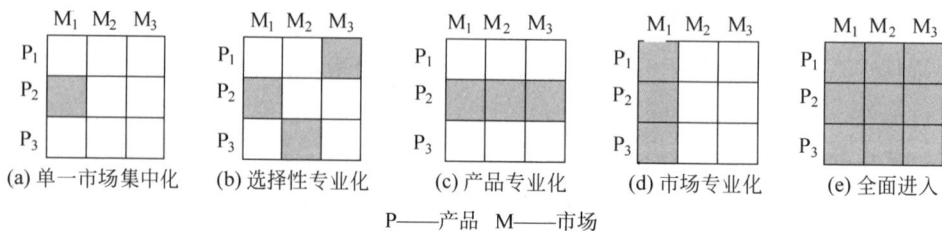

(a) 单一市场集中化　(b) 选择性专业化　(c) 产品专业化　(d) 市场专业化　(e) 全面进入

P——产品　M——市场

图 7-5　目标市场选择的五种模式

（1）单一市场集中化。这是最简单的模式，企业选择一个细分市场。企业对目标市场采用集中营销策略，可以更清楚地了解目标市场的需求，树立良好的声誉，巩固在目标市场的地位，可以充分利用生产、销售的专业化优势，取得较好的投资收益。但是，高度集中化又会带来较高的市场风险。

（2）选择性专业化。企业有选择地进入几个细分市场。这些细分市场符合企业的目标和资源条件，都具有吸引力，可以为企业带来盈利，且市场之间相互影响较少。这种选择多个分散的目标市场，分别专业化的策略可以减少企业的市场和经营风险。

（3）产品专业化。企业同时向几个细分市场提供一种产品。这种模式可以充分发挥产品生产的专业化优势，提高质量，降低成本，从而提高企业的盈利能力。但是，这种策略会受到竞争者对目标市场的挑战，影响企业市场的稳固。

（4）市场专业化。企业针对目标市场提供多种产品，满足顾客的各种需求。其优点是能满足顾客不同层次的需要，提高顾客的满意水平。但是由于市场比较集中，企业的经营和盈利受市场规模的限制较多。

（5）全面进入。企业为所有顾客群提供他们需要的所有产品。只有实力雄厚的大企业才能做到这一点，才适合采用这种策略。企业可以采用两种途径来全面进入整个市场。一是无差异营销，指企业为整个市场提供一种产品，不考虑细分市场的差异。二是差异性营销，指企业针对不同的细分市场提供不同的产品，采取不同的营销计划。实践证明，差异性营销往往更能扩大销售，但是也会带来经营成本的上升，包括产品改造成本、生产成本、管理成本、库存成本和促销成本等都会不同程度地提高。因此，企业为了取得最大效益，应该对差异性营销的程度进行慎重考虑。

三、差异化与市场定位

企业在选择好目标市场之后，还必须确定一种价值主张，包括企业如何为目标市场创造差异化的价值，以及它希望在目标市场中占据什么位置。差异化是指企业以不同于竞争对手的市场提供物创造卓越的顾客价值，寻求竞争优势。市场定位是确定市场提供物在目标顾客心目中的位置。以汽车市场为例，日本的汽车定位于经济，奔驰汽车定位于豪华舒适，宝马汽车定位于性能卓越，沃尔沃汽车定位于安全性等。

（一）定位的基本概念

企业在选择目标市场之后，紧接着要考虑的问题就是进行合适的市场定位。定位的目的是使目标市场能够识别出企业独特的产品和形象。定位就是与竞争产品相比，某种产品、品牌或某系列产品在消费者心目中的地位。定位可以涉及某种产品，也可以涉及某一品牌，还可以是一系列产品；定位实际上是一种在顾客头脑中形成的印象，这种印象总是和竞争者的产品或品牌联系在一起。所谓市场定位，就是指设计一定的营销组合，以影响潜在顾客对一个品牌、产品线或一个组织的全面认识和感知。

"定位"一词的提出者阿尔·里斯和杰克·特劳特认为：定位起始于产品，如一件商品、一项服务、一家公司、一个机构，甚至是一个人……然而，定位并非对产品本身做什么，而是指要针对潜在顾客的心理采取行动，即将产品在顾客的心目中定一个适当的位置。

企业有了明确的定位，还要通过定价、标志、包装、销售、广告和促销等活动向消费者宣传和沟通，在消费者心中树立产品和企业形象。例如，丰田传递给顾客的信息是经济、适用，奔驰和凯迪拉克定位于舒适、豪华，可口可乐是世界上最大的软饮料公司，保时捷是世界上最好的运动跑车之一。

（二）市场定位的战略与方式

市场定位战略包括特色定位战略、利益定位战略、用途定位战略、用户定位战略、竞争者定位战略、产品种类定位战略、质量-价格定位战略等。

（1）特色定位战略：一个企业可以定位自己的特色，如它的规模、它的历史等。例如，迪士尼乐园可以在其广告中宣传自己为世界上最大的主题公园。我国的同仁堂等老字号企业可以将自己百年老店的历史传统作为定位的依据。

（2）利益定位战略：把产品定位为某一特定利益上的领先者。例如，高露洁宣传它能够使牙齿坚固，佳洁士突出其防止蛀牙，两面针强调其中药治疗功能等。

（3）用途定位战略：例如，早期的施乐复印机和后来的佳能复印机，都是办公自动化的一部分，而惠普的打印机则在激光打印领域处于领先地位，属于该领域的领先者。

（4）用户定位战略：苹果公司针对普通用户和专业用户推出了不同的笔记本电脑和台式电脑。中国移动公司推出全球通、动感地带和神州行三种不同的通信产品，也是针对不同的用户进行定位。

（5）竞争者定位战略：也就是针对竞争者的状况进行定位。例如，百事可乐针对可口可乐进行对比性广告宣传。可口可乐宣传自己是"真正的可乐""永远的可乐""正宗的可乐"，百事可乐宣传自己是"新一代的可乐""年轻人的可乐""新一代的选择"等。

（6）产品种类定位战略：例如，新加坡的香格里拉饭店将自己定位为"又一座植物公园"，这里针对的不是宾馆业的竞争对手，而是另一种行业的新加坡植物公园。

（7）质量-价格定位战略：其实是一种价值定位战略，也就是在一定的价格下是最好的质量，或者同样的质量而价格最低。例如，戴尔电脑采用直销模式，降低了成本，并将降低的成本让利给顾客，而戴尔强调的"物超所值，实惠之选"正是质量-价格定位战略的体现。

（三）市场定位的方式

（1）对抗定位，即对企业的产品进行设计，使之在目标顾客心目中占有一种"与在市场上占据支配地位的、最强的竞争对手相对立"的特有的位置。例如，百事可乐与可口可乐持续百年的针锋相对的可乐大战，麦当劳与肯德基的激烈竞争等。

（2）避强定位，是避免与强有力的竞争对手进行正面交锋的市场定位战略。其优点是：能够迅速地在市场上站稳脚跟，并能在消费者或用户心目中迅速树立起一种形象。例如，七喜就成功地采用了这一定位。由于可口可乐在可乐业拥有强大支配力，并没给其他品牌留下很大的发展空间，在此情况下，七喜公司推出了反其道而行之的定位战略，以避开强劲的竞争。它推出了"非可乐"的汽水，取得了巨大的市场成功。

（3）反向定位。中粮集团下属企业中粮肉食投资有限公司在进入国内猪肉零售市场时，成功采用反向定位战略，放弃主要的老年群体目标顾客，反向定位对食品安全更为看重的年轻有孩子的新建家庭，推出家佳康盒装冷鲜肉，成功打开了市场，取得了不俗的业绩。

（4）对竞争对手再定位，即在消费者心目中对竞争者进行再定位，改变竞争者在消费者心目中的形象，从而树立自己在消费者心目中的形象。例如，宝马汽车针对奔驰汽车的再定位是"最基本的座驾对最基本的行驶工具"。

第四节 市场营销组合决策

市场营销是满足顾客需要的过程，营销者通过营销组合来更好地满足顾客需要、实现组织目标。市场营销组合就是企业在目标市场上实现营销目标的一整套营销工具。麦肯锡公司将营销组合归纳为产品、价格、渠道和促销四个方面。

一、产品决策

（一）产品的概念

产品是提供给市场满足顾客某种欲望和需要的一切东西，包括有形的产品和无形的服务等。根据产品给顾客带来的利益。可以将产品理解为五个层次：第一层是核心利益，也就是顾客真正要购买的服务或利益。例如，顾客去电影院是为了消遣或娱乐。第二层是一般产品，也就是产品的基本形式。第三层是期望产品，是购买者从产品中期望得到的属性和条件。第四层是附加产品，也就是产品包含的附加服务和利益。第五层是潜在产品，是产品最终可能增加的利益。

产品可以根据其耐用性和是否具有物质形态分为耐用品、非耐用品和劳务。耐用品是单位价值较大、使用时间长的有形产品，如汽车、电冰箱、洗衣机等。非耐用品是消费或使用时间短、经常购买的有形产品，如日常用品等。产品根据其最终用途可以分为消费品和中间产品。消费品是提供给个人或单位作为生活消费的产品，这些产品根据顾客的购买习惯可以分为便利品、选购品、特殊品和非渴求商品。中间产品是各类组织为了生产和经营的需要而购买的产品和劳务，主要用于生产产品的投入。由于不同的产品面向不同的消费者，因此，在营销时要考虑产品的类别及市场特点，采取合适的营销策略。

（二）产品组合决策

1. 基本概念

产品组合也称产品花色品种配合，是卖方提供给购买者的一组产品，它包括所有产品线和产品项目。例如，高露洁的产品组合包括四条主要的产品线：口腔护理、个人护理、家居护理和宠物食品。每个产品线由众多子产品线组成。例如，家居护理产品线可以分解为洗涤用品、织物护理产品和家用清洁品。每条产品线和子产品线都含有许多单个产品项目。高露洁的产品组合共包括数百种产品项目。企业的产品组合具有一定的宽度、长度、深度和关联性。产品组合的宽度是指该公司有多少条不同的产品线，产品组合的长度是指产品组合中产品项目的总数，产品组合的深度是指产品线中每一种产品项目有多少品种，产品组合的关联性是指各条产品线在最终用途、生产条件、分销渠道或其他方面相互关联的程度。产品组合的宽度、长度、深度和关联性四个方面，是产品组合决策的主要内容。企业扩展业务，可以选择增加新的产品线，扩大产品组合的宽度；可以延长现有的产品线，增加产品组合的长度；可以增加产品项目中的品种以增加产品组合的深度；也可以根据需要改变产品线的关联性。

在进行产品组合决策时，产品线是一个重要的概念。产品线是在产品功能、目标顾客、销售渠道或价格等方面密切相关的一组产品。企业常常通过产品线的分析和决策实现对产品组合的有效管理，达到扩大销售、提高利润等目标。

2. 产品线分析

产品线分析的主要目的有两个方面：一方面，分析产品线的销售量和利润，了解产品线上的每一个产品项目对总销售量和利润所做的贡献的百分比，对于销售和利润贡献比较大的产品项目予以重点保护，对于销售和利润贡献小的产品项目可以进行调整；另一方面，分析公司的产品线和竞争对手的产品线的对比情况，据以确定合适的产品定位和营销战略。

3. 产品线长度

企业要实现利润最大，存在最佳的产品线长度，需要进行产品线长度决策。如果增加产品项目能增加利润，说明现有产品线太短，应延长产品线；如果减少产品项目能增加利润，则说明现有产品线太长，应缩减产品线长度，淘汰一些产品项目。产品线延长可以采取产品线延伸和产品线填充两种方式。每个企业的产品线只是该行业整个范围的一部分，如果企业超出现有的范围增加产品线长度，称为产品线延伸。产品线延伸有向下延伸、向上延伸和双向延伸。向下延伸是从高档产品市场向低档产品市场延伸，通过开发和推出低档的新产品增加产品线；向上延伸是从低档产品市场向高档产品市场延伸，以取得较高的利润率或扩大企业的服务领域；双向延伸是处于中档产品市场的企业向两头延伸。产品线填充是在现有产品线的范围内增加一些产品项目。

4. 产品线现代化决策

在某些情况下，产品线长度是适当的，但是可能已经比较陈旧、过时，不能适应竞争的需要。产品线现代化决策不是改变产品线的长度，而是改进产品，使产品焕发新面貌而实现现代化，跟上时代发展的需要。

5. 产品线特色决策

产品线特色决策就是在产品线中选择一个或少数几个产品项目进行特别宣传或包装，以打开销路，树立企业的形象和特色。

6. 产品线削减决策

产品线削减决策就是通过销售分析，淘汰对利润没有贡献的产品项目，或是集中精力于最重要的盈利产品项目。

（三）品牌决策

品牌决策是和产品决策相关的一个方面。美国市场营销学会对品牌的定义如下：品牌是一个名称、名词、标记、符号或设计，或者是它们的组合，目的是识别某个销售者或某群销售者的产品或服务，并使之同竞争对手的产品和服务区别开来。品牌是一种无限期的无形资产，优秀的品牌可以给企业带来超额利益，因此，品牌具有价值。所以，对品牌和对其他资产一样，也需要管理和决策。品牌决策包括五个方面：品牌化决策、品牌使用者决策、品牌名称决策、品牌策略决策及品牌重新定位决策。

1. 品牌化决策

品牌化决策就是企业决定是否给商品赋予一个品牌。在早期经营活动中，很少有品牌的使用，主要依靠卖者的信誉对商品质量等提供一定的承诺或担保。后来，随着市场经济的发展，品牌化发展迅速，现在大多数产品都使用品牌。品牌可以给企业带来扩大销售、防止被侵权、吸引忠诚顾客、树立企业形象等利益，同时建立品牌也需要支付一定的费用，如包装费、标签费、商标注册费等，因此，企业需要根据成本收益进行品牌化决策。

2. 品牌使用者决策

在决定对产品使用品牌时，制造商可以有几种选择。可以使用自己的品牌，也可以使用分销商的品牌，还可以用其他企业的特许品牌。制造商使用自己的品牌占大多数，但是随着分销商逐渐建立起自己的品牌，制造商也可以借助分销商的品牌进入市场。

3. 品牌名称决策

为众多的产品和产品项目建立合适的品牌名称，可以有四种选择：一是选择个别品牌名称，即推出多种品牌，每一种产品或每一类产品一个品牌；二是统一品牌名称，即对所有的产品使用共同的品牌名称，如西门子公司；三是分类品牌名称，即对所有产品使用不同类别的品牌名称，如松下公司；四是采取公司名加个别品牌名称，即公司名称和单个产品名称相结合。

4. 品牌策略决策

企业可以采取的品牌策略有四种：产品线扩展、品牌扩展、多品牌和新品牌。

产品线扩展策略是指企业在现有产品类别中增加新的产品项目，并以同样的名称推出。例如，可口可乐公司在传统的可乐之外推出了不含咖啡因的可乐、零度可乐、健怡可乐等。

品牌扩展策略是指以现有品牌名称推出新产品。例如，海尔推出了空调、洗衣机、电视机、消毒柜、热水器等家电产品。

多品牌策略是指企业在同一产品类别中增设多种品牌。例如，宝洁公司洗发系列有飘柔、潘婷、夏士莲、沙宣等不同的品牌。

新品牌策略就是当企业推出新的产品类别时，发现现有品牌可能不适合，使用现有品牌可能会损害现有产品的形象，而且对新产品也无好处，这时就需要为新的产品类别确定新的品牌名称，建立新的品牌。

5. 品牌重新定位决策

品牌重新定位决策就是根据消费者需求的变化或竞争情势的变化，对企业现有的品牌重新进行市场定位。

（四）产品生命周期与营销策略

和其他事物一样，产品也具有生命周期，一个产品从投入市场到退出市场，先后要经历导入、成长、成熟和衰退阶段。一般用 S 形的销售和利润曲线反映产品生命周期的发展阶段，如图 7-6 所示。研究产品生命周期的目的在于制定适当的营销战略，针对产品生命周期的不同阶段，应该采取不同的营销战略。

1. 导入阶段

导入阶段销售量少而促销费用高，企业多数是亏本的，即使获利也甚微。由于处于新产品引进阶段，从需求来看，主要是一部分高收入阶层；从供给来看，只有有限的竞争者，产量都不大。如果只考虑价格和促销两个主要的营销变量，根据不同的组合，企业可以采取四种策略。

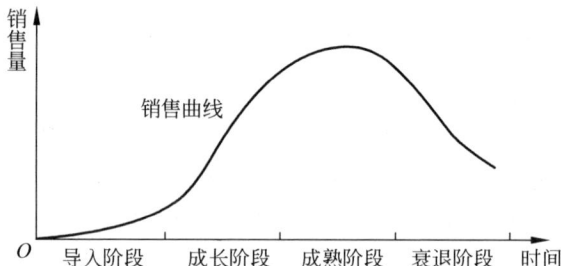

图 7-6　产品生命周期

（1）快速撇脂策略。快速撇脂策略即以高价格和高促销水平的方式推出新产品。企业采用较高的价格，获得较高的毛利，并通过高水平的促销活动加快市场渗透，树立品牌形象。采用这一策略的假设条件是：潜在市场上大部分人还没有意识到该产品；知道它的人渴望得到并有支付能力；企业面临着潜在的竞争并想建立品牌偏好。

（2）缓慢撇脂策略。缓慢撇脂策略即以高价格和低促销水平的方式推出新产品。高价格是为了获得高毛利；低水平的促销活动可以降低营销费用，从而保证在较长时间内获取大量利润。采用这一策略的假设条件是：市场规模有限；大多数的市场已经知道这种产品；买者愿意出高价；竞争形势不太严峻。

（3）快速渗透策略。快速渗透策略即以低价格和高促销水平的方式推出新产品。目的是快速抢占市场、提高市场份额，通过占领市场、扩大生产和销售保证利润水平。采用这一策略的假设条件是：市场规模很大；市场对该产品不知晓；大多数购买者对价格敏感；潜在竞争很强烈；存在规模经济，单位产品生产成本下降。

（4）缓慢渗透策略。缓慢渗透策略即以低价格和低促销水平的方式推出新产品。低价格有利于促进市场接受新产品，并通过降低促销成本而增加利润。采用这一策略的假设条件是：市场规模大；该产品在市场上的知名度较高；市场对价格相当敏感；存在一些竞争者。

2. 成长阶段

成长阶段的标志是销售额迅速增长。产品价格不变或稍微下降，促销水平不变或略有提高，销售额快速上升，销售费用相对销售收入的比重下降，产品的单位制造成本大幅度下降，利润迅速增加。在成长阶段，企业的目的是尽可能长时间地维持市场成长。这一阶段应采取以下策略：改进产品质量和增加新产品的特色及式样；增加新产品；进入新的细分市场；扩大分销覆盖面并进入新的分销渠道；降低价格，吸引新的购买者。

3. 成熟阶段

成熟阶段是销售增长率减慢，并最终下降的这一阶段。成熟阶段的持续时间一般较长，大多数产品都处于生命周期的成熟阶段。销售增长率的放慢导致行业生产能力的过剩和竞争加剧。在成熟阶段，处于竞争优势地位的大企业通过高产低价获得利润，其他的小竞争者则处于填补市场空隙和拾遗补阙的地位，满足部分细分市场的需求。在成熟阶段，经常应用的策略有以下几种。

（1）市场改进策略。一是扩大现有品牌的使用者数量，通过吸引新用户、进入新的细分市场和争取竞争对手的顾客来达到；二是使品牌当前的使用者扩大购买量，可以通过提高使用频率、增加每个场合的使用量、提供新的和更广泛的用途来实现。

（2）产品改进战略。主要方法有：改进产品的质量，增加产品的功能特性；改进产品的特色，增加新特色；改进产品的式样，增加产品的美学需求等。

（3）营销组合改进策略。通过改进定价、分销、广告、促销、服务等刺激销售。

4. 衰退阶段

由于技术进步、消费者需求变化或者竞争的加剧，大多数产品要进入衰退阶段。一个处于衰退阶段的产品，将导致企业生产能力过剩、削价竞争和利润减少，企业应及时察觉，并根据情况采取坚持或退出的策略。

二、价格决策

在市场营销组合中，价格是一个很重要的因素。价格的高低是消费者决定是否购买的重要因素，价格容易调整，而且价格的变化可以迅速传递给消费者。由于价格的重要性，因此价格决策是市场营销方案的重要内容。价格决策主要涉及新产品价格制定、价格调整及价格调整的时机选择。

（一）新产品定价决策

新产品定价决策是给新产品制定一个合适的价格。新产品定价的步骤如下。

1. 选择定价目标

企业首先要确定它要从特定的产品中实现什么目标。如果企业的目标市场和市场定位已经非常明确，那么价格制定就比较简单。例如，企业如果打算为高收入的富裕阶层提供产品，那么它就应该定高价。企业定价的目标有六个。①生存。此时企业为了生存往往采取低价策略。②当期利润最大化。可以通过估计需求函数和成本函数，得到利润函数，求利润的极大值来得到使当期利润最大的价格。③当期收入最大化。将价格定在使当期收入最大的水平。④销售增长率最大化。通过最低的价格渗透市场，提高市场占有率。⑤市场利润最大化。这是利用高价迅速撷取利润的定价策略。⑥建立产品质量领先地位。通过制订高价格树立产品在消费者心目中质量领先的印象。

2. 测定需求

价格是影响需求的最重要因素，价格和需求量之间的关系通过需求函数和需求曲线来表示。测定需求的目的就是估计需求函数，寻找价格和需求量之间的变化关系。可以用市场调查的方法了解顾客在不同价格水平下的需求情况，从而绘制需求表。

3. 估算成本

成本是定价的下限，决定了价格最低的水平。企业制定的价格应能弥补产品的生产、销售成本，并取得合理的利润。按照成本与产量之间的关系，可将成本划分为固定成本和变动成本两个部分。一般来说，价格应高于单位产品的生产成本。

4. 分析竞争对手的成本、价格和产品

企业制定价格，除了考虑自身的成本和产品需求情况外，还要了解竞争对手的情况。企业需要将自己的成本与竞争对手的成本进行比较，分析自己在成本方面是否有优势。同时还要了解竞争对手的价格和质量，以及顾客对竞争对手价格的评价和反映，将价格定在一个合适的、相对竞争对手价格有竞争力的水平。

5. 选择定价方法

了解了需求、成本以及竞争对手的价格，企业就可以开始选择价格了。常用的定价方法有成本加成定价法、目标利润定价法和认知价值定价法等。

（1）成本加成定价法。成本加成定价法是一种简单而实用的定价方法，假设一家计算机制造商的成本与预期销售量如下。

变动成本　　　　3 600 元

固定成本　　　　2 000 000 元

预期销售量　　　5000 件

则制造商的单位成本为：

单位成本 = 变动成本 + 固定成本 ÷ 销售量

　　　　　= 3 600 + 2 000 000 ÷ 5 000

　　　　　= 4 000（元）

如果制造商希望销售收益率为 20%，则加成后的定价为

加成定价 = 单位成本 ÷ (1 - 预期销售收益率)

　　　　　= 4 000 ÷（1 - 20%）

　　　　　= 5 000（元）

成本加成定价方法简便，能保证一定的收益率，容易为顾客所接受，是一种常用的定价方法。

（2）目标利润定价法。企业期望通过确定的价格获得目标利润，计算公式如下。

目标价格 = 单位成本 + 目标利润 ÷ 销售量，对上面的计算机制造商，如果希望得到的目标利润是 6 000 000 元，预计销售量是 10 000 台，则目标定价为

目标价格 = 4 000 + 6 000 000 ÷ 10 000

　　　　　= 4 600（元）

目标价格随销售量的增加而下降，假设目标利润不变，销售量越大，定价越低。

（3）认知价值定价法。这是基于顾客对产品价值的认知而不是销售者的成本进行定价。企业定价的关键是了解市场对企业产品价值的认知，如果认知价值大，就定高价，如果认知价值低，就定低价，以使价格符合认知价值。企业可以通过市场调查来了解顾客对企业产品价值的认知情况。

（4）价值定价法。即对高质量的产品制定低价，提供物美价廉的产品。

（5）随行就市定价法。就是参照竞争对手的价格制定自己的价格，可以高于、等于或低于竞争对手的价格。

6. 选定最终价格

在以上分析的基础上，为产品制定一个最终的价格，需要综合考虑顾客心理及其他因

素的影响。

（二）价格调整决策

企业往往需要对价格做出经常的调整，常用的价格调整策略有：地理定价、价格折扣和折让、促销定价、差别定价和产品组合定价。

（1）地理定价。地理定价是指企业根据顾客所处的不同地区和国家来对产品进行定价。

（2）价格折扣和折让。价格折扣和折让是指企业为了鼓励顾客及时付款和大量购买而制定的价格政策，具体做法有现金折扣、数量折扣、职能折扣、季节折扣和折让。现金折扣是对迅速付款的购买者提供的减价；数量折扣是向大量购买者提供的一种减价；职能折扣是给予执行某种职能的销售渠道成员的折扣；季节折扣是在销售淡季提供的折扣；折让是附加一定条件的价格减让，如以旧换新折让、促销折让等。

（3）促销定价。即为了促销的目的而调整产品的价格。例如，采用牺牲品定价、特殊事件定价、现金回扣等方式降低价格。

（4）差别定价法。差别定价法是指企业根据不同顾客不同的需求和对价格变化的敏感性程度不同，对不同的顾客制定不同的价格，如顾客细分定价（对不同的顾客采用不同的价格）、产品形式定价（对不同型号或形式的产品制定不同的价格）、地点差别定价、时间差别定价等。

（5）产品组合定价。在产品组合中，各种产品之间存在成本和需求的相互联系，产品定价的目标是使整个产品组合取得最大利润，因此需要对价格进行调整。价格制定比较复杂，常用的定价方法有产品线定价、选择品定价、补充品定价和分部定价等。

另外，企业在调整价格时，要充分考虑竞争对手可能的反应，根据竞争对手的反应调整价格、幅度与策略。

三、渠道决策

现代市场经济中，存在着大量的中间商，作为制造商和最终用户之间的中介。这些中间商构成了市场营销的渠道。渠道决策是重要的决策之一。

（一）渠道的性质

渠道是使产品或服务能被使用或消费而配合起来的一系列独立组织的集合。渠道的发展是规模经济和专业分工的结果。通过专业分工，一些机构专门从事营销中介，可以利用专业化优势，提高分销效率，进一步通过大规模分销来强化这种优势。制造商则集中精力于生产部门，将分销的职能交给中间商来完成，这是一种双赢的结果，提高了资源的使用效率。渠道把商品从生产者转移到消费者，承担着收集分发信息、促销、谈判、订购、融资、分散风险、解决物流、支付等功能。根据中间商数目的多少，可以将渠道分为不同的层次；零层渠道是没有中间商的渠道；一层渠道是有一个中间商的渠道，如一个零售商；两层渠道包括两个中介机构，如一个批发商和一个零售商。

（二）渠道设计决策

渠道设计决策就是为新企业或新产品设计一个合适的渠道，设计渠道的过程如下。

1. 分析消费者需要的服务水平

明确目标市场上消费者购买什么，在哪里购买和怎样购买是设计渠道的第一步。渠道提供批量、等待时间、空间便利性、商品多样化和服务支持五种服务。批量是渠道为一个消费者一次购买提供的商品数量。批量越小，渠道提供的服务水平越高。等待时间表示渠道的快慢，等待时间越短，服务水平越高。空间便利性是方便顾客购买的便利程度。例如，设在社区里的便利店，开放时间长，便利顾客选购。商品多样化代表着渠道可提供商品组合的宽度。服务支持是指渠道提供的附加服务。企业在设计渠道时，不仅要考虑消费者的需要，还要考虑成本和收益的关系。

2. 确定渠道目标和限制条件

渠道目标就是期望要达到的水平，要在限制条件下制定渠道目标，根据产品的性质选择渠道。例如，易腐烂的产品应选择直接营销渠道，单位价值高的产品也经常由企业的销售队伍销售而不依赖中间商。

3. 明确主要的渠道交替方案

渠道交替方案的差别主要表现在以下三方面：中间商类型，中间商数量，每一个渠道成员的交易条件及责任。

中间商的类型有：制造商代理商、分销商、经销商等。根据中间商数目的多少，企业可以选择独家分销、选择分销和密集分销。独家分销是制造商在某一地区仅选择一家最合适的中间商专门推销其产品，独家分销有利于提高制造商形象，并增加利润。选择分销是制造商在所有愿意经销其产品的中间商中挑选几个最合适的中间商来经销其产品，选择分销使制造商取得足够的市场范围，成本小于密集分销的成本，对中间商的控制大于密集分销。密集分销是指制造商通过尽可能多的批发商、零售商推销其产品。渠道成员的交易条件与责任主要包括交易组合关系中的价格政策、销售条件、地区划分权和每一成员提供的特殊服务。

4. 渠道方案评估

制造商应评价各种可行的渠道方案，并从中选择最佳方案。评价的标准是经济性、可控性和适应性。经济性标准是综合考虑渠道的收益与成本，选择有利可图的渠道。除了经济上可行以外，还要考虑对渠道的控制问题，使用销售代理商等渠道，由于它有自己的独立的经济利益，因此，控制就是一个问题。选择渠道还要考虑在迅速变化的市场上渠道的适应问题，因此，应加强对渠道的控制，以便能及时对市场变化做出反应。

（三）渠道管理决策

企业选择了渠道方案之后，必须对每个中间商加以选择、激励与评估，并随着时间的推移对渠道做出相应的改变。包括以下几个方面。

（1）选择渠道成员。选择中间商主要考虑其从业经验、经营产品的范围和品种、发展和赢利情况、偿债能力、合作态度与信誉、声望等。

（2）激励渠道成员。一般认为，激励渠道成员应采用恩威并施的方法，也就是"胡萝卜加大棒"的政策。一方面，提供激励，如高利润、特别交易、额外奖金、广告津贴等；另一方面，采取制裁措施，威胁减少中间商的利润、推迟交货、中止关系等。

（3）评估渠道成员。企业必须定期评估中间商的业绩，主要考虑销售额完成情况、平均存货水平、送货时间、合作情况、对消费者提供的服务等。

（4）修改渠道决策。需要根据市场的变化来修改渠道。例如，消费者购买模式发生了改变，或者市场扩大、新竞争者加入、新的分销渠道出现等都要修改现有的渠道。

（四）渠道的新发展

近年来，渠道发生了巨大的变化。垂直市场营销系统得到了迅速发展，水平市场营销系统和多渠道市场营销系统也有了新的发展。传统的渠道是由制造商、批发商和零售商组成的，他们都是独立的经济实体，有其独立的经济利益，各自按照利润最大化原则行事，形成一个分散的网络。垂直市场营销系统是制造商、批发商、零售商联合成统一体，其中一个渠道成员对其他成员有控制权，既有专业化管理，又有集中控制，是一体化的营销系统。水平市场营销系统是两个或两个以上独立的企业联合起来共同开发一个新的市场机会，以发挥资源共享、优势互补，并减少风险。多渠道市场营销系统是企业利用两个或两个以上的渠道达到一个或几个细分市场，可以提高市场覆盖率，降低渠道成本，更好地满足顾客需要。

技术的变化及直接渠道，尤其是网络营销的迅猛发展，对渠道的特征和设计产生了深远的影响。其中一个主要趋势就是"去中介化"。"去中介化"是指制造或服务企业摒弃中间商，直接面对最终消费者，或者用全新的渠道中介替代传统的渠道中介。在这样一种趋势下，电子商务和企业借助现代互联网技术进行的网络营销快速发展，成为新的主流渠道，在市场营销中发挥着越来越重要的作用。

四、促销决策

现代企业已经意识到不仅要提供优质的产品和服务，制定合理的价格，把产品分销到顾客手中，而且要利用各种手段与消费者交流与沟通，达到促销产品、实现企业目标的目的。促销决策主要包括广告、销售促进、公共关系及人员推销四个方面。

（一）广告

广告是对目标顾客和公众进行直接说服性沟通的主要工具之一。广告是以付费的方式对观念、商品或服务进行宣传展示和促销。广告是一种十分有效的信息传播方式，进行广告投放决策主要涉及以下五个方面：广告目标、广告费用、广告信息、广告媒体及广告效果评价。

（1）广告目标。广告目标有提供信息、说服购买和提醒使用三种。信息性广告主要用于产品的市场开拓阶段，目标是建立初步的需求。说服性广告主要用来强化与竞争对手产品的差别，培养顾客对品牌的偏好。提醒性广告主要应用于成熟产品，目的是提醒消费者购买自己的产品。

（2）广告费用。广告可以提高对产品的需求，增加销售，但同时广告也带来了销售费用的增加。广告费用多少效果最好，需要做出决策。确定广告费用的多少应该考虑以下几个方面：产品的寿命周期阶段、市场份额和消费者基础、竞争和干扰情况、广告的频率、产品替代性和市场特征。新产品的广告费用较多，已经有一定知名度品牌的广告费用相对要少。市场份额较高的产品，单位广告费用较少。广告费用多少还取决于竞争对手的情况，竞争者投入的广告费用多、干扰大，则企业的广告费用也要增加，否则难以达到效果。广告频率越大费用越多。产品的替代性越大，为了和其他产品区分，所需的费用也就越多。

（3）广告信息。广告要传递信息，必须引起目标受众的注意，才能达到沟通目标。广告信息决策涉及信息制作、信息评估与选择和信息表达。

（4）广告媒体。广告媒体包括确定广告所期望的送达率、频率和效果，选择主要的媒体种类，选择特定的媒体载体，决定媒体的使用及地域分配。主要的媒体种类有互联网、报纸、电视、广播、邮寄、杂志和户外广告。媒体载体是媒体种类里面具体的媒体。不同的媒体种类和载体在效率和效果方面都有差异。企业应该根据广告目标、预算、信息等因素来选择合适的媒体。

（5）广告效果评价。广告效果是广告的最终目的，也是评价广告成功与失败的最终标准。广告效果的评价主要有两个方面，一是广告的沟通效果，二是广告的销售效果。可以通过市场调查来评价广告的沟通效果，广告的销售效果较难评价，可以通过分析历史资料和实验数据来做出大致的估计。

（二）销售促进

销售促进就是运用多种激励工具，刺激消费者更多、更快地购买某种产品或服务，如有奖销售、赠优惠券、减价、赠品、免费试用等。许多组织，包括制造商、分销商、零售商和批发商等都采用促销手段。近年来，销售促进得到了较快发展，在一般的消费品公司中，用于销售促进的开支占市场营销总费用的一半以上。销售促进的主要决策有以下三点。

（1）确定促销目标。针对消费者的促销目标有：鼓励大量购买、争取未使用者使用、从竞争者手中争取顾客。针对零售商的促销目标有：鼓励经营新产品、保持较高的存货水平、竞争性促销及建立零售商的品牌忠诚等。

（2）选择促销工具。有各种不同的促销工具，应该考虑市场类型、促销目标、竞争条件和成本效益因素来选择合适的促销工具。

（3）制订促销方案。促销方案包括以下内容：刺激规模、参加者的条件、促销持续的时间、促销措施的分配途径、确定促销时机及制定促销总预算。

（三）公共关系

企业在生产经营过程中，会与各个方面发生一定的联系，如消费者、供应商、政府、中间商、股东、金融机构、其他组织等，这些组织构成了企业的社会公众，它们对企业实现自己的目标有现实或潜在的影响，这些影响可能是积极的，也可能消极的。因此，企业需要处理好与社会公众之间的关系，树立企业在社会公众中的良好形象。现代企业一般都设有专门的公共关系部门，负责处理公关事务。公共关系已经成为市场营销促销中的一种重要工具，发挥着重要作用。

公共关系决策过程包括确定公共关系的目标，选择公关信息和工具，实施公关计划，对公关活动的结果进行评价等环节。

（四）人员推销

所谓人员推销，是指企业通过派出销售人员与一个或者一个以上可能成为购买者的人交谈，进行口头陈述，以推销商品，促进和扩大销售。人员推销是销售人员帮助和说服购买者购买某种商品和服务的过程。人员推销有三种基本的形式。一是建立自己的销售队伍，使用本企业的推销人员来推销产品。二是利用专业合同推销人员进行推销。例如，通过代理商、经纪人等进行推销。三是利用兼职的售点推销员进行推销。

本 章 小 结

1. 市场营销是企业的一项重要的职能，市场营销就是管理有价值的客户关系。

2. 广义上，市场营销是一种通过创造和与他人交换价值，实现个人和组织的需要和欲望的社会和管理过程。在狭义上，市场营销是企业为从顾客处获得利益回报而为顾客创造价值并与之建立稳固关系的过程。

3. 任何市场营销活动，都是在一定的营销观念指导下进行的。指导企业市场营销活动的观念先后有生产观念、产品观念、推销观念、市场营销观念和社会营销观念等。

4. 企业制定营销战略和营销计划，设计营销组合，目的是建立有价值的顾客关系，最终获得顾客价值。

5. 现代企业面对多变的市场环境和顾客需求，要做出正确的营销决策，需要依靠大量准确、及时、系统的信息。营销信息系统是由人、计算机和程序组成的集合体，它为市场营销决策者收集、整理、分析、评价并传递有用、适时和准确的信息。

6. 市场细分、目标市场选择和市场定位是现代市场营销的重要内容。市场细分是指根据消费者对产品的不同的欲望和需求，不同的购买行为和购买习惯，把整体市场分割成不同的或相同的小市场群。目标市场的选择就是根据细分市场来确定企业的服务对象。市场定位是确定市场提供物在目标顾客心目中的位置。

7. 市场营销组合就是公司用来在目标市场上实现营销目标的一整套营销工具。麦肯锡将营销组合归纳为产品、价格、渠道和促销四个方面。

思 考 与 练 习

1. 简述市场营销的基本概念。

2. 简述市场营销的基本观念。

3. 为什么要进行市场营销机会分析？如何分析？

4. 什么是市场细分？如何进行市场细分？

5. 目标市场选择有哪些模式？

6. 什么是市场定位？企业如何进行市场定位？

7. 举例说明产品周期理论，针对不同的周期阶段应分别采取什么策略？

8. 举例说明有关的产品组合决策。

9. 新产品如何定价？

10. 什么是渠道决策？主要包括什么内容？

即学即测

案例讨论

自主创新，站在山顶望星空

第八章　生产计划

本章提要

本章阐述计划与计划系统的基本理论，对生产计划、生产能力、生产任务综合平衡的方法进行较为详细的介绍，生产作业计划、期量标准等也都是重点阐述的内容。

重点难点

- 重点理解计划系统、生产计划、生产能力等内容
- 熟悉企生产任务综合平衡的方法
- 掌握生产作业计划、期量标准制定的方法等内容

引导案例

丰田式的生产计划与物料控制方法

丰田供应链的基本构造

众所周知，丰田公司能够以其高品质、低成本、低油耗的产品打进美国等发达国家的市场，而且形成了相当大的竞争优势，主要不在于它采用的生产制造技术，而是由于在生产组织和管理上采取了一系列先进的生产经营理念、管理模式、组织体系、管理技术与方法，并推行了良好的企业文化，被世人称为"丰田生产方式"（TOYOTA production system，TPS），又被称作精益生产（lean production system，LPS），或者准时生产制（just in time，JIT）。从这些名称上不难看出，车辆生产管理与零件的采购是其中起关键作用的环节。它是实体工厂生产的前置工程，是降低汽车生产成本的捷径。

在整体的需求链中，可以分为车辆的需求链与零件的需求链。

车辆需求链——车辆生产计划制订

1. 从车辆销售到生产计划：按需生产、零库存

丰田的 4S 店遍布全国，处在这个遍布全国的销售网络顶端的则是丰田汽车的销售公司（FTXS）。各 4S 店每销售或预定一辆车都会将详细的购车信息登记到管理系统中，这些信息通过网络传送到 FTXS，FTXS 再将全国各地的信息进行汇总、整理、计算，并将与制订生产计划有关的信息传送到生产工厂——丰田对应的现地工厂（FTXD）。这些信息由 FTXD 中负责生产管理、计划制订、物流采购的生产管理部接收。

生产管理部的生产管理科是负责生产计划制订、新车推进和通关等工作的部门。其中的生产计划组使用着与 FTXS 的管理系统相连接的 G-PPS 系统。

2. G-PPS 的主要职能

G-PPS 的主要职能有两个，分别是制订生产计划和计算零部件的必要数量。

（1）制订生产计划。G-PPS 根据 FTXS 发来的信息，结合安排生产所必需的"平准化"等条件，制订工厂的月生产计划。它可以制订出未来 5 个月的生产台数、未来 3 个月的细

分到等级和颜色的生产计划、未来 1 个月每天的生产计划。

（2）计算零部件的必要数量。在第一个职能基础上，再明确每辆车使用的零部件的种类和个数，就能计算出零部件的需求数量（必要数）。

$$零部件的必要数量＝计划生产台数×单台需要部品数量$$

G-PPS 作为制订生产计划的系统，还需要 SMS 的帮忙。SMS 是记录处理车辆的式样、零部件等信息的另外一个全球系统，记录着丰田生产的所有车辆的式样信息。G-PPS 从 SMS 获取车辆信息后，就可以完成计算。

当 G-PPS 完成计算后，会分别将两个计算结果发送给生产指示系统和零部件采购系统，从而完成更为具体的生产和零部件的采购工作。

生产指示

平准化和 JIT 是制定生产指示的最基本原则。

1. 什么是生产指示

生产指示是指为实现更高效率、生产更多种类多式样的车辆，而对人—设备（系统）发出容易明白的信号。

生产指示可分为两大类：生产用生产指示和品质用生产指示。生产用生产指示包括生产顺序的决定（平准化）、零部件的组装指示、零部件的出荷指示等；品质用生产指示包括检查、防误操作、车辆纳期（提前或延期）等。

2. 主要功能和必要性

生产指示的主要功能有三个：符号化、车辆的生产顺序、生产指示的输出。

（1）符号化。由于生产指示包含大量的信息，所以必须将其符号化以便发出，也便于终端接收。同时，一些对生产指示没有用处的多余信息需要被去除。在 G-PPS 中，为了区分多种车型、多种部件种类等必须使用多位数的编号，比如"7100112560-B0"是 G-PPS 中皇冠车的"黑色真皮座椅"的编号。但是针对一个工厂的、一个车型的、一个种类的部件，是完全可以使用更简洁的代号的，甚至可以直接用一个符号代表。

（2）车辆的生产顺序。说到车辆生产顺序的制定，就不得不提到平准化这个概念。作为丰田生产方式的支柱之一，它显然不是仅仅应用在这一个领域中，但是对于这个领域来说，它则是不得违背的基准，同时也是 TMC 的专家们评价一个工厂生产管理水平高低的一个非常重要的标准。生产顺序安排得好坏，会直接影响车辆生产。

（3）生产指示的输出。在上面两个功能中，生产指示信息已经被符号化，并排定了生产顺序。指示信息需要传递到执行者或设备上才能付诸实施。

设备自不必说，可以通过系统直接向自动设备发出指令。而操作者接受指示则需要通过现场的终端打印机。G-ALC 会按照排定的生产顺序将工厂内各工位所需的指示信息传送至该工位的打印机处。作业者需要定时接受指示，并按照指示安排进行作业。

零件需求链——零部件采购

JIT 是零部件采购的最高目标。越接近实现 JIT，就越接近实现零库存的理想。

1. 什么是零部件采购

零部件采购就是将部件从零件供货商或其他工厂采购到车辆工厂中。备受推崇的精益生产方式（以丰田生产方式为主）对零部件和原材料的采购方式与批量的把握极为精准，几乎是最大限度地降低了库存。丰田的采购方式是丰田生产方式最具代表性的体现。

2. 以降低库存为目的的零部件采购概要

FTXD 部件采购使用前补充方式（也称 e-Kanban），那么，就不得不提到后补充方式。后补充方式也称看板方式，是从超市的管理方法中演化而来的。它实际上是使管理者和操作者更加准确地把握"量"的多少。1 张看板代表 1 个单位的物品，有多少看板就代表有多少物品正处在生产循环之中。同时，它又是生产（引取）的命令符号，可以更准确、更简单地向执行者下达指令。TPS 中另一个重要的概念——目视化，在此尤为得到体现。后补充方式已经在一定程度上提高了管理水平、减少了多余的库存。但是随着时间的增加，"不安分"的丰田人针对不同工厂的情况，开始寻找它的问题，并持续进行改善，才有了前补充方式。

前补充方式根据由生产计划（车辆生产顺序）得到的虚拟车辆顺序，预见未来的车辆部件使用时间，从而在必要的时间纳入必要量。与后补充方式相比，前补充方式的库存量有了明显的降低。除此之外，它还有着其他后补充方式无法实现的优点，比如，在部件种类繁多的情况下更容易实现平均化，同后补充方式相比缩短了部件采购的物流时间等。

前补充方式虽然存在众多优点，但同时也存在弊端。它的实施必须有强大的完备的管理体系、管理系统，运转良好的设备以及能够彻底贯彻执行的员工等，从而才能保证生产计划的准确性，进而保证部件需求预测的准确性。只有保证了它，才能保证部件 JIT 纳入。

还有一点要说明的是，前补充方式是针对不同工厂存在的不同问题进行的，所以并不是放之四海而皆准的。最先使用前补充方式的地方并不是丰田生产方式起源的日本，而是丰田在欧洲的工厂。由于中国与欧洲环境类似（长春、上海等远距离供应商大量存在），所以前补充方式也在中国的丰田工厂使用。

前补充方式并不适用所有工厂，在采购周期足够短或生产规模不够大的情况下，后补充方式的成本可能更低。现在很多日本本土工厂仍在使用后补充方式。FTXD 除了外部件采购，内制生产、资材采购等均使用后补充方式。

3. 前补充方式中部品的必要数量和必要时间的预计

现介绍构外物流、构内物流、虚拟车辆流、工程深度、必要数的预计等基本概念。

构外物流：工厂外的物流运输，比如从厂家到 FTXD 的运输。

构内物流：工厂内的物流运输，从进入工厂到最终到达生产线的运输与作业。

虚拟车辆流：生产计划完成后形成的一条排好的虚拟车辆顺序。因为排在投入装焊的最后一辆车后，未形成实体，所以称作虚拟。

工程深度：部品安装时间到下线点的距离（时间）。

必要数的预计：生产计划是预计必要数的最基本条件。但是，既希望生产计划稳定，又希望它能保持与市场一致，那么确定的计划就不能太长。如果 FTXD 最远距离的部件厂家运输时间为 6 天，那么就必须固定 6 天的虚拟车辆流。

必要时间、虚拟车量流定下来后，就要计算虚拟的每一辆车所需要的零部件必须哪一天、什么时间纳入工厂才会赶得及生产使用。计算方法及公式如下。

订单发注时间－部件安装时间＝供货商准备时间＋构外物流时间＋构内物流时间

案例来源：转自精益管理网：http://www.aswiser.com/Sigma/Case56001.asp.

案例思考

1. 丰田公司是如何进行生产计划排程的？
2. 为什么说 JIT 是零部件采购的最高目标？如何做到？

生产计划与控制系统是企业的生产指挥中枢，其目的在于获得预期的利润，配合预测的销售市场，充分利用现有的生产设备，使生产工作的执行能够达到预期的效果，进而按照市场需求量生产出所需要的产品，提供必要的服务，创造较多的就业机会。

第一节　计划与企业计划系统

一、计划概述

（一）计划的概念

计划是管理的一项基本职能。简单地说，计划就是设定目标，指明路线的过程。《孙子兵法》第一篇为《始计》，说明所有的作战开始于计算与计划；品管大师戴明博士的 PDCA 循环也由计划（plan）开始；管理的五大功能为计划、组织、指挥、控制与协调，计划也排在开头；古语说"凡事预则立，不预则废"，也说明了前期计划工作的重要性。因此可以说，古今中外的道理都同样说明计划工作的角色与定位。然而具体如何开始一项计划呢？计划应该包含哪些要素？下面通过一个案例说明计划工作的重要性。

关于计划的重要性，尼可罗·马基雅维利曾说："在实际世界中，不管在任何条件下，一些想要坚持将自己的事情做好的人常被那些并不怎么样的人摧毁了。"不要给自己找借口。没有人能保证成功，但是如果没有全面思考、精心计划地向前迈进，就永远都不会成功。

延伸阅读

面对新的生存环境，浙江某公司为了加强公司的竞争力，争取更广阔的生存与发展空间，聘任顾问进行了战略规划，经过 3 个多月的分析与研讨，顾问建议采用如下战略方针。

（1）投入 1 200 万元设立研发中心，加大科研力度。

（2）建立全国的销售网络，建立与客户直接接触的销售模式。

（3）针对销售人员进行严密培训，从被动接单型变成主动顾问型销售组织。

（4）重新设计并统一企业形象识别系统（corporate identity system，CIS），并逐步强化品牌形象。

（5）在长春、重庆建立供货中心。

（6）拓展外销市场，争取未来 5 年达到 2 亿元。

（7）新增融资额度 5 000 万元。

公司高层主管同意这些战略意见，但接下来该如何呢？派人直接分头进行？不是的。先做计划？没错，就从计划开始。这里需要多少份计划呢？研发中心设立计划、销售网络设置计划、销售人员培训计划、CIS 计划与推行计划、品牌建设计划、供货中心设置计划、外销市场开拓计划、资金筹措计划，是不是呢？是的，但还不够，执行这些计划所必要的人力资源从何处来？需要加上人员招聘与训练计划，各项计划所需的预算需要汇总统计做预算计划，也需要增加许多部门与功能，原有组织的结构可能需要改变，所以也会引起组织结构的调整。随着人员增加办公室可能不够用，需要办公室增设、建筑或搬迁计划，设立好各项组织后，还要加强管理与监督，因此管理制度要增加与完善，许多单位不在同一个地点办公，计算机远程联网络建设计划也是必需的。

如上这些事情，如果经理人无法制订翔实、具体可行的计划，那会是什么结果呢？如果计划制订过程考虑不详，或估算错误，又会如何呢？计划过程如果协调不足、决策草率，又会如何呢？如果只考虑本部门的计划，而忽略相关人员的配合，或意见相左，又该如何？因此要有效完成任务，落实公司各项战略构想，便需要有制订计划的能力。

（二）计划包含的要素

制订一项计划必须包含四个要素。

（1）清晰的目标。

（2）明确的方法与步骤。

（3）必要的资源。

（4）可能的问题与成功的关键。

举例：你是总经理助理。明天早上 9 点总经理将在广州参加一项重要会议，务必准时到达，这是目标；安排总经理搭乘今晚的末班飞机走，这是方法；请王师傅送总经理到机场，广东分公司李经理到广州机场迎接，这是资源；如果路上塞车赶不上飞机或航班停飞等，这是计划中可能出现的问题；成功的关键则是——事先订位，询问天气，预留路上耽搁的时间。

（三）制定有效目标的标准

在制订计划或评估部属的计划是否完整时，以上四个要素是最基本的。什么才是符合标准的目标呢？以下是有效目标的 SMART 原则。

（1）S（specific）：明确具体的。

（2）M（measurable）：可衡量的（数字化）。

（3）A（attainable）：行动导向的。

（4）R（relevant）：合理可行的。

（5）T（time-bound）：有时间限制的。

下面来看看以下这几个目标是否符合以上的法则。

明年要在提高产品质量上加大力度，管理要过硬。（不明确也无法衡量）

大幅度提高员工满意度。（何时？如何衡量？）

每天跑步 30 分钟。（做得到吗？很难！天气不好、生病也要跑吗？建议改为每周至少 3 次，或每月不少于 10 次，就变得合理可行。）

所以制订一个好的计划，先要从科学确定有效的目标开始。

二、企业计划系统

计划系统是指由各种计划构成的计划体系，以及依据各种信息完成这些计划工作的各级计划职能的有机结合。

（一）计划的分类

1. 按时间长短分

（1）长期计划，是指企业发展性问题，以及计划期跨度较长（一般在 5 年以上）的制造计划或工厂计划。

（2）中期计划，是指 1 年以上至 3 年的生产计划。

（3）短期计划，是指对企业过程性活动、计划期在 1 年或 1 年以下的短期生产活动的计划，是对已经确定的产品的执行性计划。

（4）进度生产计划，是指按时间安排生产项目，如季节性、旺季生产的计划等。

2. 按照生产性质分

（1）单项计划，是指生产对象以单一项目为设计标准的计划。

（2）综合计划，是指多单元、多项目相结合的生产计划。

3. 按生产范围分

（1）整体生产计划，是指从各项目连贯接续的生产设计来拟订计划。

（2）个别生产计划，是指所拟订的以完成某项生产任务为目标的针对性计划。

（二）计划方案目标

生产计划方案的确定不仅需要满足需求和生产能力两个方面的要求，而且要考虑收益和成本方面的要求，是一个多目标的优化过程。

（1）满足需求。在品种、数量、时间上满足市场需求的同时，努力增加产品产量，增加收益，保持一定的收入增长率和市场占有率。

（2）降低成本。充分利用生产能力，降低生产和库存成本，使生产和库存成本之和最小，即费用和损失最小。

（3）均衡生产。使单位时间（月、日）的产品产量相对稳定，以利于生产过程的组织、人力安排、质量控制等。减少改变生产率造成的损失，如加班费用、闲置生产能力损失等。

（三）计划方案成本

计划方案的确定会引起以下几种成本发生，视为计划期内的期间成本（包括损失）。

（1）正常生产成本，是指正常生产状态下的单位产品成本，包括直接人工、直接材料、制造费用等。

（2）加班成本，是指为提高产量所增加工作班次而发生的成本，如加班费及相应的附加费。

（3）转包成本，是指在生产能力紧张时，将部分生产任务转包给相关厂商时所增加的外协费用以及相关的成本。

（4）库存成本，是指为订购、保存货物以及库存产品所发生的成本，如订货及运输费、保管费、物品损失费用等。

（5）缺货成本，是指由于缺货而造成的损失，主要为由于缺货所致的收益减少，或者延迟交货造成的损失。

（6）人工成本，是指由于生产计划方案引起的人员增加或减少所需的费用，如解雇工人的费用、雇佣工人和培训费用等等。

因此，

计划方案期间成本 = 产出成本（正常 + 加班 + 转包）+ 人工成本（招聘/解雇）

+ 存货成本 + 缺货成本

假设各成本项目均为线性函数，计算方法如表 8-1 所示。

表 8-1　成本计算方法

成　本　项　目	计　算　方　法
产出： 　　正常 　　加班 　　转包	单位产品正常成本 × 正常产出量 单位产品加班成本 × 加班量 单位产品转包成本 × 转包量
人工： 　　招聘 　　解雇	单位聘用成本 × 聘用数量 单位解雇成本 × 解雇数量
存货	单位存货成本 × 平均存货数量
缺货	单位缺货成本 × 平均缺货数量

第二节　生　产　计　划

一、生产计划的内容和主要指标

（一）生产计划系统的层次

计划工作贯穿于现代企业的各个管理层次，涉及企业的所有生产经营活动，无论是作为企业整体发展方针、目标的确定，还是某项局部具体工作的安排，都离不开计划工作。由于计划功能主要是处理信息，随着计划功能的运行，企业中会形成一个以计划信息为核心的信息流程，因此，从系统的角度分析，可以将企业各种计划构成的体系称为计划体系。

生产计划也称基本生产计划或年度生产大纲，是企业为了生产出符合市场需要或顾客要求的产品，所确定的生产什么产品、生产多少数量、质量如何、在什么时候生产，在哪个车间生产及如何生产的总体计划。生产计划是生产管理的首要功能，是对企业总体生产任务的确定与进度安排，一般为年度计划。企业的生产计划是根据销售计划制订的，它又是企业制订物料供应计划、生产任务平衡、设备管理计划和生产作业计划的主要依据。

企业制订生产计划的目的主要有四个方面。

（1）平衡市场需求。企业的生产活动，不论在数量上、质量上、时间上还是价格上，都要以满足使用者的需要为目标。

（2）保障投资报酬。股东投资经营企业的目的在于获得利润，影响企业能否获得利润的因素虽然很多，但首要的还是取决于生产效率与成本的高低。生产效率与成本要靠精密的设计和严格的控制工作，而这些问题的解决又全靠生产计划是否合理而定。因此，使企业获得较高利润，使股东的投资获得合理的报酬，就成为生产计划的重要目的之一。

（3）有效利用设备。确定生产计划必须考虑企业自身的生产能力，使其充分发挥效能，以免出现闲置。

（4）稳定员工队伍。精确的生产计划功能之一，就是促使生产的正常化与规律化，以免产量忽增忽减、员工时作时息的现象。

企业生产计划面临的核心问题是生产与需求之间的矛盾，即生产均衡性要求与需求之间的矛盾，解决的主要问题是"生产能力—生产任务—市场需求"三者之间的关系，因此，计划的编制过程是一个在一定条件下方案优化的过程。企业生产计划工作的主要内容包括：调查和预测社会对产品的需求，核定企业的生产能力，确定目标，制定策略，选择计划方法，正确制订生产计划、库存计划、生产进度计划和计划工作程序，以及计划的实施与控制工作。

图 8-1 所示为生产计划系统层次，图 8-2 所示为生产系统计划流程。

图 8-1　生产计划系统层次

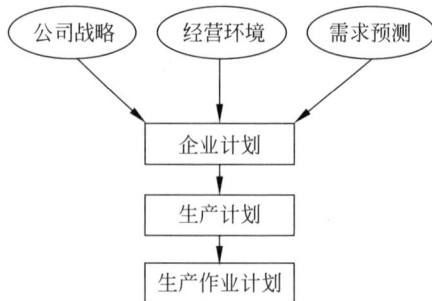

图 8-2　生产系统计划流程

生产计划方案的确定不仅需要满足需求和生产能力两个方面的要求，而且要考虑收益和成本方面的要求，是一个多目标的优化过程。

（二）生产计划的主要指标

科学确定生产计划指标，是企业生产计划的重要内容之一。企业生产计划的主要指标有：产品品种、产品质量、产品产量和产品产值。企业生产计划的主要指标从不同的侧面反映了企业生产产品的要求。

1. 产品品种指标

产品品种指标包含两方面的内容：①企业在计划期内生产的产品名称、规格等质的规定性；②企业在计划期内生产的不同品种、规格产品的数量。产品品种指标能够在一定程度上反映企业适应市场的能力，一般来说，品种越多，越能满足不同的需求，但是，过多的品种会分散企业生产能力，难以形成规模优势。因此，企业应综合考虑，合理确定产品品种，加快产品的更新换代，努力开发新产品。

2. 产品质量指标

产品质量指标是指企业在计划期内生产的产品应该达到的质量标准。包括内在质量和外在质量两个方面。内在质量是指产品的性能、使用寿命、工作精度、安全性、可靠性和可维修性等因素；外在质量是指产品的颜色、式样、包装等因素。产品质量指标是衡量一个企业的产品满足社会需要程度的重要标志，是企业赢得市场竞争的关键因素。在我国，产品的质量标准分为国家标准、部颁标准和企业标准三个层次。

3. 产品产量指标

产品产量指标是指企业在计划期内应当生产的合格品实物数量或应当提供的合格性劳务数量。产品产量指标常用实物指标或假定实物指标表示，如钢铁用"吨"，发电量用"千瓦·时"等表示。产品产量指标是表明企业生产成果的一个重要指标，它直接来源于企业的销售量指标，也是企业制定其他物量指标和消耗量指标的重要依据。

4. 产品产值指标

产品产值指标是指用货币表示的企业生产产品的数量。它解决了企业生产多种产品时，不同产品产量之间不能相加的问题。企业的产品产值指标有商品产值、总产值和净产值三种表现形式。

商品产值是指企业在计划期内生产的可供销售的产品和工业劳务的价值。它包括用自备原材料生产的可供销售的成品和半成品的价值，用订货者来料生产的产品的加工价值，对外完成的工业性劳务价值。总产值是指用货币表现的企业在计划期内应该完成的产品和劳务总量。它反映企业在计划期内生产的总规模和总水平，包括商品产值、订货者来料的价值、在制品、半成品、自制工具的期末期初差额价值，它是计算企业生产发展速度和劳动生产率的依据。净产值是指企业在计划期内新创造的价值。净产值的计算方法有两种：一是生产法，即从工业总产值中扣除物质消耗价值的办法；二是分配法，是从国民收入初次分配的角度出发，将构成净产值的各要素直接相加求得净产值，主要包括工资、职工福利基金、税金、利润、利息、差旅费、罚金等。实践中，商品产值和净产值一般用现行价格计算，总产值一般用不变价格计算。

二、企业生产计划的任务与影响因素

（一）企业生产计划的任务

1. 解决生产什么的问题

解决生产什么的问题即生产什么才能满足和迎合市场的需要，才能获得利润。为此，必须做到以下两点。

（1）先做市场需求和产品的分析。考虑的因素有：市场对产品的需要、爱好和供应条件；市场潜在的容量和价格；其他竞争产品的供应（包括产品的性能、式样、品质及其在市场中所占的份额）；市场需求的转变、趋势和新的变动；改变产品种类后，市场可能发生的反应及该项改变对于其他产品销路的影响。

（2）根据分析和判断，确定一个合乎逻辑或理想的产品种类和结构，使产品最能适合市场的需要。

2. 解决如何生产的问题

如何生产是生产计划的主要任务，大体可分为以下两个方面。

（1）新产品或改良产品的设计，并决定所用的材料、机器及制造方法。

（2）供给制造、购料、销售及有关各部门必需的资料与规格，便于工作，使产品保证合乎标准。

（二）制订生产计划必须考虑的因素

（1）目标。任何事物的进行总有其预定的目标和方向，生产计划也不过是生产目标的实施。

（2）市场需求的变动。生产计划应以市场需求为前提，产品只有适应消费者的需求和购买力，才能使消费者乐于接受，同时也要顾及市场的竞争形势，使产品的销售不致遭到障碍和困难。

（3）工厂的生产能力。任何企业管理者都希望将其工厂的设备发挥至最有效的生产状态，由此确定最适宜的生产能力，并使能力、设备和空间获得最有效的均衡，使单位成本最低。

（4）企业设备的利用状况。生产计划的制订必须考虑到企业现有的生产能力，如果能将未利用的生产能力加以充分利用，则最为理想。当生产计划超越生产能力时，则必须添置设备，增加人员，所以，必须重新进行生产计划与生产能力之间的平衡。

（5）资金的来源。任何计划的实施都需要适当的财力做后盾，如果计划过于庞大，非当前财力所能支持，则此种计划如同虚设。同时，在计划的执行过程中，如果缺乏足够的财力，则计划将无法实现，更可能因资金周转不灵而使企业倒闭，所以，如何筹措必要的资金，应事先做出周密的计划和安排。

（6）从业人员状况。它包括技术水平、专业知识积累、熟练程度、人员结构等方面。

企业主要生产计划指标完成情况的举例如图8-3所示。

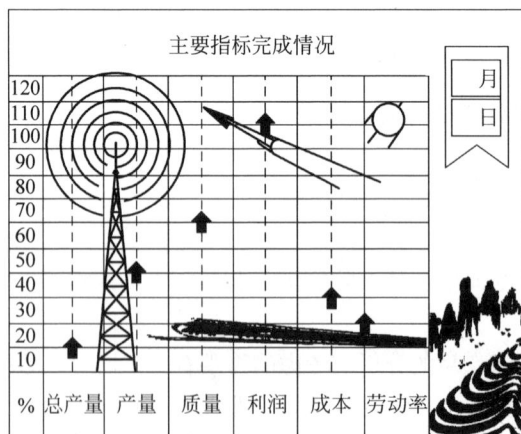

图 8-3　某企业主要生产计划指标完成情况

三、生产能力的概念与分类

（一）生产能力的概念

生产能力是指企业生产系统在一定的生产组织和技术水平下，直接参与生产的固定资产在一定时期内（一般为 1 年）所能生产产品的最大数量或所能加工的最大原材料总量，或者是指一个作业单元满负荷生产所能处理的最大限度。一般以生产系统的输出量描述其大小。生产单元可以是一个工厂、车间、机器，也可以是单个工人。在多品种生产情况下，生产能力一般用装备的可用量描述。例如，设备的工作时间，商场的营业面积，医院的床位数量及周转率，运输业的车辆及道路情况等。企业生产能力是一个动态指标，它随着企业生产组织状况、产品品种结构、原材料质量等因素的变化而变化。生产能力的度量方法参见表 8-2。

表 8-2　生产能力的度量方法

行　业	投　入	产　出
汽车制造	劳动与机器工作时间	每班生产汽车数
钢铁工厂	炉膛尺寸	每天生产钢铁吨数
石油炼化	精炼炉尺寸	每天生产燃油加仑数
饭馆	餐桌数、座位数	每天招待的客人数
零售店	商品种类和店铺面积	每天实现的收入
农业	农田面积和生产工具	每年生产的粮食数量
影剧院	影剧院的座位数量	每天演出售票所得

生产能力对于计划来说是一个非常重要的信息，它使管理者能够通过投入或产出明确把握生产能力的限制，从而做出与这些限制有关的决策和计划。生产能力计划一般包括三个方面的问题：①需要何种生产能力？②需要多大的生产能力？③何时需要这种能力？

生产能力决策的重要性表现在：生产能力决策对于组织满足其产品或服务未来需求的能力具有实实在在的影响；生产能力能够影响到运作成本；生产能力常常是初始成本的主要决定因素；生产能力决策通常意味着资源的长期性投入，一旦实施短期内难以改变；生产能力决策影响企业的竞争实力。

（二）生产能力的分类

企业生产能力一般用实物量来表示，包括设计能力、查定能力、有效生产能力三种。

（1）设计能力，是指企业设计任务书和技术设计文件中所规定的生产能力，是理想情况下最大的可能产出。这是工厂在建设时，根据技术文件确定的标准能力，是处于投资过程中尚未形成的能力，也称为潜在能力。由于条件限制，一般需建厂营运一段时间后才能达到。

（2）查定能力，是指在没有设计能力，或虽有设计能力，但由于企业的生产组织、技术水平、品种结构等发生了变化而不能正确反映企业生产实力的情况下，根据企业新的生产组织情况和技术水平重新审查核定的生产能力，又称为修正的设计能力。

（3）有效生产能力，是指企业在计划期内，根据现有的技术水平所能够达到的生产能力。一般根据计划期内条件的变化及采取的技术组织措施情况确定，因为有效生产能力决定了实际产出的可能性，因此，提高生产能力利用率的关键是通过改进产品质量问题，保持设备良好运行的条件，充分培训雇员和利用瓶颈设备，提高有效生产能力水平。提高生产能力利用率依赖于提高有效生产能力的程度。

以上三种表现形态的企业生产能力，其适用情况有所不同。查定能力类似于设计能力，是确定企业生产规模、编制企业长期计划、决定改扩建方案、安排基本建设项目和采用重大技术举措的依据。有效生产能力是编制企业年度生产计划的主要根据。

（三）影响生产能力的因素

企业生产能力的大小受多种因素的影响，如设备、工具、生产面积、工人人数、工人的技术水平、工艺方法、原材料质量和供应情况、生产组织、劳动组织等。影响企业有效生产能力的主要因素包括五个方面。

（1）固定资产数量，是指企业在计划期内用于生产的全部机器设备的数量、厂房、生产面积和其他生产性建筑物的面积。

（2）固定资产有效工作时间，是指企业按现行工作制度计算的机器设备全部有效工作时间和生产面积的有效利用时间。年内生产面积或设备可以利用的工作时间是影响生产能力的重要因素，主要表现为制度工作时间和有效工作时间。

（3）固定资产生产效率，是指单位机器设备或单位生产面积在单位时间内的产量定额或单位产品的台时占用定额。在固定资产数量和工作时间一定的情况下，固定资产的生产效率对企业的生产能力有决定性的影响。

（4）加工对象技术工艺特征。生产能力是根据各个生产环节的综合平衡确定的，而对各环节起决定作用的是产品的工艺特征，它对应不同的产品、不同的加工方法，各个生产环节的能力是不同的。

（5）生产与劳动组织，包括劳动者的出勤、技术及熟练程度，表现为定额时间和生产组织方式的合理性等。

国外相关生产与运作管理著作中将影响有效生产能力的因素归结为表 8-3 所示的六个方面。

表 8-3　决定有效生产能力的因素

A. 工厂设施	4. 动机
1. 设计	5. 报酬
2. 选址	6. 学习
3. 布局	7. 缺勤和跳槽
4. 环境	E. 运行
B. 产品/服务	1. 排程
1. 设计	2. 材料管理
2. 产品或服务组合	3. 质量保证
C. 工艺	4. 维修政策
1. 产量能力	5. 设备故障
2. 质量能力	F. 外部因素
D. 人力因素	1. 产品标准
1. 工作满足	2. 安全条例
2. 工作设计	3. 污染控制标准
3. 培训和经验	

生产能力确定时必然涉及两个指标：一是生产效率，二是生产利用率。生产效率是指实际产出与有效生产能力的比值；生产利用率是指实际产出与设计生产能力的比值。高的生产效率所表明的资源有效运用并不表示资源真正得到有效运用。计算公式为

$$生产效率 = 实际产出 \div 有效生产能力$$

$$生产利用率 = 实际产出 \div 设计生产能力$$

例 8-1： 给定以下信息，计算汽车修理车间的生产效率和生产利用率。设计生产能力为 50 辆/天，有效生产能力是 40 辆/天，实际产出为 36 辆/天。

则

$$生产效率 = 36 \div 40 = 90\%$$

$$生产利用率 = 36 \div 50 = 72\%$$

四、生产能力的核定

生产能力的核定是指对企业的实际生产能力进行核算和确定。一般是从基层开始，自下而上进行。企业生产能力的核定工作依企业产品品种的单一还是多样而不同。

（一）单一品种生产能力的核定

对于批量大、品种单一的企业，生产能力常用该种产品的实物量表示；在多品种生产企业中，可从结构、工艺和劳动量构成相似的产品中选出代表产品，用代表产品的数量表示生产能力。根据企业生产能力的决定因素不同，其计算方法也有所不同。

（1）当生产能力取决于设备组时，其生产能力计算公式为

$$设备组生产能力 = 单位设备有效工作时间 \times 设备数量 \times 单位设备产量定额$$

或

$$设备组生产能力 = \left(单位设备有效工作时间 \times 设备数量\right) \div 单位产品台时定额$$

（2）当采用流水生产线生产时，原则是以关键设备的能力为标准计算生产线的能力，即选择加工工时最长的一道工序为关键工序。其生产能力的计算公式为

$$流水线生产能力 = 流水线有效工作时间(分) \times 关键工序的机床数 \div 关键工序的工时定额$$

例 8-2： 某齿轮加工流水生产线，有七道工序，各工序的单件定额时间为：$T_1=2.20$，$T_2=3.54$，$T_3=3.54$，$T_4=2.41$，$T_5=3.50$，$T_6=1.93$，$T_7=2.93$；其中：T_3 为关键工序，假定计划期的制度工作时间全年为 300 天，制度工作时间的有效利用率为 0.9，关键工序共有 8 台机床，求此流水线的生产能力。

解：计划期流水线有效工作时间 $= 300 \times 8 \times 60 \times 0.9 = 129\ 600$（分钟）

流水线生产能力 $= 129\ 600 \times 8 \div 3.54$

$= 292\ 882$（件）

（二）多品种生产能力的核定

在企业中，很少有只生产一种产品的情况，一般都是多品种生产。在多品种生产的条件下，用实物量表示企业的生产能力，就存在不同种类的产品，相互之间不能直接相加的

问题。为此，在核算多品种生产企业的生产能力时，常用标准产品、代表产品或假定产品表示企业的生产能力，下面分别进行介绍。

1. 标准产品法

标准产品是对具有不同品种或规格的同类产品，进行综合计算时所用的一种实物量折算单位。用标准产品表示企业生产能力的生产能力核定方法就是标准产品法。这种方法是先把企业的不同产品折算成标准产品，然后按照单一品种生产能力的核定方法来确定设备组或工作地的生产能力。

2. 代表产品法

运用代表产品法核定企业的生产能力，先按照产品能够反映企业专业方向、产量和耗费劳动量较大、工艺过程具有代表性特点的原则选定代表产品。再按照单一品种生产能力的核定方法计算以代表产品表示的生产能力，然后计算每种产品与代表产品之间的换算系数，最后计算出各具体产品的生产能力。

例 8-3： 某企业生产甲、乙、丙、丁四种产品，其计划产量分别为 200 台、100 台、300 台和 50 台，各种产品在机械加工车间车床组的台时定额分别为 50 台时、80 台时、100 台时和 120 台时，车床组共有车床 12 台，两班制，每班工作 8 小时，设备停修率为 5%，假定全年制度休息时间为 59 天，试求车床组的生产能力。

解：（1）根据各种产品消耗的总台时，计算得出丙产品为代表产品。

（2）根据计算单一品种生产能力的有关公式，求出以丙产品表示的生产能力为

生产能力 = 单位设备的有效工作时间 × 设备数量 ÷ 单位设备台时定额

$$= \frac{(365-59)\times 2\times 8\times(1-0.05)\times 12}{100} = 558 \text{（台）}$$

（3）计算每种产品与丙产品的换算系数。

甲产品：$\frac{50}{100} = 0.5$ 乙产品：$\frac{80}{100} = 0.8$

丁产品：$\frac{120}{100} = 1.2$

（4）计算具体产品的生产能力，各种产品换算为代表产品的数量分别为

甲产品：$200 \times 0.5 = 100$（台）

乙产品：$100 \times 0.8 = 80$（台）

丙产品：300（台）

丁产品：$50 \times 1.2 = 60$（台）

各种产品占全部产品的比重为

甲产品：$100 \div 540 = 18.5\%$

乙产品：$80 \div 540 = 14.8\%$

丙产品：$300 \div 540 = 55.6\%$

丁产品：$6\,054 \div 0 = 11.1\%$

由此可得，各种具体产品的生产能力为

甲产品：$558 \times 18.5\% \div 0.5 = 207$（台）

乙产品：$558 \times 14.8\% \div 0.8 = 104$（台）

丙产品：$558 \times 55.6\% \div 1 = 310$（台）

丁产品：$558 \times 11.1\% \div 1.2 = 52$（台）

3. 假定产品法

用代表产品计算企业的生产能力直观、易懂，但有些企业生产的产品在工艺结构制造过程上可能存在很大差别，难以确定企业的代表产品，在这种情况下，通常用假定产品核定企业的生产能力。假定产品，其实是表示同系列或同类产品产量的一种假定综合产品。

用假定产品法核定企业的生产能力，一般来说要经过三个步骤。

（1）计算假定产品台时定额，其实质是求全部产品台时定额的加权平均数。

（2）计算设备组假定产品的生产能力，用单一品种生产能力核定办法计算。

（3）计算设备组各具体产品的生产能力。

产品生产能力的计算公式为

第 i 种具体产品的生产能力 = 设备组假定产品生产能力 × 第 i 种产品占假定产品总量的百分比

例 8-4： 其他条件同上例，试用假定产品法求各种具体产品的生产能力。

解：（1）假定定品的台时定额 $= 50 \times \dfrac{200}{650} + 80 \times \dfrac{100}{650} + 100 \times \dfrac{300}{650} + 120 \times \dfrac{50}{650} = 83$（台时）

（2）设备组假定产品生产能力 $= \dfrac{(365-59) \times 2 \times 8 \times (1-0.05) \times 12}{83} = 672$（台）

（3）计算各具体产品生产能力：

甲产品生产能力 $= 672 \times \dfrac{200}{650} = 207$（台）

乙产品生产能力 $= 672 \times \dfrac{100}{650} = 104$（台）

丙产品生产能力 $= 672 \times \dfrac{300}{650} = 310$（台）

丁产品生产能力 $= 672 \times \dfrac{50}{650} = 52$（台）

可以看出，用代表产品法和假定产品法计算的企业具体产品的生产能力完全相等，这也可以用来检验计算的正确性。

（三）系统生产能力的核定

系统生产能力取决于各环节的能力及组合关系，在设计一个企业时，可以使生产过程中各环节的生产能力相等，达到能力的平衡，但这只是一种理想状态。因为生产是随时波动的，实现生产能力的平衡在现实中是极其困难的。因此，生产过程中必然会出现有的资源负荷过多，变为瓶颈，此即关键环节。所谓关键环节（或瓶颈资源），是指实际生产能力小于或等于生产需求的资源。以下的例子可以说明系统的关键环节。假设某产品 P 的生产流程如图 8-4 所示。

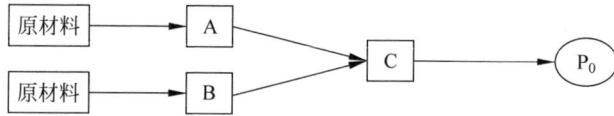

图 8-4　系统构成关键环节

假如 $P_A = 30$、$P_B = 25$、$P_C = 40$，则系统生产能力 $P_0 = 25$。

（四）生产能力的技术经济分析

生产能力的技术性质表现为投资大，相对稳定，形成和调整需要一定的时间。

生产能力的经济性质包含三个方面的内容。

一是生产能力对产品成本的影响。

$$C = \frac{F}{Q} + V$$

式中，F 代表固定成本；Q 代表产量；V 代表单位变动成本；C 代表单位成本。

二是生产能力对销售量和收入的影响。

$$S = PX$$

式中，X 代表销量；P 代表单价；S 代表销售收入。

三是生产能力对市场占有率会产生较大的影响。

$$能力利用率 = \frac{实际产出}{有效能力} \times 100\%$$

$$能力缓冲 = 1 - 能力利用率$$

根据行业不同能力缓冲应控制在不同的水平。例如，服务行业由于不能用库存调节需求，所以，应设置较大的能力缓冲才能保证产品质量。

生产能力的规划与决策必须考虑需求量和规模经济等因素。

需求量的计算公式为

$$M = \frac{R}{H}$$

式中，M 为关键设施的需求量；R 为每年对关键设施需求的小时数；H 为单位关键设施提供的小时数。

关于规模经济，图 8-5 揭示的规律是必须考虑的。

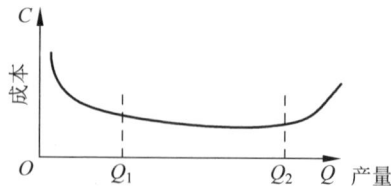

图 8-5　规模经济对生产成本的影响

在一定生产规模范围内，若其他条件不变，生产规模（或产量）越大则成本越低，这就是规模经济对生产成本的影响。

（五）生产能力计划

生产能力计划的分类如表 8-4 所示。

表 8-4　生产能力计划分类

目标及内容	长期生产能力计划（3～5 年）	中期生产能力计划（1～2 年）	短期生产能力计划（1～3 个月）
计划目标	与企业生产发展规划协调	提高生产能力利用率	充分挖掘生产潜力
设　　备	厂房建设计划、设备购置和改造计划	修改基本建设和技术改造计划	提高厂房设备利用强度计划
人　　员	智力开发方针、人才招聘、职工培训的战略安排	职工招聘和培训计划	合理配备加班计划
物　　资	取得资源的方针	落实订货计划	原材料和零部件的发送

五、生产任务的综合平衡

确定企业生产计划的各项指标，做好企业生产任务的综合平衡，是一个复杂的工作过程。如何科学地确定产品产量，合理安排产品生产进度，做好多品种生产的品种搭配，是生产任务综合平衡工作的主要内容。

（一）科学确定产品的产量

生产怎样的产品，是一个企业所面临的首要问题。一般来说，企业产品的方向在建厂初期就已经确定。在确定生产什么产品以后，科学确定企业产量就成了企业决策的首要问题。企业的产量又受企业生产能力、市场需求状况、原材料、能源供应状况、企业的技术装备水平和生产组织方式的制约。同时，企业应考虑增加利润的需要，处理好产量、成本、利润三者之间的规律性关系，合理确定计划期产量。

损益分歧点分析模型是分析企业产量、成本、利润三者关系的数学方法。该模型把企业的成本分解为两部分：随着产品产量的增加而增加的变动成本和不随产品产量变化的固定成本，在此基础上，比较销售收入和总费用的关系。如图 8-6 所示。

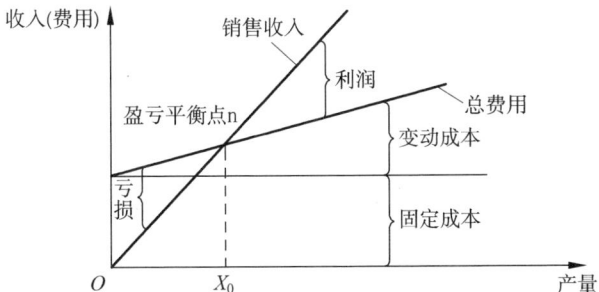

图 8-6　损益分歧点分析示意图

当产量小于 X_0 时，销售收入小于总费用，会出现亏损；当产量大于 X_0 时，销售收入大于总费用，则出现盈利，因此，把 X_0 点称为损益分歧点。损益分歧点产量的计算公

式为

$$损益分歧点产量 = \frac{固定成本}{单位产品销售价格 - 单位产品变动成本}$$

例 8-5：企业计划明年生产某种新产品，销售价格为 1 000 元，单位变动成本为 600 元，全年的总固定成本为 400 000 元，求损益分歧点的产量。

解：损益分歧点产量 $= \dfrac{400\,000}{1\,000 - 600} = 1\,000$（台）

企业的产量只有超过损益分歧点产量时，才有可能盈利，这是企业进行产量优化的重要前提。

当然，企业确定计划期的产量，并不仅仅靠分析产量、成本、利润关系而定，还要涉及人力、设备、原材料、能源等多种因素。在多因素制约条件下，企业最优产量的确定，可运用线性规划法解决，限于篇幅，在此不做介绍。

（二）产品生产进度安排

企业编制生产计划，不仅要科学确定全年生产任务，而且要把全年的生产任务逐期分解，下放到各个季度和各个月份，这就是产品生产进度的安排。合理安排企业的生产进度：一方面有利于进一步落实企业的销售计划，满足市场需求，履行经济合同；另一方面也有利于企业平衡生产能力，有效利用设备和人力。

产品产出进度的安排，因企业的特点不同而有所不同。

1. 大量生产产品产出进度的安排

大量生产产品的产出进度，一般采用均衡生产方式，把全年生产任务分配到各季、各月。但是，把全年计划均衡地分配到各月，并不意味着平均地分配到全年 12 个月，而是考虑产品特点和企业状况，随着工人操作技能的逐渐熟练而逐渐增加产量。具体有四种类型（图 8-7）。

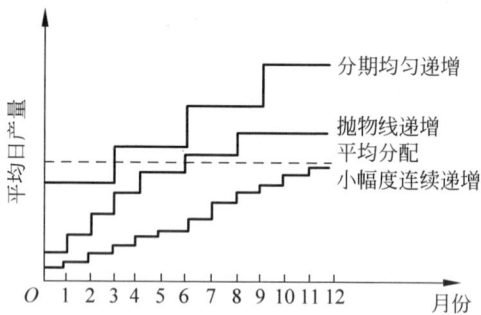

图 8-7　大量生产方式进度安排

（1）平均分配。平均分配即把全年的计划产量平均地分配到各期中，一般使日产量大体相等。这种方法适用于产品生产能力基本饱和，生产技术和工艺过程比较成熟的情况。

（2）分期均匀递增。这种方法是把全年产量分配到各期之中，每一期的平均日产量之间成等差递增数列，而在每一阶段内，日产量大体相等，这种方法考虑了技术的不断进步。

（3）小幅度连续递增。这种方法类似于分期均匀递增法，只是把全年产量分配到各期的时间间隔较短,短期内的日产量也是大体相等,相邻两期的日产量差额较分期均匀递增小。

（4）抛物线递增。这种方法在投产的初期日产量较小,随着生产的进行,企业的日产量增长的速度逐渐放慢,达到一定日产量后趋于稳定,这种方法多适用于新产品的生产。

2. 季节性需求商品生产进度的安排

有些商品的市场需求在全年内并不是均匀分布的,而是呈现明显的季节性变化。这类商品生产进度的安排涉及员工的招聘和辞退、原材料的组织、产品库存量的大小等众多因素,工作比较复杂。

（1）均衡安排方式。均衡安排方式是指不管市场需求如何,都把全年的生产任务均匀地分配到各季度、各月份,使全年日产量大体相等。这种安排方式有利于人力、物力的合理利用和管理,但有时库存量很大,占用较多的流动资金,有时又会出现供不应求、丧失市场机会的情况（图8-8）。

（2）变动安排方式。变动安排方式是在科学市场调查的基础上,按照市场调查得出的市场需求资料,随着市场需求量的变化安排生产量。与均衡安排方式相反,这种方式抓住了市场机会,降低了商品库存,节约了流动资金,但劳动力和原材料的供应工作也要求季节性变动,这给企业的管理提出了更高的要求,也不利于稳定产品质量（图8-9）。

（3）折中安排方式。这种方式是企业的日产量人小相间,既减少了库存,满足了市场需求,又容易组织劳动力和原材料供应,便于管理（图8-10）。

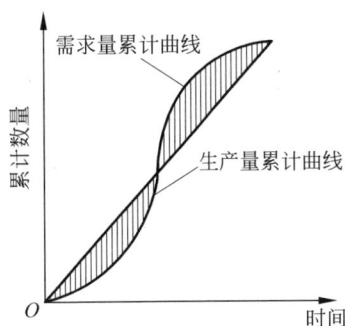
图8-8　均衡安排方式

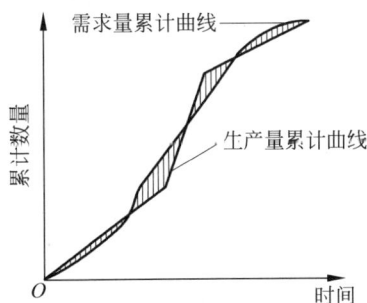
图8-9　变动安排方式

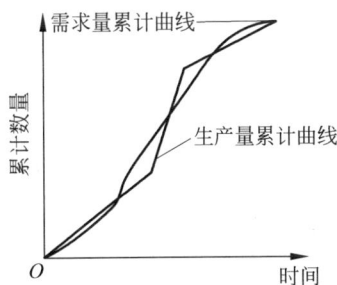
图8-10　折中安排方式

（三）品种搭配

单品种生产的企业在确定了产品总产量和各期产品产量以后,就可以着手编制生产作业计划了。但是,对于多品种生产的企业,则需要决定在某一生产时期内,把哪些品种的产品安排在一起生产,即进行合理的品种搭配。这主要应该考虑以下几个方面的问题。

（1）对经常生产和产量较大的产品,要考虑安排生产,在保证市场供应和满足顾客订货的前提下,尽量在全年各季度、各月份安排均衡生产,以保持企业生产过程的稳定性。

（2）对企业生产的非主要品种,要组织"集中轮番"生产,加大产品生产的批量,完成一种产品的全年生产任务之后,再安排其他品种的生产,以减少设备调整和生产技术准备的时间和费用。

（3）复杂产品与简单产品、大型产品与小型产品、尖端产品与一般产品,在生产中应合理搭配,以使各个工种、设备得到充分的利用。

（4）新老产品的交替要有一定的交叉时间。在交叉时间内，新产品产量逐渐增加，老产品产量逐渐减少，以避免齐上齐下给企业生产造成大的震动，也有利于逐渐培养熟练工人，提高新产品生产的合格率。

延伸阅读

戴尔的生产计划与控制体系

近年来，在全球电脑市场不景气的大环境下，戴尔却始终保持着较高的收益，并且不断增加市场份额。戴尔的成功源于其将先进的管理思想用信息技术在企业中的实现。

戴尔有一套较完善的 i2 Trade matrix 套件，它包括供应商关系管理、供应链管理、客户关系管理几个特殊应用模块，而供应链管理中的工厂生产计划更是发挥了很大的作用，它使戴尔的市场反应很快，能够每三天就做一个计划，并能实现自己基于直销方式的 JIT。

戴尔公司在进行供应链管理中，体现了协调合作的思想，他们几乎每天都要与上游主要供应商分别交互一次或多次。在生产运营中，客户的需求有所变动时，戴尔也能很快反应，通过与供应商的协调合作进行调整。由于戴尔与供应商之间没有中间商的阻隔，所有来自于客户的最新消息都被以最快的速度及时反馈给供应商，以便供应商据此调整自己的生产计划。从接到订单开始，戴尔就快速反应，根据订单制订生产进度计划，并将物料需求信息传达给自己的供应商或者是自己的后勤供应中心，并给工厂下达基于供应商的生产进度计划表，而供应商和后勤供应中心在指定的时间准时将材料运送到工厂中去，从而实现自己的实时生产。

戴尔的生产计划信息模块在最初就集成了五个方面的应用，并体现了企业对信息的实时跟踪与反馈。通过企业的工程材料加工和成本跟踪的应用，跟踪企业的小批量订单，并将信息传入企业的运行数据仓库，它实时地支持生产决策，这主要是因为库中汇集了各种数据，并集成了历史数据用以预测分析。而同时，企业的订单管理系统将订单信息发给加工工厂，而加工进度跟踪系统会创建一个唯一的标签号，用以对订单的完成情况进行实时追踪。运行数据仓库与加工进度跟踪系统之间也不断进行信息数据的交换，两者也将生产的报告传至工厂的管理部，而他们同时会将调整的生产计划传回加工进度跟踪系统中。在整个信息系统中能够实现对订单的实时跟踪反馈，使企业的生产更符合最终客户的需要，从而使生产更加有效。

生产流程的规范性与信息技术的有效使用，使得戴尔的生产计划更贴近市场的需求，从而减少库存，提高企业的竞争力。

资例来源：https://www.cnblogs.com/xiaoxue/archive/2006/08/23/484070.aspx.

第三节 生产作业计划

一、生产作业计划的概念

生产作业计划是详细描述生产什么产品、生产多少、何时生产的计划。生产作业计划是生产计划的具体执行过程，是生产计划的延续和补充，是组织企业日常生产活动的重要依据。其特点是把生产计划规定的季度、月度生产任务具体分配到各车间、工段、班组甚至工人，规定了相关单位在季、月、旬、日、小时的生产任务，并按日历顺序安排生产进度。生产作业计划具有指挥和控制两种功能，其功能主要表现在生产任务分解、分配和进度安排等方面。

在制订生产作业计划时，必须遵循按时完成生产任务，确保交货期，减少设备和工件的等待时间，工件在车间的流程时间最短，车间在制品的数量最少，停放时间最短等原则（图 8-11）。

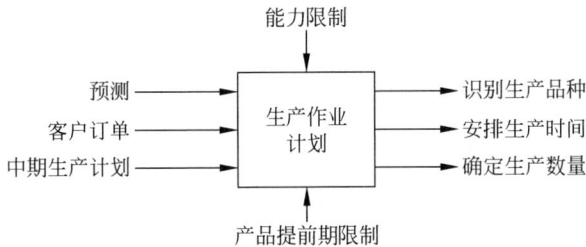

图 8-11　生产作业计划示意图

二、生产作业计划的特点

1. 计划期短

生产计划的计划期常常为季、月，而生产作业计划则详细规定月、旬、日、小时的生产任务。

2. 计划内容具体

生产计划是全厂性的计划，而生产作业计划则是把生产任务落实到车间、工段、班组、工人。

3. 计划单位小

生产计划一般只规定完整产品的生产进度，而生产作业计划则详细规定各零部件，甚至工序的进度安排。

三、期量标准的制定

期量标准又称作业计划标准，是指为制造对象在生产期限和生产数量方面所规定的标准数据，它是编制生产作业计划的重要依据。制定合理的期量标准，对于准确确定产品的投入和产出时间、做好生产过程各环节的衔接、缩短产品生产周期、节约企业在制品占用，都有重要的意义。期量标准是有关生产期限和生产数量的标准，因而企业的生产类型和生产组织形式不同，采用的期量标准也就不同。大量流水线生产的期量标准有节拍、节奏、流水线工作指示图表、在制品定额等。成批生产的期量标准有批量、生产间隔期、生产周期、生产提前期、在制品定额、交货期等。单件生产的期量标准有生产周期、生产提前期等。

（一）批量和生产间隔期

批量是指一次投入或产出的相同产品或零部件的数量，在成批生产条件下，产品是按照批量分批生产的。生产间隔期是指前后两批产品，或零部件投入或者产出的时间间隔。

$$批量 = 生产间隔期 \times 平均日产量$$

$$生产间隔期 = 批量 \div 平均日产量$$

可以看出，批量和生产间隔期之间存在着密切联系，在平均日产量一定的条件下，批量大了，生产间隔期就会延长；相反，批量小了，生产间隔期就会缩短。在企业生产管理实践中，增大批量，有利于减少设备调整费用，提高设备综合利用率和工人的熟练程度，保证产品质量，简化生产过程组织。同时，大的生产批量又会延长生产周期，推迟交货，扩大在制品储备和占用，增加流动资金占用。所以，要统筹兼顾，合理确定批量的大小。

1. 经济批量法

经济批量法是指用总费用的大小来确定批量的一种方法。与批量有关的费用总共有两项：每次设备的调整费用，用 D 表示；每件产品的年平均保管费用，用 C 表示。很显然，总的设备调整费用随批量的增加而减少，总的保管费用随批量的增加而增加，经济批量法就是通过数学方法求得总费用最小的 Q 点，如图 8-12 所示。

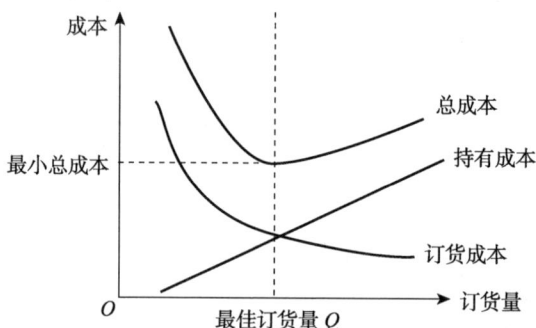

图 8-12　经济批量模型

计算公式为

$$Q = \sqrt{\frac{2ND}{C}}$$

式中，N 为年产量；Q 为经济批量。

2. 最小批量法

最小批量法是指以保证设备充分利用为主要目标的一种批量计算方法。这种方法重视设备的充分利用和劳动生产率的提高。最小批量的计算公式为

$$最小批量 = \frac{设备调整时间}{单间工艺工序时间定额 \times 设备调整系数}$$

设备调整系数的大小，应根据企业生产规模、设备性能、工艺特点的不同而选择，一般应为 0.01～0.02。如果被加工产品或零部件只有一道工序，则可由以上公式直接得出最小批量；当经过多道工序加工时，选取"设备调整时间/单件工艺工序时间定额"最大的工

序为关键工序，根据其确定最小批量。

3. 以期定量法

以期定量法是指先确定生产间隔期，然后再确定批量的一种方法。以期定量法注重简化管理的要求，企业中统一规定为数不多，互为倍数的几个标准生产间隔期。当产量变动时，只需调整批量，不必调整生产间隔期。企业经常使用的生产间隔期有 1 季、2 个月、月、半个月、1 旬、5 天、3 天、1 天等。

（二）生产周期和生产提前期

生产周期是指产品或零部件从原材料投入生产起，到成品制成出产为止所经历的全部时间。产品的生产周期由各个零部件的生产周期组成，零部件的生产周期由该零部件的各个工艺阶段或工序的生产周期组成。缩短产品的生产周期，对于保证按时交货、节约在制品占用、加速流动资金周转、提高劳动生产率都有重要的作用。确定产品的生产周期标准，一般要经过两个阶段。①根据产品加工的生产流程，经过深入的调查研究，制定各零部件的生产周期标准。②在零部件生产周期的基础上合理考虑停工时间，确定产品的生产周期标准。大型复杂的产品，其生产周期的确定，往往要借助网络计划技术。

生产提前期是指产品（零件）在各生产环节出产或投入的时间同成品出产相比较所要提前的时间。生产提前期分为投入提前期和出产提前期两种：投入提前期是指产品或零件在各生产环节投入的时间与成品出产时间相比较所要提前的时间；出产提前期是指产品或零部件在各环节的出产与成品出产相比较提前的时间。与生产周期一样，正确制定生产提前期标准有利于生产过程的衔接，减少在制品占用，缩短交货期。制定生产提前期标准，是按工艺过程的反方向顺序进行的。

本 章 小 结

1. 计划就是"设定目标，指明路线的过程"。生产计划与生产控制，是企业生产管理的重要职能。生产计划与控制系统是企业的生产"指挥中枢"。其目的在于获得预期的利润，配合预测的销售市场，充分利用现有的生产设备，使生产工作的执行能够达到预期的效果，进而提供较多的就业机会。企业生产计划的目的主要有四个方面：平衡市场需求，保障投资报酬，有效利用设备，稳定员工队伍。

2. 生产计划是对企业的生产任务的统筹安排，规定了企业在计划期内产品生产的品种、质量、数量、进度指标等方面的内容。生产计划确定以后，为了便于执行，还要编制生产作业计划，把企业全年的生产任务在时间和空间上具体展开，详细分配到车间、工段、班组以至工人，规定各自在月、旬、日、轮班、小时的工作任务。科学确定生产计划指标，是企业生产计划的重要内容之一。企业生产计划的主要指标有：产品品种、产品质量、产品产量和产品产值。

3. 生产能力是指企业生产系统在一定的生产组织和技术水平下，直接参与生产的固定资产在一定时期内（一般为 1 年）所能生产的产品最大数量或所能加工的最大原材料总量，或者是指一个作业单元满负荷生产所能处理的最大限度，一般以生产系统的输出量描述。企业生产能力一般用实物量来表示，包括设计能力、查定能力、有效生产能力三种。

4. 生产作业计划是详细描述生产什么产品、生产多少、何时生产的计划。生产作业计划是生产计划的具体执行过程，是生产计划的延续和补充，是组织企业日常生产活动的重要依据，具有指挥和控制两种功能。

5. 生产控制是指对各生产阶段的流程加以控制，以便能在预定日程内，以最低的成本，生产出合乎规格及预定数量的产品。它客观上要求及时监督和检查生产过程，纠正偏差，保证生产计划和生产作业计划顺利完成。

6. 期量标准又称作业计划标准，是指为制造对象在生产期限和生产数量方面所规定的标准数据，它是编制生产作业计划的重要依据。

思考与练习

1. 生产计划的主要指标有哪些？

2. 季节性需求商品的生产进度安排方式有哪些？

3. 大量流水线生产、成批生产、单件小批生产的期量标准有何不同？

4. 所谓"炭铺和冰铺"的谚语是说夏天卖冰，而冬天卖炭，指采取适应需求的季节变动的生产方式。请调查若干适应需求变动而采取不同生产方式的企业事例。

5. 某企业产品单价为 500 元，产品单位变动成本为 250 元，年固定费用总额为 800 万元，试求企业损益分歧点产量。

6. 某企业生产甲、乙、丙、丁四种产品，其计划产量分别为 250 台，100 台，230 台和 50 台，各种产品在机加工车间车床组的计划台时定额分别为 50 台时，70 台时，100 台时和 150 台时，车床组共有车床 12 台，两班制生产，每班工作 8 小时，设备停修率为 10%，假定全年制度休息时间为 59 天，试用代表产品法和假定产品法分别求车床组的生产能力。

7. 某工作中心有 8 台设备，生产 A、B、C、D 四种产品，全年有效工时为 4 650 小时，如各产品的计划产量 N_i 为 N_A280 台、N_B200 台、N_C120 台、N_D100 台；在该设备组的单位产品台时数分别为 T_A25 小时/台、T_B50 小时/台、T_C75 小时/台、T_D100 小时/台，假设 B 产品为代表产品，假定全年制度休息时间为 59 天，试用代表产品法计算设备组的生产能力。

8. 假如一个企业购买机器有三种选择方案：1 台，2 台，3 台，可变成本为每单位 10 美元，产品单位售价为 40 美元，其固定成本和潜在产量如表 8-5 所示。

表 8-5 某企业固定成本和潜在产量

机器数/台	年固定成本总额/美元	本月产出范围/单位
1	9 600	0～300
2	15 000	301～600
3	20 000	601～900

要求：①确定每一产出范围的盈亏平衡点。

②如果每年需求量为 580～660 单位，需要购买多少台设备？

即学即测

案例讨论

案例 8-1：
法勃莱克公司案例

案例 8-2：
米其林公司美国的 Ardmore
轮胎工厂 APS 系统导入案例

第九章　生产组织与控制

本章提要

本章重点介绍厂址选择的概念、影响因素及方法，对企业生产过程构成及其特性，生产过程的空间组织方式，生产过程的时间组织方式，生产控制与生产作业控制等理论和方法进行比较详细的阐述，最后简述精益生产和6S管理的基本思想。

重点难点

- 重点把握厂址选择概念、影响因素及方法
- 熟悉企业生产过程构成及其特性
- 熟悉生产过程的空间和时间组织方式
- 把握生产控制、生产作业控制的理论和方法
- 掌握精益生产和6S管理的基本思想

引导案例

首钢远嫁曹妃甸　华丽转身处处新

从1919年建厂开始，首钢在石景山繁衍了近90多年。新中国成立初期，首钢在一片废墟上艰苦奋战，仅用14个昼夜就建成了第一座转炉，一举结束了首钢有铁无钢的历史；1964年，首钢刻苦攻关，建成了中国第一座30吨氧气顶吹转炉，翻开了我国炼钢生产转炉工艺路线崭新的一页。改革开放后，首钢大胆解放思想，率先实行承包制，成为我国工业战线上的一面旗帜。这一时期，首钢以"做天下主人、创世界第一"的豪迈气概，以"敢闯、敢坚持、敢于苦干硬干"的拼搏精神，积极开拓进取，大胆探索实践，勇争一流、誓创最佳。严格管理，实行"三个百分之百"的管理制度，首钢成为当时中国企业管理的典范；勇于创新，首钢二号高炉大修改造中采用37项新技术，建成我国第一座现代化高炉；积极进取，首钢建成我国最大的线材生产基地，赢得了"建筑钢材首钢为首"的美誉；审时度势，首钢购买比利时赛兰钢厂，成为我国第一家购买国外钢铁厂的企业；探索发展，首钢创办华夏银行，成为我国第一家创办银行的工业企业；超前谋划，首钢购买秘鲁铁矿，成为我国第一个在海外开矿的国有企业。到1994年，首钢的钢产量从1978年的179万吨扩大到824万吨，名列全国第一。就是这样一个创造了无数传奇的"英雄"在进入新世纪后，面临新的发展环境率先进行了史无前例的战略性搬迁调整，正在全力建设21世纪具有国际先进水平的新首钢。

2006年5月1日，时任国务院总理温家宝视察首钢，对首钢职工语重心长地说："新世纪新首钢，新在什么地方呢？就是要通过调整搬迁，建设一个自主创新的首钢，一个技术先进的首钢，一个产品一流的首钢，一个有竞争力的首钢。搬迁使首钢获得了新的机遇，站在了新的起点，这个新起点的标志就是先进。"下面具体看看首钢是为何"远嫁"曹妃

甸，实现其华丽转身的！

一、首钢搬迁前面临的困境

1. 空气污染是直接动因，也是表观原因

"北京市的上空有个黑盖，黑盖的中心是石景山，首钢位于石景山。"这是早些年专家学者这样描述首钢—石景山—北京三者的污染因果链。一份来自北京市环保监测中心的统计数据显示，2004年，首钢所在的石景山区大气质量全年二级以上（含二级）的天数仅占全年的一半。

2. 不可回避的水资源短缺

北京是严重缺水的特大型城市，人均水资源不足300立方米，是全国人均量的1/8，世界人均量的1/30。水资源短缺已成为制约北京市经济社会发展和生态环境改善的重要"瓶颈"。首钢每年耗水量高达5 000多万立方米，这已成为北京水资源的不可承受之重。

3. 首钢与北京的城市定位格格不入

建设"人文北京、科技北京、绿色北京"和世界城市是北京"十二五"时期的发展战略。将重点发展生产性服务业和文化创意产业，电子信息、新能源、生物医药、汽车、装备制造等高端制造业。钢铁制造这种粗放型产业注定与北京的发展布局格格不入。

4. 高额的物流成本限制首钢发展

按照800万吨的钢产量计算，维持800万吨生产需要运输的矿石、矿粉、焦炭等大量物流就达到4 000万吨。如此大的吞吐量，石景山远离深水码头，与宝钢和武钢相比，必然会增长相应的运输物流成本。

二、首钢缘何牵手曹妃甸

1. 实现从"山"到"海"的转移

在为首钢选择合适的"婆家"时，决策者和专家最终选择北京以东，距唐山市中心80千米，距北京220千米，距天津120千米，距秦皇岛170千米的曹妃甸。如果以唐山市中心为圆心，以40千米为半径划一个圆，冶金工业所需要的铁矿石、煤炭和种种辅料，这个圆里面全部都有。

2. 优良的深水港口

码头项目是钢铁厂的重要配套设施。"面向大海有深槽，背靠陆地有滩涂"，是曹妃甸最明显的特征和优势。这为大型深水港口和临港工业的开发建设，提供了得天独厚的条件。该深水港可满足25万吨级以上大型船舶进出，有利于大幅度降低原料和产品运输成本。

3. 坚实的企业关联纽带

首钢早在河北迁安建有年设计生产能力为450万吨铁、450万吨钢、400万吨热轧板带钢的项目，即河北省首钢迁安钢铁有限责任公司（简称首钢迁钢）；同时首钢迁钢又与亚洲最大的露天铁矿——首钢矿业公司毗邻。此外，在河北秦皇岛建有年生产能力45万吨的板材厂。这种"兄弟"情怀促进了首钢"远嫁"曹妃甸。

从2006年开始到2010年年底首钢北京石景山厂区燃烧了91年的炉火全部熄灭，短短5年的搬迁调整，5年的战略转型，5年的发展方式转变，首钢集团实现了质的飞跃，

以新的生产方式、经营方式和发展方式崛起，促进了个人愿望、企业目标和社会责任之间的平衡，首钢在其新的"婆家"——曹妃甸向可持续发展的目标昂首进发。

案例思考

通过本案例，可以思考3个问题：导致首都钢铁公司厂址搬迁的因素有哪些？新厂址的选择考虑了哪些因素？与原来的厂址相比，新厂址有哪些优劣势？

资料来源：马凤才. 首钢搬迁对钢铁企业选址的示范效应[J]. 金属世界，2011(002)：65-69. 肖利萍，等. 华丽的转身：首钢搬迁调整全景扫描[J]. 中外企业文化，2011(1)：10-13.

生产组织是指通过对各种生产要素和生产过程的不同阶段、环节、工序的合理安排，使其在空间上、时间上结成一个协调的系统，使产品在运行距离最短、花费时间最省、耗费成本最小的情况下，按照合同规定或市场需求的品种、质量、数量、成本、交货期生产出来。生产控制是指对各生产阶段的流程加以控制，以便能在预定的时间内，以最低的成本，生产合乎规格及预定数量的产品。合理组织企业的生产过程，科学实施生产控制，是社会化大生产的客观要求，有利于提高企业的经济效益，保证完成生产任务。

第一节　厂　址　选　择

一、厂址选择概述

（一）厂址选择的意义

厂址选择是指确定工厂坐落的区域位置，包括在哪个地区设厂和在此区域内选择一个适当的地址两个方面。厂址选择会对企业产生三个方面的重要影响。

（1）企业初建时的投资数额和建设速度。同样生产能力的工厂，建在中等城市或小城镇，其投资数额要比建在大城市少得多，但建设速度可能较慢。

（2）企业建成以后的厂内布置和企业的发展前景。依山傍水的企业往往有充足的水源供应，但运输路线可能不够平坦，企业发展也可能受厂区空间的限制。

（3）企业建成后的成本费用。建于东南沿海地区的企业运输费用可能较小，但需负担的劳动力成本较高；设立在老少边穷地区的企业则可以得到减免税优惠，劳动力成本低，但交通运输成本可能会高。

选择工厂设立的区域必须将自身的生产和销售条件与本地区的经济条件联系在一起，精密计算生产成本并预测未来的趋势。一旦厂址选址失误，将工厂建于不利条件的区域，则大错铸成，永久难于补救。企业的固定资产很难转移，由此会引起原料、工资、运输等费用的增加，销售成本也随之增高，成本高，售价必贵，缺乏竞争优势，一旦遇到市场环境的波动，则倒闭的命运在所难免。所以说，厂址选择可以决定企业的成败，对于任何规模和类型的企业概莫能外。

（二）厂址选择应考虑的因素

厂址选择的可能位置有都市、乡村、郊区、工业区或加工区，一般应考虑如下条件。

1．主要条件

（1）工人供应条件。一般情况下，工人报酬少，流动性小的工业，应建于人口稠密的地区；对技术工人需求量大的企业，以建立在接近人口多的城市为宜。

（2）接近原料条件。必须考虑原材料的产地及运输成本、市场供应条件等，要考虑是竞争性市场还是垄断市场，有无替代品等。

（3）市场接近及交通运输条件。工厂接近市场，具有信息灵通、便于推销及运费低等优势，货物运输的能力也比较重要。例如，珠宝、贵重衣料、精美家具、化妆品等，重量较轻而负担运费较高，可以运到较远市场的，厂址不必接近市场。

（4）燃料及能源供应条件。对于生产流程上对燃料及能源耗费量大的企业，厂址选择应尽可能接近燃料及能源供应地。

2．次要条件

（1）纳税问题。

（2）法律问题。

（3）用水供应。用水供应包括饮用水和工业用水。例如，酿酒、染布等企业均需好的水质，因此，必须考虑用水条件。

（4）气候条件。例如，湿度、温度、气压、风力、风向、年降水量等是否能满足企业生产的要求，职工能否适应。

3．其他条件

（1）地区问题。厂址可分为乡村厂址、市郊厂址、城市厂址三类。厂址选择必须考虑有无空地，能否满足扩张的要求等方面。

（2）环境设备。环境设备包括下水道、电力电线、自来水、煤气供给、道路铺设、运输条件等。

（3）地价负担。大规模的工厂不宜建在城市。

（4）地势与地质状况。地面是否平整、地势高低平坡关系到工厂的建设成本，要考虑地质能否满足未来设施的载重等方面的要求。

（5）环境保护要求。

（6）职工的生活、医疗条件。

（7）开展教育、科研和生产协作的条件。

（8）劳动力来源。

（9）建厂的投资费用。

（10）可扩展性。

表 9-1 所示为影响选址决策的因素。

表 9-1　影响选址决策的因素

选择国家	1．政府政策、态度、稳定性及鼓励措施 2．文化和经济问题 3．市场位置 4．劳动力供应、态度、生产力、成本 5．生产供应能力、通信、能源情况 6．汇率

续表

选择地区	1. 企业目标 2. 地区吸引力（文化、气候、税收等） 3. 劳动力供应、成本等 4. 公用设施的成本和供应 5. 所选地区的环境管理措施 6. 政府优惠鼓励性措施 7. 距离原材料产地及消费者的距离远近 8. 土地/建筑成本
具体位置决策	1. 场所的大小和成本 2. 空运、铁路、高速公路、水路系统 3. 分布格局约束条件 4. 距离所需服务/供应设施的远近 5. 环境影响因素

（三）不同区域建厂的优劣势分析

（1）建于乡镇的工厂。其优势表现在：工资较低，工人容易管理；地价低廉，容易获得建设用地；限制条件少；税负较轻。劣势是：交通运输不便；资金周转调度不便；需要自行建设社区，费用较高，如宿舍、学校、医院、娱乐场所等；远离销售市场，信息比较闭塞。大规模占用场地、发展较快、独立性强的企业宜建在乡村。

（2）建于都市的工厂。其优势表现在：城市人口集中，剩余劳动力多，便于工厂对劳动力的选择；可利用城市的水陆交通，原材料和产成品的运销较乡镇方便；公路、煤气、电力、排水、火灾防范等设施较为完善；便于融通资金。劣势是：工人的工资普遍较高；地价昂贵，不易扩大发展。污染严重的企业（如造纸厂）、占地较大的工厂不宜建在都市。

（3）建于郊区的工厂。所谓郊区，是指大都市的外围区域，通常地价较都市低，交通较乡村便利，因此兼具都市与乡村的优点而无都市与乡村的缺点。把工厂建在郊区：对企业来讲，可获得多种便利并减轻若干负担；对员工来说，可享受到较好的生活环境，子弟上学及娱乐均无影响。因此，工厂厂址的选择通常以郊区为宜。

厂址的选择是一个十分复杂的问题，既要考虑国家的产业布局政策，又要注重企业的经济效益，而且不能损害社会公共利益。这是一项对企业、国家、社会都会产生深远影响的工作。要尊重客观规律，认真研究，开展可行性分析，按照有关规定做好建设的前期论证工作，尽量不占或少占良田，在不损害国家和社会利益的前提下，力求达到企业建设投资费用和生产经营费用之和最小的目标。

（四）厂址选定后投资前应注意的问题

厂址选定后，在正式投下大量资金设厂之前，应当做比较详细的投资分析或可行性研究。

（1）营销可行性分析。主要目的在于预测未来投资方案存续期间每年的销售量、销售价格及销售收入。

（2）技术可行性分析。目的在于确定营销可行性之后，企业是否有此工程技术能力来履行将来的生产供应任务。

（3）制造可行性分析。目的在于分析企业在实际制造作业上是否具备供应所需产品品质及数量的能力。

（4）利润可行性分析。目的在于比较分析未来的投资报酬率是否高于企业所要求的标准，若是，则投资方案可行，否则，应放弃方案。

（5）财务可行性分析。目的在于考察在本方案存续期间，企业是否有力量筹得所需要的资金，若是，本方案可行，否则，否定本方案。

（6）投资环境的再分析。本步骤是在前面分析厂址选择各种因素的基础上，进一步分析所掌握的投资环境资料是否有大的变动，是否符合所选定区域经济社会发展的实际，如果投资环境资料无多大差异，本方案可行，否则，应停止。

（7）风险因素的评估。比较健全的可行性研究，应对上述各步骤分析中的重要因素进行风险评估，以评估万一某重要因素的估计错误（或发生变动）时，是否会影响整个投资方案的可行性。

二、厂址选择的方法

合理选择厂址，一定要运用科学的方法。本书介绍两种常用的厂址选择方法。

（一）损益分歧点分析法

损益分歧点分析法是通过计算不同厂址在相同计划年产量下，损益分歧点产量的大小来选择厂址。应选择损益分歧点产量最小的方案为最优方案。

例 9-1：A 企业投资生产某种产品，计划年产量 20 000 件，有甲、乙两个厂址可供选择，有关资料如表 9-2 所示。

表 9-2 厂址选择（损益分歧点分析法）

项 目	单 位	厂 址	
		甲	乙
总成本	元	380 000	420 000
可变成本总额	元	228 000	294 000
固定成本总额	元	152 000	126 000
计划年产量	件	20 000	20 000
单价	元/件	20	20
单位产品可变费用	元/件	12	14
盈亏平衡点产量	件	19 000	21 000

由计算结果可知，虽然在乙地办厂，年固定成本可节约 26 000 元，但是，由于单位产品变动成本比甲地高出 2 元，造成乙地建厂的损益分歧点产量比甲地高 2 000 件。这表明，如在乙地建厂，较甲地更难实现盈利。事实上，若按计划年产量 20 000 件组织生产，则在甲地建厂每年可获利润 20 000 元，而在乙地建厂每年亏损 20 000 元，因而，应选择在甲地建厂。

（二）分等加权法

分等加权法是列出管理者认为应该考虑的影响厂址选择的因素，并视其重要程度给以相应的权数。常用的确定权数的办法有两种：①百分制法，即先令所有影响因素的权数之和为 100，然后根据各因素的重要程度分解分配，给定各因素的权数；②定 1 法，即先令影响因素中最不重要的一种权数为 1，其他影响因素和该种影响因素做比较，根据其相对重要程度给定权数。确定了各因素的权数以后，对不同的厂址选择方案分别就各因素打分，最后计算各方案的权分和，权分和最高的方案就是最优方案。

分等加权法的工作步骤为：①列出影响因素，根据影响力强弱为其规定权数；②规定评价标准，并为各因素定级；③计算得分；④汇总选优。

例 9-2：有甲、乙、丙、丁四个可供选择的厂址方案，其考虑因素的权数和各方案的分值资料如表 9-3 所示。

表 9-3 厂址选择（分等加权法）

影响因素	权数	甲	乙	丙	丁
地理条件	7	2 / 14	3 / 21	4 / 28	1 / 7
气候	3	3 / 9	2 / 6	3 / 9	1 / 3
交通运输	6	2 / 12	1 / 6	3 / 18	2 / 12
资源	7	1 / 7	2 / 14	4 / 28	3 / 21
能源供应	8	2 / 16	3 / 24	4 / 32	2 / 16
水源	5	2 / 10	2 / 10	4 / 20	3 / 15
排水	5	2 / 10	3 / 15	4 / 20	1 / 5
扩展余地	2	1 / 2	3 / 6	2 / 4	4 / 8
环境保护	4	1 / 4	2 / 8	3 / 12	4 / 16
安全	3	3 / 9	3 / 9	4 / 12	4 / 12
生活条件	6	2 / 12	3 / 18	4 / 24	1 / 6
协作	4	2 / 8	3 / 12	4 / 16	1 / 4
劳动力来源	5	1 / 5	2 / 10	3 / 15	2 / 10
产品销售	3	3 / 9	3 / 9	4 / 12	1 / 3
料场	1	3 / 3	4 / 4	3 / 3	4 / 4
投资费用	6	2 / 12	3 / 18	4 / 24	1 / 6
总计		142	190	277	148

在本例中，用定 1 法给定权数，先确定料场的权数为 1，再根据相对重要程度给定其他因素的权数，由分值和权数的乘积计算得出各方案的权分和。其中，丙方案的权分和最高，因而是最优方案。

例 9-3：某厂有 4 个候选厂址，10 个影响因素，应用分等加权法选址，具体情况如表 9-4 所示。

表 9-4　分等加权法选址

影响因素	权数	候选厂址			
		A	B	C	D
劳动力条件	7	2 / 14	3 / 21	4 / 28	1 / 7
地理条件	5	4 / 20	2 / 10	2 / 10	1 / 5
气候条件	6	3 / 18	4 / 24	3 / 18	2 / 12
资源供应条件	4	4 / 16	4 / 16	2 / 8	4 / 16
基础设施条件	3	1 / 3	1 / 3	3 / 9	4 / 12
产品销售条件	2	4 / 8	2 / 4	3 / 6	4 / 8
生活条件	6	1 / 6	1 / 6	2 / 12	4 / 24
环境保护条件	5	2 / 10	3 / 15	4 / 20	1 / 5
政治文化条件	3	3 / 9	3 / 9	3 / 9	3 / 9
扩展的余地	1	4 / 4	4 / 4	2 / 2	1 / 1
总计		108	112	122	99

结论：运用分等加权法分析之后，C 方案为最优选址。

应该指出的是，这两种方法各有优缺点。损益分歧点分析法以科学的计算为依据，客观性强，不易受个人意见的影响。但是，损益分歧点分析法要求对产量、单价、固定成本总额、单位变动成本进行准确的调查、预测和估计，这往往是很难做到的。分等加权法资料来自估计和判断，容易取得，但主观性强，容易受个人偏好的影响，有时甚至导致盲目决策。为减少决策中的盲目性，在使用分等加权法进行厂址选择时，最好成立由专家、企业管理者、职工、技术人员、政府有关人士组成的决策委员会，确定各因素的权数和各方案的分值，力求做到客观、公正。

第二节　生产过程组织

一、生产过程及其构成

（一）生产过程含义及特性

1. 生产过程的含义

生产过程是指从准备生产某种产品所需要的原材料的投入开始，直到生产出该种产品的全部过程，是按一定客观要求组织起来的劳动过程和自然过程的综合。劳动过程是指劳动者直接或间接（借助劳动手段）地作用于劳动对象，使其发生变化的过程，也就是劳动者凭借智力和体力改变劳动对象的过程。自然过程是指借助自然力作用于劳动对象，使其发生变化的过程。工业企业的生产过程主要是劳动者运用机器设备等劳动资料对劳动对象进行加工处理，使之成为预期产品的过程，如切、割、压、冲、铣、磨等。在有些生产领域，生产过程也包括一定的自然力作用过程，以使劳动对象发生预期的物理、生物和化学变化，如铸件的冷却、油漆的干燥、酿造的发酵等。因而，生产过程可以说是一系列相互联系的劳动过程和自然过程相结合的全部过程。

2. 生产过程的特性

（1）生产技术特性

离散型生产过程：生产系统的运行过程在时间上可以中断，在空间上可以分离。

连续型生产过程：生产系统的运行过程在时间上不能中断，在空间上不能分离。

（2）生产过程特性

产销分离型：生产过程和消费过程相分离，可以在时间和空间上分开。

产销结合型：此类企业的生产过程和消费过程同时进行，在时间和地点上难以分开。

（3）产品、工艺的标准化程度

产品标准化：构成产品的零件、部件、材料。

工艺标准化：工艺过程、设备，操作规程等。

（二）生产过程的构成

1. 生产过程的结构性构成

生产过程的结构性构成主要表现为劳动者和生产设备的组织形式。它不同于行政性组织，是一种由生产任务关系形成的工作组织，如图 9-1 所示。

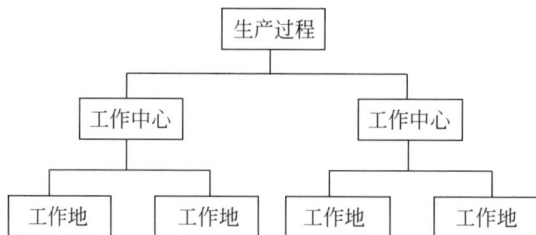

图 9-1　生产过程的结构性构成

（1）工作地。工作地是指由工人、设备、一定的生产面积等要素组成，具有特定的生产能力，能承担一定任务的生产单位，工作地是生产过程中最基层的生产单位。根据企业的任务即活动内容的不同，工作地的设置和承担的任务也不同。例如，工厂的工作地可以是一台设备，商店的工作地可以是一节柜台等。

（2）工作中心。工作中心是指由相互关联的若干个工作地组成，具有特定生产能力，完成一定产品或半成品的生产单位。工作中心的形式可以是作业组、生产线、加工中心、流水线等，或是辅助生产时的一个仓库、运输组等。工作中心的构成除各工作地外，一般还需要一些联结各工作地的设置，如运输装置等。

2. 生产过程的任务性构成（流程）

生产过程的任务性构成是指生产过程中任务的分解与结合，主要表现为任务的分工及协作关系。

（1）工序。工序是生产过程的一个基本任务环节，它综合地包括了劳动者、劳动手段和劳动对象。可以说生产过程就是由一道道工序组成的。

（2）工艺阶段。工艺阶段是按照使用劳动手段的不同和加工性质的不同，划分的局部生产过程。工艺阶段是较高层的局部生产过程。

简单阶段生产过程如图 9-2 所示。

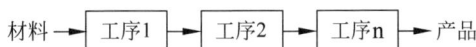

材料 → 工序1 → 工序2 → 工序n → 产品

图 9-2　简单阶段生产过程

多阶段生产过程如图 9-3 所示。

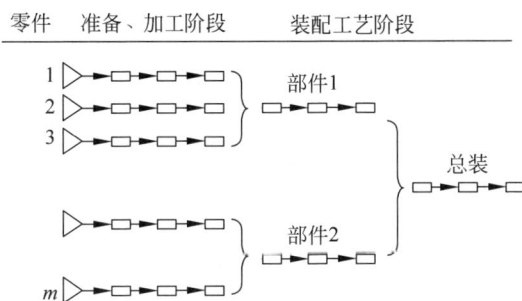

图 9-3　多阶段生产过程

企业的生产过程，一方面是原材料、燃料、动力、劳动、技术的不断投入过程；另一方面是产品的不断输出过程。输出的产品：有些是可以直接用于最终消费的商品，如衣服、机器、家电等；有些则是需要继续深加工的中间产品，如棉纱、金属材料等；还有一些是用于组成其他产品的零件、部件或毛坯。在第一种情况下，企业生产过程就是一个完整的产品生产过程，而在后两种情况下，企业的生产过程只是社会产品生产过程的一部分，全部的生产过程要靠多个企业的协调配合才能完成。

根据生产产品所需要劳动的性质及其对产品所起作用的不同，一般可以将生产过程划分为生产准备过程、基本生产过程、辅助生产过程和生产服务过程四个部分。

（1）生产准备过程，是指产品正式投入生产之前所进行的各种生产技术准备工作的总和，如产品设计、新产品试制及论证、工艺设计、工艺准备、原材料及劳动定额的制定、能源消耗定额的制定、劳动组织的协调和设备布置等工作。

（2）基本生产过程，是指直接为完成所要生产的产品而进行的各种生产活动，如冶金企业的冶炼，纺织企业的纺纱、织布，机械企业的加工、装配。这一过程是企业的主要生产活动。

（3）辅助生产过程，是指为了保证基本生产过程的顺利进行而提供辅助劳动和辅助劳务的生产过程。例如，彩电生产企业生产用于彩电机壳制造的模具，机械制造企业的工具生产、设备维修，石油开采企业的油井加固等。

（4）生产服务过程，是指为基本生产过程和辅助生产过程服务的各种生产服务活动。生产服务过程往往不是一种生产活动，如供应工作、保管工作、运输工作等。

上述四部分既有联系，又有区别。其中，基本生产过程是主导部分，其他过程都围绕这一过程进行。

按照工艺的特点和生产组织要求，基本生产过程可以进一步划分为若干相互联系的工艺阶段。在每一个工艺阶段，又可以按劳动分工和使用的设备、工具划分为若干个工序。

工序是指一个或几个工人在同一工作地上，对一个或几个劳动对象所进行的相同的生产加工活动。根据组织工序时移动的是劳动对象还是工人，工序有两种表现形式：①相同的劳动对象，顺序地经过许多工作地，由处于某一工作地的工人进行相应的加工，这种工序叫做工人固定的工序；②劳动对象固定不动，由工人顺序地经过各工作地进行相应的加工，这种工序叫作劳动对象固定的工序。实践中，第一种情况较为常见。

基本生产过程中的工序，按照其性质和作用的不同，可以划分为工艺工序、检验工序和运输工序。工艺工序是指利用劳动工具改变劳动对象的形状、大小、成分，使其成为产品的工序。工艺过程是工艺工序的总和。检验工序是指对原材料、成品、半成品的质量和性能进行检验的工序。运输工序是指在工艺工序之间，工艺工序与检验工序之间运送劳动对象的工序。

二、生产过程组织的客观要求

生产过程组织是对构成生产过程的各种生产要素，在空间和时间上进行合理的安排，按产品在生产过程中运动的客观规律，进行生产结构和生产流程的设计。合理组织生产过程必须符合连续性、比例性、节奏性、适应性的要求。只有按照这些要求组织生产，才能以最小的劳动耗费取得最好的生产成果，进而提高生产的经济效益。

（一）生产过程的连续性

生产过程的连续性，是指生产过程各阶段、各工序的进行，在时间上是紧密衔接的，不发生各种计划外的中断现象，加工对象在生产过程中一直处于运动或被加工状态（如加工、检验、运输等），各生产环节的设备、人力总是处于工作状态。保持和提高生产过程的连续性，可以减少在制品占用，缩短产品生产周期；可以更有效地利用原材料、设备、工地和人力，减少损失；可以改善产品质量，加速资金周转。要实现生产过程的连续进行：必须使企业内各车间、仓库之间及工作地之间的布置符合工艺流程的要求；必须采用先进的技术设备，提高自动化、专业化水平；必须做好生产准备工作和生产服务工作，防止意外停工。

（二）生产过程的比例性

生产过程的比例性，是指产品生产过程的各阶段、各工序之间，在生产能力和产品加工劳动量上要保持一定的比例关系。各个生产环节的工人人数、生产效率、设备数量等，都必须进行通盘考虑，综合平衡，防止出现比例失调。例如，装配一个产品，如需某种零件两个，则生产该零件的工作中心应有相应的生产能力。实现生产过程的比例性，一方面，要在设计和建厂时，充分考虑企业的产品结构和工艺特点，合理配备人力资源和设备资源；另一方面，企业的生产方向并非一成不变，因而，要在改变产品的工艺操作、工艺设计或淘汰旧产品、生产新产品时，及时地根据变化后的实际情况进行适当的调整，以适应新的情况。

（三）生产过程的节奏性

生产过程的节奏性，是指企业及其各个生产环节都要按照生产计划的要求，在一定时间内生产相等或等速递增数量的产品，或完成相等或等速递增数量的工作量，使各个工作地的负荷保持相对的稳定。保证生产过程的节奏性，有利于减少在制品占用，压缩库存，提高人力、设备的使用效率，保证产品质量，做到均衡生产。提高生产过程的节奏性，应从投入、制造、出产三个环节入手。其中，投入的节奏性是确保生产工程节奏性的前提，制造的节奏性是实现生产过程节奏性的保证，出产的节奏性是生产过程节奏性的本质要求。因此，要实现生产过程的节奏性，应当对投入、制造、出产进行统筹安排。

（四）生产过程的适应性

生产过程的适应性，是指生产过程的组织形式要灵活多变，能够进行恰当的调整，以满足生产不同产品的要求。在市场经济条件下，市场需求千变万化、多种多样，企业只有抓住各种机会，满足不同消费者的要求，才能不断扩大市场占有率，赢得市场竞争。这要求企业在组织生产过程时，要保证企业的生产过程能在市场需求发生变化时迅速做出调整，以适应新的情况，按照市场或顾客的要求，准时提供足够数量和质量的产品。一般来说，为强化生产过程的适应性，企业的生产应向多品种、小批量、能够应急应变的方向发展，要采用混流生产等先进的生产组织方式，也可以在主流产品以外组织灵活的生产单位，不断开发新产品，提高企业生产过程的适应能力。

三、生产类型

生产类型是指根据计划类型、生产方法、专业化程度、组织类型、接受生产任务的方式、生产规模、生产设备等标志，对企业生产过程所进行的分类。生产类型是影响企业生产过程组织的主要因素之一。区分生产类型有利于深化对企业生产过程的研究，合理地组织企业的生产活动。

（一）生产类型的划分方法

企业生产类型划分的方法很多，可根据不同的标志分类。下面列举两种方法以供参考。

1. 工序数目法

工序数目法即根据工作地所担负的工序数目确定生产类型。其参考数据如表9-5所示。

2. 工序大量系数法

其公式为

表 9-5　工序数目的参考数据

生产类型	工序数
大量生产	1～2
大批生产	2～10
中批生产	10～20
小批生产	20～40
单件生产	40 以上

$$K = T/R$$

式中，K 为大量系数（按工序计算）；T 为工序平均单件时间（分/件）；R 为零件平均出产时间的间隔（分/件）；$R = Fe/N$（Fe 表示计划期有效工时；N 表示计划期全部零件产量）。

大量系数的参考数据如表 9-6 所示。

表 9-6　大量系数的参考数据

生产类型	大量系数
大量生产	>0.50
大批生产	0.50～0.10
中批生产	0.10～0.05
小批生产	0.05～0.025
单件生产	<0.025

（二）企业生产类型的分类

1. 按接受生产任务的方式（生产同需求的关系）和企业组织生产的特点分类

（1）订货生产方式（make-to-order，MTO）。是根据企业与用户签订的订货合同或协议要求进行的生产，生产品种、质量、数量、交货期都符合合同或协议约定的要求。在这种方式下，企业的生产过程不稳定，计划组织较难，但由于合同对数量和交货期都做出了明确的规定，因而可以消除库存。管理的关键是保证在交货期内按质、按量完成约定产品的生产，重点在于生产周期与交货期的确定。

（2）存货生产方式（make-to-stock，MTS）。企业产品的生产不是依据客户的需求，而是建立在市场调查和预测的基础之上，产品有库存。在这种情况下，生产过程组织可以有较规范、稳定的计划，生产管理不但要做好产品质量管理和成本控制工作，而且要保证供、产、销之间的衔接，任何一个环节的中断都会导致整个生产过程的中断。管理工作的重点在于库存量的确定。

订货生产方式与存货生产方式的区别如表 9-7 所示。

表 9-7　订货生产方式与存货生产方式的区别

项目	订货生产方式	存货生产方式
产品	按用户要求生产，无标准产品，大量的变形产品与新产品	标准产品
对产品的需求	难以预测	可以预测
价格	订货时确定	事先确定
交货期	很重要，订货时确定	不重要，由成品库随时提供
设备	多采用通用设备	多采用专用高效设备
人员	多种操作技能人员	多种操作技能人员

2. 按工艺过程的连续性划分

（1）连续型生产。在连续型生产过程中，物料均匀、连续地按一定工艺顺序运动。例如，化工（生产塑料、药品、肥皂、肥料等）、炼油、冶金等，都是连续型生产的典型例子。由于物料按一定流程连续不断地通过各个工序的生产，因此，又将连续型生产称为流程式生产。一般来说，连续型生产的地理位置集中，生产过程自动化程度高，只要设备运转正常，工艺参数得到控制，就可以正常生产出合格产品，生产过程中的协调与协作任务少。

（2）离散型生产 。在离散型生产过程中，产品是由零散的零部件装配而成的，零部件以各自的工艺过程通过各个生产环节，物料运动呈离散状态，因此，又将离散型生产称为加工装配式生产，例如汽车、柴油机、电视机、洗衣机等，都是离散型生产的典型例子。

离散型生产的地理位置分散，一个产品的不同零件可以在不同地区，甚至不同国家生产。零件种类繁多，加工工艺多样化，又涉及多个单位、工人和设备，生产过程中极易出现等待、停顿、延误等现象，使得生产过程中的协作关系比较复杂。因此，计划组织与控制的任务相当繁重，对生产管理的要求较高，一直是企业界探索的重点。

连续型生产与离散型生产的比较如表 9-8 所示。

表 9-8　连续型生产与离散型生产的比较

特　　征	连续型生产	离散型生产
用户数量	较少	较多
产品品种	较少	较多
产品差别	有较多标准的产品	有较多用户要求的产品
营销特点	依靠产品的价格和可获性	依靠产品的特点
资本/劳动力/材料密集	资本密集	劳动力、材料密集
自动化程度	较高	较低
设备布置的性质	流水式生产	批量或流水式生产
设备布置的柔性	较低	较高
生产能力	可明确规定	模糊的
扩充能力的周期	较长	较短
对设备可靠性的要求	高	较低
维修的性质	停产维修	多数为局部维修
原材料的品种数	较少	较多
能源消耗	较高	较低
在产品库存	较低	较高
副产品	较多	较少

3. 按生产方式划分

（1）综合制造型，是指将不同的原材料或零配件合成或装配成一种产品的生产活动，如纺织厂、水泥厂、家电厂等。

（2）分解制造型，是指以整体分割制造不同的产品，最典型的是石油化工厂、肉类罐头厂等。

（3）提炼制造型，是指从来自地下、海洋等的材料中提炼出某种物质的生产活动，如采矿企业、油田等。

（4）变形制造型，是指通过改变加工对象的形状或性能而制成产品的生产活动，如冶炼厂、橡胶厂等。

以上四种按生产方式对生产的分类并不是绝对的，有些企业有些产品的生产可能会出现两种、三种，甚至四种生产并存的状况。例如，石油化工企业，既裂化分解石油，又合成生产化学纤维，还能生产橡胶，是分解制造型、综合制造型和提炼制造型并存的生产类型。

4. 按生产任务的重复程度和工作地专业化程度划分

（1）单件生产，是指工作地经常变动地完成很不固定的工作的生产，同一产品只生产一件或数件，工作地专业化程度很低。

（2）成批生产，是指工作地轮换地加工成批零件，一批相同的零件加工完成以后，调整设备，再加工另一批零件。

（3）大量生产，是指工作地固定地完成一道或几道工序，工作地专业化程度很高。

三种生产类型特点的比较如表 9-9 所示。

表 9-9　三种生产类型特点的比较

项　　目	生　产　类　型		
	单件生产	成批生产	大量生产
产品品种	很多	较多	单一或很少
产品产量	单个或很少	较大	很大
组织	分工较粗，工序内容不稳定	分工较细	分工详细，操作简单，工作质量稳定
专业化程度	专业化程度低，多采用通用设备	专业化程度较高，可以部分采用专用设备	专业化程度高，可采用流水线
工作地工序数量	很多	较多	1～2 道工序
生产重复性	不重复	周期性重复	不间断生产集中产品
设备的布置	基本按工序原则排列	同时有按对象原则排列，又有按工艺原则排列	按对象原则，采用流水线生产或自动线生产
工艺装备	基本采用通用工艺装备	专用和通用工艺装备并有	采用高效或自动化专用工艺装备
生产设备	基本采用通用设备	专用和通用设备并存	广泛采用专用设备
设备利用率	低	较高	高
应变能力	很好	较好	差
交货速度	差	一般	好
要求工人技术水平	很高	较高	低
劳动定额的制定	粗略	有粗有细	详细
劳动生产率	低	较高	高
计划管理工作	复杂多变	比较复杂	比较简单
生产控制	很难	难	容易
产品成本	高	较高	低
经济效益	低	较高	高

（三）企业生产规模与生产类型

生产规模一般是指企业生产过程的产出总数量或资源占有量。实践中，往往可用年产量、销售收入、生产能力、从业人员总数、资本总值等指标来表示企业的规模。

一般来说，生产规模与生产类型之间的关系可表述为：企业生产规模越大，则专业化程度越高，生产类型越合理，成本也就越低。

成批生产和大量生产有如下规律：在产量增加一倍时，成本可降低 20%～30%，从这个意义上来讲，扩大企业的生产规模是改善企业生产经济性的有效途径。企业的生产规模受最小经济规模和市场容量的限制，不能过小，也不能过大，这就是所谓的规模限制，受此限制，有些产品根本不能实行大量生产。生产规模的选择公式为

$$Q_0 \leq X \leq Q_m$$

式中，Q_0 表示最小经济规模；Q_m 表示市场容量。

第三节　生产过程的空间组织

生产过程的空间组织，是指在空间上合理地确定企业内部各生产单位和各生产阶段的设置和运输路线，以及劳动者、劳动资料等生产要素在空间上相互结合的方式。其内容包括应设置怎样的生产单位，应按照什么原则布置这些生产单位，确定生产单元及生产设施之间的相对位置关系，确定各生产单元的组成规则和相互连接关系。

一、工艺专业化形式

（一）工艺专业化形式基本原理

工艺专业化形式，简称工艺式（process focused），是指按照生产工艺性质的不同设置生产单位的产品生产空间组织形式。在工艺专业化的生产单位里，集中着同种类型的工艺设备和工人，对企业生产的各种不同产品进行相同工艺的加工。例如，机械制造企业中的机械加工车间、锻造车间、车工工段等，服装制造过程中的裁剪、制作、熨烫等工序均属此类。其特点是工人使用相同设备，采取机群式布局，工人的工种相同，但加工对象不同，只是对其相同工艺部分进行加工。一般适用于单件小批生产类型的企业或特殊工艺加工。

按工艺专业化组织的生产过程流程如图 9-4 所示。

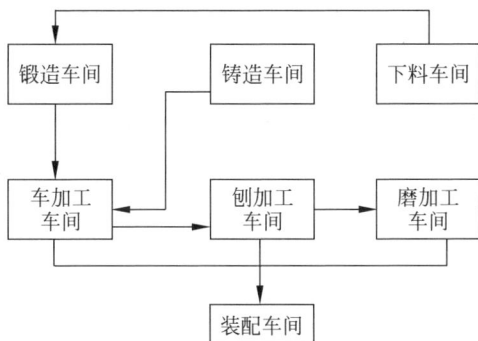

图 9-4　按工艺专业化组织的生产过程流程

（二）工艺专业化形式的优缺点

1. 工艺专业化形式的优点

由于工艺专业化形式把同类设备集中在一起，完成一定的工艺过程，因而有以下优点。

（1）加工对象可变，适应性强。当生产产品的品种发生变化时，不必重新布置工作地、调整设备和工艺装备，因而转产容易，有较强的应变能力。

（2）设备利用率高，系统维护成本低。由于集中了同类设备，便于充分利用设备和工作地的生产能力，提高设备负荷系数，个别设备出现故障对整个生产的影响较小。同时，同类操作工人之间可以展开竞争，有利于提高效率。

（3）便于技术管理和工人技术水平的提高。由于每种工作地内部进行相同的操作，因而有利于进行工艺过程控制，提高产品质量，能够对工人进行专业化技术指导，通过培养和竞争，造就一批高技术工人。

2. 工艺专业化形式的缺点

工艺专业化形式把加工某一产品（零部件）的各类设备布置在不同的工作地，任一工作地都不可能完成一个独立产品（零部件）的加工，因而存在如下缺点。

（1）加工对象的中间周转路线长，运输量大。产品轮流在各个工作地之间进行加工，在车间之间辗转频繁，流程交叉重复，加工路线长，原材料、在制品、成品的运输量大。

（2）在制品占用量大，资金占用多且周转缓慢。产品在各工序之间往往会出现停顿，有较长的等待时期，延长了生产周期，在制品占用量大，因而需占用大量资金。

（3）分工过细，工作单一，协调困难。由于各单位之间的协作、往来频繁，有些产品的加工要经过几十甚至上百种工序，因而各工序之间的协调困难，不易进行在制品管理和计划管理。

（4）多采用通用设备，生产效率低，适应性较差。

二、对象专业化形式

（一）对象专业化形式基本原理

对象专业化形式，又称产品专业化形式。按照产品（零部件）的不同设置生产单位，以加工对象的全部或大部分工艺为中心，建立工作中心。在对象专业化的生产单位里，集中了为制造某种产品所需的各种设备，设备按工艺过程的顺序排列，加工对象是相同的，对相同的产品进行不同工艺过程的加工。产品的加工按照标准件、铸造件、齿轮、轴件等各组成部分组织。例如，流水生产线、混合流水线及自动线等，适用于大量、流水生产和结构简单的产品生产。

按对象专业化组织的生产过程流程如图9-5所示。

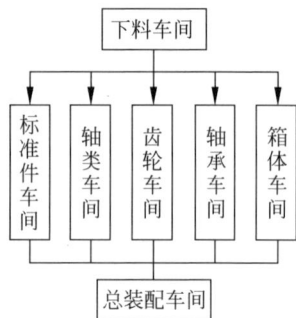

图 9-5 按对象专业化组织的生产过程流程图

（二）对象专业化形式的优缺点

1. 对象专业化形式的优点

由于对象专业化形式把同一产品的加工布置在一个工作地，对产品进行封闭式加工，因而存在如下优点。

（1）流程合理，可以缩短加工对象的运输过程，缩短生产周期，且运输量小。产品从原材料开始，一直到经加工处理为成品，始终处在同一工作地，大大减少了加工过程中的运输量，减少了运输工具和运输工人，节约了运输费用。

（2）节约加工时间和流动资金占用。在同一工作地对某种产品进行加工，有助于减少在制品的停放和运送时间，缩短了生产周期，从而减少了生产过程中在制品的占用量，能节约大量流动资金。

（3）便于协调。对象专业化形式大大减少了车间之间在生产过程中的联系。一方面，有利于强化协调工作，加强计划管理与在制品控制；另一方面，减少了产品搬运过程中的磕碰，有助于提高产品质量。

（4）可采用专用设备，生产效率高。

2. 对象专业化形式的缺点

对象专业化形式组织的工作地，只适合于加工某一种产品，存在如下缺点。

（1）分工过细，工作单一，适应能力差。当市场需求发生变化时，对象专业化形式的工作地不易立刻转产，而要经过一段时间的调整和准备，在千变万化的市场经济条件下，不能很好地满足随时变化的市场需求。

（2）设备利用率低。当某种产品的生产能力大于其生产任务时，按对象专业化组织的工作地不能生产其他产品，会出现工作地、设备和操作工人闲置的情况，降低资源的使用效率。

（3）系统受单独设备的影响大。

三、综合形式

工艺专业化形式和对象专业化形式的优缺点都不是绝对的，要根据企业的实际情况决定采取适当的空间组织形式。在产品设计比较成熟，生产的专业方向已确定，生产类型接近于大量大批生产，设备比较齐全，同类设备较多，设备负荷高的情况下，采用对象专业化形式是有利的。相反，在生产规模不大，生产的专业化水平较低，产品品种较多，生产类型接近于单件小批生产的情况下，则采用工艺专业化形式更为有利。一般来说，一个较大的企业并非单纯按工艺专业化或对象专业化组织生产，有些车间可能按工艺专业化组织，专门进行某些工艺过程的加工，而有些车间则可能按对象专业化组织，专门进行某些产品或零部件的加工。究竟如何组织，要从实际出发，结合企业生产的具体特点决定。这种工艺专业化和对象专业化相结合进行空间组织的企业就是综合形式的空间生产组织。

第四节　生产过程的时间组织

生产过程的组织不仅要求在空间上合理地设置每一个生产单位，而且要求各生产单位之间、各工序之间在时间上能相互配合，紧密协作。生产过程的时间组织，就是确定劳动对象在生产过程中各车间、各工序之间的移动方式，确定生产要素在时间上的衔接关系。它要求生产对象的移动在时间上紧密衔接，实现有节奏、连续的生产。加强生产过程的时间组织，可以提高设备、工人和工作地的利用效率，减少在制品占用量，缩短生产周期，减少资金占用，对于加强企业管理有着重要意义。

生产周期，是指产品从原材料投入生产开始，到产成品验收入库为止所需要的全部时间。产品的生产周期是良好生产管理的重要指标，产品在各工序之间的移动方式对产品的生产周期具有重要的影响。本节的重点是讨论产品或零部件等加工对象在各工序之间的移动方式，主要包括顺序移动方式、平行移动方式和平行顺序移动方式三种。

一、顺序移动方式

顺序移动方式，是指一批零部件或产品在上道工序的加工全部完成以后，才整批地从上道工序转入下道工序加工。顺序移动方式的最大特点是零部件或产品在其加工的各个工序之间是整批整批地移动的，每批零部件完全加工完毕，才开始传到下道工序。

在顺序移动方式下，由于零部件或产品是整批传送的，因而组织与计划工作比较简单。产品和零部件的集中加工、集中运送有利于提高工效，提高设备的利用率，但一批产品或零部件中大多数存在等待运输和等待加工的时间，因而在制品占用多，生产周期长。它比较适用于工艺专业化的企业或批量较小的生产。

设一批零部件总共有 n 个，要经过 m 道工序的加工，每道工序的加工时间分别为 t_i，则在顺序移动方式下，产品生产周期的一般公式为

$$T_{顺} = n\sum_{i=1}^{m} t_i$$

式中，$T_{顺}$ 为顺序移动方式的加工周期；n 为批量；m 为工序数；t_i 为第 i 工序的单件工序加工时间。

二、平行移动方式

平行移动方式，是指每个零部件在上一道工序的加工结束以后，立即转入下一道工序进行加工。有时候，零部件在各道工序之间的运送不是单个进行，而是按一个运输批量进行，但运输批量只占加工批量很小的比例。因此，平行移动方式的最大特点是零部件在各道工序之间是逐个或逐批运送的。

在平行移动方式下，由于零部件是逐个或逐批移动的，零部件在各工序之间的加工平行展开，因而这种时间组织方式能够把产品加工的在制品减少到最少，生产周期压缩到最短。但是，由于零部件在各道工序之间按件或按小批运送，大大增加了运输工作量，同时，由于零部件在各道工序的加工时间不一致，会出现设备等待或零件等待的情况。当前道工序的加工时间比后道工序的加工时间长时，后道工序的设备会出现间歇性闲置，但由于闲置是零星的，因而难以利用；当前道工序的加工时间比后道工序的加工时间短时，后道工序又会出现零件等待加工的情况，存在少量在制品。平行移动方式适用于大量、成批生产和对象专业化的企业。

设有一批零部件，零部件数量、工序数量和加工时间同上例，则在平行移动方式下，产品生产周期的一般公式为

$$T_{平} = \sum_{i=1}^{m} t_i + (n-1)t_{\max}$$

式中，$t_{\max}$ 为各工序中最长的工序加工时间。

三、平行顺序移动方式

平行顺序移动方式，是指一批零部件在一道工序上尚未全部加工完毕，就将已加工好的一部分零部件转入下道工序加工，以恰好能使下道工序连续地全部加工完该批零部件

为条件。平行顺序移动方式是平行移动方式和顺序移动方式的结合，它最大的特点是加工零部件的每道工序，其设备在开机之后，连续地加工完全部零件但又使生产周期最短。

在平行顺序移动方式下，零部件在各道工序之间的传送是以保证工序的连续加工，尽可能地缩短生产周期，减少零件运送量为标准的。因而，采用这种移动方式，克服了平行移动方式下某些工序开工后又停止等待的缺点，也改善了顺序移动方式下生产周期过长的问题，运送量也比在平行移动方式下有所减少。因而，当零部件在各道工序的加工时间不协调时，平行顺序移动方式是一种较为理想的时间组织形式。当然，平行顺序移动方式也存在着管理工作复杂等方面的缺点。

设有一批零部件，零部件的数量、工序数量和工序加工时间同上例，则在平行顺序移动方式下，产品的加工周期为

$$T = \sum_{i=1}^{m} t_i + (n-1)(\sum t_1 - \sum t_s)$$

式中，t_1 为加工时间比前、后两道工序的加工时间都长的工序加工时间；t_s 为加工时间比前、后两道工序的加工时间都短的工序加工时间。

下面，举例说明在三种不同的移动方式下，产品加工的运送及生产周期状况。

设有一批零部件总共 4 个，要经过 4 道工序的加工，每道工序的加工时间分别是 10 分钟、5 分钟、20 分钟、15 分钟。

则：在顺序移动方式下，产品的生产周期是

$$\begin{aligned} T_{顺} &= n\sum_{i=1}^{m} t_i \\ &= 4 \times （10 + 5 + 20 + 15） \\ &= 200（分钟） \end{aligned}$$

在平行移动方式下，产品的生产周期是

$$\begin{aligned} T_{平} &= \sum_{i=1}^{m} t_i + (n-1)t_{\max} \\ &= （10 + 5 + 20 + 15） + （4 - 1） \times 20 \\ &= 110（分钟） \end{aligned}$$

在平行顺序移动方式下，产品的生产周期是

$$\begin{aligned} T_{平顺} &= \sum_{i=1}^{m} t_i + (n-1)(\sum t_1 - \sum t_s) \\ &= 10 + 5 + 20 + 15 + （4 - 1） \times （10 + 20 - 5） \\ &= 125（分钟） \end{aligned}$$

在三种不同的移动方式下，零部件的运送情况如图 9-6 至图 9-8 所示。

可以看出，三种不同的生产过程时间组织形式中，就生产周期的长短来说，顺序移动方式最长，平行顺序移动方式次之，平行移动方式最短；就生产中产品的运输工作量大小来说，平行移动方式最大，平行顺序移动方式次之，顺序移动方式最小；就生产的连续性来说，顺序移动方式和平行顺序移动方式都能保证生产的连续进行，而在平行移动方式下会出现生产工作的间断。

工序号	批量/件	单件作业时间/分钟	时间/分钟																		
			10	20	30	40	50	60	70	80	90	100	110	120	130	140	150	160	170	180	190	200
1	4	10	t_1																		
2	4	5	t_2																		
3	4	20	t_3																		
4	4	15	t_4																		
生产周期			nt_1　nt_2　nt_3　nt_4　T_a																		

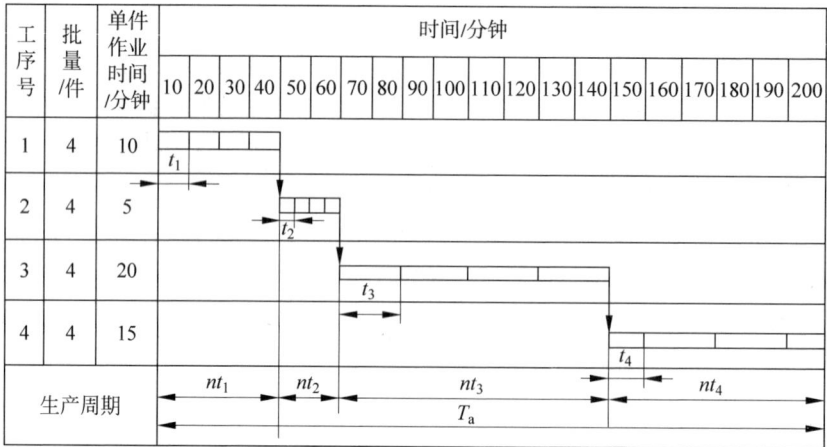

图 9-6　顺序移动方式

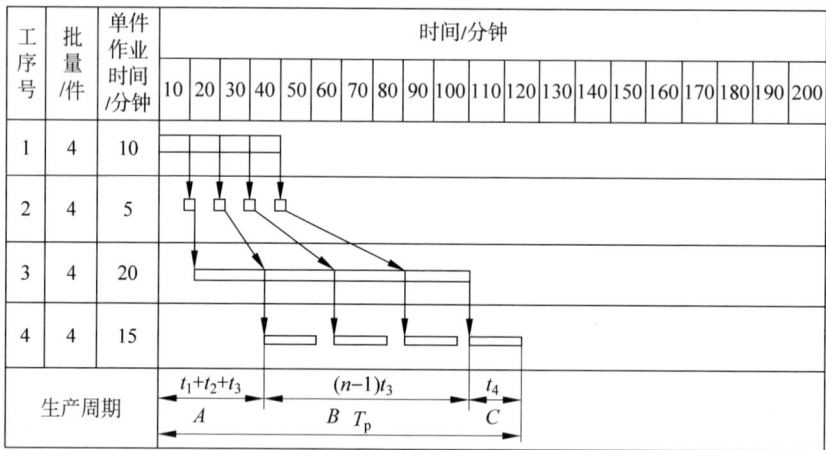

工序号	批量/件	单件作业时间/分钟	时间/分钟																		
			10	20	30	40	50	60	70	80	90	100	110	120	130	140	150	160	170	180	190	200
1	4	10																			
2	4	5																			
3	4	20																			
4	4	15																			
生产周期			$t_1+t_2+t_3$　　$(n-1)t_3$　　t_4																		
			A　　　B　T_p　　　C																		

图 9-7　平行移动方式

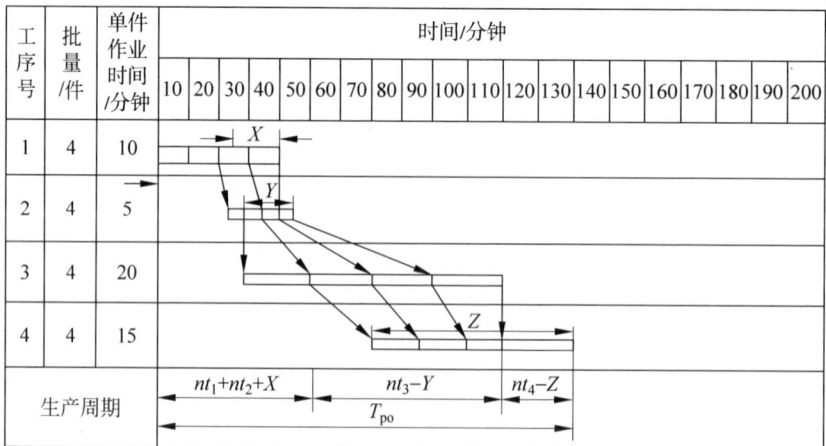

工序号	批量/件	单件作业时间/分钟	时间/分钟																		
			10	20	30	40	50	60	70	80	90	100	110	120	130	140	150	160	170	180	190	200
1	4	10	X																		
2	4	5	Y																		
3	4	20																			
4	4	15	Z																		
生产周期			nt_1+nt_2+X　　nt_3-Y　nt_4-Z																		
			T_{po}																		

图 9-8　平行顺序移动方式

　　一般来说，平行顺序移动方式是一种较好的生产组织形式，但也不能一概而论，在选择生产过程的时间组织形式时，除了要考虑生产周期、零部件或产品的搬运量和生产的连续性以外，还要考虑其他一些因素。

　　（1）生产单位的专业化形式。生产单位布置的专业化形式和生产过程的时间组织存在密切关系。一般来说，如果生产单位是按工艺专业化布置的，且车间之间距离较大，由于零部件不便于单件运送，宜采取顺序移动方式；反之，如果生产单位是按对象专业化布置的，设备间距离较小，则采用平行移动方式或平行顺序移动方式较为方便。

　　（2）生产类型。单件小批的生产多采用顺序移动方式，大量大批的生产，采用平行移动方式或平行顺序移动方式，能够节约在制品占用，加速生产进程。

　　（3）零部件的重量和工序劳动量的大小情况。如果零部件较轻，工序劳动量较小，则采用顺序移动方式有利于节约运输费；相反，如果零部件较重，工序工作量较大，需按件运送，则宜采用平行移动方式或平行顺序移动方式。

　　（4）设备调整所需时间的长短。如果改变加工对象的设备调整时间长，则应采用顺序移动方式；反之，应采用平行移动方式或平行顺序移动方式。

　　（5）接受订货的紧急程度。如果接受订货任务紧迫，交货期临近，则宜采用平行移动方式，以缩短工期，保证交货。

第五节　生产控制与生产作业控制

一、生产控制

（一）生产控制的概念与任务

1. 生产控制的概念

　　生产控制是指对各生产阶段的流程加以控制，以便能在预定的日程内，以最低的成本，生产合乎规格及预定数量的产品。狭义的生产控制单指对制造作业的控制，广义的生产控制不仅包括排定制造流程，而且还包括分派制造工作和催促制造工作。

　　生产控制的作用表现在以下七个方面。

　　（1）满足市场及顾客的需要。有效的生产控制，能够把握成品出产时间，使市场获得适时、适量、适价的商品供应。

　　（2）维持工作负荷的均衡。在有效的生产控制下，生产工作才能趋于稳定和正常，人力、机器、销售等负荷才能平稳。

　　（3）适应企业决策者的要求。生产控制能使机器设备、人工、原料等，均按照计划得到最经济有效的利用。

　　（4）减少在制品的存量。所谓在制品，是指尚未完工的产品。通过生产控制，可以减少在制品的存量。

　　（5）便于物料与生产工具的供应。在严格的生产控制下，能够实现物料与生产工具的适当供应。

　　（6）促进内部信息的交流与沟通。有效的生产控制能够使相关生产部门间的信息迅速有效地沟通，进而获得各部门良好的配合。

（7）可以提高工作效率和管理水平。

2. 生产控制的任务

生产控制的任务，可从计划、执行、考核等方面加以说明。

（1）计划方面。这里的计划是指生产部门接受生产指令后，对控制工作的计划。生产指令为生产计划部门根据生产计划所发布，所有生产控制工作必须以此为执行的准则。应事先确定操作方法与程序，确定所需工人、工具和原材料等资源。

（2）执行方面。执行是指控制工作的实施，也就是根据上述计划中所做出的决定，按照程序，逐一严格执行。具体包括：排列生产流程、布置工作路线；排定制造日程、安排工作日程；分派生产任务，发布生产命令；监督和催促制造工作，考核工作进度等。

（3）考核方面。有效的控制应在控制过程中及时评价其绩效，发现缺点，提出改善的建议。具体包括：检查工作进度，检查工作绩效，提出具体的补救办法，拟订改进方案。

（二）生产控制的类型与程序

1. 生产控制的类型

生产控制的类型常常随企业生产方式与程序的不同而加以区分，一般可分为下列三种。

（1）分批控制，是指控制工作的实施按照每次工作指令的规定，或每批产品的特性进行。其优点是按照每项指令或每批产品的实际个别需求确定控制重点，且每批制造的半成品各有其确切的标准与要求，容易鉴别和检查，适用于连续生产的企业。

（2）分期控制，也称速率控制，是指按照生产时对产品制造的期限或规定的速率加以控制，这种控制方式适用于连续型生产的企业。

（3）分区控制，是指在一个企业内部，将同类产品分由厂内若干个区域同时制造。

2. 生产控制的程序

（1）确定生产流程及生产控制工作标准。其基本任务是确定一个经济、合理并可行的施工程序，编制一份翔实、具体的生产流程表或作业表。内容应包含操作方法、操作程序、所需原料、所需工人、所需机器工具以及标准操作时间、机器设备的性能、速率等，以供排定生产日程与分派生产任务时参考。为了简化操作，使排列紧凑，可绘制生产流程图。

（2）排定生产日程。其主要任务是根据实际情况，预计每次操作所需要的标准时间，然后按照操作的先后顺序，排定一份全部制造工作时间表，即"生产日程总表"，其内容应指明某月、某日应完成某一数量的某种产品。此外，也可编制"制造日程明细表"。

（3）分派生产任务，是指根据已经排定的生产流程及生产日程，将适量的生产任务，分清先后次序，指派给各个担任生产工作的单位，使其能按照规定的路线及时间开始工作，并如期完成。

（4）跟踪催促生产工作。在生产流程与生产日程排定并发布生产指令分派任务之后，应设法控制生产工作的进度，以防止其延误时间而不能如期交货。

3．生产控制方法

（1）制定生产流程表。规定各种产品或业务的工作程序，自原材料投入起，至产成品出产为止，对企业内部生产过程的详细情形加以确定。

（2）确定生产时间表。记录各种工作的必需时间，制成成品所需的时间，在制定本表时，对于工作时间，一定要根据动作与时间研究的结果来确定。

（3）下达生产指令，是指根据生产时间表，向各部门及各机器分配工作的命令。生产指令的目的是按照生产计划发出指令"在哪道工序，应该生产什么，多长期限，多少数量"。一般来说，向外协企业或采购单位要求按需要量提供零部件或原材料称为订货指令，其目的是指令"应该向哪个单位订货，进什么货，多长期限，订多少数量"。在实际工作中，产品损坏的数量，也需要详细记录，指令应与材料储存、工具情况、工人数量、货物的重要程度等相互配合，以免招致财务上的损失。

（三）生产控制图表的种类

以图表实现控制或管理的目标，在现代企业中已广为运用，尤其在生产的控制方面，图表更具高度的实用价值。图表不仅简洁明了，使人一目了然，而且在资料的记录和工作的考核上也具有迅速、简便和可靠的优点。控制图表的记录可随实际情况的变化而随时改进，便于管理者考核与调整。常用的生产控制图表如下。

1．就控制对象而言

（1）人工机器图表。该图表显示工人操作和机器的使用情形，借以了解机器与人工的配合是否得当。

（2）工程计划表。该计划表是表明订货日期、交货日期及主要工作进度的表格。

（3）工作进展图表。工作进展图表也称工作程序表，就是将各部机器的预定任务与实际的进展情况在一张图表上显示出来，使阅读者明了某项工作进展到何种程度，某一机器的工作情形或某一产品加工的进度，如发觉有未能如期完成的工作，即可查明原因，设法补救。

（4）工作负荷图。工作负荷图是将某一部门、某一车间、某一组机器，以工作时数、工作日数或制造件数作为负荷的单位，了解一个单位内部各机器负荷的轻重情况。

2．就图表结构而言

（1）直线图，是以直线表示某一因素的变动情况。

（2）曲线图。其标示方法是在一个直角坐标内，以纵、横两个坐标代表两种变动因素，然后以这两种因素之间的关系标出各点，连成一条曲线，借以说明工作情况与工作趋势。

（3）实体图表，是利用金属板片、弹簧、栓钉等实物，将上述各种控制图表设计成一种立体图板，平置地面或挂墙上，使内容一目了然，且便于重新编排。

（4）甘特图，是一种具有控制作用的作业表，可显示未来计划和现在的实际进度，并可记录以往的成绩。

根据这些图表，很容易看出某个生产程序的布置是否合乎工厂布置的原则，缺点和优点一目了然。此外，运用这些图表，还可以考核在厂内的运输路线、工作地布置、工作时间及工作次数等方面。

二、生产作业控制

（一）生产调度

生产调度是指对执行生产作业计划过程中可能出现的偏差及时了解、掌握、预防和处理，保证整个生产活动协调进行。它是实现生产作业计划的一种手段，是企业生产作业计划的继续。

生产调度的工作内容庞杂，一般来说，生产调度包括以下几个方面的内容：检查各个生产环节、零部件、半成品的投入和出产进度，及时发现生产作业计划执行过程中存在的问题，并积极采取措施加以解决，控制生产进度和在制品流转；检查、督促和协助各有关部门做好各项生产作业准备工作，包括生产技术准备和生产服务工作，检查设备运行状况，作好物料供应工作，合理配备劳动力，调整厂内运输；组织厂部和车间生产调度会议，监督有关部门贯彻执行调度决议，对轮班、昼夜、周、旬或日计划的完成情况进行统计分析。

1. 提高生产调度工作质量的要求

（1）生产调度工作要以生产作业计划为依据，保证全面完成生产作业计划规定的任务，这是生产调度工作的首要原则。一方面，调度人员要遵循生产作业计划的原则，并适当地进行灵活处理，围绕生产作业计划开展调度业务；另一方面，调度人员要在调度过程中及时发现问题，向计划人员反映，以提高生产计划工作的质量。

（2）生产调度工作必须高度集中和统一。在市场经济条件下，企业劳动者人数多，生产情况千变万化，生产工作的顺利进行必须加强横向和纵向的协调与领导。这就要求各级调度部门作为企业领导的助手，在领导的指挥下开展调度工作，下级生产单位和同级职能部门要坚决服从调度人员指挥，如有不同意见，应在贯彻执行的同时，请示领导解决，维护调度部门的权威。

（3）生产调度工作应坚持预防性原则。调度人员应熟悉本企业生产的历史资料，善于分析、解决各种突发事故，做好生产前的准备工作、生产中的服务工作和协调工作，并应了解生产中各环节、各因素之间的依存关系，做到预防为主，取得生产调度工作的主动权。

（4）生产调度工作要坚持群众性原则。做好生产调度工作，调度人员应深入基层，亲自掌握第一手资料，调动广大职工的积极性、主动性，动员职工自觉地克服和防止生产中的脱节现象，出主意，想办法，克服困难，尽力完成生产任务。

2. 加强生产调度工作应采取的措施

（1）要建立健全调度工作制度。一般来说，企业的调度制度主要包括：为及时处理生产中出现的问题而在厂部和车间建立的调度值班制度；为使各级调度机构和企业领导及时了解情况而建立的，把每日值班情况报告给上级调度机构和有关领导的调度报告制度；为发扬民主、集思广益、统一组织生产而建立的调度会议制度；为使领导人员深入基层、联系群众、调动各方面积极性而建立的现场调度制度；班前班后小组会议制度。

（2）要建立健全生产调度机构。强有力的调度机构是企业做好调度工作的组织保证，也是现代化企业调度工作的必然要求。企业应在厂部、车间、工段、班组中设立相应的调度机构或调度员，由专人负责。同时，应合理配备调度人员，充实调度机构。

（3）要适当配置和充分利用各种生产调度技术设备。调度技术设备是企业做好调度工作的物质保障。良好的技术设备，能够大大提高调度工作的准确性、及时性和效率。常用的调度技术设备包括通信设备、远距离文件传送设备和收发报机、工业电视和电子自动记录系统等。

（二）生产进度控制

生产进度控制是指自对原材料投入生产起到成品入库为止的全过程进行控制，是生产作业控制的关键。其任务是按照已经制订出的作业计划，检查各种零部件的投入和产出时间、数量及产品和生产过程的配套性，保证生产过程平衡进行并能准时产出。生产进度控制主要包括投入进度控制、出产进度控制和工序进度控制三个方面。

对于生产进度的控制，要通过每天的生产进度日程表来跟踪，表 9-10 所示是一个生产进度日程表的例子。

表 9-10　生产进度日程表格式

填报单位：　　　　　　　　　　　　　　　　　　填报日期：　　　年　　　月　　　日

生产项目	计划生产任务	已经完成量	完成量占计划任务的百分比/%	备注（主要原因和以后安排）

单位主管：（签名）　　　　　　　　　　　　　　填报人：（签名）

1. 投入进度控制

投入进度控制是指控制产品、零部件投入生产的数量、品种、日期，并使之符合生产作业计划的要求，也包括对原材料、零部件投入提前期的控制，以及劳动力、设备、技术等准备工作的控制。投入不及时或投入数量不足，必然会造成生产过程无法平衡进行，产品无法按时交货。因此，做好投入进度控制，有利于保证生产连续进行，降低在制品占用，实现生产投入的均衡。

2. 出产进度控制

出产进度控制是指对产品或零部件的出产数量、出产日期、出产品种、出产提前期的控制。它有利于保证均衡、连续、按时、成套地生产产品，完成生产作业计划规定的任务。

3. 工序进度控制

工序进度控制是指对产品或零部件在加工过程中所经过各道工序的控制，常用于单件小批生产和成批生产，对加工周期长、经过工序多的产品，不但要进行投入进度控制和出产进度控制，而且还要做好工序进度控制。

图 9-9、图 9-10 所示分别为某企业主要产品产量进度控制图和企业内部各生产车间进度控制图。

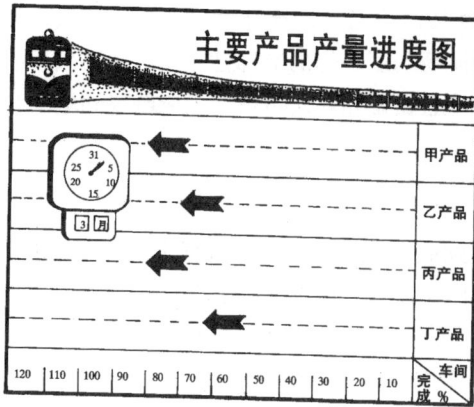

图 9-9　某企业主要产品产量进度控制图　　图 9-10　某企业各生产车间进度控制图

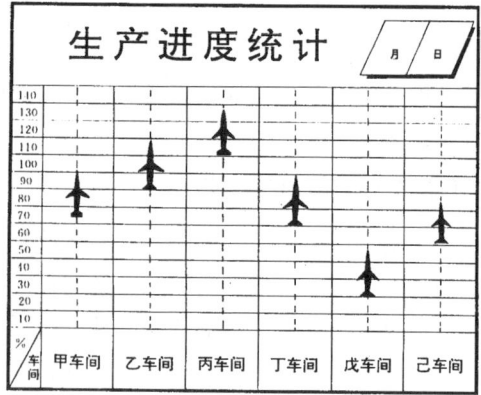

另外，还有现场作业控制的提法，它是指将生产活动进行的状况及时反馈到系统中，以便根据实际情况进行调整与控制，一般包括车间订单的下达、作业排序、投入产出控制和作业信息反馈等环节。

（三）在制品占用量控制

在制品占用量控制，是指对生产过程各个环节的在制品实物和账目进行控制。做好在制品控制工作，有利于减少企业的在制品占用量，节约流动资金，加强生产过程的连续性，提高经济效益，保证生产作业计划的完成。在企业生产管理实践中，在制品占用量的控制主要是通过轮班任务报告、加工路线单、单工序工票等方式进行。

1. 在制品占用量控制方法

（1）轮班任务报告。轮班任务报告，也叫轮班生产作业计划，是车间或工段规定从每个工序、每个工作班到每个操作者生产任务的文件，可由车间管理人员根据零部件的工艺规程和作业计划填写生产任务的具体内容。在零部件投产后，根据每道工序的完工情况，由检验人员填写检查结果。轮班任务报告既是一种作业计划，又是生产进度统计的原始记录。采用轮班任务报告，可以简化原始记录的种类，可以把统计、核算和检查计划完成情况结合起来。轮班任务报告通常是每台机床每班或每昼夜做一次。如果是加工时间较长的零部件，轮班任务报告可以跨班组使用，但不能跨月使用。

（2）加工路线单。加工路线单又被称为跟单，是指记录和掌握每批零部件从投料开始，经各道工序的加工、检验，一直到入库为止的整个生产过程的原始凭证。加工路线单的填写、使用和传递路线，根据企业生产机构设置和人员配备状况而定，并无固定的套路。加工路线单适用于成批生产的机械加工车间。其优点是：第一，每批零部件的加工信息集中在同一张路线单上，可减少单据数量；第二，加工路线单中的工艺顺序和工艺规程一致，有利于保证零部件的质量；第三，由于领料、加工、检查、入库都使用同一原始资料，可以有效地保证领料数、加工数、合格品数、入库数等各种数目的一致，一般一批零部件都用一张路线单，有助于贯彻数量标准。加工路线单的缺点在于流转时间长，可能会被污损和丢失。表 9-11 所示是一张典型的加工路线单。

表 9-11 加工路线单

产品：　　　　　　　　　填发日期：　　年　月　日　　　卡片编号：

件号	零件名称	每件台数	计划投入			实际投入		
			件	台	累计	件	台	累计

日期		工序	机床号	工作者收到		工时定额		检查结果				检查员签章
月	日	序号名称		数量	签章	准备与结束	单件	合格	返修	工废	料费	

合格入库数	检查员签章	仓库签章	入库日期	备注
			年　　月　　日	

（3）单工序工票。它是以工序为对象设票，一个工序开一票。单工序工票与加工路线单仅仅是形式不同，所记载的内容是一样的。它也是用来反映零部件在各道工序加工中的有关数量、质量等情况的凭证，所不同的是单工序工票仅记录一道工序的生产情况，一道工序完工，零部件递交检验，检验员在工票上记录有关事项后，工票返回到计划调度人员，由调度人员再为下道工序开具新的工票。单工序工票的优点是使用灵活，适用于单件小批生产企业，其缺点是工票数量多，填写工作量大，不便于统计和核对。表 9-12 所示是一张比较标准的单工序工票样式。

表 9-12 单工序工票

产品编号	件号	件名	序号	序名	单件定额	每台件数	投入件数	
							本批	累计

日期	班次	工作者姓名	加工时间			完成		检查结果				检查印	备注
			起	止	工时	件数	工时定额	合格	返修	工废	料废		

生产组长：　　　　　　　　　　　　　　　　　　　　　计划调度员：

2. 在制品占用量控制的内容

（1）控制车间各工序之间在制品的流转。在大量生产条件下，在制品占用量的控制方法通常采用轮班任务报告，结合生产原始凭证或台账进行控制，即以各工作地每一轮班的实际占用量与规定的在制品定额进行比较，使在制品的流转和储备量经常保持正常占用水平。在成批和单件生产条件下，可采用单工序工票和加工路线单控制在制品流转，并通过在制品台账掌握在制品占用量的变化情况，检查是否符合原定的控制标准，如果发现偏差，要及时纠正。

（2）控制跨车间协作工序的在制品流转。跨车间协作工序易于造成在制品控制的混乱状况。为了使主要工序车间和协作工序车间衔接紧密，一般采取由主要工序车间归口管理的办法，防止发生无人负责的状况。

（3）控制检查站的在制品流转。检查站工作对车间在制品管理具有重要的影响，应加强控制。主要包括三项内容：切实按照加工路线单上开列的项目，检验质量，检查数目；及时处理返修品和废品；正确处理加工路线单、单工序工票、入库单和检查人员值班报告等原始凭证。

（四）库存半成品控制

1. 库存半成品

半成品库就是为在制品在车间之间的周转设置的，其功能是调整生产过程的平衡性，保证生产过程的连续性。为了向生产控制系统提供有效的信息，对于中间半成品库存必须建立严格的库存台账制度，对有关的库存半成品进行严格管理。必须对库存毛坯、库存半成品建立账卡，根据半成品的类别进行分类，按照不同的零部件分别进行统计。库存半成品台账的主要原始凭证包括领料单、入库单、在制品收发单、废品通知单等。

对于库存半成品的管理，应注意以下四个方面。

（1）合理确定半成品管理的任务及分工。

（2）建立健全半成品的收发领用制度。

（3）必须合理存放和妥善保管半成品。

（4）正确及时地对半成品进行记账核对。

2. 库存半成品控制方法

（1）定期检查控制。对半成品的动态进行定期检查，每过一定的时间间隔就进行检查，如果发现库存水平比预先确定的订货水平高，则无须采取行动；如果库存水平低于或等于订货水平，则应发出补充半成品生产的指令，以使存储量回到目标水平。

（2）连续检查控制。根据这种控制方法，不断地监测库存水平，如果库存水平降到或已低于订货点，则发出补充库存的生产指令。

延伸阅读

美的成本控制案例：供应链双向挤压整合成本

中国制造业在供应链上物流的速度及成本支出产生难以解决的难题，近90%的时间成本损耗和30%～40%的销售成本占比是物流操作亟需解决的问题。下面主要讲述美的针对自身供应链的库存问题，利用信息化技术手段，从供应链的两段实施挤压，加速了资金、物资的周转，实现了供应链的整合成本优势。

1. 实现零库存梦想

美的虽多年名列空调产业的"三甲"之位，但是不无一朝城门失守之忧。自2000年来，在降低市场费用、裁员、压低采购价格等方面，美的频繁变招，其路数始终围绕着成本与效率。在广东地区已经悄悄为终端经销商安装进销存软件，即实现"供应商管理库存"

（vendor managed inventory，VMI）和"管理经销商库存"中的一个步骤。

对于美的来说，其较为稳定的供应商共有300多家，其零配件（出口、内销产品）加起来一共有3万多种。从2002年中期，利用信息系统，美的集团在全国范围实现了产销信息的共享。有了信息平台做保障，美的原有的100多个仓库精简为8个区域仓，在8小时可以运到的地方，全靠配送。这样一来美的集团流通环节的成本降低了15%~20%。运输距离长（运货时间3~5天）的外地供应商，一般都会在美的的仓库里租赁一个片区（仓库所有权归美的），并把其零配件放到片区里面储备。

在美的需要用到这些零配件时，它就会通知供应商，然后再进行资金划拨、取货等工作。这时，零配件的产权，才由供应商转移到美的手上——而在此之前，所有的库存成本都由供应商承担。此外，美的在企业资源管理（enterprise resourse planning，ERP）基础上与供应商建立了直接的交货平台。供应商在自己的办公地点，通过万维网（world wide web，Web）的方式就可登录到美的公司的页面上，看到美的的订单内容：品种、型号、数量和交货时间等等，然后由供应商确认信息，这样一张采购订单就已经合法化了。

实施VMI后，供应商不需要像以前一样疲于应付美的的订单，而只需做一些适当的库存即可。供应商则不用备很多货，一般能满足3天的需求即可。美的零配件库存周转率，在2002年上升到70~80次/年。

其零配件库存也由原来平均的5~7天存货水平，大幅降低为3天左右，而且这3天的库存也是由供应商管理并承担相应成本。

库存周转率提高后，一系列相关的财务"风向标"也随之"由阴转晴"，让美的"欣喜不已"；资金占用降低、资金利用率提高、资金风险下降、库存成本直线下降。

2. 消解分销链存货

在业务链后端的供应体系进行优化的同时，美的也正在加紧对前端销售体系的管理进行渗透。在经销商管理环节上，美的利用销售管理系统可以统计到经销商的销售信息（分公司、代理商、型号、数量、日期等），而近年来则公开了与经销商的部分电子化往来，以前半年进行一次的手工性的繁杂对账，现在则进行业务往来的实时对账和审核。

在前端销售环节，美的作为经销商的供应商，为经销商管理库存。这样的结果是，经销商不用备货了，"即使备也是五台十台这种概念"——不存在以后听淡季打款。经销商缺货，美的立刻就会自动送过去，而不需经销商提醒。经销商的库存"实际是美的自己的库存"。这种存货管理上的前移，美的可以有效地削减和精准地鬼斧神工控制销售渠道上昂贵的存货，而不是任其堵塞在渠道中，让其占用经销商的大量资金。

2002年，美的以空调为核心对整条供应链资源进行整合，更多的优秀供应商被纳入美的空调的供应体系，美的空调供应体系的整体素质有所提升。依照企业经营战略和重心的转变，为满足制造模式"柔性"和"速度"的要求，美的对供应资源布局进行了结构性调整，供应链布局得到优化。通过厂商的共同努力，整体供应链在"成本""品质""响应期"等方面的专业化能力得到了不同程度的发育，供应链能力得到提升。

目前，美的空调成品的年库存周转率大约是10次，而美的的短期目标是将成品空调的库存周转率提高1.5~2次。美的空调成品的年库存周转率不仅远低于戴尔等电脑厂商，也低于年周转率大于10次的韩国厂商。库存周转率提高一次，可以直接为美的空调节省超过2000万元的费用。由于采取了一系列措施，美的已经在库存上尝到了甜头，2002年度，美的销售量同比 2001 年度增长 50%～60%，但成品库存却降低了 9 万台，因而保证了在激烈的市场竞争下维持了相当的利润。

资料来源：www.easyfinance.com.cn/Finance/html/Article/13073.htm

第六节　精益生产、看板管理、6S 管理

一、精益生产

（一）精益生产的内涵

精益生产（lean production，LP）是美国麻省理工学院的专家对日本丰田准时制生产方式的赞誉称呼。在不同的场合可称为看板管理、准时制生产、丰田生产方式等，其根本出发点和落脚点是杜绝企业产供销全过程中的一切浪费，缩短产品从生产到客户手中时间，提高生产过程的协调度，从而提高生产效率与质量，最大限度地降低成本，保证交货，为企业带来较高的收益回报。

精益生产方式源于丰田生产方式，是由美国麻省理工学院组织世界上 17 个国家的专家、学者，花费 5 年时间，耗资 500 万美元，以汽车工业这一开创大批量生产方式和精益生产方式的典型工业为例，总结上升为理论形成的。精益生产方式的优越性不仅体现在生产制造系统，同样也体现在产品开发、协作配套、营销网络及经营管理等各个方面，它是当前工业领域最佳的一种生产组织体系和方式。与传统的大批量生产方式不同，其特色是多品种、小批量。

精益生产方式以其显著地提高了日本企业生产效率的奇效而被全世界的企业家推崇。二战以后，由于资金匮乏，无法生产出更多的汽车零部件，于是，丰田公司在"自动化"的基础上发明了"看板管理"，即从配件厂、辅件厂到主机厂，形成了一条流水线式的生产体系，也就是所谓的"准时制生产"，美国人称它为"精益生产方式"，TOYOTA production system，缩写为 TPS。一直以来，丰田生产出的汽车以其高品质及良好的稳定性和可靠性而被世人喜爱。很多企业对于精益生产和丰田生产方式的关系一直感到困惑：有的专家认为两者是一回事，也有人认为精益生产是理论，丰田生产方式是方法，甚至出现了是实施精益生产还是丰田生产方式的疑虑。还有不少人认为，丰田生产方式是只"黑匣子"，无论是研究开发、生产技术还是组织管理方面，都处于"黑匣子化"状态。

精益生产又称精良生产，其中"精"表示精良、精确、精美；"益"表示利益、效益等。或者说，"精"，即少而精，不投入多余的生产要素，只是在适当的时间生产必要数量的市场急需产品（或下道工序急需的产品）；"益"，即所有经营活动都要有益有效，具有经济效益。精益生产就是及时制造，消灭故障，消除一切浪费，向零缺陷、零库存进军。精益生产综合了大量生产与单件生产方式的优点，力求在大量生产中实现多品种和高质量产品的低成本生产。图 9-11 和图 9-12 所示是关于精益生产的图解。

精益生产方式，既是一种以最大限度地减少企业生产所占用的资源，以降低企业管理和运营成本为主要目标的生产方式，又是一种理念、一种文化。实施精益生产方式就是追

求完美、追求卓越，就是精益求精、尽善尽美。它是支撑个人与企业生命的一种精神力量，也是在永无止境的学习过程中获得自我满足的一种境界。

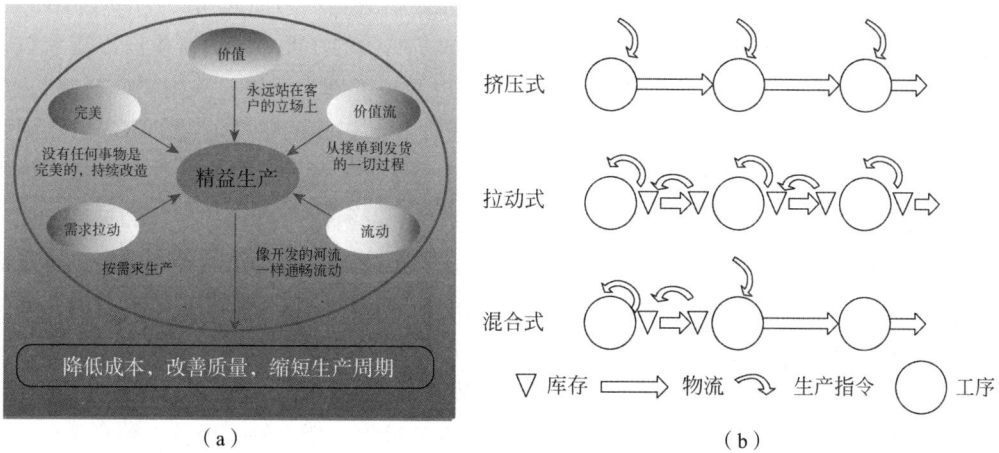

图 9-11 精益生产

图 9-12 精益生产与精益管理

精益生产方式是一个庞大的体系，它的精髓可以概括为自动化、准时化和强烈的危机意识。所谓自动化，是指"生产线一旦出现故障立即停机，以保证不出次品，不让人成为机器的奴隶"；所谓准时化，是指"在必要的时间内生产出必要数量的必要产品"；所谓强烈的危机意识，是指"企业从上到下全体员工都意识到来自各方面的压力，自觉地参加到生产的全过程中去，随时发现问题，解决问题"。

（二）精益生产的特点

1. 追求零库存

精益生产是一种追求无库存生产，或使库存达到极小的生产系统，为此而开发了包括"看板"在内的一系列具体方式，并逐渐形成了一套独具特色的生产经营体系。高库存是大量生产方式的特征之一。由于设备运行的不稳定、工序安排的不合理、较高的废品率和生产的不均衡等，常常出现供货不及时的现象，库存被看作必不可少的"缓冲剂"。但精益生产则认为库存是企业的"祸害"，其主要理由：一是库存增加了经营的成本；二是库存掩盖了企业的问题。

2. 追求快速反应，即快速应对市场的变化

准时制生产方式、人员自觉化和严格的标准化是精益生产的三大支柱。准时制生产，即以市场为龙头，在合适的时间生产出合适数量和高质量的产品，准时制生产以需求拉动生产为基础，以平准化为条件。所谓拉动生产是以看板管理为手段，采用"取料制"（后道工序），根据"市场"需求进行生产，对本工序在制品短缺的量从前道工序领取相同的在制品量，从而形成全过程的拉动控制系统，绝不多生产一件产品。平准化，是指工件被拉动到生产系统之前，要人为地按照加工时间、数量、品种进行合理的搭配和排序，使生产系统中的工件流具有加工工时上的平稳性，保证均衡生产，同时在品种和数量上实现混流加工式运动，起到对市场多品种、小批量需要的快速反应和满足作用。人员自觉化是指人员与机械设备的有机配合行为。生产线上一旦产生质量、数量、品种等方面的问题，机械设备就会自动停机，并有指示显示，而任何人发现故障和问题，都有权立即停止生产线，主动排除故障，解决问题。同时将质量管理融入生产过程，变为每一个员工的自觉行为，将一切工作变为有效劳动。标准化，是指从丰田公司的标准到国际标准，丰田公司的经营方式同丰田家庭的经营理念是一脉相承的，面对激烈竞争的新环境，丰田公司如果停滞于丰田家族时代，那将无法在汽车市场中生存下来。随着国际化经营时代的到来，丰田必须以各国都认可的方式进行国际化生产，最大限度地实现国际标准化，丰田常常把自己的标准改为国际通用标准。

3. 追求企业内外部环境的和谐统一

精益生产方式成功的关键是把企业的内部活动和外部的市场(顾客)需求和谐地统一于企业的发展目标。

4. 强调人本位主义理念

精益生产强调人力资源的重要性，把员工的智慧和创造力视为企业的宝贵财富和未来发展的原动力。一要充分尊重员工；二要重视培训；三要共同协作。强调全员参加的持续改善，全员参加的质量管理小组、合理化建议制度、持续改善活动等，对精益生产方式的形成起到巨大的推动作用。

5. 追求持续不断的改善活动

可以说，没有改善就没有精益生产。精益生产方式，在追求降低成本的同时，还包括各种不同的目标（数量管理、质量保障、尊重人格等），所有这些目标，都要通过精益生产方式的基础——持续不断的改善活动来实现。使精益生产方式真正取得实效的，就是改善活动。这里的改善，是指从局部到整体永远存在改进与提高的余地。在工作、操作方法、质量、生产结构和管理方式上要不断地改进与提高，消除一切浪费。精益生产认为，不能提高附加价值的一切工作（包括生产过剩、库存、等待、搬运、加工中的某些活动、多余的动作、不良品的返工等）都是浪费。这些浪费必须经过全员努力不断消除。持续改善是当今国际上流行的管理思想，它以消除浪费和改进提高的思想为依托，对生产与管理中的问题，采用由易到难的原则，不断地进行"改善—巩固—改善—提高"的循环，经过不懈的努力，以求长期的积累，获得显著效果。

（三）精益生产的作用

精益生产主要研究时间和效率，注重提升系统的稳定性，多年来精益生产的成功案例已证实以下几点。

（1）精益生产让生产时间减少 90%。

（2）精益生产让库存减少 90%。

（3）精益生产使生产效率提高 60%。

（4）精益生产使市场缺陷减少 50%。

（5）精益生产让废品率降低 50%。

（6）精益生产让安全指数提升 50%。

二、看板管理

（一）看板管理的概念和特点

看板是一种类似通知单的卡片，是传递信息或指令的牌子、小票、信息卡和器具等，其基本形式是一种长方形卡片，用塑料、金属或硬纸制成，有的为了耐用起见装入塑料袋内。看板上的内容，可以根据企业管理的需要来决定，一般包括产品名称、品种、数量、生产线名称、前后工序名称、生产方法、运送时间、运送方式和存放地点等。

看板管理是一种以在制品占用量最小为目的的生产作业控制方法。看板管理把看板作为取货指令、传送指令和生产指令，用以控制生产和微调计划。看板管理强调在必要的时间按必要的数量生产必要的产品，最大限度地运用资金。看板一般分为生产看板（如加工看板、信号看板等）、传送看板和取货看板三类。

一般来说，看板管理是以组织生产线生产为前提条件的。看板管理具有如下特点：①看板管理以装配工序为起点，由下一道工序向上一道工序提取零部件，而不是由上一道工序向下一道工序输送零部件；②看板管理化大批量为小批量，尽可能避免成批生产、成批搬运，尽量减少在制品占用量；③看板管理用装配工序调整和平衡全部生产。

看板管理中，工序中看板的移动情况如图 9-13 所示，看板管理的基本原理如图 9-14 所示。

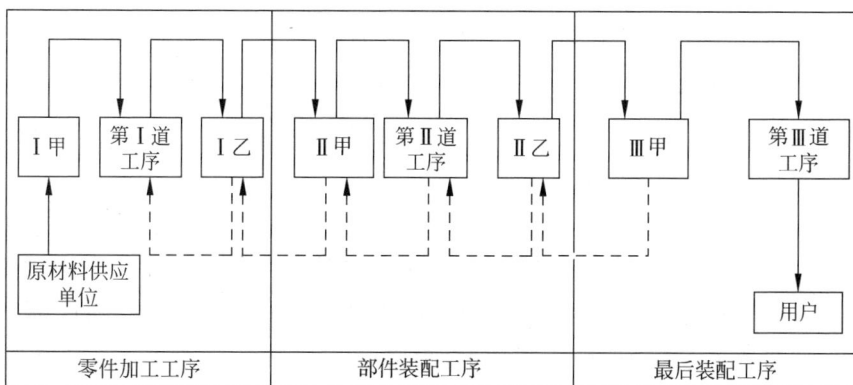

图 9-13　看板移动情况

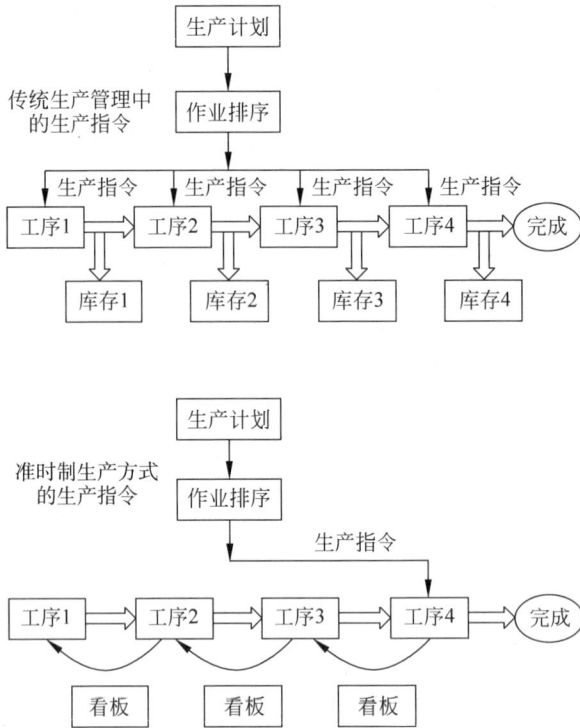

图 9-14 看板管理的基本原理

从图 9-13 可以看出，每道工序的设备附近都设有两个存件箱，甲存件箱是上一工序已加工完毕，本工序准备加工的存件，乙存件箱是本工序已加工完毕，准备下道工序随时领取的存件箱。最后装配工序没有乙存件箱。图 9-13 中实线为零部件传送过程，虚线为看板传送过程。当最后装配工序的工人从Ⅲ甲箱中取用一个零件后，同时从箱中取回一块取货看板，运输工人看到摘下的取货看板，按规定的时间凭取货看板到Ⅱ乙箱中提取一个同样的零件，以补足Ⅲ甲箱中已使用的零件。同时，从Ⅱ乙箱中取出一块生产看板交于第二道工序工人。此看板相当于生产通知单，第二道工序工人接之后，抓紧组织生产，制成后补入Ⅱ乙箱中。开始制造时，要从Ⅱ甲箱中取一件零部件，开始和第三道工序一样的程序。通过这种生产过程的组织，使生产中的在制品占用量达到最小。

（二）看板的具体形式

（1）传送看板。它包括应传送的工件号、工件名、类型、上道工序号及其出口存放处号、下道工序号及其入口存放处号。

（2）生产看板。生产看板是指在一个工厂内，指示某工序加工制造规定数量工件所用的看板，它一般包括加工看板（规定需加工工件的件号、件名、类型、工件存放位置、工件背面编号、加工设备等）和信号看板（在固定的生产线上作为生产指令的看板，一般表现形式是信号灯或不同颜色的小球等）两种类型。

（3）取货看板。取货看板是指后道工序的操作者按看板上所列件号、数量等信息，到前道工序（或外协厂）领取零部件的看板，它包括工序间取货看板和外协取货看板两种形式。

（三）看板的使用规则

（1）不合格件不转入后道工序。前道工序必须为后道工序生产百分之百的合格品。如果发现生产了不良品，必须立即停止生产，查明原因，采取措施，防止再次发生，以保证产品质量，防止生产中不必要的浪费。

（2）后道工序从前道工序领取零部件。后道工序必须遵循三条具体规定：一是禁止不带看板领取零部件；二是禁止领取超过看板规定数量的零部件；三是实物必须附有看板。

（3）只生产后道工序领取的零部件数量。各工序不能生产超过看板所规定数量的产品，以防止过量生产，彻底消除无效劳动。

（4）均衡化生产。均衡化生产是看板管理的前提和基础。为了准确地协调生产、及时满足市场多变的需求，最好利用计算机分析各种因素，制订确切的均衡化生产计划。

（5）计划和控制相结合。由于各工序的生产能力和产品合格率高低不同，可以在允许范围内适当地进行微调，尽量不给前道工序造成大的波动而影响均衡生产。

（6）作业标准化。为了保证对后道工序供应百分之百的合格品，必须实行作业标准化、合理化和设备稳定化，消除无效劳动，提高劳动生产率。

（四）看板管理的控制作用

（1）控制生产过程。由于看板作为"生产指令"和"传送指令"，任何时候都必须与实物一起移动，能够严格控制生产进度和在制品的数量。

（2）改善现场管理。由于看板任何时候都与实物一起移动，因而生产管理人员和操作人员只要通过看板，就能直接了解生产情况，及时发现生产中的问题，从而能迅速采取改善措施解决问题。

（3）调整生产计划。在运用看板的情况下，如果某一产品需求有变化，可以自动调整。由于前后工序都必须严格按照看板规定的时间和数量取货和生产，因而可以对在制品实现最有效的实物管理。

（4）传递作业指令。这是看板最基本的功能，由于看板作为生产中的原始凭证，记载了必要的生产信息，如生产数量、时间、方法、顺序及搬运时间、搬运对象等，因而看板就成了准确传递信息、保证信息流畅的有力工具。

三、6S 管理

6S 管理起源于日本，日本 6S 活动的宣传口号是"安全始于整理整顿，终于整理整顿"。6S 管理就是日文整理（seiri）、整顿（seiton）、清扫（seiso）、清洁（seiketsu）、素养（shitsuke）和英文安全（safety）六个项目，所以简称 6S。通过规范现场、现物，营造一目了然的工作环境，培养员工良好的工作习惯，其最终目的是提升人的素质：革除马虎之心，养成凡事认真的习惯（认认真真地对待工作中的每一件"小事"），遵守规定的习惯，自觉维护工作环境整洁明了的良好习惯，文明礼貌的习惯。6S 管理因其简单、实用且效果显著，在日本企业中被广泛推行。1986 年，第一本关于 5S 管理活动的著作问世，从而对整个日本现场管理模式起到了冲击作用，并由此掀起了 5S 管理活动的热潮，许多日本企业导入 5S 管理活动，并逐步发展成为包括安全在内的 6S 管理，将其作为工厂管理的基础，使企业的产品质量和经济效益得到迅速、明显的提升，为日本成为世界经济强国奠定了基础。

（一）6S 管理的目的和优点

6S 管理活动是企业管理中一项具体的基础管理工作，对塑造企业形象、降低成本、准时交货、安全生产、标准化推进、提升效率、保障品质、提升员工素质等方面起着重大的作用，在改善现场工作环境、提高企业竞争力方面能够取得很好的效果，这些已经逐渐被各国企业界认同，并将 6S 管理作为重要的管理方法和手段在企业中实施。

（1）开展 6S 管理活动不仅仅是要改善现场的作业环境。它追求的是职工养成良好的工作习惯，提升员工的自身素质，形成良好的企业文化，提高企业的竞争力。如果企业认为现场环境好了、物品定置了就是把 6S 管理做好了，那就大错特错，这样的企业开展 6S 管理活动一定达不到有效的目的。

（2）开展 6S 管理必须持之以恒。这不是一项短期的活动，而应是一项长期坚持不懈的活动，并且是在不断发展提高的。"管理无止境""没有最好，只有更好"，开展 6S 管理活动的重要意义就在于它不断提出更高的要求，使职工养成不断改进的良好习惯，保证企业持续创新。

（3）管理的提升是一个逐步积累的过程。千里之行，始于足下，要想做好 6S 管理，必须扎扎实实做好每一项基础工作，才能达到预期效果。抱着只要开展 6S 管理活动就能迅速提高管理水平的思想是不正确的。

（4）6S 管理是一种实战性很强的管理体系和方法。必须与企业的实际情况相结合，不断推出新的、更高层次的要求，并持之以恒地开展下去，才能不断提高职工素质，提升企业竞争力，保证企业的可持续发展。

总之，通过开展 6S 管理，能够带来如下好处。

（1）提升企业形象。整齐清洁的工作环境，能够吸引客户，也能够增强信心。

（2）减少浪费。场地杂物乱放，致使其他东西无处堆放，形成空间上的浪费。

（3）提高效率。良好的工作环境，可以使人心情愉悦；东西摆放有序，能够省时省力，减少多余的搬运作业，也能够提高工作效率。

（4）质量保证。一旦员工养成了做事认真严谨的习惯，就能够杜绝马虎，使产品品质有了可靠的保障。

（5）安全保障。通道保持畅通，宽广明亮，员工养成认真负责的习惯，就会减少生产过程中的事故发生率。

（6）提高设备寿命。对设备及时进行清扫、点检、保养、维护，可以延长设备的使用寿命。

（7）降低成本。做好 6S 管理，可以减少"跑冒滴漏"及来回搬运的现象，从而降低成本。

（8）交货期准。生产制度规范化使得生产过程一目了然，异常现象明显化，出现的问题可以得到及时的调整和克服，能够实现准时交货。

（二）6S 管理的内容

1. 整理

整理就是要将工作场所的所有东西区分为必要的与不必要的，把必要的东西与不必要的东西明确、严格地区分开来,不必要的东西要尽快处理掉。其目的在于腾出空间,空间活用,防止误用和误送,塑造清爽的工作场所。企业生产过程中经常有一些残余物料、待修品、返修品、报废品等滞留在现场,既占用地方又阻碍生产。一些已无法使用的夹具、量具、机器设备,如果不及时清除,会使现场变得凌乱拥挤。生产现场摆放不必要的物品是一种浪费,即使是宽敞的工作场所,也将愈变窄小。另外,棚架、橱柜等被杂物占据而减少使用价值,增加了寻找工具、零件等物品的困难,浪费时间,会直接降低生产效率;物品杂乱无章地摆放,会增加盘点的困难,也会导致成本核算失准。

进行整理工作要有决心,不必要的物品应断然地加以处置。实施要领如下。

(1)确定"要"和"不要"的判别基准。

(2)将不要的物品清除出工作场所。

(3)对需要的物品调查使用频度,决定日常用量及放置位置。

(4)制定废弃物处理方法。

(5)每日进行自我检查。

2. 整顿

整顿就是对整理之后留在现场的必要的物品分门别类地放置,排列整齐,明确数量,并进行有效的标识。其目的是使工作场所一目了然,创造整齐的工作环境,消除找寻物品的时间,消除过多的积压物品。整顿是提高效率的基础。

整顿的三要素是:场所、方法、标识。在放置场所方面,物品的放置场所原则上要百分之百设定,物品的保管要定点、定容、定量,生产线附近只能放置真正需要的物品,放置原则是易取并不超出所规定的范围,因此,要在放置方法上多下功夫。标识方法是:放置场所和物品原则上一对一标识;现场物品和放置场所必须标识;某些标识方法全公司要统一。

整顿工作所包含的"三定"原则是:定点(放在哪里合适)、定容(用什么容器、颜色)、定量(规定合适的数量)。

实施要领如下。

(1)前一步骤的整理工作要落实。

(2)流程布置,确定放置场所。

(3)规定放置方法、明确数量。

(4)划线定位。

(5)场所、物品标识。

3. 清扫

清扫,即要将工作场所清扫干净。其目的在于消除脏污,保持作业现场内干净、明亮,要注重细微之处,并防止污染的发生,稳定品质,减少工业伤害。实施时要注意责任化、制度化。

实施要领如下。

(1)建立清扫责任区(室内、室外)。

(2)执行例行扫除,清理脏污。

(3)调查污染源,予以杜绝或隔离。

（4）建立清扫基准作为规范。

4. 清洁

清洁，即将"整理""整顿""清扫"3S实施的做法制度化、规范化、标准化，并维持其成果。其目的在于通过制度化来维持成果。

5. 素养

素养，即培养员工遵守规章制度、按规定行事、积极向上的工作习惯，养成良好的文明礼貌习惯及团队精神，提升员工的品质，革除马虎之心，养成凡事认真的良好习惯。

6. 安全

安全，即重视全员安全教育，每时每刻都要牢固树立安全第一的观念，防患于未然。目的是建立起安全生产的工作环境，所有的工作应建立在安全的前提下。

6S管理精髓有以下三点。

（1）全员参与。从董事长到一线员工，所有部门如生产、技术、行管、财务、后勤、保卫等全员参与。

（2）全过程。从产品研发到废止的生命周期内，人人都要坚持"保持—改善—保持—管理"的理念。

（3）全效率。综合效率，挑战工作极限。只有起点没有终点。

本 章 小 结

1. 厂址选择，是指确定工厂坐落的区域位置，包括在哪个地区设厂和在此区域内选择一个适当的地址两个方面。不同的厂址选择，会对企业产生多方面的影响。

2. 生产过程，是指从准备生产某种产品所需的原材料的投入开始，直到生产出该种产品的全部过程，是按一定客观要求组织起来的劳动过程和自然过程的综合。根据生产产品所需要劳动的性质及其对产品所起作用的不同，一般可以将生产过程划分为生产准备过程、基本生产过程、辅助生产过程和生产服务过程四个部分。

3. 生产过程组织是指对构成生产过程的各种生产要素，在空间和时间上进行合理的安排，按产品在生产过程中运动的客观规律，进行生产结构和生产流程的设计。合理组织生产过程，必须符合连续性、比例性、节奏性、适应性的要求。

4. 生产类型，是指根据计划类型、生产方法、专业化程度、组织类型、接受生产任务方式、生产规模设备、条件等标志，对企业生产过程所进行的分类。生产类型是影响企业生产过程组织的主要因素之一。

5. 生产过程的空间组织，是指在空间上合理地确定企业内部各生产单位和各生产阶段的设置、运输路线，以及劳动者、劳动资料等生产要素在空间上相互结合的方式。主要包括工艺专业化、对象专业化和综合形式三种形式。

6. 生产过程的时间组织，就是确定劳动对象在生产过程中各车间、各工序之间的移动方式，确定生产要素在时间上的衔接关系。主要包括顺序移动、平行移动和平行顺序移动三种方式。

7. 生产控制是指对各生产阶段的流程加以控制，以便能在预定日程内，以最低的成本，生产出合乎规格及预定数量的产品。生产调度，是指对执行生产作业计划过程中可能出现的偏差及时了解、掌握、预防和处理，保证整个生产活动协调进行。

8. 精益生产在不同的场合下可以称为看板管理、准时化生产、丰田生产方式等，它的精髓可以概括为"自动化""准时化"和"强烈的危机意识"。

9. 看板是一种类似通知单的卡片，是传递信息或指令的牌子、小票、信息卡和器具等。看板管理是日本丰田汽车公司在与美国福特汽车公司的竞争中首创的一种以在制品占用量最小为目的的生产作业控制方法。看板管理把看板作为取货指令、传送指令和生产指令，用以控制生产和微调计划。看板管理强调在必要的时间，按必要的数量，生产必要的产品，最大限度地运用资金。看板一般分为生产看板（如加工看板、信号看板等）、传送看板和取货看板三类。

10. 6S 就是整理、整顿、清扫、清洁、素养、安全六个项目，简称 6S 管理。

思考与练习

1. 简释下列概念。
  （1）6S 管理　　　　　　（2）工艺专业化　　　　　　（3）对象专业化
  （4）订货生产方式　　　　（5）存货生产方式　　　　　（6）生产过程

2. 生产过程组织的要求有哪些？

3. 影响生产过程时间组织形式的因素有哪些？

4. 什么是生产控制？生产控制的方法主要有哪些？

5. 简述生产控制的程序和控制图表的种类。

6. 生产调度工作应符合什么要求？

7. 简述精益生产的基本思想和特点。

8. 简述看板管理的基本思想。

9. 简述 6S 管理的基本内容。

10. 思考题：下面列出了六种有代表性的企业，你认为在对它们进行选址时主要应考虑哪些因素？指出最主要的一两种。

（1）产品型工厂：少品种、大批量，面向整个市场，工艺、设备、组织效率水平较高。

（2）市场地区型工厂：生产公司所有产品，但只供应某一特定的市场地区。

（3）生产过程型工厂：流程型，通常是总厂下的一个分厂，负责制造过程的几个阶段。

（4）通用型工厂：不固定生产某种产品，也不固定供应某一市场，柔性强，中小企业。

（5）搬迁厂：迁往一个新址。

11. 某单位拟投资建厂，计划年生产某种产品 10 000 件，现有甲、乙两个建厂地址可供选择，有关资料如下：甲方案固定费用总额为 88 000 元，单位变动成本为 12 元；乙方案固定费用总额为 90 000 元，单位变动成本为 10 元；产品价格为每件 20 元。

问题：试用损益分歧点分析法确定应选择哪一个建厂方案？

12. 有一批零件，总共 4 个，要经过 4 道工序的加工，每道工序的加工时间分别是 10

分钟，5 分钟，15 分钟，5 分钟，分别用公式和图示法计算在顺序移动方式、平行移动方式、平行顺序移动方式下，零件的加工周期各为多少？

13. M 企业的机加工车间有 4 个零部件，按照工艺流程，要经过 4 道工序，每道工序的加工时间分别为 10 分钟、5 分钟、12 分钟和 7 分钟，试计算在顺序移动方式、平行移动方式和平行顺序移动方式下，零部件的加工周期各为多少？

即学即测

案例讨论

案例 9-1：宝马公司　　　　案例 9-2：上海通用汽车精
工厂选址问题　　　　　　益生产管理实施

第十章 质量管理

本章提要

进入新时代，高质量发展成为经济领域的最强音。从企业经营层面理解，高质量发展包括一流的竞争力、质量的可靠性与持续创新及先进的质量管理理念与方法等。本章从对质量、质量特性、质量策划、质量控制等概念的阐述出发，介绍了质量管理的相关概念，着重对全面质量管理及全面质量保证体系的基本思想、PDCA 循环、常用的质量管理工具和技法进行了阐述。

重点难点

- 理解质量、质量策划、质量保证的概念
- 重点掌握全面质量管理的概念及主要思想
- 全面把握全面质量保证体系的基本内容
- 熟悉 PDCA 循环及质量管理小组的运作思路
- 掌握质量管理的多种工具

引导案例

海尔公司营造质量文化的五部曲

美国著名质量管理专家、全面质量管理的创始人阿曼德·费根堡姆曾说过："质量是一种道德规范，把追求卓越视为光荣。"海尔公司是把这一道德规范发挥到极致而光荣无比的企业，形成了自己独特而卓越的质量文化。

海尔质量文化的营造分以下五个步骤。

第一步：树立质量理念，制定严格的质量管理规范。

海尔的第一个质量理念是"有缺陷的产品就是废品"；第二个质量理念是"谁生产不合格的产品，谁就是不合格的员工"；第三个质量理念是"质量改进是个没有终点的连续性活动，停止就意味着开始倒退"。

海尔初期，在质量管理方面主要采取泰勒的科学管理方式，制定了符合实际情况的规章制度，做到有章可依，并严格执行，强化管理，强制提高。经过几年的努力，海尔冰箱于 1988 年获得了中国冰箱史上的第一块金牌。

第二步：用行动传播质量意识，通过管理工具创新确立质量意识，靠组织机构贯彻质量意识。

观念的确立不是口头上说说，在纸上画画就大功告成了。有了质量意识，还要通过实际行动去传播，通过管理工具去加强，通过规章制度去固化，通过质量管理机构去贯彻，使之深入人心，流到员工的血液中去，让员工把遵守质量管理规范变成自觉行动。

海尔传播质量意识的第一个行动就是曾轰动全国而后被广泛传为佳话的砸冰箱事件。

此外还有"现场质量代价"行动、供应商评比行动等。

海尔创新的质量管理工具主要有 3E 卡和质量责任价值券。

3E 卡是"3E 日清工作记录卡"的简称。"3E"是每天（everyday）、每人（everyone）、每个方面（everything）三个英文单词的第一个字母。此卡由检查人员每两小时填一次，将每个员工每天工作的七个要素（产量、质量、物耗、工艺操作、安全、文明生产、劳动纪律）量化为价值，每天下班时将结果与标准相对照，对完成情况进行落实记录。工人先自我审核，然后报给上一级领导复核。上一级领导按其工作进度、工作质量与标准进行对比，给予 A、B、C 不同等级的考评结果，每人的日工资按照各自的考评等级确定。工人的工资每天都写在 3E 卡上，月末凭 3E 卡发放工资。

质量责任价值券的使用方法是，员工每人一本质量责任价值券手册，手册中详细列举了以前生产过程中出现的各种问题，然后针对每一问题，明确规定了自检、互检、专检三个环节应负的责任价值及处罚金额。质检员发现产品缺陷后，当场撕价值券，由责任人签收；工人互检发现的缺陷经质检员确认后，当场给发现人以奖励，同时对漏检的工人和质检员进行罚款。质量券分红、黄两种，红券用于奖励，黄券用于处罚。

为了实现质量管理这一企业的核心职能，海尔建立了全面质量审核体系，各个事业部都设立了具有国际先进水平的质量审核机构——质量分析室。质量管理保障工作不仅是质管处、质检处等职能部门的工作，而且贯穿于整个业务流程，由各相关部门通力合作。

第三步：通过国际上通行的标准认证强化质量意识。

海尔在加强质量管理的过程中，除了内部积累外，还主动借助外力来推动内部的质量管理，以此为契机全面提高自己的质量管理水平。海尔先后获得的国际认证有：1992 年通过国际标准组织的 ISO 9001 认证；德国电气工程师协会（Verband Deutscher Elektrotechniker，VDE）、安全性已认证（Geprufte Sicherheit，GS）、技术监督协会（Techniche uberuachungs Vereine，TUV），美国保险商实验室（Underwriters Laboratories，UL），加拿大标准协会（Canadian Standards Association，CSA）等认证；加拿大 EEV、CSA 的检测水平认证。

海尔为了取得国际市场上的通行证，创出世界一流的国际品牌，严格执行 ISO9001 认证标准，把它贯彻到从生产到销售的各个环节。在取得了国际上权威的认证以后，也没有自我陶醉、自我满足，而是"挑战满足感"，主动提高自己的质量标杆，实施 6δ 质量管理办法，不断根据顾客的要求进行质量改进，使产品真正符合市场要求，达到客户满意。

第四步：形成自己特有的质量管理哲学和质量文化。

海尔质量文化有三个部分组成：

● 大质量理论。在海尔的质量文化体系中，"质量"不仅指实物产品的质量，也指无形产品——服务产品的质量，海尔不仅重视产品的质量，更重视服务的质量，提出了"零距离服务"的理念；不仅包括狭义的质量——达到检验标准，还包括广义的质量——达到用户的满意，海尔人称之为"大质量"。

● OEC 管理模式。O 代表 overall（全方位），E 代表 everyone（每人）、everything（每事）、everyday（每天），C 代表 control（控制）、clear（清理）。OEC 的汉语意思是每天的工作每天完成、清理，并且每天都要有提高。海尔人将其提炼为"日事日毕，日清日高"八个字，可谓简洁的语言，深刻的内涵。

海尔的 OEC 管理模式是对全面质量管理的发展和提升，标志着海尔的质量管理已走在世界前列，也标志着海尔质量文化体系的形成。

● 6S 现场管理办法和 6δ 质量管理办法。

海尔虽然做得很出色，但从不自满，就像张瑞敏先生所说，永远战战兢兢、如履薄冰。抱着这种心态，海尔人很善于向外界学习，将科学的管理方法和成功经验纳入自己的管理体系中去，为我所用，充实丰富了自己质量文化的内涵。海尔从日本借鉴了 6S 现场管理办法，从摩托罗拉公司借鉴了 6δ 质量管理办法。

6S 现场管理办法的内容包括 6 项：整理（seiri）、整顿（seiton）、清扫（seiso）、清洁（seiketsu）、素养（shitsuke）、安全（safety）。

6δ 质量管理办法是运用统计数据测量产品的质量情况，看其接近质量目标的程度，通过减少和消除缺陷来降低成本，提高顾客满意度。δ 代表标准差，它前面的数字表示达到的等级。具体来说，1δ 代表 68% 的产品达到了要求；2δ 代表 99.7% 的产品达到了要求；6δ 代表 99.999 997% 的产品达到了要求，可以说是一种完美状态，它意味着每 100 万件产品中只有 3.4 件次品。

第五步：质量文化的应用性扩散。

经过十多年的卓绝努力和苦心经营，如今，海尔文化，尤其是其核心——质量文化已成为海尔珍贵的无形资产。海尔实现了这一无形资产的应用性扩散。海尔兼并企业时首先派去的是文化官员。

海尔利用企业文化激活"休克鱼"的第一个兼并案例是 1995 年兼并青岛红星电器厂。当时该厂有 3 500 多人，年产洗衣机 70 万台，是中国三大洗衣机生产厂家之一，但因管理不善，负债已达 1 亿多元，资不抵债。海尔集团经考察认为，红星电器是一条硬件好，管理和观念差的"休克鱼"，于是决定对其兼并。兼并后遂将海尔的经营理念、管理模式和企业文化注入其中，在没有投入一分钱的情况下，3 个月就扭亏为盈，第五个月盈利 150 万元，两年后成为中国洗衣机的第一品牌。此后，海尔利用企业文化这个有力武器已经成功地兼并了几十家企业。

资料来源：https://mp.weixin.qq.com/s?__biz=MzUyMzY0ODg0Mg==&mid=2247497679&idx=2&sn=8fb7cdd33589d9e248c7d0bbb956a805&chksm=fa3bddeacd4c54fc94892b66d19b797e755feae12b25c52c6f538d7a1a62263c83593c3c1ad2&scene=27.

案例思考

1. 海尔是如何将质量观念落实到行动中的？

2. 结合本案例，谈谈质量管理的特点体现在哪几个方面。

3. 质量管理的中心任务是什么？海尔是怎么做的？

质量是企业的生存之本，是现代企业赢得竞争优势的主要手段。没有质量，就没有顾客，也就没有效益，企业将无法生存。质量管理是指确定质量方针、目标和职责，通过质量策划、质量控制、质量保证和质量改进实现所有管理职能的全部活动。随着科学技术的进步和生产力水平的不断提高，消费者对质量的要求也在不断提高，质量竞争日趋激烈。因此，有专家认为，目前全球正在进行一场战争，这不是以枪炮为武器的战争，而是一场以质量为武器的没有硝烟的商战，谁赢得了质量，谁就赢得了这场商战的胜利。可见，追求质量已经成为一项没有终点的长跑运动，各国都在你追我赶。"质量第一"已经成为国际工商界的共同信念。质量竞争日趋激烈，质量管理在企业管理中的地位日趋重要。

第一节　质量与全面质量管理

一、质量及相关概念

（一）质量

质量的概念，有狭义与广义之分。狭义的质量是指产品质量，包括外观、强度、纯度、尺寸、寿命、不良率、包装等方面；广义的质量是指全面质量。

产品质量是指"产品的适用性"，这是美国著名质量管理专家约瑟夫·朱兰博士从用户的观点出发定义，并以此衡量产品在使用中成功地满足用户需求的程度。如今，质量在社会经济中更广泛地被认为是事物、工作、产品等满足要求的优劣程度。国际标准化组织在 ISO 9000 中将质量界定为一组固有特性满足相关方面要求的程度。产品不同，对质量的要求也不同。例如，电视机的质量为清晰度、稳定性、安全性等，洗衣机的质量表现为洗净度、磨损率、噪声等，服装的质量为款式、实用性、舒适性等。产品质量包括产品的内在质量特性和外观质量特性，概括起来包括如下六点。

（1）性能。性能是指产品满足使用目的所具备的技术特性，如产品的物理性能和化学成分。性能是最基本的质量特性，如电视机的清晰度等。

（2）耐久性。耐久性是指产品的使用寿命，如彩色电视机显像管的使用时间。

（3）可靠性。可靠性是指产品在规定的时间和条件下完成规定任务的能力，即产品实现满足用户要求的能力。常用的衡量指标有工作时间、工作次数、平均故障率等。

（4）安全性。安全性是指产品在操作或使用过程中对使用者和周围环境安全、卫生的保证程度。

（5）经济性。经济性是指产品寿命周期总费用的大小。一般用使用成本、寿命周期总成本等表示。

（6）外观。外观是指产品的造型、色泽、包装等外观质量特性。例如，汽车车身大小、车座设计是否舒适，颜色等。

在微观层面，质量常常被区分为产品质量、服务质量、工程质量和环境质量等；而在宏观层面，经常使用经济发展质量、经济增长质量，甚至还有专家提出所谓的"GDP 质量"。

（二）质量与数量、成本、价格之间的关系

（1）数量。质量要求程度越高，在生产加工过程中的工艺要求必然严格，生产数量越不容易增加，俗话说的"慢工出细活"也即此意。

（2）生产成本与价格。质量越高，其生产加工成本往往也高，价格必高；反之，质量标准不高，其生产加工成本往往较低，价格必低。因此，质量标准的制定与生产成本和价格之间有密切的关系。

（3）经济生产。凡是质量程度要求越高的，其经济生产的比率就越低，反之则越高。故生产者对于生产的质量，应视产品的用途和使用者的一般需要确定其适当限度，不可一味追求品质的提高，而忽视经济生产。产品要能畅销，除物美之外，还要价廉。

（4）质量成本。质量成本是指当生产的产品不是百分之百地合格时，由于产品质量而

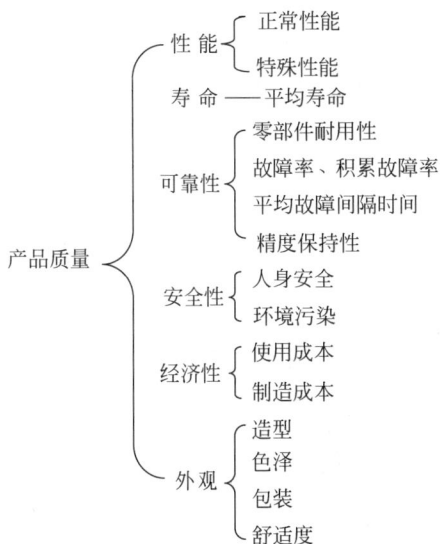

图 10-1 产品质量特性参数分类

增加到生产中的全部成本。国外管理专家认为，一个运行良好的质量管理计划，其合适的质量成本应占到销售额的 2.5%以下。质量成本一般分为鉴定成本、预防成本、内部故障成本和外部故障成本四类。

产品质量特性一般用质量参数衡量，如图 10-1 所示。

质量特性是反映产品质量的某种属性，它与产品质量的要求基本上是一致的，只是，产品质量要求是从用户的角度来衡量产品质量，而产品的质量特性是生产者从制造过程和质量的保证角度对产品质量的描述，一般以能够定量标注的指标来规定。质量特性值是反映质量特性所达到水平的数据，也称为质量数据，分为计数值和计量值两种。计数值是指具有离散分布性质的数据，不能用测量仪测量，只能用查数的方法收集，且取值只能为自然数。计量值是指具有连续分布性质的数据，可以测量出来，可以取任意值，如长度、重量、硬度、强度等。

产品质量的衡量有统一的标准。质量标准是把反映产品质量主要特性的技术参数或经济指标明确规定下来所形成的技术文件。根据颁布单位及适用范围不同，分为企业标准、部颁标准（或行业标准）、国内标准和国际标准四类。这些都是具有社会法律作用的标准，产品符合这些标准，则为合格品，否则为不合格品、次品或废品。

对产品质量的认识应该注意一个问题，即不一定达到越高的技术标准产品就越有市场，要结合企业的生产能力和市场的实际需求状况具体制定。例如，我国对于飞机燃油原来采用苏联技术标准，冰点为–60℃，生产技术水平要求很高，产量一直上不去，供应也很紧张。后来根据我国气候特征将冰点规定为–50℃，很快大幅度提高了产量。

广义的质量概念包括产品质量、工程质量、工作质量和环境质量。

工程质量，是指由操作者、原材料、机器设备、加工方法、工作环境等综合作用的质量形成过程中的产品质量，对产品质量起着直接影响作用。

工作质量，是指企业的管理工作、技术工作和组织工作对达到产品质量标准的保证程度，是企业各方面工作的质量水平。产品质量是企业各部门工作质量的综合反映。

产品质量、工程质量、工作质量三者之间的关系可表述为：产品质量是工作质量的结果，如废品率、次品率等；工作质量是产品质量形成的基础，因为产品的质量是在产品的制造过程中形成的。所以，只有工作质量可靠，产品质量才能可靠。包括产品的设计、工艺、制造、销售及服务等全过程的工作质量。工程（或工序）质量是企业为保证生产合格产品而具备的全部手段和条件所能达到的水平。在产品制造过程中，工作质量主要体现在工程质量上。三者的关系如图 10-2 所示。

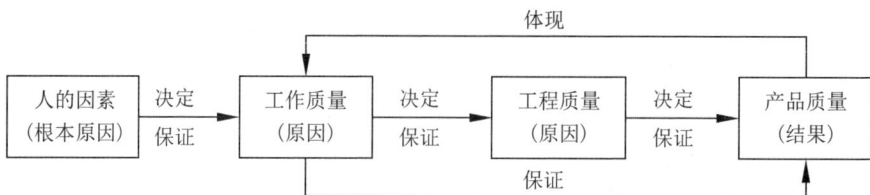

图 10-2　产品质量、工程质量、工作质量三者之间的关系

影响工作质量的因素主要包括五个方面：一是操作者，主要是指操作者的素质和工作熟练程度，如文化程度、技术水平、操作熟练程度、工作责任心等；二是设备，如设备的精度、工艺装备（夹具、工具、量具）的精度等；三是材料，是指加工对象使用的原材料、辅助材料，以及生产过程中的燃料、动力、外购的零部件，如材料的物理、化学性能，外协件的质量水平等；四是工艺方法，是指加工产品的工艺规程、试验手段、操作、规程和组织管理方法等；五是环境，是指工作现场的环境条件，如温度、湿度、清洁、照明、通信、震动、噪音等。

质量是免费的，虽然它不是礼物，真正费钱的是不合质量标准的事情——没有在第一次就把事情做对。纵然每周工作 7 天，每天工作 16 小时，但如果产品质量是低劣的，你还是瞎子点灯白费蜡。在美国，许多公司常使用相当于总营业额的 15%～20%在测试、检验、变更设计、整修、售后保证、售后服务、退货处理及其他与质量有关的成本上，所以真正花费不菲的是质量低劣。如果第一次就把事情做对，那些浪费在补救工作上的时间和金钱、精力就可以避免。经济学中有一个概念叫"苟且红利"，其意为人们看似在做同样的一件事，但其中总会有许多苟且者，他们的人生哲学就是得过且过。但也有一些人，他们渴望精益求精，用严苛的质量标准要求自己，凡事力求做到 100 分，最终他们战胜了"苟且者"，享受到了红利。

现如今，追求质量已成为一种管理的艺术，企业如果能够建立正确的观念并且执行有效的质量管理计划，就能预防不良品的产生，使工作效率提高且使其充满乐趣，不会为整天层出不穷的质量问题而头痛不已。

延伸阅读

为这些令人折服的"工匠精神"点赞

看看国外的"工匠精神"

德国："专""慢""创新"

第一个特点是"专"。因为专注，德国企业主往往穷其一生打造一件精品，甚至子承父业，世代相传。德国约有 370 万家企业，其中 95%都是家族企业，这些家族企业不少是世界某一工业领域的"隐形冠军"，共同特点是都爱"钻牛角尖"。

像"螺丝大王"莱恩·伍尔特，他在 1954 年创立阿道夫伍尔特有限公司时才几名员工，现在扩展到 5 万多名员工。它的成功在于，自始至终坚持"单一"产品——螺丝。

第二个特点是"慢"。眼光长远是德国中小企业的鲜明特点，一两年甚至三五年的行业环境变化不会影响它们对自身产品的专注。科隆大教堂，始建于1248年，直至1880年才由德皇威廉一世宣告完工，耗时超过600年。德国工匠的"慢工细活"打造了完美的哥特式教堂。对德国人来说，"欲速则不达"——稳健第一，速度第二。

第三个特点是"创新"。从中世纪开始，"工匠"已成为德国人的职业常态。目前，德国可以系统培训350多种工匠。"工匠精神"是德国制造业过去一百年成功的"钥匙"。

瑞士：顶级表匠一年造一只表

刚从欧洲考察回来的福建瑞虹出入境服务有限公司负责人黄敏强说，他到瑞士当地一家机械表机芯厂参观，厂里有很多模具都是当地工匠自主研发的，每一个模具的价值约为3万～10万瑞士法郎。机芯工厂拥有超过10万架模具，这在无形中形成了一道长长的保障。"我看到一块顶级机械表，内有几百个零件，最小的细如毫发，是瑞士一位顶级表匠全心投入制成的，一年只能制造出一只。"黄敏强说，瑞士制表工匠们对每一个零件、每一道工序、每一块手表都精心打磨、专心雕琢，他们用心制造产品的态度就是工匠精神。

日本：创新让马桶盖变"抢手货"

去日本旅游的福州人李红，更是对日本人在细节方面表现出的极致追求称赞不已。她介绍说，这些木盒都是用杉木制成，一名工匠能做到将一条木片弯成圆形至少要磨炼5年；缝合木条用的是樱花树皮，每个工匠都有自己独特的缝边图案。

在日本留学多年的陈光，对前阵子国人在日本抢购"马桶盖"的热潮并不意外。他说，马桶在日本是舶来品，但他们并没有止步于简单的模仿，而是不断钻研、创新，最终打造出世界上技术含量最高、最舒适的马桶。日本人不断在马桶中嵌入新的技术，开发新的使用功能，将一个普通的如厕工具逐渐科技化和智能化，让它具有抗菌、可冲洗和座圈瞬间加热等贴心功能。

中国曾是一个"工匠大国"

中国曾是一个"工匠大国"，我们的祖先们曾用他们精湛的技艺震撼过世界，用他们聪明才智为世人留下了很多叹为观止的瑰宝。

比如，木匠的"祖师爷"鲁班，据史料记载，鲁班不仅发明了墨斗、曲尺、刨子、钻子、凿子、锯子等劳动工具，他还在机封、农业机具、锁钥、仿生机械等方面有不少发明创造。

隋朝工匠李春，建成了世界上最早的石拱桥——河北赵州桥。

北京故宫能成为世界上最精美的建筑，集纳了当时"百工工艺"和"百工之匠"的高明智慧。

今天，新一代中国工匠们又以"人无我有、人有我优、技高一筹"的智慧，再一次释放出了惊天动地、感动世人的奇迹效应和技能效应，让中华民族流传了几千年的技能得到继承和发扬。

錾刻是我国一项有近3000年历史的传统工艺，在北京亚太经济合作组织会议期间，古老的中国錾刻技术和各国元首开了一个小小的玩笑——在送给他们的国礼中，有一个是金色的果盘里放了一条柔软的丝巾，看到的人都会情不自禁地伸手去抓，结果没有一个人能抓得起来，原来这条丝巾是用纯银錾刻出来的，而它就出自錾刻工艺师孟剑锋之手。

为了分别做出果盘的粗糙感和丝巾的光泽感，孟剑锋反复琢磨、试验，亲手制作了近

30 把錾子，最小的一把在放大镜下做了 5 天，实属不易。孟剑锋介绍，窄面上有 20 多道细纹，每道细纹大约 0.07 毫米，相当于一根头发丝那么细。上百万次錾刻敲击零失误，他的标准是追求极致。

南车青岛四方机车车辆股份有限公司高级技师宁允展是空客 380A 的首席研磨师，是中国第一位从事高铁列车转向架"定位臂"研磨的工人，被同行称为"鼻祖"。从事该工序的工人全国不超过 10 人。他研磨的转向架装在 644 列高速动车组上，奔驰 8.8 亿公里，相当于绕地球 22 000 圈。

载人潜水器有十几万个零部件，其组装对精密度要求达到了"丝"级，在中国，能实现这个精密度的只有中国船舶重工集团公司第 702 研究所顾秋亮。成功把"蛟龙"送入海底后，他的新挑战是组装中国首个完全自主设计制造的 4 500 米载人潜水器。

中国宣纸股份有限公司高级技师捞纸工周东红，经他手捞出晒成的宣纸，每张重量误差不超过 1 克。30 年来，周东红始终保持着成品率 100%的纪录，他加工的纸也成为韩美林、刘大为等著名画家及国家画院的"御用画纸"。

品牌联盟咨询股份公司董事长王永说，"工匠精神"本质上就是脚踏实地、精益求精、一步一个脚印，而不是好高骛远。

一个拥有工匠精神、推崇工匠精神的国家和民族，必然会少一些浮躁，多一些纯粹：少一些投机取巧，多一些脚踏实地；少一些急功近利，多一些专注持久；少一些粗制滥造，多一些优品精品。

（三）质量策划与质量控制

1. 质量策划

质量策划是确定质量以及规定质量体系要素的目标和要求的活动，主要内容包括识别质量特性、确定质量体系的目标与要求等方面。

2. 质量控制

质量控制是指在质量形成之前及形成过程中，采取质量检测和控制手段、措施和方法，防止发生质量问题的过程。质量控制强调前馈控制、适时控制和预防措施，并遵循技术方法与作业活动相结合的原则。

质量控制的措施主要有以下五项。

（1）控制原料。根据已经确定的标准与规格，对购买的原料加以检验，不合标准与规格的予以拒收。

（2）利用仪器检查。利用仪器检查比用人体五官的检验要正确可靠，符合经济有效的原则。

（3）检验场所要适当。不适当的检验场所容易导致损失和浪费，增加成本负担。

（4）及时检查。可将弊病及时纠正以免重演，责任问题容易确定，对增加合格品的生产数量也有帮助。

（5）使用检验记录。任何检验工作，都应在记录卡上将其结果详细记载，质量控制部门可据此加以分析和研究。

二、质量管理的概念及提高质量的意义

（一）质量管理的概念及其发展

质量管理，是指为保证和提高产品质量而对各种影响因素进行计划、组织、协调和控制等各项工作的总称。从质量管理的形成和发展来看，大体上经历了三个阶段。

（1）质量检验阶段。这一阶段是从 20 世纪 20 年代到 40 年代。作为质量管理的开始阶段，这一阶段主要把检验作为一道专门工艺，设立专职人员检查产品质量，以保证出厂的产品合格。这种质量管理方法的缺点是事后检验，不能预防废品的发生。

（2）统计质量管理（statistical quality control，SQC）阶段。这一阶段除严格质量把关外，运用数理统计方法，在制造过程中控制影响产品质量的各种因素，是一种"事前控制"的方法。这一阶段只限于生产过程，缺点是过分强调数理统计方法，容易使人认为质量管理是数学家的事，"深奥难懂"。

（3）全面质量管理（total quality control，TQC）阶段。这一阶段开始于 20 世纪 60 年代初，系统论的理论观点及一些新的质量要求的出现使全面研究企业质量管理工作应运而生。全面质量管理从市场—现场—市场的观点出发，以用户需要为导向，实行全面、全过程、全员参与的质量管理，强调人的因素，以预防为主。全面质量管理是前两个质量管理阶段的进一步完善和发展。

不少管理者认为："改进质量太贵了，我负担不起"。质量管理的真正意义在于第一次就把事情做对，永远是比较便宜的。管理者不过是要设法用最经济的方式去把事情做对，而且符合要求标准。许多主管抱怨员工士气低落，工作质量很差。事实上，管理者才是造成质量不良的最大原因，在第一线上的工人或服务人员的表现固然很容易被挑出错误，但他们的一举一动都是深受上面的管理者及其行为的影响。

要有效地达到质量管理的目标，必须由最高管理层开始，因为最高管理层是企业的灵魂，他们为公司设立目标，并推动属下完成。唯有高层管理者肯定质量的价值，率先积极参与及承诺，并且组织专业的管理部门，大刀阔斧地推行质量管理，奖励在提高质量方面取得成就的人员，激励全员参与的意识和行动，并持续不断地改进，才能持久形成高质量的理念，赢得竞争优势。

（二）质量管理的内容

质量管理，是指确定质量方针、目标和职责，并通过质量体系中的质量策划、质量控制、质量保证和质量改进来使其实现管理职能的全部活动。

质量管理是现代企业全部管理活动的一个方面，具体包括以下内容。

1. 制定质量方针和目标

质量方针又称质量政策，是指由企业最高层领导正式颁布的总的质量宗旨和目标。例如，产品质量要达到的水平，对企业质量管理活动的要求，售后服务的总原则等，都属于质量方针范畴。质量方针是企业开展工作的指南，质量目标是企业按照质量方针所提出的在一定时间内质量上要达到的预期成果，如废品率下降水平，故障成本在产品中所占比重等。在实践中，应注意通过质量策划使质量方针和目标具体化。

2. 建立质量体系

质量体系是指为实施质量管理所需的组织结构、程序、过程和资源。质量体系既包括了人力和物质资源的硬件内容，也包括了组织体制、程序等软件内容。建立质量体系时，应形成必要的体系文件，如质量手册、管理性程序文件、技术性程序文件、质量计划、质量记录等。因此，质量体系的意义不仅在于建立组织机构，更重要的在于明确组织机构的职责范围和工作方式；不仅在于使企业各方面的质量工作有效地开展，更重要的在于使这些工作相协调，构成一个有机的整体，实现企业整体质量的提升。

3. 开展质量控制和质量保证活动

质量控制是指为满足质量要求所采取的作业技术和活动。质量控制的作用，就是根据质量标准，监视各环节的工作，使其在受控状态下运行，从而及时排除和解决所产生的问题，保证满足质量要求。质量保证是指为使人们确信某实体能满足质量要求，在质量体系内开展并按需要进行证实的有计划和有系统的活动。因此，"证实"是质量保证的关键，这意味着企业必须就是否具有满足质量要求的能力提供充分必要的依据，接受第三方权威机构客观、公正的评价。质量保证包括两层含义：一是指企业对用户所做的一种质量担保，即使用户确信企业产品或服务的质量满足其规定的要求，因此，它是企业取得用户信任的手段；二是企业为了确保本企业产品或服务的质量满足规定要求所进行的活动，因此，它是一种管理手段。

4. 进行质量改进

质量改进是指为企业及其顾客提供更多的收益，在整个组织内所采取的，旨在提高活动和过程效益和效率的各种措施。质量改进是无止境的，只要不断地寻找问题，积极进行改进，就可以提高企业的质量水平，增强企业的竞争力。

（三）质量管理的原则

质量管理的八项原则（图10-3）已得到确认，企业管理者可运用这些原则领导企业进行质量改善。

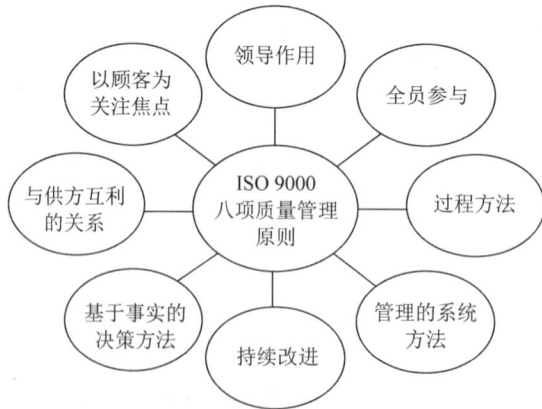

图 10-3　ISO 9000 质量管理八项原则

（1）以顾客为关注焦点。企业依存于顾客，因此，企业应当理解顾客当前和未来的需求，满足顾客要求并争取超越顾客的期望。

（2）领导作用。领导者确立企业统一的宗旨及方向。领导者应当创造并保持使员工能充分参与实现企业目标的内部环境。

（3）全员参与。员工是企业之本，只有他们充分参与，才能充分发挥他们的才干为企业带来收益。

（4）过程方法。将活动和相关的资源作为过程进行管理，可以更高效地得到期望的结果。

（5）管理的系统方法。将相互关联的过程作为系统加以识别、理解和管理，有助于企业提高实现目标的有效性和效率。

（6）持续改进。持续改进总体业绩应当是企业的一个永恒目标。

（7）基于事实的决策方法。有效决策是建立在数据和信息分析的基础上的。

（8）与供方互利的关系。企业与供方是相互依存的，互利的关系可增强双方创造价值的能力。

三、提高质量的意义

当前，中国特色社会主义进入了新时代，我国经济发展也进入了新时代。高质量发展既是我国经济发展新时代的基本特征，又是解决新时代我国社会主要矛盾的重要途径。企业管理者要站在推动经济高质量发展的高度去认识建设质量强国的重要意义，持续提升质量管理水平，为广大人民群众提供更加优质的产品和服务，努力满足人民日益增长的美好生活需要。

产品和服务质量是企业生存和发展的根基，也是建设质量强国的基础。改革开放以来，特别是党的十八大以来，我国在质量强国建设方面付出了艰苦努力，取得了巨大成就，产业结构不断优化，产品质量持续提升，一些产业和技术已经处于国际先进水平，有力推动了我国经济高质量发展。但也应看到，我国企业在质量管理方面还存在明显不足，如质量意识不强、质量管理机制不健全、质量管理方式和技术手段比较落后等。加快质量强国建设，必须对质量高度重视和普遍关注，不遗余力地追求和创造高质量，大力提升企业质量管理水平。这不仅关系到广大消费者的权益，关系到企业的生存与发展，同时也是社会经济发展的重要因素。

（一）质量是企业生存与发展的基础，也是企业赢得竞争优势的重要手段

在当前买方市场环境中，消费者的需求日趋饱和，而在有限的市场中，企业要生存必须通过提高质量来增强竞争力，从而占有一定的市场份额。同时，企业经济效益的好坏也取决于质量的高低。可以说，质量是一个企业综合素质的体现，在市场经济条件下，"质量效益型"是企业发展的必由之路。弘扬工匠精神是提升企业质量管理水平的动力源泉。管理者应树立"质量第一"的强烈意识，坚持以提高质量和核心竞争力为中心，在企业中树立质量先行和崇尚劳动、崇尚技能、崇尚创造、崇尚"十年磨一剑"的价值理念，加强品牌建设，打造质量标杆企业，培育更多"百年老店"。"质量不能使企业一荣俱荣，却足以使企业一损俱损"，这是民族企业海信集团有限公司在40多年经营中积累的宝贵经验，

也应成为企业长期坚持的质量理念。因此，企业要大力提升员工的质量意识，让工匠精神在企业中生根发芽，使精益求精和追求卓越的工匠精神在质量管理过程中得到充分体现和强化，进而转化为提升企业质量管理水平的动力和保障。

延伸阅读

高质量发展的内涵

高质量发展是 2017 年中国共产党第十九次全国代表大会首次提出的新表述，表明中国经济由高速增长阶段转向高质量发展阶段。党的十九大报告中提出的"建立健全绿色低碳循环发展的经济体系"为新时代下高质量发展指明了方向，同时也提出了一个极为重要的时代课题，必须深刻认识和理解高质量发展的内涵。

应该看到，速度与质量是辩证统一的，没有一定的发展速度就很难谈到发展的质量，高质量发展是在更高水平上实现供给和需求动态平衡的发展，其最终目标是推动我国经济发展方式的转变，建立现代化经济体系，为实现"两个一百年"奋斗目标、实现中华民族伟大复兴的中国梦构筑雄厚的经济基础。

推动经济实现高质量发展，是适应我国发展新变化的必然要求，也是当前和今后一个时期谋划经济工作的根本指针。过去 40 多年的高速增长，成功解决了"有没有"的问题，现在强调高质量发展，根本在于解决"好不好"的问题。高质量发展意味着高质量的供给、高质量的需求、高质量的配置、高质量的投入产出、高质量的收入分配和高质量的经济循环。

推动高质量的供给，就是要提高商品和服务的供给质量。我国拥有全球门类最齐全的产业体系和配套网络，其中 220 多种工业品产量居世界第一。但许多产品仍处在价值链的中低端，部分关键技术环节仍然受制于人。要提高供给质量，更好满足日益提升、日益丰富的需求，跟上居民消费升级步伐。

促进高质量的需求，要促进供需在更高水平实现平衡。我国已形成最大规模的中等收入人群，城市化水平不断提升，内需市场十分广阔，但是就业质量不高，居民收入水平偏低，公共服务供给不足，养老、医疗、教育等给居民带来的负担还比较重。必须解决这些问题，释放被抑制的需求，进而带动供给端升级。

实现高质量的配置，就是要充分发挥市场配置资源的决定性作用，完善产权制度，理顺价格机制，减少配置扭曲，打破资源由低效部门向高效部门配置的障碍，提高资源配置效率。

实现高质量投入产出，就是要更加注重内涵式发展，扭转实体经济投资回报率逐年下降的态势；在人口红利逐步消退的同时，进一步发挥人力资本红利，提高劳动生产率；提高土地、矿产、能源资源的集约利用程度，增强发展的可持续性；最终实现全要素生产率的提升，推动经济从规模扩张向质量提升转变。

促进高质量的循环，就是要畅通供需匹配的渠道，畅通金融服务实体经济的渠道，落实"房子是用来住的，不是用来炒的"要求，逐步缓解经济运行当中存在的三大失衡——供给和需求的失衡、金融和实体经济的失衡、房地产和实体经济的失衡，确保经济平稳可持续运行。

高质量发展是一场耐力赛，需要脚踏实地，打牢基础，一步一个台阶。向高质量发展转变的过程注定不会一帆风顺，必须守住不发生系统性风险的底线，有序排除长期积累的风险隐患，有效应对外部不确定性的冲击，为高质量发展创造有利条件和环境。

资料来源：李伟，人民日报，海外版.2018-01-22.

（二）质量是消费者权益的保障

社会主义生产的根本目的是满足人民群众日益增长的物质需要与精神文化需要，这种日益增长的需要，不仅反映在数量上，也反映在质量上。随着科学技术进步和社会生产力提高，人民群众生活水平在不断改善，人们要求更新、更好、更适合自己的产品质量和服务质量，更盼望更好的生活环境质量，而不再满足于产品和服务的有无和多少。消费者需求日益多样化，只有保证和提高商品质量、工作质量、服务质量和环境质量，满足消费者的需要，才能更好地保障消费者合法权益。从品牌价值看，"中国制造"还未具有"日本制造"或者"德国制造"那样的整体影响力，长期强调"质优价廉"的理念，造成"中国制造"的高端品牌不足。在企业层面实现高质量发展，意味着大量具有世界影响力的品牌出现，企业要顺应消费个性化、多样化发展的大趋势，努力增加高品质商品和服务供给，在产品细节、做工、创新、性能上多下功夫，形成具有全球影响力的知名品牌。企业要建立科学的质量监督与管理机制，积极开展质量管理活动，把全面质量管理、精益管理等国际先进质量管理方法应用到日常生产与经营活动中，提高全员全过程、全方位质量控制水平。要完善顾客参与机制，倾听顾客呼声，让顾客深入参与到企业产品服务创新与质量改进实践当中，发挥顾客的创新贡献和价值共创作用，实现顾客需求与先进技术对产品质量提升的双轮驱动。加快健全质量管理的激励约束机制，将质量责任和义务落实到每一位员工头上，建立有效的全程追踪与终身追责体系，真正实现激励与约束并重。

（三）质量是社会经济发展的重要战略因素

当前，世界经济的发展正经历着由数量型增长向质量型增长的转变，市场竞争也由以价格竞争为主转向以质量竞争为主。在开放的世界经济环境中，产品质量是进入市场参与竞争的通行证。所以，质量是关系到社会经济发展的重要战略因素。企业必须在质量方面下功夫，主要来自以下四方面的压力：成本竞争方面的压力、竞争对手方面的压力、消费者方面的压力和企业利润增长方面的压力。企业质量管理需要建立在科学的信息技术和数据分析基础上。只有让"数据说话"，才能使企业管理者更直观地了解产品和服务的质量情况以及市场对产品和服务质量的真实评价。为此，要有效利用人工智能和大数据，整合企业内部数据与外部数据，通过对大数据进行分析，深入挖掘数据背后隐藏的"质量—消费"模式和规律，从而精准分析质量与消费、生产乃至地区经济发展之间的关系，为提升企业质量管理水平提供技术支持，促进企业优化产品质量标准体系。

🗑 延伸阅读

先进标准与工匠精神成美的升级"左右手"

自 2014 年美的集团宣布 M-Smart 战略推动全品类智能化以来，其近 3 年主导或参与制定国际标准 3 份，国家标准、行业标准达到 112 份，现在已有超过 30+个智能品类，近 30 项首创技术。这不仅让美的在智能化道路上表现出众，精品意识主导下的集团盈利能力也日益见长。

2015 年美的实现收入 1 384.4 亿元，归属于母公司净利润 127.1 亿元，同比增长 21%，实现创新驱动。与亮眼的经营成绩相映衬的是，美的近 3 年累计专利申请 24 235 件，不久前又宣布与东芝白色家电业务达成战略合作，获得东芝品牌 40 年全球授权及超过 5 000 项家电相关专利，进一步提升全球竞争实力。

实际上，在国际舞台上，先进标准早已成为企业能否成为标杆领袖的标志。英特尔定义 CPU 的标准，苹果定义了智能手机的标准。工业化时代，行业标准就是制空权。对于一片空白的领域，掌握了标准也就制定了游戏规则。例如，4G 通信的时分双工与频分双工之争，实际上就是标准之争，如能提前控制标准，无异于就掌握了该领域的主导权。

美的集团副总裁王金亮表示："美的提出精品工程已经超过 10 年了，而且为之付出了很多的努力，我们在整个研发、制造、标准化等方面做很多的工作，而且见了成效。从 2015 年的集团年报上来看，我们是取得了成效的。这 5 年的时间里，美的在供给侧改革的"三去一降一补"上做了很多工作。而一系列的变化也体现了我们供给侧改革结构性调整的成功。如果没有记错，在 5 年前，也是我们最顶峰的时候，我们的洗衣机仓库面积有 120 万平方米，现在我们只有 10 万平方米，这些都是去产能、去库存非常典型的例子。"

为智慧家居的标准找到"硬件+软件+生态"的标准配置

机器人产业为"第二跑道"

匠心精品才能实现大规模的产业化，已成为供给侧改革的有力推手。两会后出现在政府工作报告中的"工匠精神"一词热度激烈升温，实际上，先进标准与工匠精神相辅相成，缺一不可。而在要在未开拓的新疆土标准争夺战中取得一席之地，又需要工匠精神的拼搏与钻研才能实现。

"智慧家居"和"智能制造"的双智战略是美的目前的发力重点。从 2016 年美的发布的智能新品上看，他们已经为智慧家居的标准找到了"硬件+软件+生态"的标准配置。

"以智能冰箱为例，我们应用了全球首创图像识别和智能标签技术，将其集成到 21.5 寸的大屏互动显示上。"美的冰箱负责人介绍道，"这个屏幕集食品信息采集、营养自动分析、食材管理、远程控制于一身，可以实时展示冰箱里当下储存的食品信息、温度情况、过期信息、营养结构，甚至是食品产地、一键购买都能轻松在屏幕上实现。这已经不是一个冰箱，而是家庭营养管家的平台。"而要完成这个营养管理方案的标准体系，美的冰箱团队联合国家保鲜中心、北京知名三甲医院、中山大学、内容版权方、互联网企业和科技企业才得以实现，开创新疆土的艰巨可见一斑。

美的洗衣机研发中心首席工程师叶德新表示："我们的团队是一个国际化的团队，一个具有超强技术力的团队。我们的美的和小天鹅团队融合了来自德国、意大利等众多国家资深的工程师。我们在项目过程中，仅工业设计就经过了 270 余次的验证，过程中通过了 1 200 余次的工艺手感测评，正是这些点点滴滴赋予了我们这样一个比佛利的高端产品。"

在全智能工厂的升级上，美的也在探寻智能制造的标准。这套全智能工厂的标准包含设备自动化、生产透明化、物流智能化、管理移动化、决策数据化五大维度。目前美的计划总投资 40 亿元，将工厂往 C2M（顾客面向制造）概念转化，全智能工厂可满足个性化定制的需要，现在美的全智能工厂能在 9 天内完成从订单到交货，客户可以通过智能手机或者 iPad 看到订单跟踪情况。

在"智慧家居+智能制造"双智战略的指引下，美的智能化的步伐正在加快，务求在"先进标准"的竞争中保持领先。近 10 年美的已累计投入 300 亿元发展科技，并且在不断加大投入比例，2015 年科技投入占销售收入 3.5%，未来将重点围绕空气、营养、能源系统开展基础研究和前沿技术研究，从单一产品制造商向提供系统集成服务解决方案和系统的产品供应商转变。

《装备制造业标准化和质量提升规划》提到的机器人产业也成为美的瞄准的增长沃土。当前美的已与日本安川电机合资设立公司，全面进军机器人产业，美的形容这是他们"积极创建的第二跑道"，未来将有望成为美的新的增长空间。

四、全面质量管理

全面质量管理，最先由美国菲根堡姆博士提出，是指以保证和提高产品质量为中心，全体职工及各个部门同心协力，综合运用一套完整的科学管理理论体系、专业技术和科学方法，对影响产品质量的全过程和各种因素实行控制，力求经济地开发、研制和生产、销售用户满意的产品的系统管理活动。全面质量管理是对公司每一个人所提出的关心质量的要求，其核心点有二：一是永无止境地推进质量改进；二是追求用户满意的目标，要不断地满足或超出用户的期望。目的在于通过让顾客满意和让本企业所有成员及社会受益，进而实现企业持续和长远发展目标。全面质量管理的主要观点如下。

（一）持续改进

持续改进就是谋求投入产出转换过程中所有因素持续不断地改善，这些因素包括设备、方法、原材料和人员。在持续改进这一理念的引导下，"如果它没有损坏，就不要修理它"这一古老的信条转变成了"仅仅从它没有损坏这一点不能说它没有改进的余地"。"持续改进"这一概念最初是由美国人提出的，现已成为日本公司生产管理的基石，近年来，美国公司也对它产生浓厚的兴趣。

持续改进是质量管理的八大原则之一，虽然它排在第六位，但其重要性不能被低估。八大原则中最重要的有两条，一条是以顾客为关注焦点，另一条就是持续改进。以顾客为关注焦点，规定了企业质量管理的目的；持续改进，规定了企业质量管理的最基本的方法。也就是说，只有持续改进才能满足顾客的需求和期望，也才能真正做到以顾客为关注焦点。因为顾客的需求和期望是在不断发展与变化的，要满足这种变化的、发展的需求和期望，企业就必须进行持续改进，持续改进是企业的永恒追求。

持续改进是通过改进过程得以实现的，具有以下特征。

（1）持续改进是质量改进的渐进过程。

（2）持续改进是企业积极、主动寻求的。

（3）持续改进的内容涉及企业的方方面面。

（4）持续改进的目的是提高有效性和效率，以确保实现预期目标。

（二）全面质量管理要求实现全过程的质量管理

质量管理工作从原来的生产过程扩大到市场调研、设计、制造、辅助生产、物料供应、人力资源、销售等各个环节，即贯穿产品质量产生、形成的各个环节，贯穿企业生产经营的全过程，旨在把不合格的产品消灭在生产过程中，从而形成一种以防为主、防检结合的，能够向顾客提供长期、稳定合格品的系统。要求企业树立"下道工序就是用户"的思想，每道工序的质量都要得到保证，形成产品从设计到销售、使用的全过程的质量管理。

（三）参加管理的人员是全面的，即全员性的质量管理

质量管理要靠企业全体职工牢固的质量意识、责任感和积极性构成的"同心协力"。质量只有靠企业各个部门共同努力才能保证和提高，企业的决策者、职能人员、操作人员等全体人员都要关心质量，对质量负责。推行全员质量管理，要树立全员质量意识，广泛开展质量管理小组活动，使质量管理深入每个员工的行动中，切实保证和提高产品质量。

（四）管理的方法和工具是全面的

全面质量管理综合运用管理技术、专业技术和科学方法，形成一套全面的质量管理方法体系。全面质量管理不仅包括质量检验、数理统计控制方法，还包括管理组织、专业技术及其他的科学技术成果，针对影响产品质量的各个因素，综合发挥它们的作用，以获最佳效果。

（五）"用户第一"的观点

企业必须识别顾客的质量要求，以用户、市场为导向。质量管理中的"用户"概念被拓宽了，不只是指产品出厂后的直接用户，而且包括企业内部前后工序，提倡树立"下道工序为上道工序的用户"意识，每道工序的工作都要经得起下道工序的检验，都能使下道工序满意，本道工序内发现的质量问题要在本道工序解决，使企业内所有工序形成一个相互协调、相互促进的质量管理有机整体。实践证明，只有一切从用户的需求出发，企业才能提供使用户满意的产品，才能够不断创新，使企业活力长存。

（六）"预防为主"的观点

全面质量管理认为：质量是设计出来的，不是检查出来的。影响质量好坏的真正原因，不在于检验，而在于设计和制造。设计质量是先天性的，决定质量的等级或水平，制造实现设计质量，所以设计质量非常关键。全面质量管理使质量管理从事后检验发展到事前控制，从管结果发展到管过程、管原因，将影响产品质量的可控制因素控制起来，最大限度降低不合格率。

（七）"一切用数据说话"的观点

全面质量管理是以数据为基础的管理活动。质量可以表示为一定的数量界限，只有掌握准确信息，才能了解质量变动状况，采取有效措施解决质量问题。全面质量管理广泛运用各种统计方法，常用有七种质量控制工具，现在又出现了新的七种质量控制工具。一切用数据说话，提高了质量管理工作的科学性和准确性。

贯彻全面质量管理的公司和坚持传统质量管理的公司比较见表 10-1。

表 10-1　贯彻全面质量管理的公司和坚持传统质量管理的公司比较

项　　目	传统的质量管理	全面质量管理
总使命	最大的投资回报	达到或超过用户满意
目标	强调短期收益	在长期效益和短期效益之间求得平衡
管理	不公开，有时与目标不一致	公开，鼓励员工参与，与目标一致
管理者的作用	发布命令，强制执行	指导，消除障碍，建立信任
用户需求	可能不清晰	至高无上，识别和理解的重要性
问题	责备，处罚	识别并解决
问题的解决	不系统，个人行为	系统，团队精神
改善	时断时续	持续不断
工作	狭窄，过于专业化，个人努力	广泛，更全面，更注重发挥团队的作用
定位	产品取向	过程取向

第二节　全面质量保证体系

一、质量保证体系的概念和内容

（一）质量保证和质量保证体系

质量保证是指企业对用户在产品的质量要求方面所提供的担保，保证用户购买的产品在寿命期内质量可靠。质量保证包括两方面内容：一是在产品出厂之前，企业要加强内部各环节的质量管理，以保证出厂产品的质量符合规定要求；二是在产品出厂之后，企业要搞好售后服务，对用户负责到底。质量保证是全面质量管理的精髓，通过它会给消费者带来舒适和满足，使消费者对生产者提供的产品和服务的质量感到确实有可靠的保证，生产者则可以因此而赢得国内外广大市场，最终引致销售量的增加。所以，从长远看，质量保证关系到企业的利润和发展前景。

质量保证体系，是指企业以保证和提高产品质量为目标，为实施质量管理所需要的组织结构、程序、过程和资源。即运用系统的原理和方法，建立统一协调的组织机构和合理的制度，把各部门、各环节的质量管理职能严密组织起来，明确规定其职能、任务和权限，并有一个灵敏的质量信息反馈系统，形成一个高效的质量管理有机整体。

一般说来，全面质量保证体系结构如图 10-4 所示。

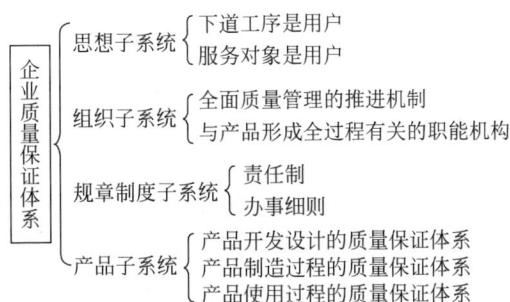

图 10-4　全面质量保证体系

（二）全面质量保证体系的基本内容

全面质量保证体系，可分为设计试制过程的质量保证、制造过程的质量保证和产品使用过程的质量保证。

1. 设计试制过程的质量保证

设计试制过程，是指产品正式投产前的全部准备过程，包括市场调查、设计、试制、鉴定等阶段，这一阶段各项工作的质量有时称之为设计质量，它是制造质量应达到的标准，是全面质量管理的首要环节。如果设计试制过程工作质量不好，草草投产，就会给产品质量留下后遗症，这不仅影响产品质量，而且影响投产后的经济效率。优质的设计不只是产品结构的设计，更重要的是功能设计，设计要符合用户使用要求并具有较好的工艺性。

产品设计试制过程的质量保证包括以下三方面内容。

（1）确定质量目标。在市场调查的基础上，充分研究顾客的需求，确定合理的质量目标。质量目标可分解为技术目标和经济目标，要求：技术上先进可行，其性能、可靠性、安全性等目标都尽量符合市场需要和企业实力；经济上合理适用，能保证在时间、费用、资源和人力等条件限制范围内生产出达到该质量水平的产品。

（2）产品的正式设计。产品设计时要以市场需求为导向，使设计的质量与顾客的要求一致，要着力提高设计工作的质量。设计工作完成后，企业要组织销售、科研、制造和质量管理部门参加设计审查，审查内容包括产品的可检查性（如尺寸、公差等）、产品的可靠性、产品的安全性及产品的寿命周期总成本，目的是及早发现并设法弥补设计上的缺陷，确定合适的设计方案。

（3）产品的试制和鉴定。试制是对设计的验证，通过试制可以确定产品设计中有无缺陷，有无必要对原设计进行修改和校正。鉴定是企业组织有关单位的专家和人员对产品进行的综合评价，它是从设计过程转移到制造过程的一个关键性环节，通过鉴定，要对产品从技术上、经济上及生产条件等多方面做出全面评价，保证设计图样、工艺等技术文件的质量。

2. 制造过程的质量保证

产品制造过程，是指从原材料投入生产开始到产品交验合格入库的全过程，它是产品质量形成过程的中心环节。制造过程的质量保证主要指做好工序的质量管理，通过控制生产过程影响质量的诸因素来保证生产过程的质量。制造过程质量管理的目的是尽可能多生产出符合质量标准的产品，减少不良品和浪费，建立起能够稳定生产合格品和优质品的生产系统。这一过程质量保证的主要内容有以下两项。

（1）质量把关——质量检验。质量检验是企业借助各种手段或方法，测定产品的质量特性是否符合规定的质量标准。检验是企业保证出厂产品质量的一项重要质量职能，企业要组织好制造过程各环节的质量检验工作，建立以岗位责任制为中心的各项质量管理工作，保证做到不符合技术规格的产品不会被送到下道工序或最终用户手中。

检验工作包括对处于生产过程中使用的原材料、工艺装备及在制品和成品的检验，包括自检、互检、专检等多层次检验。检验有全数检验、抽样检验、预先检验、中间检验、最终检验、首件检验和最后检验等多种方式。企业还应将在检验过程中产生的数据资料做好记录，经整理分析形成质量信息，为控制和提高产品质量服务。

（2）质量的预防——工序控制。预防是对产品质量问题进行现场分析，找出产生质量问题的原因，推动生产部门和操作者采取预防措施，把不良品数量减少到最低限度。在进行质量分析时要灵活运用质量控制的数理统计方法和其他方法。质量的预防工作主要包括以下几个方面。

第一，加强工艺质量管理。细化工艺文件，严格工艺规程，实行工序质量管理，提高工序能力，保证工艺加工质量，防止废次品产生，使之处于良好稳定的控制状态。产品质量主要取决于生产过程中操作者、原材料、机器设备、操作方法和现场环境的状况，因此，每道工序都必须符合图纸和技术的要求。

第二，组织质量分析，掌握质量动态。通过对产品质量或工作质量的统计分析，可以及时准确掌握质量的现状和发展动态。统计分析的核心在于确定质量指标，包括确定产品质量指标和工作质量指标两个方面。产品质量指标主要反映企业已检查的合格产品的质量水平，如抽样合格率、优等品率、平均等级率等；工作质量指标主要反映企业生产过程的工作质量，如废品率、一次交验合格、返修品率等。做好质量分析工作，必须以准确详细的原始记录为基础，对废次品进行原因分析，以便采取措施减少废品损失。质量分析不仅要进行技术分析，还要进行经济分析，要考虑产品的寿命周期总成本（包括制造成本与使用成本）与功能的最佳匹配，以及企业利益与顾客利益的最佳结合点。

3. 产品使用过程的质量保证

产品使用过程的质量保证是企业质量保证工作的继续和归宿，是实现企业生产目的、评价产品实际质量的过程。在产品销售以后通过加强服务工作，保证产品质量特性在使用中正常发挥作用，满足用户需求。产品使用过程质量保证的主要内容如下。

（1）开展对用户的技术服务工作，如编制产品使用说明书（说明产品的功能、结构、安装、使用、维修、注意事项等），传授安装、使用和维修技术，提供备品配件和设立维修网点等，认真处理出厂产品的质量问题。

（2）通过各种渠道对出厂产品进行使用效果和使用要求的调查研究，及时反馈，将调查结果与保证和改善质量紧密联系起来。

（三）建立质量体系的程序

一般而言，建立质量体系通常包括以下五个阶段：①组织策划；②总体设计；③体系建立；④编制文件；⑤实施运行，如表 10-2 所示。

表 10-2 质量体系建立的工作过程

阶段划分	工作内容和事项	阶段划分	工作内容和事项
组织策划阶段	学习 ISO 9000 标准，统一思想	体系建立阶段	建立组织结构
	组织管理层决策		规定质量职责和权限
	建立工作机制，进行骨干培训		配备质量体系所需基本资源
	制订工作计划和程序	编制文件阶段	编制质量体系文件
总体设计阶段	制定质量方针和质量目标		体系文件的审定、批准、颁发
	质量体系总体设计系统分析		质量体系实施的教育培训
	根据环境特点选择质量体系类型	实施运行阶段	质量体系的实施和运行
	对现有质量体系调查评价		质量体系的审核和评审
	确定体系结构，选择体系要素		质量体系实施中的检查考核

下面对其中的具体内容加以说明。

1. 制定质量方针

质量方针作为企业最高领导经营决策的主要内容之一，明确了企业总的质量宗旨和方向，对指导企业开展质量管理活动具有十分重要的作用。在制定质量方针的同时，还必须注意质量方针的展开。企业各级、各部门的领导要根据本部门的职责，制订具体实施计划，作为实现质量方针的具体行动纲领，以确保将质量方针落到实处，做到上下左右协调统一。

2. 选择、确定质量体系要素

为合理选择、确定质量体系要素，首先要研究和选择拟采用的 ISO 9000 标准。一般质量体系所处环境有四种可能：企业自身质量管理指南的需要，企业与用户之间的合同环境，用户认证或注册，第三方（权威机构）认证或注册。无论哪种情况，企业都应事先认真研究 ISO 9000 系列标准，然后根据不同需要选择不同的 ISO 9000 系列标准。具体可采用两种方式：其一，企业根据自身发展的需要，希望提高自身的质量管理水平，从而积极、主动地建立质量体系，称为管理者推动；其二，对照选定的标准，对企业各部门、各环节质量管理的现状进行调查，找出差距和不足，并借鉴国内外企业的实践经验，选择并确定具体的质量体系要素，明确对每项要素进行控制的要求和措施。

3. 编制质量手册

质量手册是阐述一个组织的质量方针并描述其质量体系的文件，是质量体系的统帅性、纲领性、总体性文件。质量手册是建立质量体系的重要标志，是进行质量体系审核或评价、管理的依据。质量手册的主要内容一般应包括：质量方针；企业的职责、职权，以及它们之间的关系；质量体系程序及其说明；质量手册的评审、修改和控制的规定等。

4. 编制质量计划

质量计划是指针对某项特定的产品、项目或合同，制定专用的质量措施、资源和活动顺序的文件。通常，质量计划应参照质量手册的有关部分来编制，以适应特定的场合。

一般地，质量计划应对下述内容做出规定：①应达到的质量目标；②实施过程各阶段中责任和权限的明确分配；③应采用的特定方法、程序和作业指导书；④有关阶段（设计、研制等）的试验、检验和审核大纲；⑤随项目进展而修改和完善质量计划的方法；⑥为达到质量目标必须采取的其他措施。

延伸阅读

德国工匠不相信物美价廉

德国人进入工业化后也经过"山寨阶段"：向英、法学习，偷人家的技术，仿造人家的产品。为此，英国议会还特别在 1887 年 8 月 23 日通过对《商标法》的修改，要求所有进入英国本土和殖民地市场的德国进口货必须注明"德国制造"。"德国制造"在当时实际上是一个带有侮辱性色彩的符号。德国进入工业化时代之初，大学的科学研究是与生产领域完全脱节的。尽管那时"世界科学中心"在德国，但是美国人很聪明，他们在德国拿到学位回国后，不是一味地跑到大专院校里做研究工作，而是进入市场里去办企业。

19 世纪 90 年代初，德国科学家跑到美国一看，发现美国工业品的科技含金量最高，这才开始大力促进应用科学的发展，并在半个世纪时间里将世界一流的科学队伍、工程师队伍和技术工人的队伍结合在一起，领导了"内燃机和电气化革命"，使德国工业经济获得了跳跃式的发展。此后，德国的机械、化工、电器、光学，直到厨房用具、体育用品都成为世界上质量最过硬的产品。8 000 万人口的德国，拥有 2 300 多个世界名牌。

珍视"身后名"　不贪"眼前利"

德国城市的风光几乎都有这个特点：城市天际线最高的地方一定是教堂的尖顶，任何建筑物都不能超过它。

德国人一般只在柏林、汉堡、法兰克福建高楼，那也是世界级的大高楼，但有一个条件，这种高楼从任何方向倒下来时，不能压到另一栋楼。所以越高的楼房，周边留有的空地就越大。德国人建房子时，一定要考虑到当它倒下来时会发生什么事情。

由于德国的经济发展不靠房地产市场，所以一位德国建筑师很难拿到一个建筑项目，好不容易中了标，就一定会精心设计，把它搞成一个艺术精品。因此，在德国，你看不到两座一样的建筑物。德国建筑师重视的不是"眼前利"，而是"身后名"。

一个人身上只做一次生意

德国企业追求利润，只是要保证基本利润，有钱可赚，而不是贪得无厌、无休止地追求利润。它们更注重长远的、可持续发展的问题。因此，德国人宁愿"在保证基本利润的同时，让部分利润转化成更高质量的产品和更加完善的服务"。

我曾在柏林与一家菲仕乐锅具店的经理聊过天，我说："你们德国人造的锅可以用上100 年，因此每卖出一口，实际上也就丢失了一位顾客，以后人家不用找你了。你看人家日本人造的锅，用 20 年就到头了，顾客每 20 年就得再找他一次。你们为什么要把东西搞得那么结实呢？"

这位经理回答我："所有买了我们锅的人都不用再买第二次，这就会有口皆碑，就会招来更多的人来买我们的锅，我们现在忙都忙不过来呢！我们这家厨具厂，是二战后从过去的兵工厂转产过来的，前后也不过几十年时间，就卖出 1 亿多口锅了，你知道这个世界有多少人口吗？快 80 亿了，还有 70 多亿人口的大市场在等着我们呢！"

德国人的想法不一样，他们营销战略的路数也与众不同。一笔生意，在你身上一辈子就做一次，让你说他的东西好；这就会感染到另外一个人，这个人再去做他的顾客，然后再感染第三个人，人家干的是这个事。

物美价不廉

你跟日本人可以谈价格，但你跟德国人谈价格，一点儿都砍不下来。德国人甚至不承认有"物美价廉"这回事，连他们自己都承认"德国货就是物美价不廉"。

"德国制造"的优势在于它的质量，它解决问题的专有技术，它优秀的售后服务。德国企业发展的一般产品都是具有世界领先水平、高难度，别国一时无法制造出来的产品。德国 30% 以上的出口商品，在国际市场上都是没有竞争对手的独家产品。德国人生产的工业制造品，大到掘进机，小到订书机，从质量上讲都是世界第一。

德国所有供 3 岁以下儿童食用的产品不得含有任何人工添加剂，必须是天然的；所有奶粉被列为药品监管；所有母婴产品只允许在药店出售，不允许在超市出售；所有保健护肤品牌都必须要有自己的实验室和植物种植园，以保证取材于天然有机品质。

我认识一位德国教授，他家里现在还有 20 世纪 60 年代生产的和木头箱子一样大的电子管收音机，由于质量好，照样在用。

我曾问过一位德国企业家，为什么德国的产品动不动就"能用 100 年"呢？他回答道："一个原因是，德国没有资源，几乎所有重要的工业原材料都是靠国外进口来的，所以必须物尽其用，尽量延长使用期，这才是对原材料最大的节约。另一个原因是，德国人认为，产品质量的好坏，主要体现在是否经久耐用上。"

资料来源：文摘报，2016-03-24.

二、全面质量保证体系的运转方式

PDCA 循环是全面质量保证体系的基本运转方式和科学的工作程序，是由美国质量管理专家戴明博士提出的。质量保证体系活动的全过程是按照计划（plan）、实施（do）、检查（check）、处理（action）四个阶段周而复始地运转。

（一）PDCA 循环

PDCA 循环包括四个阶段、八个步骤，如图 10-5、图 10-6 所示。

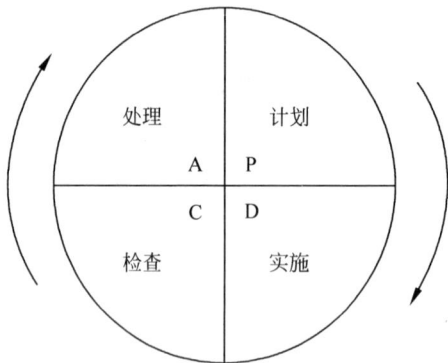

图 10-5　PDCA 循环四阶段示意图　　图 10-6　PDCA 循环八个步骤示意图

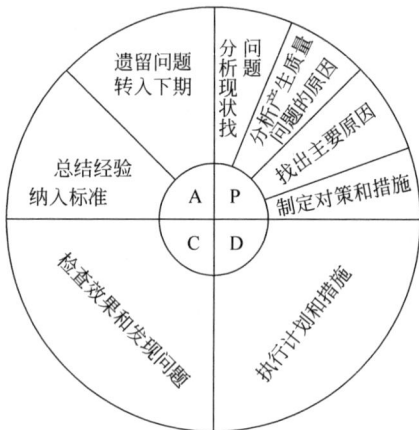

（1）计划阶段（P），确定企业的质量目标、活动计划、管理项目和措施方案的阶段。计划阶段包括四个步骤：第一步分析现状，找出存在的质量问题；第二步分析产生质量问题的各种原因；第三步找出影响质量的主要因素；第四步制定技术组织措施方案，提出措施执行计划和预计效果，并且具体落实执行人、时间、地点、进度、方法等等。制订计划必须考虑"5W1H"（why、what、where、when、who、how）因素，以提高计划工作质量。

（2）实施阶段（D），根据预计目标和措施计划，组织计划的执行和实现。

（3）检查阶段（C），检查计划执行情况，将结果与目标衡量，找出不足。

（4）处理阶段（A），针对执行结果，进行总结和分析、处理问题。这一阶段包括两个步骤。①总结成功的经验和失败的教训，对成功的经验进行标准化，以利于今后遵循；对失败的教训要提出针对性的改进和防范意见。②把没有解决的遗留问题转入下一个循环，作为下期循环应考虑的目标。

（二）PDCA 循环的特点

（1）PDCA 循环依顺序进行，靠组织力量推动，像车轮一样向前进，周而复始，不断循环。

（2）大环套小环，相互推动。PDCA 循环作为一种科学运转方法，适用于企业质量管理的各个方面和各个层次。整个企业的质量管理活动是一个大的 PDCA 循环，各个部门、科室、车间直至个人又是各自的 PDCA 循环，形成大环套小环的综合循环体系。各级管理循环既是上一级管理循环的组成部分和具体保证，又是下一级 PDCA 循环的根据。大小循环互相推动的有效运作，使企业各方面质量管理活动有机地联系起来，彼此协作、互相促进，以保证企业总的质量目标的实现，如图 10-7 所示。

（3）螺旋式上升。PDCA 循环好似一个转动着的车轮，但它不是仅仅停留在原地的运动，而是犹如爬楼梯，是逐步上升的运动。质量管理工作，每次循环就解决一批质量问题，质量水平就有了新的提高，遗留问题和新出现的问题继续转入下一次循环。

PDCA 循环并不是简单的重复，每一次循环都赋予新的内容和目标，都是更高水平的循环，质量问题不断被解决，又不断有新的问题，PDCA 循环是一个不断提高的动态循环，如图 10-8 所示。

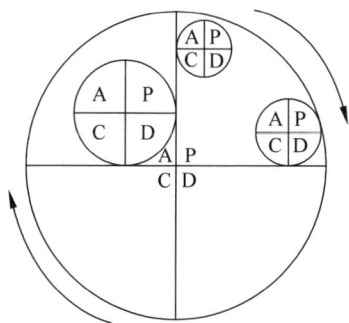

图 10-7　大环套小环示意图　　　　图 10-8　螺旋式上升示意图

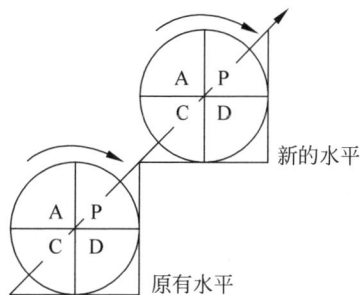

三、建立质量保证体系的基础工作

建立全面质量保证体系，企业应做好方方面面的工作，特别是要做好质量教育、标准化、计量检定和质量监督、质量信息反馈、质量管理机构和广泛开展质量管理小组活动等基础性工作。

（一）质量教育

质量教育是全面质量管理的支柱。企业的一切工作质量都是靠人来保证的，人的素质，特别是树立"质量第一"的观念，是质量保证的关键。日本一些企业管理者认为，全面质量管理的真正目的在于养成如下素质：①养成善于发现问题的素质；②养成重视计划的素质；③养成重视过程的素质；④养成抓关键的素质；⑤养成动员全员参加管理的素质。

质量教育包括两个方面的内容。

（1）质量管理知识的普及。推行全面质量管理，要使企业全体职工了解并掌握质量管理的基本思想和方法，牢固树立起"质量第一""用户至上"等质量意识，从而在企业生产的各个方面、各个环节的实践中发挥作用。

（2）职工技术培训。技术培训要求职工结合工作需要进行技术基础教育和操作技能的训练，掌握产品性能、用途、工艺流程、岗位操作技能和检验方法等等。只有提高职工技术水平，才能在生产管理中真正地保证质量。质量教育必须制度化、系统化，形成整个企业的质量教育网络体系。

延伸阅读

走向卓越靠质量

某人曾在一家公司做网络线路采购的工作。在线路采购合同里，有一项可用性标准，它决定了用户使用网络的稳定性。那时，他接触的服务商有的能把这项指标稳定在99.99%，有的只能保证99%。99.99%的线路可用率意味着使用线路的1万个小时中，9 999个小时都能保证可用，只有1个小时可能出现故障。同理，99%的线路可用率意味着使用线路1万个小时里，9 900个小时保证可用，还有100个小时不能保证。有人会觉得，99%和99.99%不过就差了0.99%，几乎可以忽略不计。可是你知道吗？对于一些追求极致网络稳定的游戏厂商来说，结果是天差地别的。如果有一家游戏厂商为了节省采购成本，选择租用那条99%的线路，可能会损失上千万元。无数游戏玩家会在那可能出现故障的100个小时里流失。规模越大的公司，损失越大。所以这不到1%的差距，看着差不多，其实差了太多。

周润发在电影《无双》里说的那句话："任何事，做到极致就是艺术。"

把每一件简单的事情都尽力做好，循环往复，你就和90%的人拉开了差距。做一罐辣椒酱谁都可以，但陶碧华做到了极致，就成了老干妈；做一顿火锅谁都可以，但张勇做到了极致，就成了海底捞；做好一个寿司谁都可以，小野二郎终其一生只做寿司，成了享誉世界的"寿司之神"。任何行业，只要你躬身入局，找到适合自己的单点，并投入所有资源和精力打磨，细到极致，长期下来必将跨过优秀，走向卓越。

（二）标准化

标准化是指依据科学技术和实践经验的综合成果，在充分协商的基础上，对经济、技术和管理等活动中具有多样性、相关性特征的重复事物，以特定的程度和形式颁发的统一规定。标准包括技术标准和管理标准两类。

质量工作标准化就是把质量管理的各项工作，按其重复性特征形成一定规范。标准化工作是企业实现质量保证的重要手段，使企业内部各系统建立技术、管理统一性，确保产品质量，使整个企业的质量保证体系稳定运行。随着生产技术水平的不断提高，标准化工作在质量管理中的地位越来越重要，有人认为，全面质量管理的过程实质上是企业标准化的管理过程。

（三）计量检定和质量监督

计量检定（包括测试、化学分析等工作）是工业生产的重要环节，是保证零部件互换、确保产品质量的重要手段和方法。没有准确的计量工作，就无法提供准确的质量信息。必须严格管理计量工作，建立健全管理制度与管理机构，齐全配备高质量计量设备，及时维护修理，实现检验测试手段、方法的科学化、现代化，提高计量工作的质量，充分发挥它在质量管理中的作用。

质量监督在今天仍是保证产品质量的重要手段。企业进行的质量监督主要包括三个环节：原材料和外协零部件进厂检验、中间检验（生产过程的检验）及产品出厂检验。企业应把好质量关，防止不合格品流出，及时发现并处理问题，建立健全质量监督体系。

（四）质量信息反馈

质量信息，是指反映产品质量和产供销各环节工作的原始记录、基本数据，以及产品使用过程中反映出来的各种信息资料。质量信息主要包括产品设计、生产和制造、检验、销售、使用及生产同类产品的企业信息。

质量信息的反馈是建立企业全面质量管理保证体系的"神经系统"，是企业保证和提高产品质量的依据。企业应建立一套完整的方法和程序，准确、及时、全面、系统地收集、贮存、分析内外两个反馈系统的质量信息，正确认识影响产品质量波动的原因并迅速做出反应，保证正确进行管理决策、有效控制生产、高效组织管理，达到质量管理的目标。

（五）综合的质量管理机构

为了使质量保证体系有效运转，必须有切实的组织措施，建立健全全面质量管理机构。质量保证体系涉及企业各方面工作，不仅担负着大量有关质量的职能工作，而且要对质量保证各方面的活动发挥统一组织、计划、协调的作用。一个严密的和具有一定权威的组织保证，对企业的每个部门，直至每个人都明确规定在质量管理工作中的具体任务、责任和权限，使质量工作有人管、办事有标准、工作有检查，形成一个严密的质量管理工作系统。

（六）广泛开展质量管理小组活动

质量管理小组是指开展群众性质量活动的组织，是以保证和提高产品质量、工作质量为目的，围绕生产现场中存在的质量问题，职工自愿组织、相互启发，运用质量管理手段，不断地、主动地开展质量管理活动的小组。

质量管理小组是质量保证体系的群众性的基层组织，是吸收广大职工参与质量管理的有效形式，是科学质量管理的客观要求。因为质量管理的第一手资料都是来自基层，质量活动也必须由工人贯彻才有效，所以企业的全面质量管理活动是否有效，关键在于质量管理小组活动能否开展得好。

质量管理小组的活动要根据企业的方针目标进行，从分析本岗位、班组、车间的现状着手，围绕提高质量、降低消耗及文明生产、为用户服务、改善管理、提高小组素质等方面选择课题，集思广益，分工负责，按 PDCA 循环开展工作，做到现状清楚、目标明确和讲求实效。其活动内容具体包括：学习全面质量管理科学知识，掌握质量分析的基本方法；组织好班组的质量自检、互检和专检，使班组质量检查活动经常化；进行现场改善和质量攻关；运用科学的管理技术和方法，开展日常的质量管理活动；及时总结科学的质量管理活动，组织各种生动活泼的经验交流和成果发表；提出提高质量的合理化建议等。

第三节 质量管理常用的统计控制方法

一般地，企业层面的质量管理包括企业先进质量管理方法、认证与检测、标准与计量等支撑产品质量提升的内容。企业推动高质量发展，要大力推广"卓越绩效""6δ管理"等先进技术手段和现代质量管理理念及方法，并形成具有中国企业特色的质量管理体系，致力于全面提升质量和效益。

质量是通过一定数量界限表现出来的，根据数理统计的原理和方法，将产品质量特性的波动程度控制在最小，这种质量控制方法，简称统计质量控制。常用的统计质量控制方法有七种，分别是直方图法、控制图法、排列图法、因果分析图法、相关图法、分层法和统计分析表法。

一、直方图法

（一）直方图法基本理论

直方图又称质量分布图，是指判断工序产品质量变化状态的一种常用统计工具。直方图法是将全部收集到的数据依具其特点（波动性和统计规律性）分为若干组，画出以组距为底边、以频数为高度的许多个直方形。

直方图的绘制是一个过程，需要结合实例进行。

例 10-1：某企业生产某金属片，尺寸规格为 $0.1^{+0.01}_{-0.03}$ mm。

（1）搜集数据。一般以随机取样 100 件为宜。经测试，将数据列入表 10-3。

表 10-3 企业生产某金属片尺寸规格数据　　　　　单位：mm

最大值									
0.974	0.985	0.986	0.991	1.009	0.998	0.992	0.999	0.989	0.994
0.993	1.001	0.995	0.992	1.003	0.984	0.990	0.980	0.995	0.996
1.003	0.987	0.975	0.999	0.988	1.002	0.979	0.995	0.994	0.999
0.983	0.997	0.988	0.995	1.008	0.998	0.987	1.001	0.984	0.993
最小值									
0.988	0.990	1.001	0.991	0.993	0.997	0.973	0.996	0.998	0.995
0.999	0.989	0.994	0.981	0.994	1.003	0.987	0.999	0.989	0.997
1.008	0.996	0.999	0.986	0.994	0.994	0.983	0.999	0.998	0.983
0.990	0.998	0.991	0.979	0.977	1.002	0.994	0.991	0.994	0.998
0.995	0.993	1.002	0.993	1.001	0.992	1.007	0.981	1.006	0.990
0.992	0.979	1.004	0.991	0.999	0.988	0.998	0.992	1.005	0.985

（2）找出最大值 La 和最小值 Sm，并求极差 R。

从表中可以看出：

$$La = 1.009, \quad Sm = 0.973$$

$$R = La - Sm = 1.009 - 0.973 = 0.036$$

（3）确定组距和组数。数据为 100 个，K（组数）一般取 10。组距（h）是组与组之间的间隔，它的计算公式为

$$h = \frac{R}{K} = \frac{0.036}{10} = 0.003\,6$$

（4）计算各组的上、下限值（边界值）。

一般地，第一组的下限向前推移半个组距，则第一组的上、下限计算公式为

第一组下限值为 $S_m - \frac{h}{2} = 0.973 - \frac{0.003\,6}{2} = 0.971\,2$

第一组上限值为 $S_m + \frac{h}{2} = 0.973 + \frac{0.003\,6}{2} = 0.974\,8$

然后计算其余各组上、下限值。以第一组的上限值作为第二组的下限值，第二组的下限值加上组距即为第二组上限值，依此类推。

第二组下限值　0.974 8

第二组上限值　0.974 8 + 0.003 6 = 0.978 4

第三组下限值　0.978 4

第三组上限值　0.978 4 + 0.003 6 = 0.982 0

……

（5）计算各组中心值 x_i。中心值是每组中间数值，按下式计算。

$$X_i = \frac{某组下限值 + 某组上限值}{2}$$

第一组中心值 $x_1 = \frac{0.971\,2 + 0.974\,8}{2} = 0.973\,0$

第二组中心值 $x_2 = \frac{0.974\,8 + 0.978\,4}{2} = 0.976\,6$

第三组中心值 $x_3 = \frac{0.978\,4 + 0.982\,0}{2} = 0.980\,2$

……

（6）统计各组频数 f_i，整理出频数分布表（表 10-4）。

表 10-4　频数分布表

组号	组　距	中心值	频数统计	频数 f_i
1	0.971 2～0.974 8	0.973 0		2
2	0.974 8～0.978 4	0.976 6		2
3	0.978 4～0.982 0	0.980 2		5
4	0.982 0～0.985 6	0.983 8		7
5	0.985 6～0.989 2	0.987 4		12
6	0.989 2～0.992 8	0.991 0		14
7	0.992 8～0.996 4	0.994 6		22
8	0.996 4～1.000 0	0.998 2		19
9	1.000 0～1.003 6	1.001 8		10
10	1.003 6～1.007 2	1.005 4		4
11	1.007 2～1.010 8	1.009 0		3
合计				100

（7）画直方图。以组距为底边，以频数为纵坐标，画出直方图（图 10-9）。

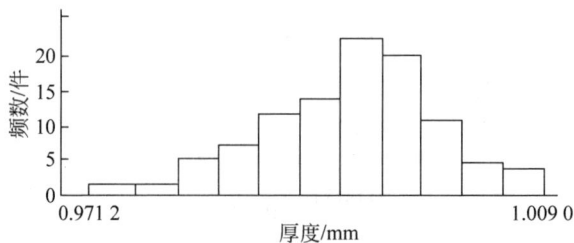

图 10-9　直方图

（二）观察和分析直方图

运用直方图判断生产过程是否稳定。分析直方图时，可以注意到直方图大致有几种类型，如图 10-10 所示。

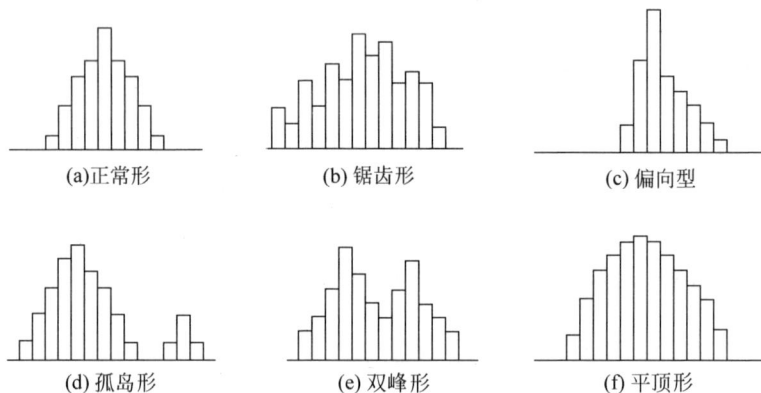

图 10-10　直方图类型

（1）正常形。直方图以中间为顶峰，左右对称地分散，呈正态分布，说明生产过程比较稳定、正常。

（2）锯齿形。一般是由于测量误差或分组不当所致。

（3）偏向形。多数是因为加工习惯造成的。例如，孔加工常偏小、轴加工往往偏大。

（4）孤岛形。在主直方图的旁边，又出现小的直方图。这是因为生产过程出现短时间的不稳定，或可能有几个不同分布的数据混入了此分布中，应该重新检查数据，看是否有异常。

（5）双峰形。这往往是由于两个不同单位生产的产品混在一起，应该分层处理。

（6）平顶形。这往往是因为生产过程中一种缓慢因素在作用。

二、控制图法

控制图又称管理图，是指画有控制界限的质量管理图，它能够动态反映质量，从而反映生产过程的控制状态，有利于及时发现问题并采取措施。控制图的基本格式如图 10-11 所示。

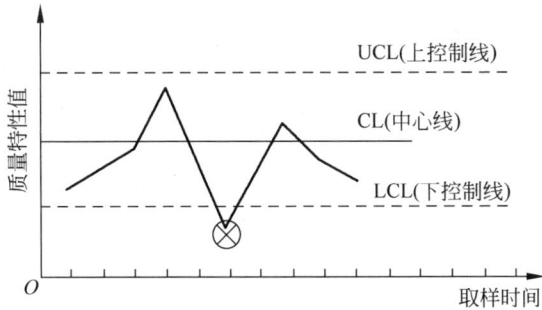

图 10-11　控制图

根据正态分布理论，只有 3‰的点可能超出±3σ 的控制界限，因此，实际测量中，一旦发现数据（点）跳出控制界限或排列异常，说明生产过程中有异常变化，应迅速采取措施进行控制，真正起到质量管理的预防作用。

通常认为以下几种状况为生产过程异常的表现。①点子在中心线的一侧连续出现了 7 次以上。例如，刀具的磨损，会造成圆轴尺寸逐渐增大。②点子在中心线一侧多次出现，不一定连续。③连续 7 个以上的点上升或下降。④在警戒线外多次出现。⑤呈周期性变动。

控制图种类很多，按管理对象可以分为计量值管理图和计数值管理图两大类。计量值控制图有：X 图，也叫单值控制图，在计量数据不易取得或不易分组时采用；$\overline{X}$ 图，也叫平均值图，是利用样本的平均值来分析和控制母体平均值；R 图，也叫极差控制图；$\overline{X}$-R 图，也叫平均值和极差控制图。

三、排列图法

排列图，又称帕累托图、主次图。帕累托曲线是 1879 年由意大利经济学家帕累托在研究社会人口与财富的占有规律时发现了"关键的少数和次要的多数"规律并绘制成图。依据统计数据把这种关系画成直观排列图，从而得到一条曲线，人们称之为帕累托曲线。后来美国质量管理专家朱兰将帕累托图应用于质量管理，用来分析质量问题，确定产生质量问题的主要因素。

帕累托图是分析影响产品质量主要因素的有效工具，是将出现的质量问题和质量改进项目按照重要程度依次排列而采用的一种图表，是按照发生频率大小顺序绘制的直方图，表示有多少结果是由已确认类型或范畴的原因所造成。其图形如图 10-12 所示。

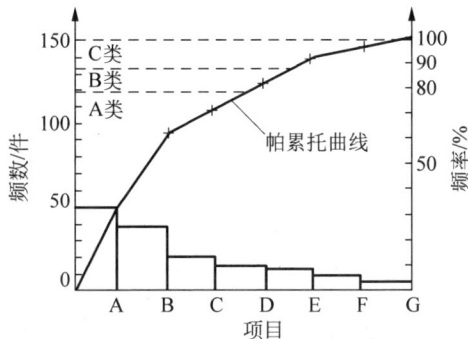

图 10-12　排列图

排列图中有两个纵坐标，左边的纵坐标表示频数，如不良品件数、金额、时间等，右边的纵坐标表示频率。横坐标表示影响产品质量的各个因素，按影响质量的程度高低从左向右排列，每个直方形的高度表示该因素对产品质量的影响大小，曲线表示各个因素影响的累计百分数。

影响产品质量主要因素的判断标准为：①累计百分数在 0～80% 之间的因素为 A 类因素，为影响质量的主要因素，要作为质量管理的重点研究对象；②累计百分数在 81%～90% 之间的因素为 B 类因素，是次要因素；③累计百分数在 91%～100% 之间的因素为 C 类因素，是最次要因素，这一区间的因素是一般的质量影响因素。然后根据各类因素的不同特点，采用不同程度与方法的管理，这种方法是从错综复杂、名目繁多的事物中找出主要矛盾，抓住重点，照顾一般，它曾被后来的管理学家应用于质量管理和存货管理中，收到事半功倍的效果。

例 10-2：某零件不合格品的数量及影响因素如表 10-5 所示。

表 10-5　零件不合格品的数量及影响因素

影响因素	频数/件	频率	累计频率
新工人操作	58	0.58	0.58
刀具磨损	23	0.23	0.81
设备故障	10	0.10	0.91
工艺	6	0.06	0.97
其他	3	0.03	1.00
合计	100	1.00	

根据表中数据做出排列图（图 10-13）。

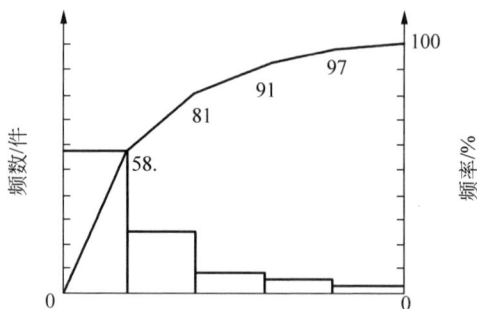

图 10-13　排列图

从图 10-13 中可以看出，新工人操作不熟练与刀具磨损是影响产品质量的主要因素，质量管理要着重从这两方面入手。

四、因果分析图法

因果分析图法是采取集思广益的方法，将影响质量的因素进行系统分析，一般从影响质量的五大因素，即操作者、机器设备、材料、工艺方法、环境出发，从大到小、逐层深入，寻找质量问题产生的原因，并直至找出可具体实施的措施为止，最后形象地画出图形，因其图形状如鱼刺或树枝，所以又称鱼刺图、树枝图。因果分析图的基本形式如图 10-14 所示。

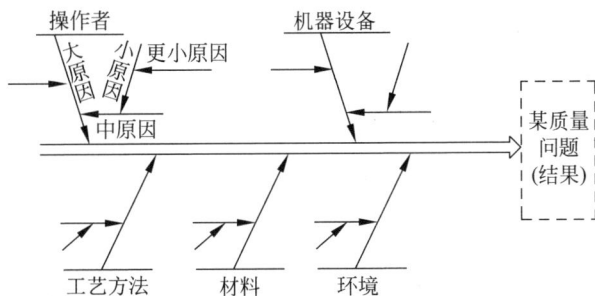

图 10-14　因果分析图的基本形式

例 10-3：某零件质量问题因果分析图如图 10-15 所示。

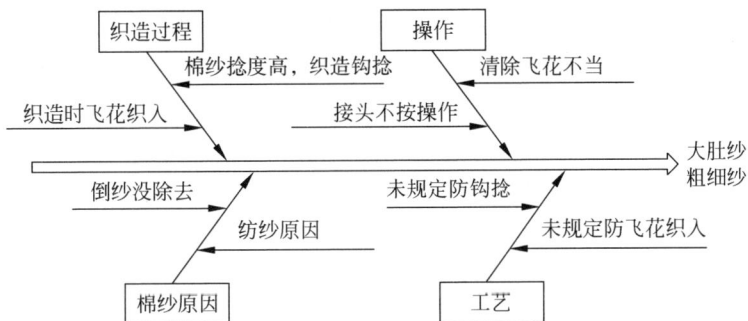

图 10-15　某零件质量问题因果分析图

五、相关图法

相关图法是用来分析两个因素之间相互关系的方法。相关图一般有六种基本形式，如图 10-16 所示。

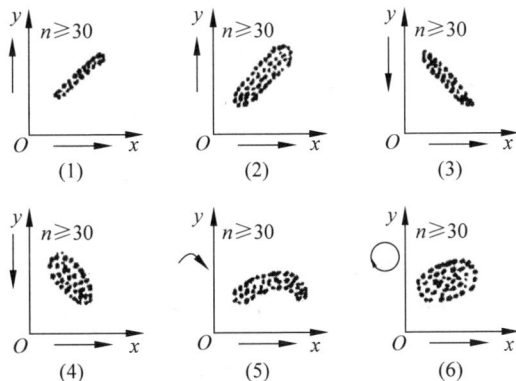

图 10-16　相关图的基本形式

（1）正强相关。x 增大，y 迅速增大。

（2）正弱相关。x 增大，y 缓慢增大。

（3）负强相关。x 增大，y 迅速减少。

（4）负弱相关。x 增大，y 缓慢减少。

（5）非线性相关。x、y 之间为非线性关系。

（6）不相关。x、y 之间没有相关关系。

六、分层法

分层法又称分类法，是将收集的数据按研究目的、数据性质、数据来源等因素加以分类研究。一般先按照影响质量的五大因素进行分类，然后再进一步细分。分层法通过定性分析，使收集来的数据系统化，比较简单有效，有利于找到影响产品质量的主要因素。

七、统计分析表法

统计分析表法是指利用历史上的统计图表数据资料进行整理和分析，找出产品质量的规律性波动和影响产品质量原因的方法。统计分析表的形式很灵活，可以根据不同的需要和实际情况确定其内容。

在质量管理方面，除了熟练运用如上七种质量管理工具之外，企业管理者还要专注品质、追求卓越，弘扬工匠精神，深入开展质量提升行动。建立健全质量激励制度，强化"以质取胜"的战略意识，鼓励员工专注专长领域，加强企业质量管理，立志于"百年老店"的持久经营与传承，把产品和服务做精、做细，以工匠精神保证质量、效用和信誉。争创一流企业、一流管理、一流产品、一流服务和一流企业文化，提供"人无我有、人有我优、人优我特、人特我新"的具有竞争力的产品和服务，在市场竞争中勇立潮头。

本 章 小 结

1. 产品质量是指产品的适用性。产品质量包括产品的内在质量特性和外观质量特性，概括起来有以下一些内容：性能、耐久性、可靠性、安全性、经济性、外观等。

2. 质量管理是指为了保证和提高产品质量而对各种影响因素进行计划、组织、协调和控制等各项工作的总称。从质量管理的形成和发展来看，大体上经历了质量检验、统计质量管理、全面质量管理三个阶段。质量管理是现代企业全部管理活动的重要方面，具体包括制定质量方针和目标、建立质量体系、开展质量控制和质量保证活动、进行质量改进等内容。

3. 全面质量管理是指以保证和提高产品质量为中心，全体职工及各个部门同心协力，综合运用一套完整的科学管理理论体系、专业技术和科学方法系统提高质量的管理理论。全面质量管理包括四个方面：对象全面、范围全面、参加管理的人员全面、方法全面。全面质量管理的主要思想包括：一切从用户出发、以预防为主、用数据说话。PDCA 循环是全面质量管理的基本工作方法。

4. 质量保证是指企业对用户在产品的质量要求方面所提供的担保，保证用户购买的产品在寿命期内质量可靠。质量保证体系是指企业以保证和提高产品质量为目标，为实施质量管理所需要的组织结构、程序、过程和资源。

5. 企业常用的质量统计控制工具包括直方图、控制图、排列图、因果分析图、相关图、分层法及统计分析表。

<h1 style="text-align:center">思考与练习</h1>

1. 什么是质量？你如何理解？
2. 简述你对高质量发展内涵的理解。
3. PDCA 循环的具体内容是什么？
4. 全面质量管理的特点体现在哪几个方面？简述质量保证体系的基础工作。
5. 影响产品质量的因素有哪些？

即学即测

案例讨论

案例 10-1：格力电器：
用"最笨的办法"
做企业质量管理

案例 10-2：企业长寿的经营之道：尽
精微，利他心；择一业，终一生
——利他之心，决定企业的经营境界

第十一章 财务管理

本章提要

本章简要地介绍财务管理的概念和目标,重点介绍筹资管理、投资管理、财务报表与财务分析。筹资管理重点介绍了短期筹资方式、长期筹资方式、筹资成本及资本结构决策等。投资管理重点介绍了内部长期投资及投资决策方法。财务报表与财务分析在介绍三张主要财务报表的基础上,重点介绍了企业偿债能力、营运能力、获利能力、成长能力分析的指标和方法。通过本章内容的学习,学生应理解财务管理的基本概念,能够正确理解不同财务管理目标及其局限性,树立正确的财务管理理念;掌握企业筹资、投资决策分析及方法,能够根据具体情景做出合理决策;掌握主要的财务分析指标与方法,能够依据企业财务报表等数据对企业偿债能力、营运能力、获利能力、成长能力进行分析。

重点难点

- 财务管理的概念和目标
- 长期筹资方式与长期筹资成本
- 资本结构及决策方法
- 固定资产投资决策方法
- 财务分析指标与方法

引导案例

"海洋龙头股"中国海油投资价值获市场认可

2022 年 4 月 17 日晚,国内最大的海上油气勘探开发商中国海油(股票代码:600938)发布《首次公开发行股票发行结果公告》,这意味着其在 A 股的上市发行工作正式完成。在本次发行中,中国海油的发行价确定为 10.8 元/股,对应 2021 年摊薄后市盈率约 7.5 倍。

油气储量、产量规模创历史新高　低成本竞争优势凸显

中国海油的主要业务为原油和天然气的勘探、开发、生产及销售,是中国最大的海上原油及天然气生产商,也是全球最大的独立油气勘探及生产集团之一。

自 2001 年于香港联交所上市以来,中国海油已累计获得超过 300 个商业发现,现有油气田超 240 个,2021 年净证实储量达到 57.3 亿桶油当量。在储量快速增长的同时,中国海油的油气净产量从 2000 年的 88 百万桶油当量增长至 2021 年的 573 百万桶油当量,保持了行业领先的产量增长能力,油气净产量和储量均创历史新高。

财务数据显示,由于国际油价上升和公司产量增加,2021 年度,中国海油实现营业收入 2 461.12 亿元,较上年同比增长 58.4%;归属于母公司股东的净利润 703.2 亿元,较上年同比大幅增长 181.77%,盈利水平创历史最高。值得关注的是,不同于中国石油、中国石化有大量的中下游业务,中国海油的业务集中于上游勘探开采,是目前 A 股市场上稀缺的纯上游油气公司。2022 年第一季度布伦特平均油价接近 100 美元，远高于 2021 年全年平均油价。预计中国海油可直接受益于油价上升，公司 2022 年第一季度业绩有望再创新高。在保持高增长的同时，中国海油坚持高质量发展，追求有效益的产量和储量，建立长效成本管控机制，桶油成本持续下降。自 2014 年以来，中国海油桶油成本已实现连续 7 年下降，2021 年持续保持着低成本竞争优势。

考虑到中国海油此次首次公开募股（initial public offering，IPO）所募资金将主要用于包括圭亚那 Payara 油田、流花 11-1/4-1 油田、陵水 17-2 气田等在内的国内外多个油气田开发项目，这必将为公司业绩的持续增长带来保障。

此外，从油价处于高位周期的宏观背景来看，得益于公司储量和产量的增加，以及单位开发生产投资成本的下降，中国海油的盈利能力有望实现进一步跃升，在登陆 A 股后也有望为投资者创造更为丰厚的回报。

经营现金流充裕　稳定高比例分红吸引资金青睐

在中国海油备受资金追捧的背后，坚持稳定的高比例分红是其中一大主因。财务数据显示，2016—2019 年，受益于油价回升和有效的成本管控，中国海油的销售净利率和净资产收益率稳步提升，盈利能力持续提高。虽然 2020 年受到疫情影响，但随着疫情好转和全球范围的生产恢复，油价持续向高位攀升，2021 年公司的净利率和净资产收益率均实现了较大改善和修复。

2021 年，中国海油的经营性净现金流入 1478.94 亿元，同比增加 79.62%，充裕的经营现金流将为中国海油未来的增储上产及高比例分红回报投资者等方面奠定坚实的财务基础。

据统计，中国海油 2010—2020 年的平均股息率超 5%，显著高于行业均值。信达证券表示，在 2010—2014 年的高油价时期，中国海油的平均股利支付率为 38.36%，在 2015—2020 年的低油价时期，中国海油的股利支付率维持在 55% 以上，具备较高分红水平。

事实上，中国海油自 2001 年上市以来，每年都会进行两次现金分红，并且长期保持较大的分红力度，截至目前已累计派现 3542 亿港元，居于港股上市公司第四位，能源类上市公司第一位。与国内外石油公司相比，中国海油的投资回报率也处于较高水平。

此外，在 2022 年战略展望发布会上，中国海油也表示，在获股东大会批准的前提下，2022—2024 年，本公司全年股息支付率预计将不低于 40%，无论公司的经营表现如何，全年股息绝对值预计不低于 0.70 港元/股（含税）。考虑上述承诺的股息下限和本次发行价格，本次发行价格对应的股息率达到 5.2%。

值得一提的是，2021 年为中国海油上市 20 周年，公司除了将在 2021 年普通股息的基础上加派特别股息，还计划于 2022 年适当时机在股东大会授权范围内进行港股回购，股东回报将得到进一步保障。

主导中国海域勘探开发　多元化资产结构显著提升抗风险能力

据招股书显示，中国海油是中国海域最主要的石油和天然气生产商，主要作业区域包括渤海、南海西部、南海东部和东海。其中：渤海对公司储量、产量贡献最大，且持续发现大中型油气田；南海勘探成效显著，2018—2021 年上半年，共获得 46 个成功评价，随着公司 1 500 米超深水勘探开发核心技术的进一步应用，南海海域深水油气勘探开发呈现出了巨大的发展空间。

此外，中国海油经过多年的布局和开拓，油气资产结构呈现多元化，显著增强了公司的持续经营能力和抗风险能力。在油气资源类型上，中国海油在稳步推进常规油气增储上产的同时，积极布局等非常规油气资源的开发；在地域分布上，公司在中国海域持续进行油气勘探、开发和生产活动的同时，深耕全球市场，在多个世界级油气项目持有权益，资产遍及世界 20 多个国家和地区。

放眼未来，中国海油多元化的资产结构极大地提升了公司的持续经营能力。对此，中国海油也表示，公司将持续优化资产结构，着力培育增长新动能，加快探索发展新能源业务，增强可持续发展能力。

国际油价持续上破　核心资产彰显中长期投资价值

在"增储上产""加大海上油气开发力度"等政策支持下，中国海油持续加大勘探工作量，油气储量逐年上升。

较大的未开发储量也就意味着较长的储量寿命。公开数据显示，2017—2021 年，中国海油的储量寿命稳定保持在 10 年左右，从储量替代率角度来看，2017 年中国海油新增较大规模储量带动储量替代率大增至 305%，2019—2021 年连续 3 年维持在 130% 以上，具备稳定持续的生产能力。可以预见，随着我国陆上油气储量增长乏力，海上油气勘探加速，中国海油的可持续发展能力将更为突出。

从估值方面来看，信达证券进行了横向和纵向对比后认为：中国海油存在大幅估值修复空间，并且相比其他石油公司，中国海油在穿越油价大周期中展现出了更强的盈利性、较弱的波动性和更优秀的资产质量，应给予中国海油更高估值。

与此同时，随着疫情后经济的快速恢复，全球原油需求修复加速，全球供需紧平衡推动油价回暖持续上破，叠加国际地缘政治冲突，油价预计将持续高位运行。作为我国海上油气龙头和纯上游油气生产商，量价齐升将直接增厚中国海油的公司盈利水平，核心资产的中长期投资价值也将日益凸显。

着眼新发展阶段，中国海油将全面加强自主创新，深入推进提质增效，有序推进绿色低碳发展，构建新发展格局，力争"十四五"末跻身国际一流能源公司行列。行程万里，中国海油正以先行者之姿，开辟新彼岸。

案例来源：http://stock.10jqka.wm.cn/20220423/c638634087.shtml.

案例思考

通过中海油国内 A 股上市的案例，思考以下问题：企业为什么要上市，企业价值受到哪些因素影响，企业应如何平衡股东、债权人、员工及其他利益相关者的利益？

资金是企业从事生产经营的基本要素，对企业的生存和发展具有举足轻重的作用。企业在生产经营的过程中，不断发生资金的流入和流出，与有关各方发生资金的往来和借贷关系。围绕现金的收入和支出形成企业的财务活动和各种财务关系。财务管理是组织企业财务活动、处理企业财务关系的一项经济管理工作。在现代化的大生产下，财务管理是企业的一项重要的职能，为企业的生存、发展和持续经营提供基本的资金保证。本章主要内容包括：财务管理的基本目标，财务管理的主要内容，企业的筹资管理，企业的投资管理，财务报表及基本结构，财务分析的指标与方法。

第一节　财务管理概述

一、财务管理的概念

　　财务管理是组织企业财务活动、处理财务关系的一项经济管理工作。认识财务管理，必须从分析企业的财务活动和财务关系开始。企业财务活动是以现金收支为主的企业资金收支活动的总称。资金是企业进行生产经营的一种必要生产要素，企业的生产经营过程，一方面表现为物资的采购、储备、加工与出售的实物流动，另一方面表现为价值形态的资金流入与流出。这种资金收支活动就构成了企业的财务活动，具体来说，企业财务活动包括企业筹资引起的财务活动、企业投资引起的财务活动、企业经营引起的财务活动和企业分配引起的财务活动。企业财务关系是指企业在组织财务活动过程中与各有关方面发生的经济关系。企业的筹资活动、投资活动、经营活动、利润及其分配活动都会与企业内外方方面面发生联系，这些关系就是企业的财务关系。企业的财务关系包括企业同其所有者之间的财务关系，企业同其债权人之间的财务关系，企业同其被投资单位之间的财务关系，企业同其债务人之间的财务关系，企业与职工之间的财务关系，企业内部各单位之间的财务关系，企业与税务机关之间的财务关系等。企业财务管理就是组织好企业的财务活动、处理好企业的财务关系，为企业生存发展提供资金支持的一种综合性的管理活动。与企业的其他管理职能相比，企业财务管理有自己的特点：首先，财务管理是一项综合性管理工作；其次，财务管理与企业各方面具有广泛的联系；再次，财务管理能迅速反映企业的生产经营状况。

二、财务管理的目标

　　目标是系统希望实现的结果，根据不同的系统所研究和解决的问题，可以确定不同的目标。财务管理的目标是企业理财活动所希望实现的结果，是评价企业理财活动是否合理的基本标准。财务管理是企业管理的重要组成部分，财务管理的目标应该服从和服务于企业的目标。从本质上讲，企业的目标是通过生产经营活动创造更多的财富，实现企业价值的增值。同时，在企业价值增值的过程中，企业应该承担社会责任，实现企业经济价值和社会价值的统一。但是，由于不同国家企业面临的财务环境不同，同一国家的企业公司治理结构不同，企业的发展战略和所处的发展阶段不同等原因，财务管理目标可能有不同的表现形式，主要有利润最大化目标和股东财富最大化目标两种。

（一）以利润最大化为目标

　　利润最大化是西方微观经济学的理论基础。"利润最大化"观点持有者认为：利润代表了企业新创造的财富，利润越多，则企业的财富增加得越多，越接近企业目标。在市场经济下，企业往往把追求利润最大化作为目标，因此，利润最大化自然也就成为企业财务管理要实现的目标。以利润最大化为目标，可以帮助企业加强经济核算、努力增收节支，提高企业的经济效益。利润最大化目标也存在许多缺点。例如：没有考虑利润实现的时间，忽视了项目报酬的时间价值；利润最大化没有考虑伴随高报酬的高风险；利润最大化没有考虑利润和投入资本的关系；利润更多地反映过去经营活动取得的成果，并不能反映企业未来的盈利能力；盲目追求利润最大化可能会导致追求短期利润，忽视经营风险和长远发展等问题。因此，利润最大化并不是企业财务管理的最优目标。

（二）以股东财富最大化为目标

股东财富最大化，是指通过财务上的合理运营，为股东创造最多的财富。对于股份制企业，企业为全体股东所有，股票的市场价格和股东拥有的股票数量决定了股东财富的多少。企业属于股东，股东投资就是为了获得最多的财富增值，因此，企业经营的目标是使股东财富最大化，财务管理的目标也是股东财富的最大化。股东财富最大化目标在一定程度上克服了利润最大化目标忽视风险、追求短期利润等方面的不足，但是它只适用于股票已公开上市的股份公司，对一般的企业则难以适用。股东财富最大化在强调股东利益的同时，可能导致忽视或者损害债权人、员工、供应商、社会公众等利益相关者的利益。

企业财务管理目标和企业目标相一致，不同的财务管理目标反映了企业不同的发展目标和价值观。对于新时代的中国本土企业来说，除了追求利润和股东财富的增加外，还要根据中国国情、文化传统及新时代党中央提出的新发展理念，确定合适的企业目标和财务管理目标，自觉承担企业社会责任，自觉承担企业对除股东以外的债权人、员工、供应商、客户及社会公众等利益相关者的责任，平衡各方利益，为企业长远发展提供环境和保证。

三、财务管理的内容和基本方法

企业财务管理就是管理企业的财务活动和财务关系。企业的财务活动包括筹资引起的财务活动、投资引起的财务活动、经营引起的财务活动及分配引起的财务活动。在资金的运动过程中形成企业与外界组织或内部单位及个人之间的财务关系。财务管理的内容按照财务活动的过程分为筹资管理活动、投资管理活动、营运资金管理活动和利润分配管理活动四个主要的方面。财务管理的基本方法有财务预测方法、财务决策方法、财务计划方法、财务控制方法、财务分析方法。财务预测是财务人员根据历史资料，结合现实条件，运用特定的方法，对企业外来的财务活动和财务成果所做出的科学预计与测算。财务预测是进行财务决策、编制财务计划、组织财务活动的基础。财务决策是指财务人员从财务目标出发，从多个可行的备选方案中选择最优方案的过程。财务计划是在一定的计划期内，以货币形式反映生产经营活动所需的资金及其来源、财务收入与支出、财务成果及其分配的计划。财务控制是指在财务管理过程中，基于一定的信息，利用一定的手段，对企业的财务活动施加影响或调节，以便实现计划所规定的财务目标。财务分析是根据有关信息资料，运用特定方法，对企业财务活动过程及其结果进行分析和评价的一项工作。

第二节　筹　资　管　理

一、企业筹资概述

企业筹资就是企业根据生产经营、对外投资和调整资本结构等需要，通过一定的筹资渠道，应用一定的筹资方式，经济有效地筹措和集中资本，满足资金需要的财务活动。资本是企业维持简单再生产和扩大再生产的必要条件。企业初创时期，需要筹集注册资本；企业正常经营时期，为扩大生产规模或调整资本结构，也需要筹集资本。企业筹资的基本目的是自身的生存与发展。企业在持续的生存与发展中，其具体的筹资活动通常受特定的筹资动机驱使。企业筹资的具体动机多种多样。例如，为购买新设备筹资，为开发新产品筹资，为补充流动资金筹资，为偿还债务筹资，为企业并购筹资，为调整资本结构筹资，等等。这些具体筹资动机归纳起来有三种类型：一种是扩张性筹资动机，是指企业因扩大生产经营规模或增加对外投资而产生的追加筹资的动机；二是调整性筹资动机，是企业因调整现有资本结构的需要而产生的筹资动机；三是既为扩张规模，又为调整资本结构而产生的筹资动机，称为混合性筹资动机。企业筹资需要通过一定的渠道，运用一定的筹资方式来进行。企业的筹资渠道是指企业筹集资本来源的方向与通道，也就是企业筹集的资本从那里来，经过什么途径得到。社会资本掌握在政府、企业、各种组织和个人手中，通过金融机构或资本市场予以聚集，提供给资金的需求者。我国企业的筹资渠道归纳起来主要有以下七种。

（1）政府财政资本。

（2）银行信贷资本。

（3）非银行金融机构资本。

（4）其他法人资本。

（5）民间资本。

（6）企业内部资本。

（7）境外资本。

企业筹集资本，需要运用一定的方式。企业筹资方式是指企业筹集资本所采取的具体形式和工具，体现着资本的属性和期限。不同的筹资方式可以提供不同属性和使用期限的资本，对企业的资本成本及企业的经营也会产生一定的影响，企业应该根据自身的特点和对资金需要的具体情况选择合适的筹资方式。一般而言，企业的筹资方式有如下七种。

（1）投入资本筹资。投入资本筹资是指非股份制企业以协议等形式吸收国家、其他企业、个人和外商等直接投入的资本，形成企业投入资本的一种筹资方式。投入资本筹资不以股票为媒介，适用于非股份制企业。

（2）发行股票筹资。发行股票筹资是股份有限公司筹集股权资本的基本形式，是股份有限公司按照公司章程依法发行股票直接筹资，形成公司股本的一种筹资方式。

（3）发行债券筹资。发行债券筹资是企业按照债券发行协议通过发售债券直接筹资，形成企业债权资本的一种筹资方式。

（4）发行商业本票筹资。发行商业本票筹资是大型工商企业或金融企业获得短期债权资本的一种筹资方式。

（5）银行借款筹资。银行借款筹资是各类企业按照借款合同从银行等各种金融机构借入各种款项的一种筹资方式。

（6）商业信用筹资。商业信用筹资是企业通过赊购商品、预收货款等商品交易行为筹集短期债权资本的一种筹资方式。

（7）租赁筹资。租赁筹资是企业按照租赁合同租赁资产，分期支付租金，从而达到筹资目的的一种特殊的筹资方式。

二、短期筹资方式

企业在正常经营过程中，为了满足短期性、临时性的资金需要，可能需要进行短期筹资。短期筹资是指筹集在 1 年内或者超过 1 年的一个营业周期内到期的资金，通常指短期负债。短期筹资具有筹资速度快、筹资弹性好、筹资成本低、筹资风险大等特征。

（一）自然性筹资

自然性筹资是指企业在正常经营过程中，由于结算程序等原因导致的短期占用其他单位的资金，从企业自身的角度看，是一种自然性的短期筹资方式。在此过程中，企业会形成自然性短期负债。自然性短期负债是指公司正常生产经营过程中产生的、由于结算程序的原因自然形成的短期负债。自然性筹资主要包括商业信用和应付费用。

1. 商业信用

商业信用是指商品交易中的延期付款或延期交货所形成的借贷关系，是企业之间的一种直接信用关系。利用商业信用筹资主要有两种形式：赊购商品和预收货款。

2. 应付费用

应付费用是指企业在生产经营过程中发生的应付而未付的费用，如应付职工薪酬、应交税费等。这些应付费用一般形成在先，支付在后，因此在支付之前，可以为公司所利用。

（二）短期借款筹资

短期借款筹资通常是指银行短期借款，又称银行流动资金借款，是企业为解决短期资金需求而向银行申请借入的款项，是筹集短期资金的重要方式。企业短期借款筹资通常包括信用借款、担保借款和票据贴现三类。

1. 信用借款

信用借款又称无担保借款，是指不用保证人担保或没有财产抵押，仅凭借款人的信用而取得的借款。信用借款一般都由贷款人给予借款人一定的信用额度或双方签订循环贷款协议。这种借款分为两类。

（1）信用额度借款。信用额度借款是指银行基于企业的信用状况而核定一个提供无担保贷款的最高限额，在信用额度内按照约定的贷款条件组织贷款。

（2）循环协议借款。循环协议借款是一种特殊的信用额度借款，在此借款协议下，企业和银行之间也要协商确定贷款的最高限额，在最高限额内，企业可以借款、还款，再借款、再还款，不停地周转使用。

2. 担保借款

担保借款是指有一定的保证人担保，或利用一定的财产作抵押或质押而取得的借款。担保借款又分为三类。

（1）保证借款。保证借款是指按《中华人民共和国担保法》规定的保证方式以第三人承诺在借款人不能偿还借款时，按约定承担一般保证责任或连带责任而取得的借款。

（2）抵押借款。抵押借款是指按《中华人民共和国担保法》规定的抵押方式以借款人或第三人的财产作为抵押物而取得的借款。

（3）质押借款。质押借款是指按《中华人民共和国担保法》规定的质押方式以借款人或第三人的动产或权利作为质押物而取得的借款。

3. 票据贴现

票据贴现是商业票据的持有人把未到期的商业转让给银行，贴付一定利息以取得银行资金的一种借贷行为。

（三）短期融资券

短期融资券又称商业票据、短期债券，是由大型工商企业或金融企业发行的短期无担保本票，是一种新兴的短期资金筹集方式。

三、长期筹资方式

长期筹资就是企业通过一定的方式筹集供企业长期使用的资金。根据具体的筹资方式的不同，可以分为投入资本筹资、股票筹资、债券筹资、长期借款、融资租赁等。

（一）投入资本筹资

投入资本筹资是指非股份制企业以协议等形式吸收国家、其他企业、个人和外商及其他组织直接投入的资本，形成企业投入资本的一种筹资方式。投入资本是企业股权资本的重要部分，属于所有者权益，对于股份制企业来说，投入资本就是股本。在我国，非股份制企业，包括个人独资企业、个人合伙企业及国有独资公司，可以采取投入资本筹资的方式来筹资。企业采用投入资本筹资，首先，要确定投入资本筹资的数量；其次，要选择投入资本筹资的具体形式；再次，同投资方签订合同或协议；最后，按协议取得投入的资本。投入资本筹资是我国企业筹资中最早采用的一种方式，也曾是我国国有企业、集体企业、合资或联营企业普遍采用的筹资方式。通过投入资本筹资，企业可以获得长期使用的股权资本，提高企业的资信和借款能力，不仅可以筹集现金，还可以直接获得先进的设备或技术等生产要素，能较快地形成生产力。另外，筹资风险也比较低。但是，投入资本筹资的成本通常比较高。

（二）股票筹资

股票筹资就是股份制企业利用资本市场，通过发行公司股票向投资者筹集资金的方式。股票筹资是股份有限公司筹措股权资本的基本方式。按照股东享有权利和义务的不同，股票可分为普通股和优先股。按照我国有关法律规定，股份有限公司发行股票必须具备一定的发行条件，取得发行资格，并办理必要的手续。发行股票的股份有限公司应制定股份有限公司章程，向证券主管机构等有关部门提出发行股票的申请，制定并公告招股说明书，与具有法定资格的证券经营机构签订承销协议，并提供会计师事务所等出具的财务会计报告等文件。股份公司发行股票，分为设立发行和增资发行。《公司法》等对设立发行和增资发行需要具备的条件做了明确的规定。和债券筹资相比，股票筹资优点是不需要支付利息，可以取得长期使用的资本，财务风险较小。但是，股票筹资的成本相对比较高，支付的股利不能在所得税之前扣除。另外，大量发行股票可能还会分散公司的控制权。

（三）债券筹资

债券是债务人为债权资本而发行的、约定在一定期限内向债权人还本付息的有价证券。发行债券是企业筹集债权资本的重要方式。按照《公司法》的规定，我国股份有限公司和有限责任公司发行的债券称为公司债券。公司债券根据不同的标准可以分为记名债券与无记名债券，固定利率债券与浮动利率债券，抵押债券与信用债券等。公司发行债券，应具备法律规定的发行资格和条件。根据《公司法》规定，股份有限公司、国有独资公司和两个以上的国有企业，或者其他两个以上国有投资主体投资设立的有限责任公司，具有发行公司债券的资格。《公司法》对发行公司债券的具体条件做了明确的规定。我国公司发行债券，需要由企业提出申请，经过国务院证券管理部门审批。发行公司债券的申请经过批准后，公开向社会发行债券，应当向社会公告债券募集办法，并委托具有资格的证券承销机构向投资者发售。债券筹资的优点是债券成本较低，利息支出可以在所得税前扣除，可以保证普通股股东对公司的控制权等。债券筹资的缺点是财务风险较高、限制条件多、筹资的数量有限等。

（四）长期借款

长期借款是指企业向银行等金融机构及其他单位借入的、期限在1年以上的各种借款。按照提供贷款的机构不同，长期借款可以分为政策性银行贷款、商业性银行贷款和保险公司贷款；按照有无抵押品作担保，长期借款可以分为抵押贷款和信用贷款。企业向银行借款，需要提出借款申请，说明借款的原因、借款金额、用款时间和计划及还款期限和计划等。银行针对企业的借款申请，按照有关规定和贷款条件，对借款企业的财务状况、信用状况、借款理由、还款能力等方面进行审查，决定是否贷款。银行审查、批准后，企业和银行签订借款合同，明确双方的权利、责任和义务。和其他筹资方式相比，长期借款的优点是筹资速度快、成本低，比较灵活。但是，长期借款的筹资风险较高，限制条件较多，筹资数量受到严格的限制。

（五）融资租赁

融资租赁又称资本租赁、财务租赁，是由租赁公司按照承租企业的要求，融资购买设备，按照契约或合同提供给承租企业长期使用，在使用期限内，承租企业缴纳租金给租赁公司。这种租赁形式本质上是一种长期的融资行为，它集融资和融物为一体，具有借贷性质，是承租企业借入长期资金的一种特殊的形式。企业进行融资租赁时，一般先向租赁公司提出正式租赁申请，由租赁公司融资购进设备租给承租企业使用，租赁期限较长，租赁合同比较稳定，在规定的租赁期限内，不能单方面解除合同，由承租企业负责设备的维修保养和保险，租赁期满，按照双方约定的办法处置设备，一般有退租、续租和留购三种形式。企业利用融资租赁的方式筹集资金，可以迅速获得所需要的资产，限制条件较少，并可以免遭设备陈旧过时等风险。但是，这种方式的筹资成本比较高，企业财务负担比较重。

四、长期筹资成本

（一）资本成本概念

资本成本是企业筹集和使用资本而付出的代价。企业向银行借款要支付利息，企业发行债券筹资要支付债券利息，企业发行股票筹资要向投资者支付股利等，这些都构成了资金使用者的成本。从提供资金一方来看，资本的成本反映了资金供给者提供资金所要求的报酬。在社会主义市场经济下，资金也是一种特殊的商品，资本成本的高低受到资金供求条件的影响。从资本成本的绝对量上看，资本成本由两部分构成，一部分是用资费用，另一部分是筹资费用。用资费用是指企业在生产经营和对外投资活动中因使用资本而承担的费用，如向债权人支付的利息，向股东分配的股利等。筹资费用是指企业在筹集资本活动中为获得资本而付出的费用，如向银行支付的借款手续费，因发行股票、债券而支付的发行费用等。资本成本的高低，通常用资本成本率来表示。资本成本率是指企业使用资本的费用与有效筹资额之间的比率，通常用百分比表示。资本成本率又分为个别资本成本率、综合资本成本率和边际资本成本率。个别资本成本率是指企业各种长期资本的成本率。综合资本成本率是指企业全部长期资本的成本率。边际资本成本率是指企业追加长期资本的成本率。

（二）个别资本成本率的计算

1. 个别资本成本率的计算

个别资本成本率是企业使用资本的费用与有效筹资额的比率。基本的计算公式如下。

$$K = \frac{D}{P - F}$$

式中，K 为资本成本率；D 为用资费用额；P 为筹资额；F 为筹资费用额。

2. 长期借款资本成本率的计算

根据《中华人民共和国企业所得税法》的规定，企业长期借款的利息支出可以在所得税前扣除。企业长期借款的成本可以用以下公式进行测算。

$$K_1 = \frac{I_1(1-T)}{L(1-f_1)}$$

式中，K_1 为长期借款资本成本率；I_1 为长期借款年利息额；T 为企业所得税税率；L 为长期借款筹资额；f_1 为长期借款筹资费用率。

例 11-1：甲公司从银行借款 2 000 万元，手续费 0.1%，年利率 5%，借款期 5 年，每年结算一次利息，期末还本。企业所得税税率为 25%。试计算长期借款资本成本率。

$$K_1 = \frac{2\ 000 \times 5\% \times (1 - 25\%)}{2\ 000 \times (1 - 0.1\%)} = 3.75\%$$

3. 长期债券资本成本率的计算

企业发行长期债券筹资，支付的债券利息也可以在所得税前列支。债券的筹资费用包括申请费、注册费、咨询费、印刷费、上市费和推销费等。债券的发行价格有时等于面值，有时高于或低于面值。长期债券的资本成本率一般计算公式如下。

$$K_b = \frac{I_b(1-T)}{B(1-f_b)}$$

式中，K_b 为长期债券资本成本率；I_b 为长期债券年利息额；T 为企业所得税税率；B 为按发行价计算的长期债券筹资额；f_b 为长期债券筹资费用率。

例 11-2：甲公司拟发行面值 100 元，期限 5 年，票面利率 6% 的债券 10 万张，每年结算利息一次。发行费用为发行价格的 5%，企业所得税税率为 25%。如果债券按面值发行，该批债券的资本成本率为多少？

$$K_b = \frac{10\,000\,000 \times 8\% \times (1-25\%)}{10\,000\,000 \times (1-5\%)} = 6.32\%$$

4. 普通股筹资资本成本率的计算

通过发行普通股股票筹集长期股权资本，资本成本就是企业发行股票的费用和每年支付的普通股股利。从投资者的角度看，是投资于普通股股票所要求的必要报酬率。按照资本定价的理论，发行普通股股票的价格是今后每年支付股利的折现值，折现率就是投资的报酬率或资本成本率。基本的计算公式如下。

$$P_0 = \sum_{t=1}^{\infty} \frac{D_t}{(1+K_c)^t}$$

式中，P_0 为普通股融资净额；D_t 为普通股第 t 年的股利；K_c 为普通投资必要报酬率，即普通股资本成本率。

根据上述公式，如果知道融资净额和普通股股利，就可以计算出资本成本率。如果公司采用固定股利政策，每年分配现金股利 D 元，则资本成本率的计算公式如下。

$$K_c = \frac{D}{P_0}$$

例 11-3：甲公司拟发行一批普通股股票，发行价格 11 元，每股发行费用 1 元，预定每年分配现金股利每股 1.1 元。计算普通股筹资的资本成本率。

$$K_c = \frac{1.1}{11-1} = 11\%$$

如果公司采用增长股利的政策，固定股利增长率为 G，则资本成本率的计算公式如下。

$$K_c = \frac{D}{P_0} + G$$

例 11-4：甲公司准备发行普通股筹资，每股发行价 15 元，发行费用 3 元，预定第一年分配现金股利 1.5 元，以后每年增长 5%。计算其资本成本率。

$$K_c = \frac{1.5}{15-3} + 5\% = 17.5\%$$

5. 优先股和留存收益的资本成本率

企业利用优先股筹资，一般每年需支付固定的股利，发行优先股也需要一定的手续费等筹资费用。优先股资本成本率的计算同支付固定股利普通股资本成本率的计算思路一样。企业利用留存的收益增加资本，表面上看不需要支付成本，实际上，利用留存收益增加资本，也是一种筹集长期股权资本的形式，需要考虑利用这种资本的机会成本。由于留存收益归普通股股东所有，因此需要取得和普通股投资一样的报酬，所以，留存收益资本成本率的计算基本上和发行普通股一样，只是不考虑筹资费用。

（三）综合资本成本率的计算

综合资本成本率是综合企业各种资本筹集方式的资本成本率及其在总的资本中所占比例而计算的资本成本率，反映企业所有长期资本成本的高低。在取得个别资本成本率和相应的比例后，可以利用以下的公式计算。

$$K_w = K_l W_l + K_b W_b + K_p W_p + K_c W_c + K_r W_r$$

式中：K_w 为综合资本成本率；K_l 为长期借款资本成本率；W_l 为长期借款资本比例；K_b 为长期债券资本成本率；W_b 为长期债券资本比例；K_p 为优先股资本成本率；W_p 为优先股资本比例；K_c 为普通股资本成本率；W_c 为普通股资本比例；K_r 为留存收益资本成本率；W_r 为留存收益资本比例。

例 11-5：甲公司现有长期资本总额 10 000 万元，其中长期借款 2 000 万元，长期债券 3 500 万元，优先股 1 000 万元，普通股 3 000 万元，留存收益 500 万元；各种长期资本的成本率分别为 4%、6%、10%、14%、13%。该公司的综合资本成本率是多少？

各种长期资本的比例分别为：

长期借款资本比例 = 2 000/10 000 = 20%

长期债券资本比例 = 3 500/10 000 = 35%

优先股资本比例 = 1 000/10 000 = 10%

普通股资本比例 = 3 000/10 000 = 30%

留存收益资本比例 = 500/10 000 = 5%

$$K_w = 4\% \times 20\% + 6\% \times 35\% + 10\% \times 10\% + 14\% \times 30\% + 13\% \times 5\% = 8.75\%$$

五、企业筹资与资本结构决策

资本结构是指企业各种资本的价值构成及其比例关系。广义的资本结构是指企业全部资本价值的构成及其比例关系。它不仅包括长期资本，还包括短期资本。狭义的资本结构是指企业各种长期资本的价值构成及其比例关系，尤其是指长期的债权资本和股权资本的比例关系。企业采取不同的筹资方式，会影响到资本的结构和综合资本成本率，进一步影响到公司的财务风险及公司的价值。企业的资本结构决策就是确定最佳的资本结构，也就是在一定的财务风险下，使得预期的综合资本成本率最低、企业价值最大的资本结构。

企业确定最佳的资本结构，常用的方法有资本成本比较法、每股利润分析法和公司价值比较法。下面以资金成本比较法说明企业筹资和资本结构的决策方法。

资本成本比较法是指在适度的财务风险条件下，通过测算、比较不同资本结构或筹资组合方案的综合资本成本率，选择最佳的筹资方案和资本结构。企业筹资分为初始筹资和追加筹资，都涉及资本结构的决策问题。

（一）初始筹资的资本结构决策

例 11-6：甲公司发起时需要资本总额 5 000 万元，可行的筹资方案组合及相应的资金成本率如表 11-1 所示，是确定最佳的筹资方案和资本结构。

表 11-1　甲公司初始筹资组合方案

筹资方式	方案 1/万元	资本成本率/%	方案 2/万元	资本成本率/%	方案 3/万元	资本成本率/%
长期借款	500	5	1 000	7	800	6
长期债券	1 000	6	1 500	8	1 200	7
优先股	1 500	10	1 000	10	1 500	10
普通股	2 000	12	1 500	12	1 500	12
合计	5 000	—	5 000	—	5 000	—

首先，计算各方案的筹资额比例和综合资本成本率。

方案 1 筹资额比例

长期借款：$\dfrac{500}{5\,000} = 10\%$

长期债券：$\dfrac{1\,000}{5\,000} = 20\%$

优先股：$\dfrac{1\,500}{5\,000} = 30\%$

普通股：$\dfrac{2\,000}{5\,000} = 40\%$

综合资本成本率为

$$K_w = 5\% \times 10\% + 6\% \times 20\% + 10\% \times 30\% + 12\% \times 40\% = 9.5\%$$

方案 2 筹资额比例

长期借款：$\dfrac{1\,000}{5\,000} = 20\%$

长期债券：$\dfrac{1\,500}{5\,000} = 30\%$

优先股：$\dfrac{1\,000}{5\,000} = 20\%$

普通股：$\dfrac{1\,500}{5\,000} = 30\%$

综合资本成本率为

$$K_w = 7\% \times 20\% + 8\% \times 30\% + 10\% \times 20\% + 12\% \times 30\% = 9.4\%$$

方案 3 筹资额比例

长期借款：$\dfrac{800}{5\,000} = 16\%$

长期债券：$\dfrac{1\,200}{5\,000} = 24\%$

优先股：$\dfrac{1\,500}{5\,000} = 30\%$

普通股：$\dfrac{1\,500}{5\,000} = 30\%$

综合资本成本率为

$$K_w = 6\% \times 16\% + 7\% \times 24\% + 10\% \times 30\% + 12\% \times 30\% = 9.24\%$$

其次，比较三个方案的综合资本成本率。经比较，方案 3 最低，因此选择方案 3，最佳的资本结构就是长期借款 16%，长期债券 24%，普通股 30%，优先股 30%。

（二）追加筹资的资本结构决策

企业追加筹资是指在正常的生产经营过程中，为了满足对资金的需要而筹集的资金。追加筹资也有多个方案进行选择，通过测算、比较追加筹资的边际资本成本率或追加筹资以后的综合资本成本率来选择最佳方案。下面以边际资本成本率计算为例说明追加筹资的决策过程。

例 11-7：甲公司为了扩大生产规模，追加筹资 1 000 万元，有三个筹资方案可选，具体的数量和资本成本率如表 11-2 所示，试确定最佳筹资方案。

表 11-2　甲公司追加筹资组合方案

筹资方式	方案 1/万元	资本成本率/%	方案 2/万元	资本成本率/%	方案 3/万元	资本成本率/%
长期借款	300	5	400	6	500	7
优先股	200	12	300	12	200	12
普通股	500	15	300	15	300	15
合计	1 000	—	1 000	—	1 000	—

分别计算三个方案的边际资本成本率。

方案 1 的边际资本成本率为

$$5\%\times\frac{300}{1\,000}+12\%\times\frac{200}{1\,000}+15\%\times\frac{500}{1\,000}=11.4\%$$

方案 2 的边际资本成本率为

$$6\%\times\frac{400}{1\,000}+12\%\times\frac{300}{1\,000}+15\%\times\frac{300}{1\,000}=10.5\%$$

方案 3 的边际资本成本率为

$$7\%\times\frac{500}{1\,000}+12\%\times\frac{200}{1\,000}+15\%\times\frac{300}{1\,000}=10.4\%$$

经比较，方案 3 的边际资本成本率最低，因此选择方案 3。

第三节　投资管理

一、企业投资概述

企业投资是指企业将资金投入生产经营过程，期望从中取得收益的一种行为。在市场经济下，企业作为独立的经济实体，追求利润的最大化和企业价值的增长，企业总是通过投资行为来不断地扩大经营规模和经营范围，不断地寻找新的收入和利润来源，并通过投资来分散经营风险。所以，投资活动在企业的经营活动中占据重要地位，投资管理是企业财务管理的重要工作。根据不同的分类标准，企业的投资可以分为直接投资与间接投资，长期投资与短期投资，对内投资与对外投资等。直接投资是把资金投放于生产经营性资产，以便获取利润的投资。在一般的工业企业里，直接投资占有很大的比重。间接投资又称有价证券投资，是把资金投放于证券等金融资产，以便取得股利或利息收入的投资。根据投资回收时间的长短，投资分为短期投资和长期投资。短期投资又称流动资产投资，是指能够在一年以内或者在长于一年的一个营业周期里回收的投资，主要指对现金、应收账款、存货、短期有价证券等的投资。长期投资是指在一年以上或长于一年的营业周期里才能收回的投资，主要包括对厂房、机器设备等固定资产的投资，也包括对无形资产和长期有价证券的投资。根据投资的方向，投资可分为对内投资和对外投资两类。对内投资又称内部投资，是指将资金投放在企业内部，购置各种生产经营用的资产。对外投资是指企业以现金、实物、无形资产等方式，或是以购买股票、债券等有价证券的方式，对其他单位的投资。

企业投资的根本目的是谋取利润，提高企业价值。企业的投资受到经济、政治、文化、法律、市场、技术等各种环境因素的影响，是一个复杂的、充满不确定性的管理过程。企业要搞好投资管理，需要认真进行市场调查，把握好投资机会，做好项目的可行性分析，建立科学的决策程序，控制好投资项目的风险并做好资金规划和管理。

二、内部长期投资

企业把资金投放到企业内部生产经营所需的长期资产上，称为内部长期投资。内部长期投资主要包括固定资产投资和无形资产投资。

（一）固定资产投资

固定资产指使用年限在一年以上，单位价值在规定的标准以上，并且在使用过程中保持原来物质形态的资产，如厂房、机器设备、运输设备、办公设施等。固定资产按照经济用途可以分为生产用固定资产、销售用固定资产、科研开发用固定资产和生活福利用固定资产。固定资产投资具有回收时间长、变现能力差、投资次数较少、投资规模较大等特点。固定资产的投资管理包括投资项目的提出、投资项目的评价、投资项目的决策、投资项目的执行和投资项目的再评价等工作。一般的固定资产投资项目由基层和中层人员提出，经主管部门组织论证后实施。重要的固定资产投资项目，一般由企业的高层提出，成立专门的项目小组进行方案设计、论证和实施。

（二）固定资产投资决策

固定资产投资决策就是对是否进行固定资产投资，以及选择什么样的固定资产投资方案所做的决策。固定资产投资决策需要综合考虑固定资产投资的技术性和经济性，在保证技术先进的同时追求最大的投入产出效益，并尽可能地控制投资风险。对固定资产投资项目的分析，一般采用折现现金流量的方法，通过对投资方案投入和产出的预测，估计投资方案的现金流量，根据现金流量计算折现现金流量指标，根据决策结构进行固定资产的投资决策。现金流量就是由于固定资产投资引起的，企业在一定时点上现金的流入和流出，现金流入减去现金流出就是净现金流量，净现金流量的大小和分布决定了投资经济效果指标的大小。因此，投资分析的基础是估计固定资产投资的现金流量。固定资产投资开始时会导致现金流出，如购买设备、建造厂房等。固定资产投资的完成、交付使用可能会导致配套的流动资产投资的增加，同时还会发生相应的营业成本，这些也会导致现金的流出。固定资产的投资会提高产量或改善产品质量，通过销售或提供劳务获得收益，这会形成现金的流入。另外，在固定资产达到使用年限，进行报废和回收还可能取得变价收入，形成现金流入。常用的折现现金流量指标有净现值（net present value，NPV）、内部收益率（internal rate of return，IRR）等。

1. 净现值

净现值就是在考虑资金时间价值的基础上，将固定资产使用年限内的净现金流量折现到当前时刻的资金价值。它综合地反映了投资项目在整个寿命期内的盈利能力。净现值越大，固定资产投资的效果越好。净现值的计算公式如下。

$$NPV = \sum_{t=0}^{n} NFC_t (1+i_0)^{-t}$$

式中，NPV 为净现值；i_0 为基准折现率；n 为项目寿命期；NFC_t 为第 t 年的净现金流量。

2. 内部收益率

内部收益率是使投资项目净现值等于零时的折现率。内部收益率反映了投资项目的真实报酬，是进行项目投资决策的一个主要评价指标。内部收益率的计算公式如下。

$$NPV = \sum_{t=0}^{n} NFC_t (1+IRR)^{-t} = 0$$

式中，NPV 为净现值；IRR 为内部收益率；n 为项目寿命期；NFC_t 为第 t 年的净现金流量。

内部收益率是根据以上净现值等于零的方程求解得到，一般采用插值法近似计算。当基准折现率已知时，如果净现值大于零，则内部收益率大于基准折现率；如果净现值小于零，则内部收益率小于基准折现率。

如果计算得到项目的净现值和内部收益率，再结合具体的决策结构，就可以进行方案的评价和决策。如果是决定一个投资方案是否可行，只需要计算该方案的净现值或内部收益率即可。如果在一定的基准折现率下计算的净现值大于零，或者计算的内部收益率大于基准折现率，则方案可行，反之，则方案不可行。如果是在几个方案中选择出可行方案，而方案之间没有相互影响，则可以像一个方案的评价一样，分别计算各个方案的净现值或内部收益率，净现值大于零、内部收益率大于基准折现率的方案可行，净现值小于零、内部收益率小于基准折现率的方案不可行。如果从多个方案中选择一个最优的方案，则需要计算所有方案的净现值，从净现值大于零的方案里选择净现值最大的方案为最优方案。

例 11-8：两个固定资产投资的独立方案 A、B，A 方案第一年初投资 200 万元，在今后 10 年内每年获得净收益 45 万元，B 方案第一年初投资 200 万元，在今后 10 年内每年获得净收益 30 万元，它们的现金流量如表 11-3 所示。试做出是否进行投资的决策。基准折现率为 15%。

表 11-3　独立方案 A、B 的现金流量　　　　单位：万元

方案	年度	
	0	1~10
A	−200	45
B	−200	30

按照净现值计算公式，计算得 $NPV_A = 25.8$ 万元，$NPV_B = -49.4$ 万元。按照内部收益率计算公式，$IRR_A = 18.3\%$，$IRR_B = 8.1\%$。A 方案的净现值大于零，内部收益率大于基准折现率，所以 A 方案可行；B 方案的净现值小于零，内部收益率小于基准折现率，所以 B 方案不可行。

例 11-9：有两个固定资产投资的互斥方案，A 方案投资 200 万元，10 年内每年获得净收益 39 万元，B 方案投资 100 万元，10 年内每年获得净收益 20 万元，A、B 方案的现金流量如表 11-4 所示。试做出决策。基准折现率为 10%。

方案	年度	
	0	1～10
A	−200	39
B	−100	20

表 11-4　互斥方案 A、B 的现金流量　　　　　　　单位：万元

分别计算 A、B 方案的净现值如下。

$NPV_A = 39.7$ 万元，$NPV_B = 22.9$ 万元，$NPV_A > NPV_B > 0$，A、B 为互斥方案，只能从中选择一个最佳方案，所以选择 A 方案。

（三）无形资产投资

无形资产是企业所拥有的没有物质实体，可使企业长期获得超额收益的资产。随着技术和知识等生产要素在生产中作用的提高及竞争的加剧，无形资产的投资和管理成为企业一项重要的财务管理工作。无形资产一般包括专利权、专有技术、专营权、场地使用权、商标权、商誉等。无形资产没有实物形态，可以在较长的时间内给企业带来超额的收益。企业可以通过购买或自己开发等进行无形资产的投资。无形资产投资决策一般也采用折现现金流量的方法，利用净现值或内部收益率等指标进行评价。和固定资产投资相比，无形资产投资的收益估计和预测更加困难，面临更大的不确定性。

三、对外投资

企业对外投资就是将资金投放于企业外部以获取投资收益的行为。企业对外投资具有多种目的，通过对外投资，企业可以优化资源配置，提高资产的利用效率。企业可以把多余的资金或闲置的资产通过直接投资或间接投资的方式投放于其他企业，提高资源的利用率。企业对外投资可以优化投资组合，降低和分散经营风险。多元化经营可以分散风险，企业通过对外投资，可以比较方便地实现资产和经营的多元化，也有利于降低经营风险。有时，企业为了加强或巩固与上下游企业的关系，为了保证关键原材料的供应或出于提高销售能力的需要，也通过对外投资来掌握上下游相关企业的部分经营权。另外，通过对外投资，企业还可以灵活地调整资产的结构，提高资产的流动性，增强企业的偿债能力。企业的对外投资形式多样，程序复杂，投资的收益和风险变动较大，回收时间比较长，变现能力比较差。因此，企业进行对外投资时需要兼顾投资的效益性、安全性和流动性，在保证投资的安全性、流动性的基础上，追求比较高的效益性。

企业的对外投资有对外直接投资和对外间接投资。对外直接投资就是企业利用现金、实物资产和无形资产等对其他企业进行投资，如建立合资企业、合作企业、联营企业等。对外间接投资主要是对外证券投资，企业通过购买其他企业的有价证券进行投资，包括股票投资、债券投资和基金投资等。股票投资就是购买其他企业发行的股票，通过获得股利或资产增值取得收益。股票投资的风险比较高，收益比较大。债券投资就是企业购买由政府或其他公司发行的债券。债券分为政府债券、金融债券和公司债券。政府债券是指由中央政府或地方政府发行的债券，如国库券、国家重点建设债券、特种国债等。金融债券是由银行或非银行金融机构等为筹集信贷资金而向投资者发行的债券。公司债券是股份有限

公司和有限责任公司为了募集长期资金而发行的债券。和股票投资相比，债券投资的收益率和风险都相对较低。基金投资在我国是一种新型的投资方式，它的收益和风险都居于股票投资和债券投资之间。

第四节　财务报表与财务分析

一、财务报表

根据我国企业会计准则和会计制度的规定，企业需要定期编制和报送财务报表，反映企业的财务状况、经营成果及财务状况的变动情况，为有关各方了解企业财务信息和加强企业自身的管理提供帮助。企业的财务报表主要包括资产负债表、利润表和现金流量表。

（一）资产负债表

资产负债表反映企业在会计期末的资产、负债和所有者权益的基本情况，一般在月末和年末编制。资产负债表按照会计等式编制，一般有账户式和报告式两种形式。我国的资产负债表采用账户式，分为左右两方，左边是资产，右边是负债和所有者权益，资产总额等于负债加所有者权益总额。资产负债表的结构如表 11-5 所示。

表 11-5　甲公司资产负债表（2021 年 12 月 31 日）　　　　单位：万元

资产	年初数	年末数	负债及所有者权益	年初数	年末数
流动资产：			流动负债：		
货币资金	360	550	短期借款	240	280
交易性金融资产	60	80	交易性金融负债	20	30
应收票据	30	50	应付票据	120	100
应收账款	420	480	应付账款	80	120
预付账款	20	30	预收账款	50	60
应收利息	2	4	应付职工薪酬	30	35
应收股利	3	5	应交税费	10	15
其他应收款	12	20	应付利息	5	4
存货	300	400	应付股利	4	5
一年内到期非流动资产	25	15	其他应付款	5	10
其他流动资产	18	11	一年内到期非流动负债	10	15
流动资产合计	1 250	1 645	其他流动负债	6	16
非流动资产：			流动负债合计	580	690
可供出售金融资产	20	60	非流动负债：		
债权投资	40	80	长期借款	630	930
长期应收款	10	40	应付债券	100	150
长期股权投资	50	120	长期应付款	200	250
投资性房地产	95	165	专项应付款	10	20
固定资产原值	2 000	2 600	其他非流动负债	50	80
减：累计折旧	400	680	非流动负债合计	990	1 430

资产	年初数	年末数	负债及所有者权益	年初数	年末数
固定资产净值	1 600	1 920	负债合计	1 570	2 120
固定资产清理	20	40	所有者权益：		
在建工程	200	100	实收资本（股本）	1 200	1 540
工程物资	25	20	资本公积	300	320
生产性生物资产	10	15	其他综合收益	10	5
无形资产	5	10	盈余公积	200	240
递延资产	5	10	未分配利润	60	15
其他非流动资产	10	15	所有者权益合计	1 770	2 120
非流动资产合计	2 090	2 595	负债及所有者权益合计	3 340	4 240
资产总计	3 340	4 240			

（二）利润表

利润表也称损益表，是反映企业在一定会计期间生产经营成果的财务报表。通过利润表可以了解企业的收入来源、成本费用及利润的构成等基本情况。利润表的基本格式如表 11-6 所示。

表 11-6　甲公司利润表（2021 年度）　　　　　　单位：万元

项目	上年数	本年数
一、营业收入	3 920	4 600
减：营业成本	1 720	2 000
税金与附加	480	560
销售费用	400	450
管理费用	450	500
财务费用	50	70
加：其他收益	35	40
投资收益（损失以"–"号填列）	40	50
公允价值变动收益（损失以"–"号填列）	25	30
资产减值损失（损失以"–"号填列）		
资产处置收益（损失以"–"号填列）	10	20
二、营业利润	930	1 160
加：营业外收入	20	50
减：营业外支出	10	10
三、利润总额	940	1 200
减：所得税	235	300
四、净利润	705	900

企业的收入主要包括营业收入、公允价值变动收益、投资收益、资产处置收益、其他收益和营业外收入。企业的成本费用等支出项目主要包括营业成本、税金及附加、销售费用、管理费用、财务费用、资产减值损失和营业外支出等。企业所得税按照利润总额的 25%

缴纳，利润总额减去所得税为税后净利润。

（三）现金流量表

企业生产经营是否能正常进行，在很大程度上取决于企业产生现金流量的能力，现金流量表反映企业一定会计期间现金和现金等价物流入和流出的信息，便于报表使用者了解和评价企业获取现金和现金等价物的能力，并据以预测企业外来现金流量。现金流量表按照企业生产经营活动、投资活动、筹资活动等产生的现金流入和现金流出及其变动进行计算填列。现金流量表中的现金是指企业的库存现金及可以随时用于支付的存款，包括库存现金、银行存款和其他货币资金。现金等价物是指企业持有的期限短、流动性强、易于转换为已知金额现金、价值变动风险很小的短期投资。现金流量是某一段时期内企业现金流入和流出的数量，主要包括经营活动产生的现金流量、投资活动产生的现金流量和筹资活动产生的现金流量三类。具体的结构如表 11-7 所示。

表 11-7   甲公司现金流量表（2021 年度）   单位：万元

项目	金额
一、经营活动产生的现金流量	
销售商品、提供劳务收到的现金	2 496
收到的租金	220
收到的增值税销项税额和退回的增值税	60
收到的除增值税以外的其他税费返还	30
收到的其他与经营活动有关的现金	124
现金流入小计	2 930
购买商品、接受劳务支付的现金	1 200
经营租赁所支付的现金	88
支付给职工及为职工支付的现金	450
支付的增值税款	250
支付的所得税款	200
支付的除增值税、所得税以外的其他税费	50
支付的其他与经营活动有关的现金	42
现金流出小计	2 280
经营活动产生的现金流量净额	650
二、投资活动产生的现金流量	
收回投资所收到的现金	30
分得股利或利润所收到的现金	20
取得债券利息收入所收到的现金	24
处置固定资产、无形资产和其他长期资产收回的现金净额	16
收到的其他与投资活动有关的现金	224
现金流入小计	314
构建固定资产、无形资产和其他长期资产所支付的现金	218
权益性投资所支付的现金	30
支付的其他与投资活动有关的现金	768

续表

项目	金额
现金流出小计	1 016
投资活动产生的现金流量净额	−702
三、筹资活动产生的现金流量	
吸收权益性投资所收到的现金	320
发行债券所收到的现金	120
借款所收到的现金	180
收到的与其他筹资活动有关的现金	20
现金流入小计	640
偿还债务所支付的现金	228
发生筹资费用所支付的现金	5
分配股利或利润所支付的现金	110
偿付利息所支付的现金	15
融资租赁所支付的现金	15
减少注册资本所支付的现金	
支付的其他与筹资活动有关的现金	5
现金流出小计	378
筹资活动产生的现金流量净额	262
四、汇率变动对现金的影响	
五、现金及现金等价物的净增加额	210
加：期初现金及现金等价物余额	420
六、期末现金及现金等价物余额	630

二、财务分析

财务分析是以企业的财务报告等会计资料为基础，对企业的财务状况和经营成果进行分析和评价的一种方法。企业的内部管理者和企业外部的利益相关者需要了解企业的财务状况和经营成果，以便做出决策。为了更好地理解会计核算和会计报告提供的信息，需要借助一定的指标和分析方法，对会计资料进行系统化地分析、组织和报告。不同的主体对企业财务状况和经营成果的关注重点不同，投资者和股东比较关心企业的盈利能力和成长，债权人比较关心企业的偿债能力，政府比较关注企业的经营管理及纳税情况。财务分析的目的主要包括：评价企业的偿债能力，评价企业的获利能力，评价企业的营运能力，评价企业的持续发展能力等。财务分析的基础是各种财务报告和日常会计核算资料。常用的分析方法有比率分析法和比较分析法等。比率分析法是将企业同一时期会计报表中的相关项目进行对比，得出一系列财务比率，通过财务比率来揭示企业的财务状况的分析方法。比较分析法是将企业不同时期的财务状况或不同企业之间的财务状况进行比较，从而揭示财务状况变化或差异的分析方法。

（一）企业偿债能力分析

偿债能力是企业偿还各种到期债务的能力。企业的债务分短期债务和长期债务，到期需要用现金和其他流动资产来偿还。企业的偿债能力分析分为短期偿债能力分析和长期偿债能力分析。短期偿债能力是指企业偿付流动负债的能力。流动负债是在一年内或超过一年的一个营业周期内需要偿还的债务，一般来说，流动负债需要流动资产来偿还，通常是用现金来偿还。流动资产和流动负债的情况决定了企业短期偿债能力的高低。长期偿债能力是指企业偿还长期到期债务的能力。长期来看，企业的长期偿债能力取决于企业总的资产负债状况及企业的盈利能力。

1. 短期偿债能力分析

短期偿债能力分析的主要指标有流动比率、速动比率、现金比率、现金流量比率等。具体的计算和含义如下。

（1）流动比率

$$流动比率 = \frac{流动资产}{流动负债}$$

流动资产主要包括货币资金、交易性金融资产、应收及预付款项、存货和一年内到期的非流动资产等，一般用资产负债表中期末流动资产总额表示；流动负债主要包括短期借款、交易性金融负债、应付及预收款项、各种应交税费、一年内即将到期的非流动负债等，通常用资产负债表中的期末流动负债总额表示。流动比率是衡量企业短期偿债能力的一个重要指标，该比率越高，说明企业偿还流动负债的能力越强；反之，就越弱。一般认为，流动比率在 2∶1 水平比较正常。但是，流动比率反映企业的短期偿债能力也有一定的局限性。例如：有些项目（如存货）有时候并不能很快地变现；有些项目（如待摊费用）是一项负资产，并不能用来偿还债务等。根据甲公司 2021 年年末的资产负债表，计算该公司的流动比率如下。

$$流动比率 = \frac{流动资产}{流动负债} = \frac{1\,645}{690} = 2.38$$

该公司流动比率比较正常。

（2）速动比率

速动比率是速动资产和流动负债的比率，速动资产是把流动资产中变现能力较弱的存货扣除以后的资产，主要包括货币资金、交易性金融资产、应收票据、应收账款等。速动比率越高，企业短期偿债能力越强。一般认为，企业的速动比率在 1∶1 的水平比较正常。

$$速动比率 = \frac{速动资产}{流动负债} = \frac{流动资产 - 存货}{流动负债}$$

根据甲公司 2021 年年末的资产负债表，计算该公司的速动比率如下。

$$速动资产 = 流动资产 - 存货 = 1\,645 - 400 = 1\,245（万元）$$

$$速动比率 = \frac{速动资产}{流动负债} = \frac{1\,245}{690} = 1.80$$

说明该公司的偿债能力比较好。

（3）现金比率

现金比率是企业的现金类资产与流动负债的比率。现金类资产包括企业的库存现金、随时可以用于支付的存款和现金等价物，也就是现金流量表中所反映的现金。

$$现金比率 = \frac{现金+现金等价物}{流动负债}$$

对甲公司，假设把所有的交易性金融资产视为现金等价物，则现金 + 现金等价物 = 550 + 80 = 630（万元），该公司的现金比率计算如下。

$$现金比率 = \frac{现金+现金等价物}{流动负债} = \frac{630}{690} = 0.91$$

（4）现金流量比率

现金流量比率是企业经营活动现金净流量与流动负债的比率。

$$现金流量比率 = \frac{经营活动现金净流量}{流动负债}$$

根据甲公司资产负债表和现金流量表的数据，计算的现金流量比率如下。

$$现金流量比率 = \frac{经营活动现金净流量}{流动负债} = \frac{650}{690} = 0.94$$

2. 长期偿债能力分析

长期偿债能力是指企业偿还长期负债的能力，企业的长期负债主要有长期借款、应付长期债券、长期应付款等。反映长期偿债能力的财务比率主要有资产负债率、股东权益比率、权益乘数、负债股权比率等。

（1）资产负债率

$$资产负债率 = \frac{负债总额}{资产总额} \times 100\%$$

资产负债率是负债总额和资产总额的比率，表示企业总资产中有多大比例是通过举债得到的。资产负债率越高，说明企业举债经营的程度越高，企业的偿债能力越弱。根据甲公司 2021 年末资产负债表，计算的资产负债率如下。

$$资产负债率 = \frac{负债总额}{资产总额} \times 100\% = \frac{2\,120}{4\,240} \times 100\% = 50.0\%$$

（2）股东权益比率和权益乘数

$$股东权益比率 = \frac{股东权益总额}{资产总额} \times 100\%$$

股东权益比率是股东（所有者）权益总额与资产总额的比率，也等于 1 减去资产负债率，说明在总资产中有多大比例属于股东自己的资金所形成。该比率越高，说明企业的偿债能力越强。甲公司的 2021 年的股东权益比率计算如下。

$$股东权益比率 = \frac{股东权益总额}{资产总额} \times 100\% = \frac{2\,120}{4\,240} \times 100\% = 50.0\%$$

权益乘数计算公式为

$$权益乘数 = \frac{资产总额}{股东权益总额}$$

权益乘数是资产总额和股东权益总额的比率，也就是股东权益比率的倒数。甲公司 2021 年的股东权益乘数计算如下。

$$权益乘数 = \frac{资产总额}{股东权益总额} = \frac{4\,240}{2\,120} = 2.0$$

（3）负债股权比率

$$负债股权比率 = \frac{负债总额}{股东权益总额}$$

负债股权比率是负债总额与股东权益总额的比率该比率越高，说明企业的偿债能力越低。甲公司 2021 年的负债股权比率计算如下。

$$负债股权比率 = \frac{负债总额}{股东权益总额} = \frac{2\,120}{2\,120} = 1.0$$

（二）企业营运能力分析

企业的营运能力反映企业的资金周转状况，通过营运能力分析，可以了解企业的营业状况和经营管理水平。评价企业营运能力的财务比率主要有存货周转率、应收账款周转率、流动资产周转率、固定资产周转率、总资产周转率等。

1. 存货周转率

$$存货周转率 = \frac{销售成本}{平均存货}$$

$$平均存货 = \frac{期初存货余额 + 期末存货余额}{2}$$

存货周转率是企业一定时期内的销售成本（营业成本）与平均存货的比率，反映企业存货周转的速度。存货周转率越高，说明企业存货占用的流动资金越少，存货管理效率越高。根据甲公司资产负债表和表 11-6 甲公司利润表的有关数据，计算的存货周转率如下。

$$平均存货 = \frac{300 + 400}{2} = 350（万元）$$

$$存货周转率 = \frac{2\,000}{350} = 5.71$$

2. 应收账款周转率

$$应收账款周转率 = \frac{赊销收入净额}{应收账款平均余额}$$

$$应收账款平均余额 = \frac{期初应收账款 + 期末应收账款}{2}$$

应收账款周转率是企业一定时期内赊销收入净额与应收账款平均余额的比率。该比率反映应收账款的周转速度。根据甲公司的资产负债表和利润表提供的数据，假设企业的营业收入中有 50% 是赊销收入，则甲公司的应收账款周转率计算如下。

$$应收账款平均余额 = \frac{420 + 480}{2} = 450（万元）$$

$$应收账款周转率 = \frac{2\,300}{450} = 5.11$$

3. 流动资产周转率

$$流动资产周转率 = \frac{销售收入净额}{流动资产平均余额}$$

$$流动资产平均余额 = \frac{流动资产期初余额 + 流动资产期末余额}{2}$$

流动资产周转率是销售收入（营业收入）净额与流动资产平均余额的比率，反映全部流动资产的利用效率。甲公司 2021 年的流动资产周转率计算如下。

$$流动资产平均余额=\frac{1\,250+1\,645}{2}=1\,447.5（万元）$$

$$流动资产周转率=\frac{4\,600}{1\,447.5}=3.18$$

4. 固定资产周转率

$$固定资产周转率=\frac{销售收入净额}{固定资产平均净值}$$

$$固定资产平均净值=\frac{固定资产期初净值+固定资产期末净值}{2}$$

固定资产周转率是企业销售收入（营业收入）净额与固定资产平均净值的比率，反映固定资产的利用效率。甲公司 2021 年的固定资产周转率计算如下。

$$固定资产平均净值=\frac{1\,600+1\,920}{2}=1\,760（万元）$$

$$固定资产周转率=\frac{4\,600}{1\,760}=2.61$$

5. 总资产周转率

$$总资产周转率=\frac{销售收入净额}{资产平均总额}$$

$$资产平均总额=\frac{期初资产总额+期末资产总额}{2}$$

总资产周转率，也称总资产利用率，是企业销售收入净额与资产平均总额的比率。甲公司 2021 年的总资产周转率计算如下。

$$资产平均总额=\frac{3\,340+4\,240}{2}=3\,790（万元）$$

$$总资产周转率=\frac{4\,600}{3\,790}=1.21$$

（三）企业获利能力分析

获利能力是指企业获取利润的能力。评价企业获利能力的财务比率主要有资产报酬率、股东权益报酬率、销售净利率、成本费用净利率和市盈率等。

1. 资产报酬率

$$资产报酬率=\frac{净利润}{资产平均总额}\times100\%$$

$$资产平均总额=\frac{期初资产总额+期末资产总额}{2}$$

资产报酬率，也称资产收益率、资产利润率或投资报酬率，是企业在一定时期的净利润与资产平均总额的比率。资产报酬率主要用来衡量企业利用资产获取利润的能力，它反映了企业总资产的利用效率。甲公司 2021 年的资产报酬率计算如下。

$$资产报酬率 = \frac{900}{3\,790} \times 100\% = 23.7\%$$

2. 股东权益报酬率

$$股东权益报酬率 = \frac{净利润}{股东权益平均总额} \times 100\%$$

$$股东权益平均总额 = \frac{期初股东权益 + 期末股东权益}{2}$$

股东权益报酬率也称净资产报酬率、净值报酬率或所有者权益报酬率，它是一定时期企业的净利润与股东权益平均总额的比率。股东权益报酬率反映了企业股东获取投资报酬的高低。甲公司 2021 年的股东权益报酬率计算如下。

$$股东权益平均总额 = \frac{1\,770 + 2\,120}{2} = 1\,945（万元）$$

$$股东权益报酬率 = \frac{900}{1\,945} \times 100\% = 46.3\%$$

3. 销售净利率

$$销售净利率 = \frac{净利润}{销售收入净额} \times 100\%$$

销售净利率是企业净利润与销售收入净额的比率。销售净利率越高，说明企业通过销售赚取净利润的能力越强。甲公司 2021 年的销售净利率计算如下。

$$销售净利率 = \frac{900}{4\,600} \times 100\% = 19.6\%$$

4. 成本费用净利率

$$成本费用净利率 = \frac{净利润}{成本费用总额} \times 100\%$$

成本费用净利率是企业净利润与成本费用总额的比率。成本费用是企业为取得利润而付出的代价，包括销售成本、销售费用、销售税金、管理费用、财务费用和所得税等。2021年甲公司的成本费用总计 3\,880 万元，成本费用净利率计算如下。

$$成本费用净利率 = \frac{900}{3\,880} \times 100\% = 23.2\%$$

5. 市盈率

$$市盈率 = \frac{每股市价}{每股利润}$$

市盈率也称价格盈余比率或价格与收益比率，是指普通股每股市价与每股利润的比率，是以企业盈利能力为基础的市场估值指标。假设该公司普通股股票 1\,500 万股，股票市场价格为 10.8 元/股，则该公司的每股利润为 0.6 元，市盈率 $= \frac{10.8}{0.6} = 18.0$。

（四）企业发展能力分析

发展能力也称成长能力，是指企业在从事经营活动过程中所表现出的增长能力，如规模的扩大、盈利的持续增长、市场竞争力的增强等。反映企业发展能力的财务比率主要有销售增长率、资产增长率、股权资本增长率、利润增长率等。

1. 销售增长率

$$销售增长率 = \frac{本年营业收入增长额}{上年营业收入总额} \times 100\%$$

销售增长率是本年营业收入增长额与上年营业收入总额的比率。根据公司的利润表数据，本年营业收入增长额为本年营业收入减去上年营业收入。2021年甲公司销售增长率计算如下。

$$销售增长率 = \frac{680}{3\,920} \times 100\% = 17.35\%$$

2. 资产增长率

$$资产增长率 = \frac{本年总资产增长额}{年初资产总额} \times 100\%$$

资产增长率是企业本年总资产增长额与年初资产总额的比率。本年总资产增长额为本年年末总资产减去年初总资产。2021年甲公司总资产增长率计算如下。

$$资产增长率 = \frac{900}{3\,340} \times 100\% = 26.95\%$$

3. 股权资本增长率

$$股权资本增长率 = \frac{本年股东权益增长额}{年初股东权益总额} \times 100\%$$

股权资本增长率，也称净资产增长率，是指企业本年股东权益增长额与年初股东权益总额的比率。2021年甲公司股权资本增长率计算如下。

$$股权资本增长率 = \frac{350}{1\,770} \times 100\% = 19.77\%$$

4. 利润增长率

$$利润增长率 = \frac{本年利润总额增长额}{上年利润总额} \times 100\%$$

利润增长率是指企业本年利润总额增长额与上年利润总额的比率。本年利润总额增长额为本年利润总额减去上年利润总额。2021年甲公司利润增长率计算如下。

$$利润增长率 = \frac{260}{940} \times 100\% = 27.66\%$$

本 章 小 结

1. 财务管理是组织企业财务活动、处理企业财务关系的一项经济管理工作。

2. 财务管理的目标是企业财务活动所希望实现的结果，是评价企业财务活动是否合理的基本标准。企业财务管理的整体目标有：利润最大化目标；股东财富最大化目标。

3. 企业筹资就是企业根据生产经营、对外投资和调整资本结构等需要，通过一定的筹资渠道，应用一定的筹资方式，经济有效地筹措和集中资本，满足资金需要的财务活动。

4. 短期筹资是指筹集在一年内或者超过一年的一个营业周期内到期的资金，通常是指短期负债。长期筹资就是企业通过一定的方式筹集供企业长期使用的资金。根据具体的筹资方式的不同，可以分为投入资本筹资、股票筹资、债券筹资、长期借款、融资租赁等。

5. 企业投资是指企业将资金投入生产经营过程，期望从中取得收益的一种行为。根据不同的分类标准，企业的投资可以分为直接投资与间接投资，长期投资与短期投资，对内投资与对外投资等。

6. 企业把资金投放到企业内部生产经营所需的长期资产上，称为内部长期投资。内部长期投资主要包括固定资产投资和无形资产投资。企业对外投资就是将资金投放于企业外部以获取投资收益的行为。企业的对外投资有对外直接投资和对外间接投资。

7. 企业的财务报表主要包括资产负债表、利润表和现金流量表。资产负债表反映企业在会计期末的资产、负债和所有者权益的基本情况，一般在月末和年末编制。利润表也称损益表，是反映企业在一定会计期间生产经营成果的财务报表。现金流量表反映企业一定会计期间现金和现金等价物流入和流出的信息，便于报表使用者了解和评价企业获取现金和现金等价物的能力，并据以预测企业外来现金流量。

8. 财务分析是以企业的财务报告等会计资料为基础，对企业财务状况和经营成果进行分析和评价的一种方法。财务分析的目的主要包括：评价企业的偿债能力，评价企业的获利能力，评价企业的营运能力，评价企业的持续发展能力等。

思考与练习

1. 什么是财务管理？财务管理的主要目标是什么？

2. 财务管理的主要内容是什么？

3. 有哪些常用的筹资渠道和筹资方式？各有什么优缺点？

4. 什么是资本成本？资本成本如何计算？

5. 什么是资本结构？如何进行资本结构决策？

6. 什么是投资？企业投资有哪些基本分类？

7. 固定资产投资如何进行决策？

8. 企业主要的财务报表有哪些，分别报告什么信息？

9. 财务分析的主要内容有哪些？有哪些常用的分析指标？

10. 登录上海证券交易所（http://www.sse.com.cn/）或深圳证券交易所（http://www.szse.cn/）的网站，找一家上市公司的财务报表，分析其财务状况。

 **即学即测**

案例讨论

曹德旺，永远的"玻璃大王"

第十二章　人力资源管理

本章提要

本章从人力资源的基本概念出发，探讨了企业人力资源管理的内涵及其目标，并从工作分析、招聘和培训、绩效考核、薪酬管理等几个方面对企业人力资源管理的基本职能进行了系统介绍。

重点难点

- 人力资源的概念
- 人力资源管理的基本内容
- 绩效考核和薪酬管理

引导案例

诸葛亮的识人用人之道

为切实做到"任人唯贤"，诸葛亮以"循名责实"对官吏进行考核，要求官吏们为政要讲求实效，他特别强调"治实而不治名"这条原则，反对名不符实、表里不一的作风。

诸葛亮考核官吏的标准，也是他考察、识别、使用人才的标准。他提出了七条"知人"之道，即分别对人从"志""变""识""勇""性""廉""信"七个方面进行了解、考察的办法。"志"就是向对方提出是非不同的问题，观察其志向；"变"，就是向对方提出复杂的难题，考察他对问题的解答、应变能力；"识"，就是向对方征询计策，以观察其见识；"勇"，就是告诉对方有艰难险阻的存在，考察其是否有临危不惧的精神；"性"，就是考察其在醉酒之后所显示的品性和本色；"廉"，就是把对方安置在有利可图的位置上，考察其是否廉洁；"信"，就是托对方办事，考察他是否守信用。

除了"七条"，诸葛亮还严格地考察官员身上是否存在着"五害"。这"五害"分别是："因公为私，乘权作权"，"内侵于官，外采于民"；"过重罚轻，法令不均，无罪被辜，以致灭身"；"纵罪恶之吏，害告诉（上告申诉）之人"；"阿私所亲，枉克所恨"，"不承法制，更因赋敛"，"诈伪储备，以成家产"；"民失其职"（即加重人民负担，使人民无法生存）。对犯有"五害"的官员，一定要严惩不贷；对没有"五害"的官员，一定要奖赏。

案例来源：https://zhidao.baidu.com.question/759165514453858244.html.

案例思考

1. 你认同诸葛亮的识人用人标准吗？
2. 你认为在选拔人才的时候，是"德"更重要，还是"才"更重要？

从上述案例，不难看出诸葛亮举贤授能的识人用人之道。在蜀汉复杂的人事环境中，诸葛亮凭借自己高超的政治文化素养和聪明才干，识贤用人，形成了有特色的识人用人之道，保证了蜀国在相当长一段时间里的安定和团结，这在当时的历史条件下，是具有一定积极意义的。他重视人才，"取人不限其方"，用人能"尽其器能"，能比较公正地对待各种人才，等等。这些做法是难能可贵的，也是我们今天所应该借鉴的。对于企业来说，如何选拔人才、培养人才、用好人才、留住人才，关系到企业的发展潜力，也是摆在企业家面前的一项巨大挑战。

战国尉缭撰写的兵书《尉缭子》中有言："天官时日不若人事也。"说的是与其相信天官时日，不如相信人的作用。现代管理大师彼得·德鲁克曾经说过："企业只有一项真正的资源——人。管理就是充分开发人力资源，以做好工作。"美国通用电气公司前总裁杰克·韦尔奇也曾提出过这样的口号：人，是我们最重要的资产。联想集团的创始人柳传志也认为，人力资源是企业资源中最重要的、最活跃的因素，是企业成功的关键所在。对企业而言，要想在激烈的市场竞争中活下来，离不开奋勇争先、坚持不懈的人才。要想谋求更好的发展，做大做强，同样离不开具有战略眼光、扎实技能的人才。纵观世界上成功企业的发展历程，可以发现一个共同点：它们都把企业的人力资源看成是企业资源配置的第一要素，人力资源的管理是企业管理的核心所在。

第一节　人力资源管理概述

一、人力资源及其特点

一般认为，所谓人力资源，是指能够推动整个经济和社会发展的劳动者的能力，包括能够进行智力劳动和体力劳动的能力。为正确理解这一范畴，必须注意其以下特征。

1. 生物性

人力资源存在于人体之中，是有生命的活资源，与人的自然生理特征相联系。

2. 能动性

在经济活动中，人力资源是居于主导地位的能动性资源。人力资源不同于其他经济资源之处，在于它具有目的性、主观能动性和社会意识。

3. 可再生性

人力资源是一种可再生的资源。它可以通过人力总体和劳动力总体内各个个体的不断替换更新和恢复得以实现，是一种用之不尽、可充分开发的资源。随着人力资源的知识更新、经验积累、能力开发和个性完善的一系列自我补偿和丰富的独特过程，人的内在资本含量也随之增多。

4. 时效性

人力资源的形成、开发和使用都会受到时间因素的限制。从个体的角度来看，作为生物有机体的人，有其生命的周期，且各阶段的体力能力和智力能力都有所不同。从社会的角度来看，人才的培养和使用也有培训期、成长期、成熟期和老化期。因此，人力资源的开发必须尊重其内在的规律性，以使人力资源的形成、开发、配置和使用处于一种动态平衡之中。

5. 社会性

从人类社会经济活动的角度来看，不同的劳动者一般都分别处于各个劳动集体之中，构成了人力资源社会性的微观基础。从宏观上看，人力资源总是与一定的社会环境相联系的，它的形成、开发、配置和使用都是一种社会活动。从本质上讲，人力资源是一种社会资源，应当归整个社会所有，而不应仅仅归属于某一个具体的经济单位。

二、人力资源管理

人力资源管理，是指对人力资源的取得、开发、保持和利用等方面所进行的计划、组织、指挥、协调和控制的活动。它是研究并解决组织中人与人关系的调整、人与事的配合，以充分开发人力资源，挖掘人的潜力，调动人的生产劳动积极性，提高工作效率，实现组织目标的理论、方法、工具和技术的总称。人力资源管理包括对人力资源进行质量与数量的管理两个方面。对人力资源进行数量的管理，就是根据人力和物力及其变化，对人力进行恰当的培训、组织和协调，使二者经常保持最佳比例和有机的配合，从而使人和物都充分发挥出最佳效果。对人力资源进行质量的管理，是指采用科学的方法，对人的思想、心理和行为进行有效的管理（包括对个体和群体的思想、心理、行为进行的协调、控制与管理），充分发挥人的主观能动性，以达到组织的目标。

总之，人力资源管理最重要的工作就是在适当的时间，把适当的人选（最经济的人力）安排在适当的工作岗位上，充分发挥人的主观能动性，使得人尽其才，事得其人，人事相宜。

三、人力资源管理的职能

从人力资源管理的定义出发，人力资源管理的职能包括以下八个方面。

（1）工作分析。工作分析是指通过一定的方法对特定岗位的信息进行收集和分析，进而对工作的职责、工作条件、工作环境及任职者资格做出明确的规定，编写工作描述和工作说明的管理活动。工作分析是一切人力资源活动的平台，是人力资源管理的基础性工作。

（2）人力资源规划。人力资源规划的主要内容是，根据企业的发展预测企业在未来较长一段时间对员工种类、数量和质量的需求，据此编制人力资源供给计划，通过内部培养和外部招聘的方式来进行人力资源供给，以满足企业的人力资源需要，确保企业发展战略的顺利实施。

（3）人员招聘。人员招聘是指组织选择合适的渠道和方法，吸引足够数量的人员加入组织，并选择和录用最适合组织和岗位要求的人员的过程。

（4）培训。培训是指组织有计划地帮助员工提高与工作有关的综合能力而采取的努力。培训的目的，不仅仅是要帮助员工学习完成工作所必需的技能、知识和行为，并把它们合理地运用到工作实践中，更是要通过培训将组织的价值观念和文化传递给员工。

（5）员工职业生涯管理。员工职业生涯管理是指组织和员工共同探讨员工的职业成长计划，并帮助其发展职业生涯的一系列活动。它可以满足个人成长的需要，也能实现个人与组织的协调发展。

（6）薪酬管理。薪酬管理是指针对不同的工作制订合理公平的工资、奖金及福利计划，以满足员工生存和发展的需要。也可以认为，它是组织对员工贡献的回报。

（7）劳动关系管理。它包括与员工签订劳动合同，处理员工与公司或员工之间可能出现的纠纷，规范员工的权利和义务，建立员工投诉制度，根据相关的法律法规处理员工管理的问题等。

（8）绩效评价。绩效评价是指衡量和评价员工在一定时期内工作活动和工作成果的过程。它包括制定评价指标、实施评价、评价后处理等方面的工作。

人力资源管理不是简单的活动的集合，而是相互联系的整体。比如，组织设计和岗位研究是人力资源管理的基础，其他的很多职能活动，如薪酬管理、绩效评价、人力资源规划、招聘、选拔和培训等，都需要参考岗位信息，绩效评价的结果又是薪酬管理、培训和选拔的依据，因此，必须将人力资源的各项职能活动作为一个整体看待，这样才能真正发挥人力资源管理的功能，提高管理效率。

四、人力资源规划

人力资源规划处于整个研究人力资源管理活动的统筹阶段，它为下一步的人力资源管理制定了目标、原则和方法。研究人力资源的实质是决定组织的发展方向，并在此基础上确定组织需要什么样的人力资源来实现最高管理层确定的目标。所以，制订人力资源规划是人力资源管理部门一项非常重要和有意义的工作。

（一）人力资源规划的定义和功能

人力资源规划是指组织分析自己在环境变化中人力资源的供需状况，制定必要的政策和措施，以确保其在需要的时候和需要的岗位上获得各种需要的人才（包括质和量两个方面），以使组织和个体得到长期的利益。这个定义主要有三个层次的含义。

（1）环境的变化是企业人力资源规划的动因。企业内部环境与外部环境的变化，导致了企业对人力资源的动态变化。这样就要求企业用一种长远的眼光来预测企业各个阶段可能出现的人力资源的供需变化，以期采取有效的应对措施。

（2）制定必要的人力资源政策和措施是企业人力资源规划的主要工作。对人力资源供求的预测也是人力资源规划的工作，但它是为制定人力资源政策和措施服务的，只有制定正确、清晰、有效的人力资源政策和措施，才能确保企业对人力资源需求的如期实现。预测是分析问题和条件的过程，制定政策和措施才是解决问题的关键。

（3）使组织和个人都得到长期的利益是企业人力资源规划的最终目标。这是指组织在充分发挥组织中每个人的积极性和创造性，提高组织效率，实现组织目标的同时，还需要创造良好的条件，以满足个体在物质、精神和职业发展方面的需求，帮助他们实现个人目标。

在现代企业管理中，人力资源规划越来越显示出其重要作用。人力资源规划能加强企业对环境变化的适应能力，为企业的发展提供人力保证。它还有助于实现企业内部人力资源的合理配置，优化企业内部人员结构，从而最大限度地实现人尽其才，提高企业的效益。同时，它对满足企业成员的需求和调动员工的积极性和创造性也有着巨大的作用。

（二）人力资源规划的主要内容

1. 总体规划

总体规划包括在计划期内人力资源开发的总目标、总政策、实施步骤和总预算的安排。

2．人员配备计划

人员配备计划表示长期处于不同职务、部门或工作类型的人员的分布状况。组织中的各个部门、职位所需要的人员都有一个合适的规模，人员配备计划就是要确定这个合适的规模及与之对应的人员结构。

3．人员补充计划

由于组织规模的扩大，或者人员的退休与离职等，组织中经常会出现新的或空缺的职位，制订人员补充计划可以保证在出现职位空缺时能及时地获得所需数量和质量的人员。

4．人员使用计划

人员使用计划主要是对企业内部员工的晋升与轮换做出安排。晋升计划就是根据企业的人员分布状况和层次结构，拟定人员的提升政策。轮换计划是为实现工作内容的丰富化，保持和提高员工的创新热情和能力，培养员工多方面的素质，而制订的大范围地对员工工作岗位进行定期变换的计划。

5．人员培训开发计划

组织通过培训开发，一方面可以使组织成员更好地适应所从事的工作，同时也为组织未来发展所需要的职位准备后备人才。企业可以对有发展前途的人员分别制订培训规划，根据可能产生的职位空缺和职位空缺可能产生的时间，分阶段、有目的地开展培训和开发工作。

6．员工职业发展计划

组织为了不断提高其成员的满意度，并使他们与组织的发展和需要统一起来，需要制订协调有关员工个人的成长和发展与企业的需求和发展相一致的计划。其主要内容是组织对员工个人在使用、培养等方面的特殊安排。企业还可以结合员工的个体特点，与员工一起进行员工职业生涯的设计。

7．薪酬福利计划

此项计划的内容包括绩效标准及其衡量方法、薪酬结构、工资总额、工资关系、福利项目及绩效与薪酬的对应关系等。

人力资源规划除了以上内容以外，还包括劳动关系计划、人力资源预算等内容。

第二节　工作分析与设计

一个组织要有效地进行人力资源的开发与管理，一个重要的前提就是要了解组织中各种工作的特点，以及能够胜任相应工作的人员的特点。这就是工作分析的主要内容。工作分析是人力资源管理活动的平台，人力资源管理的很多职能活动，都需要由工作分析为之提供准确的信息。

一、工作分析的概念

工作分析是确定完成各项工作所需的技能、责任和知识的系统过程。它提供了关于工作本身的内容、要求及相关的信息。通过工作分析，我们可以确定某一工作的任务和性质是什么，哪些类型的人适合从事这项工作。所有的这些信息，都可以通过工作分析的结果——职位说明书来进行描述。职位说明书一般包括两方面的内容：工作说明和工作规范。工作说明是关于工作任务和职责信息的文本说明。工作规范则包含了一个人完成某项工作所必需的基本素质和条件。

工作分析主要用于解决工作中以下六个方面的重要问题：①员工完成什么样的体力和脑力劳动（what）；②由谁来完成上述劳动（who）；③工作将在什么时间内完成（when）；④工作将在哪里完成（where）；⑤员工如何完成此项工作（how）；⑥为什么要完成此项工作（why）。以上六个问题涉及了一项工作的职责、内容、工作方式、环境及要求五大方面的内容。工作分析也就是在调查研究的基础上，理顺一项工作在这五个方面的内在关系。所以，工作分析的过程，从某种意义上来说，也是一个工作流程分析与岗位设置分析的过程。工作分析图如图 12-1 所示。

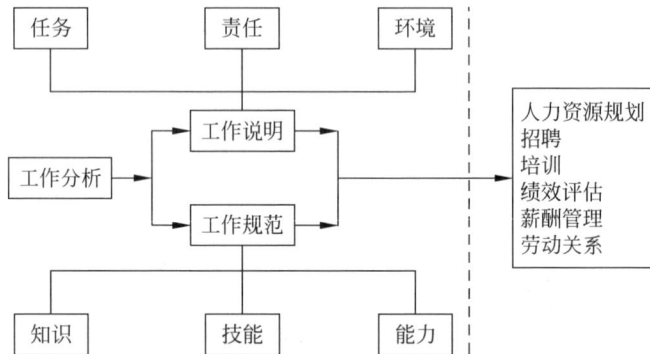

图 12-1　工作分析图

二、工作信息收集方法

为了进行工作分析，每项工作都要收集大量的信息，下面将简单介绍几种常用的工作信息收集方法。

1. 工作实践法

工作实践法指的是工作分析人员亲自从事所需要研究的工作，从而掌握工作要求的第一手材料。

2. 直接观察法

直接观察法指的是工作分析人员观察所需要分析的工作的过程，以标准格式记录各个环节的内容、原因和方法，这样可以系统地收集一种工作的任务、责任和工作环境等方面的信息。

3. 访谈法

通过与员工和管理者的访谈，可以获取更多的细节和更准确的信息。很多工作是不可能由工作分析人员实际体会的，或者是不可能通过观察来了解的。因此，与工作的承担者面谈是收集工作信息的一种有效方法。访谈法的种类包括个别员工访谈法、集体员工访谈法和主管访谈法。个别员工访谈法适用于各个员工的工作有明显差别、工作分析的时间又比较充分的情况。集体访谈法适用于多名员工从事同样工作情况。使用集体访谈法时应请主管出席，或者事后向主管征求对收集到的材料的看法。主管访谈法是指同一个或多个主管面谈，因为主管对于工作内容有相当的了解。主管访谈法能够减少工作分析的时间。

4. 问卷法

收集工作分析信息的问卷可以由承担工作的员工来填写，也可以由工作分析人员来填写。开放式的问卷很容易产生访谈法中产生的问题，因此，可以采用结构化程度比较高的问卷。在结构化问卷中，列举出一系列的任务或行为，请工作者根据实际工作要求对任务是否执行或行为是否发生做出回答。如果回答是肯定的，还要进一步了解这项任务或行为出现的频率、难易程度及其与整个工作的关系。对各个项目，给出一个分数。经过量化的分数是工作分析人员进一步汇总和评价的基础。使用问卷法时，关键在于问卷的结构化程度。有的问卷非常结构化，包括数以百计的工作职责细节；也有的问卷非常开放，如"请叙述工作的主要职责"。最好的问卷应该介于两者之间，既有结构化问题，也有开放式问题。

5. 典型事例法

典型事例法指的是对实际工作中的工作者特别有效或者无效的行为进行简短的描述，通过积累、汇总和分类，得到实际工作对员工的要求。

此外，工作分析还有工作日志法，它要求，任职者在每天工作结束之后记下工作的各种细节，由此来了解工作的性质。工作日志法也可以同访谈法结合使用。

三、工作分析的实施过程

（一）成立工作分析的工作组

工作组一般包括数名人力资源专家和多名工作人员，它是进行工作分析的组织保证。首先，工作组需要对工作人员进行工作分析技术的培训，制订工作计划，明确工作分析的范围和主要任务。同时，配合组织做好员工的思想工作，说明分析的目的和意义，建立友好的合作关系，使员工对工作分析有良好的心理准备。其次，工作组还需要确定工作分析的目标和设计职位调查方案，并在一开始就确定工作分析所获得信息的使用目的。信息的用途直接决定了需要收集哪些类型的信息，以及使用哪些方法来收集这些信息。在此基础上，对信息调查方案进行设计，不同的组织有其特定的具体情况，可以采用不同的调查方案和方法。当然，如果能够把工作分析的任务和程序分解为若干个工作单元和环节，将更利于工作分析的完成。

（二）收集与工作相关的背景信息

工作分析一般应该得到的资料包括：劳动组织和生产组织的状况，企业组织机构和管理系统图，各部门工作流程图，各个岗位办事细则，岗位经济责任制度等。

很多组织都会有自己的"定岗、定编、定员"的具体规章制度，这些背景信息将会对下一步调查和分析过程产生重要的影响。其中一个最重要的作用在于，它能帮助工作分析人员进行有效的清岗工作，即对组织当前所有部门的岗位进行清理。在背景信息的帮助下，通过与该组织人事部门的工作人员进行讨论，工作分析人员能够清楚地了解组织各个部门的岗位，以及各岗位上的人数和大致的工作职责，并可以用一个标准的职位名称来规范各岗位。

（三）收集工作分析的信息

职位调查是调查收集和工作相关的资料，为正确地编写职位说明书提供依据。这个阶段的任务是根据调查方案，对组织的各个职位进行全面的了解，收集有关工作活动、工作职责、工作特征、工作环境和任职要求等方面的信息。在信息收集中，一般可灵活运用访谈、问卷、直接观察等方法，来得到有关职位的各种数据和资料。职位调查是工作分析中十分必要的准备工作，它的真实程度及准确性，直接关系到工作分析的质量。

（四）整理和分析所得到的工作信息

工作分析并不是简单机械地积累工作的信息，而是要对各职位的特征和要求做出全面的说明，在深入分析和认真总结的基础上，创造性地揭示出各职位的主要内容和关键因素。整理和分析过程应该包括以下三个措施。

（1）整理访谈结果和调查问卷，剔除无效的访谈信息和调查问卷，并按照编写职位说明书的要求对各个职位的工作信息进行分类。

（2）把初步整理的信息让在职人员及他们的直接主管进行核对，以减少可能出现的偏差，同时也有助于获得员工对工作分析结果的理解和接受。

（3）修改并最终确定所收集的工作信息的准确性和全面性，作为编写职位说明书的基础。

（五）编写职位说明书

职位说明书在企业管理中的作用非常重要，不但可以帮助任职人员了解其工作，明确其责任范围，还可为管理者的决策提供参考。一般而言，职位说明书由工作说明和工作规范两部分组成。工作说明是对有关工作职责、工作内容、工作条件及工作环境等工作自身特征方面所进行的书面描述。而工作规范则描述了工作对人的知识、能力、品格、教育背景和工作经历等方面的要求。当然，工作说明和工作规范也可以分成两个文件来写。

职位说明书要求准确、规范、清晰。在编写之前，需要确定职位说明书的规范用语、版面格式要求和各个栏目的具体内容要求。

职位说明书一般包括以下七项内容。

1. 职位基本信息

职位基本信息也称为工作标识。它包括职位名称、所在部门、直接上级、定员、部门编码、职位编码等。

2. 工作目标与职责

重点描述从事该职位的工作所要完成或达到的工作目标，以及该职位的主要职责权限等，标准词汇应是：负责、确保、保证等。

3. 工作内容

这是最主要的内容。此项应详细描述该职位所从事的具体的工作，应全面、详尽地写出完成工作目标所要做的每一项工作，包括每项工作的综述、活动过程、工作联系和工作权限。同时，在这一项中还可以描述每项工作的环境和条件，以及在不同阶段所用到的不同的工具和设备。

4. 工作的时间特征

此项反映该职位通常表现的工作时间特征。例如：在流水线上可能需要"三班倒"；在高科技企业中需要经常加班；市场营销人员需要经常出差；一般管理人员则正常上下班等。

5. 工作完成结果及建议考核标准

此项反映该职位完成的工作标准，以及如何根据工作完成情况进行考核，具体内容通常与该组织的考核制度结合起来。

6. 教育背景和工作经历

教育背景反映从事该职位应具有的最低学历要求。在确定教育背景时应主要考虑新加入员工的最低学历要求，而不考虑当前该职位在职员工的学历。工作经历则反映从事该职位所具有的最起码的工作经验要求，一般包括两方面：一是专业经历要求，即相关的知识经验背景；二是可能需要本组织内部的工作经历要求，尤其针对组织中的一些中高层管理职位。

7. 专业技能、证书和其他能力

此项反映从事该职位应具有的基本技能和能力。某些职位对专业技能要求较高，没有此项专业技能就无法开展工作。例如，财务主管如果没有财务、金融等相关基础知识及国家的相关基本法律知识，就根本无法开展此项工作。而另一些职位则可能对某些能力要求较高。例如，市场部主管这一职位，则要求具有较强的公关能力、沟通能力等。

职位说明书的编写并不是一劳永逸的工作。在实际工作中，组织内经常出现职位增加、撤销的情况，更普遍的情形是某项工作的职责和内容也会出现变动。每一次工作信息的变化都应该及时记录在案，并迅速反映到职位说明书的调整之中。在这种情况下，一般由职位所在部门的负责人向人力资源部提出申请，并填写标准的职位说明书修改表，由人力资源部进行信息收集并对职位说明书做出相应的修改。

第三节　人力资源的招聘与培训

一、人力资源招聘

（一）人力资源招聘的概念

所谓人力资源招聘，就是通过各种信息途径吸引应聘者，并从中选拔、录用企业所需人员的过程。"与其训练小狗爬树，不如一开始就选择松鼠"，英国的这句谚语形象地说明了人力资源招聘的重要性。

从数量与质量两方面，获取企业在各个发展阶段所需要的人员，是人力资源招聘工作的主要目标。此外，通过企业代表与应聘者直接接触的过程，以及在招聘过程中进行的宣传工作，也可以树立良好的企业形象。同时，通过在招聘过程中对应聘者的准确评价和有效选拔，企业可以找到那些认可企业核心价值观念，并且能力和兴趣与受聘岗位相匹配的人员，这样就可以减少新加入者在短期内离开公司的可能性，降低企业的人力资源风险。

（二）人力资源招聘的程序

1. 确定人员的需求

根据企业人力资源规划、职位说明书和企业文化确定企业人力资源需求，包括数量、素质要求及需求时间。

2. 确定招聘渠道

一是要确定企业是从内部选拔，还是从外部招聘企业所需人员；二是要确定是采用线上渠道，还是采用线下渠道发布招聘信息。线上招聘渠道包括：通过官方网站或者官方微信号等发布招聘信息。线下招聘渠道包括：校园招聘宣讲会等。

3. 实施征召活动

根据不同的招聘渠道实施征召活动的具体方案，将以各种方式与企业招聘人员进行接触的人确定为工作候选人。

4. 初步筛选候选人

根据所获得的候选人的资料对候选人进行初步筛选，剔除明显不能满足企业需要的应聘者，留下来的候选人进入下一轮的测评甄选。

5. 测评甄选

采用笔试、面试、心理测试等方式对候选人进行严格测试，以确定最终录用人选。

6. 录用

企业与被录用者就工作条件、工作报酬等劳动关系进行谈判，签订劳动合同。

7. 招聘评价

对本次招聘活动进行总结，并从成本收益的角度进行评价。

（三）人力资源招聘的原则

在人力资源招聘的过程中，应主要把握好以下几条原则。

1. 择优、全面原则

择优是招聘的根本目的和要求。择优就是广揽人才，选贤任能，从应聘者中选出优秀者。做出试用决策前要全面测评和考核，招聘者要根据综合考核成绩精心比较，谨慎筛选，做出录用决定。为确保择优性原则，应制定明确而具体的录用标准。

2. 公开、竞争原则

公开是指把招考单位、种类、数量、报考的资格、条件，考试的方法、科目和时间均面向社会通告周知，公开进行。竞争是指通过考试竞争和考核鉴别，以确定人员的优劣和人选的取舍。只有通过公开竞争才能使人才脱颖而出，吸引真正的人才，才能起到激励作用。

3. 宁缺毋滥原则

招聘决策一定要树立"宁缺毋滥"的观念。这就是说，一个岗位可暂时空缺，也不要让不适合的人占据。这就要求我们做决策时，要有一个提前量，而且广开贤路。

4. 能级原则

人的能量有大小，本领有高低，工作有难易，要求有区别，所以招聘工作不一定要最优秀的，而应量才录用，做到人尽其才，用其所长，这样才能持久高效地发挥人力资源的作用。

5. 全面考核原则

全面考核原则指对报考人员从品德、知识、能力、智力、心理，过去工作的经验和业绩进行全面考试、考核和考察。决策者必须对应聘者各方面的素质条件进行综合性的分析和考虑，从总体上对应聘者的适合性做出判断。

（四）人员招聘的途径

人员招聘的途径不外乎两种：内部招聘和外部招聘。企业可以根据公司的战略、企业经营环境和岗位的重要程度及招聘职位的紧急程度来确定具体的招聘途径。招聘途径的选择也与企业的传统有关。例如，通用电气公司数十年来一直都是从内部选拔总裁，而 IBM 和惠普等大公司则倾向于从外部选聘总裁。内部招聘与外部招聘各有利弊。两种途径的候选人来源和方法及其优缺点分析见表 12-1。

表 12-1　内部招聘与外部招聘优缺点分析

	内部招聘	外部招聘
来源	内部公开招募	推荐
	内部提拔	自荐
	岗位轮换	职业介绍机构
	横向调动	各类学校和人才培养机构
	返聘	
招聘方法	发布内部招聘广告	发布招聘广告
	查阅档案材料	借助中介机构
	员工推荐	校园招募
	管理层指定	参加人才交流会
		网上招聘
优点	了解全面，准确性高	人员来源广，选择范围大，有利于招到一流人才
	可鼓舞企业员工士气，激励员工进取	新雇员能带来新思路和新方法
	应聘者可更快地适应工作	可以平缓内部竞争者的矛盾
	选择费用低	
缺点	来源局限于企业内部，选择面窄	不了解企业情况，进入角色慢
	容易造成"近亲繁殖"	易出现选拔失误
	可能会引起内部竞争者之间的矛盾	内部员工的士气受到打击

（五）人事测评

人事测评是人力资源招聘的重要工具。利用人事测评可以从应聘者中选出企业最需要的人。人事测评就是采用科学的方法，收集被测评者在主要活动领域中的信息，针对某一素质测评目标体系做出量值或价值判断的过程。

这里我们将主要讨论选拔性测评所用到的人事测评技术。

1. 面试

面试是企业最常用的，也是必不可少的一种测评手段。它是一种评价者与被评价者双方面对面的观察、交流互动的一种测评形式。一项调查表明，99%的企业使用面试作为筛选工具。面试的主要任务是为录用决策解决疑问。通过面试，一般需要了解应聘者的以下内容：应聘动机；对本公司及其提供职位的了解程度；离开原来职位的具体原因；可以报到上班的时间；原来的收入水平及期望的收入水平；工作经历、表现和感受；专业知识、技能及接受的培训；业余生活和爱好；应聘者本人的优缺点；外在仪表和内在的心理倾向；反应与应变能力；表达能力和情绪控制能力等。

2. 笔试

笔试主要用来测试应聘者的知识和能力。现在有些企业也通过笔试来测试应聘者的性格和兴趣。

对知识和能力的测验包括两个层次，即一般知识和能力与专业知识和能力。一般知识和能力包括一个人的社会文化知识、智商、语言理解能力、数字能力、推理能力、理解能力和记忆能力等。专业知识和能力即与应聘岗位相关的知识和能力，如财务会计知识、管理知识、人际关系能力、观察能力等。

3. 能力测试

常用的能力测试方法包括：智力测试；语言能力测试；理解和想象能力测试；判断、逻辑推理和归纳能力测试；反应速度测试；操作与身体技能测试等。

4. 评价中心

评价中心是一种综合性的人事测评方法。评价中心技术综合使用了各种测评技术，其中也包括了我们前面介绍的能力测试和面试等方法，但评价中心的主要组成部分及其最突出的特点，就是它使用了情境性的测评方法对被测试者的特定行为进行观察和评价。这种方法通常就是将被测试者置于一个模拟的工作情境中，采用多种评价技术，由多个评价者观察和评价被测试者在这种模拟工作情境中的行为表现。

评价中心常用的情境性测评方法有：无领导小组讨论、公文处理练习、模拟面谈、演讲、书面的案例分析、角色游戏等。这些方法都可以用于揭示特定职位上所需的胜任特质，从而对被测试者进行测评。评价中心采用的情境测试曾经由于其主观性较强而遭到一些人对其有效性的怀疑。现在，有些人已经将情境性的测评转化成标准化的方式来呈现，使测验的结果能够得到客观的评价。例如，将模拟情境制成录像，根据情境的内容设计一些标准化的选择题，被测试者边看录像边回答问题，再对他们作答的结果进行客观的计分，并且可以建立常规模型。这种方法可以使情境性测评变得更加容易实施。

随着信息技术的发展，越来越多的公司开始运用在线测评工具。在线测评一般会根据招聘公司的员工胜任力素质模型，通过两个步骤对应聘者进行测试。一是行为评估，包括个人价值观测试、情景假设等；二是认知评估，主要对应聘者进行思维策略、图形推理、言语推理、数字运算等方面的考核。完成在线测评后，系统会为每一名应聘者生成一份测评报告，招聘团队依据在线测评结果，筛选确定进入面试程序的应聘者。

从组织的角度而言，人事测评可以帮助一个组织有效地选拔和合理地利用人才，做到人尽其才，才尽其用。另外，通过帮助每个员工了解他们自己的素质，帮助他们制定和实施职业生涯规划，并为员工提供发展机会，这本身就意味着对员工的激励，从而有利于提高团队的凝聚力。

二、人力资源培训

人是生产力诸要素中最重要、最活跃的因素，一个国家、一个民族、一个企业的命运，归根到底取决于其人员的素质。人的素质的提高，需要个人在工作中的钻研和探索，更重要的是需要有计划、有组织的培训。

（一）培训的含义

组织中的人员培训，是指组织为了实现组织自身和员工个人的发展目标，有计划地对全体工作人员进行培养和训练，使之提高与工作相关的知识、技艺、能力及态度等素质，以适应并胜任职位工作。这一定义有以下几层含义。

（1）培训的最终目的是实现组织和员工个人的发展目标。组织的发展目标具有多重性，对于企业来说，包括提高生产效率、提高经营效益、扩大企业规模、增强市场竞争力等。员工个人的发展目标包括满足个人志趣、增长知识、提高技能、晋升职务、实现自我价值等。

（2）培训的直接目的是提高员工的素质，使之适应和胜任职位工作。员工的工作绩效取决于其工作行为，而工作行为在很大程度上又是由员工的素质决定的。员工的素质主要由若干要素构成，包括与工作相关的知识、技艺、能力及工作态度等。培训的直接目的就是提高员工这些方面的素质，使他们的行为符合职位工作的要求，从而有效地履行工作职责和完成工作任务。

（3）培训是一项涉及全体员工的制度化的人力资源管理活动。培训并非只与组织中的部分人员相关，也并不是只涉及低学历者或技术职位的工作，而是涉及组织中所有层次和类别的员工。在企业中，不管是总经理、部门经理，还是基层管理人员，或是一线生产员工，都应该接受不同层次、不同类型的培训。培训也不应该被看作随意性、权宜性的活动，而应该是计划性和经常性的活动。组织中的员工培训活动应该形成一种制度。

（二）培训形式的分类

1. 从培训与工作的关系来划分，有在职培训、脱产培训和半脱产培训

在职培训即人员在实际的工作中得到培训，培训对象不脱离岗位，可以不影响工作或生产。但这种培训方法往往缺乏良好的组织，不太规范，影响培训效果。

脱产培训即受训者脱离工作岗位，专门接受培训。组织可以把员工送到各类学校、商业培训机构或自办的培训基地接受培训，也可以选择本单位处的适宜场地自行组织培训。由于学员为脱产学习，没有工作压力，时间和精力较集中，其知识技能水平会提高较快。但这种形式的缺点是需要投入较多的资金。

半脱产培训介于上述两种形式之间，可在一定程度上克服两者的缺点，吸纳两者的优点，从而更好地兼顾费用和效果。

2. 从培训的目的来划分，有文化补习、学历教育、岗位职务培训等

文化补习的目的在于增加受训者的科学文化知识，提高其基本素质。这类培训的对象主要是学历较低、从事简单劳动的一般人员。

学历教育的目的是全面提高受训者的专业素质，以取得更高的学历。为了稳定学历较低的骨干乃至提高组织人员的整体素质，许多组织都制定措施鼓励员工提高学历，甚至直接筛选人员送到国内外的大学接受学历教育。

岗位职务培训是以工作的实际需要为出发点，围绕着职位的特点而进行的针对性培训。这种培训旨在传授个人对于行使职位职责、推动工作方面的特别技能，偏重于专业技术知识的灌输。

（三）员工培训的工作流程

员工培训的工作流程主要包括四个阶段：培训需求分析阶段、培训设计阶段、培训实施阶段和培训评估阶段。具体内容如图 12-2 所示。

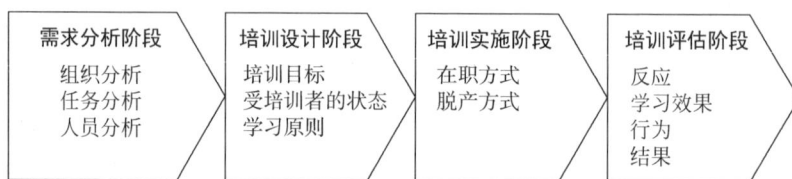

图 12-2　员工培训的工作流程图

1. 培训需求分析阶段

在培训活动中，培训的组织者应该考虑到受训者的培训需求。需求分析关系到培训的方向，对培训的质量起着决定性的作用。一般来说，培训需求分析包括三项内容：组织分析、任务分析和人员分析。具体内容如表 12-2 所示。

表 12-2　培训需求分析的内容

分　析	目　的	方　法
组织分析	决定组织中的哪部分需要培训	根据组织的长期目标、短期目标、经营计划判定知识和技术需要； 将组织效率和工作质量与期望水平进行比较； 制订人事接续计划，对现有雇员的知识/技术进行审查； 评价培训的组织环境
任务分析	决定培训内容应该是什么	对于个人工作，分析其业绩评价标准、要求完成的任务和成功完成任务所必需的知识、技术、行为和态度
人员分析	决定谁应该接受培训和他们需要什么样的培训	通过使用业绩评估，分析造成业绩差距的原因； 收集和分析关键事件； 对员工及其上级进行培训需求调查

2. 培训设计阶段

培训设计一般集中在以下几个方面：培训目标、受训者的状态、学习原则。这里主要讨论培训目标。培训需求确定了，就应据此确定培训目标，培训目标可以指导培训内容、培训方法和评价方法的开发。基于此，企业应能建立较为正式的、具体的、可量度的培训目标。培训目标应明确受训者即将获得的知识和技能，或者是态度的转变。表 12-3 提供了具体的培训目标的类型及示例。

表 12-3　培训目标的类型及示例

目标的类型	示　　　　例
知识	受训者应能在定位培训之后，清楚地了解本企业的创始人、主要发展历程、组织结构，初步了解企业的财务报销、休假、晋升、业绩评估等各项制度，并能准确地了解各部门间的工作与沟通关系
态度	所有的受训者应明确：有效的定位培训能减少新进员工的麻烦，提高其对组织的归属感，并能从全局层面认识其工作的重要性
技能	受训者应能准确使用工作手册和员工手册，在遇到生病、出差等情况时，了解如何按规定行事
工作行为	受训者应能将其所了解的组织使命、员工基本行为规范、工作安全等知识，运用到其处理与同事、客户关系的工作行为中去
组织成果	通过定位培训，使员工试用期间流失率降低 5%

3. 培训实施阶段

一旦培训目标确定了，具体的培训内容也就可随之确定。培训的内容一般由许多部分和方面的内容组成，这些内容在培训过程中应该有一定的顺序，以保证培训能够循序渐进地进行。在确定培训内容的同时，要选择适当的培训方法。企业一般采用的培训方法有：授课、学徒制、讨论会、工作轮换、录像、模拟、案例分析、内部网培训、远程教育和自学等。培训的方法多种多样，企业可以选择其中的一项或几项实施。

4. 培训评估阶段

可以从以下四个层次对培训进行评估，即反应、学习效果、行为和结果等方面。

反应即了解受训者对培训的印象。具体的做法就是在培训结束时请受训者填写一份简短的问卷。在问卷中，可以要求受训者对培训科目、教员、自己收获的大小等方面做出评价。学习效果即考察受训者对培训内容的掌握程度，这可以用培训前和培训后所举行的书面考试或操作测试来衡量。行为即考察受训者接受培训后在工作行为上的变化。这通常可以由受训者自己或上司、同事等借助一系列的评估表进行评定。结果即培训带来的组织相关产出的变化。例如，主管参加培训后，他负责的生产团队生产效率的提高。培训的最终目的就是要有助于达到组织目标，因而培训评估最有意义的方面是结果。但是组织绩效的变化常常是由多种因素导致的，很难把培训引起的组织绩效的变化与其他因素造成的变化分离。为了克服这种干扰，可以事先选一个受训者各方面情况都相似的对照组，通过对两组成员的绩效情况进行对比，发现培训所引起的绩效的提高程度。

第四节　绩效考核与薪酬管理

一、绩效考核

组织成功在很大程度上取决于人力资源。这意味着企业不仅要关注其占有多少人力资源，更要重视人力资源的实际使用情况。绩效考核为衡量这种情况提供了理论和实践的依据。只有建立科学合理的绩效考核体系，有效管理、控制员工的行为和结果，做到人力资源效用发挥最大化，组织才会实现和扩展人力资源带来的竞争优势。但在设计上的严格要求和在实践中的复杂性使绩效考核成为组织的一项极具挑战性的工作。

（一）绩效考核的含义

绩效考核是指收集、分析、评价和传递某一个人在其工作岗位上工作行为表现和工作结果方面的信息情况的过程。绩效考核是评价每一个员工的工作结果及其对组织贡献大小的一种管理手段，所以每一个组织都在事实上进行着绩效考核。由于人力资源管理已经越来越受到企业重视，因此，绩效考核也就成为企业在管理员工方面的一个核心职能。

（二）绩效考核的作用

绩效考核对企业的作用主要表现在以下几方面。

1. 有助于提高企业的生产率和竞争力

衡量生产力的传统方式是考察员工工作成果的数量和质量，即考察员工有没有按工作程序办事、出勤率和事故率等指标。人力资源管理则认为，衡量生产力的主要因素应该是员工的招聘、培训、作用、激励和绩效考核，并以绩效考核为核心。根据一项针对美国所有上市公司的研究表明：具有绩效管理系统的公司在利润率、现金流量、股票市场绩效、股票价值及生产率方面，明显优于那些没有绩效管理系统的公司。

2. 为员工的薪酬管理提供依据

员工的实际业绩决定了其报酬水平的高低，根据员工业绩的变化情况来确定是否应予以加薪。绩效考核结果最直接的应用，就是为企业制定员工的报酬方案提供客观依据。可以说，没有考核结果为依据的报酬，不是真正的劳动报酬。

3. 为人员调配和职务调整提供依据

人员调配之前，必须了解人员使用的状况，人事配合的程度，了解的有效手段是绩效考核。人员职务的升降也必须有足够的依据，这也必须有科学的绩效考核作保证，而不能只凭领导人的好恶轻率地决定。通过全面、严格的考核，发现一些人的素质和能力已超过其所在职位的要求，适合担任更具挑战性的职位，则可对其进行晋升；反之，则可对其进行降职处理。这样就为管理人员的能上能下提供了客观的依据。

4. 为员工培训工作提供方向

培训是人力资源开发的重要方式。培训必须有的放矢，才能收到事半功倍的效果。通过绩效考核，可以发现员工的长处与不足、优势与劣势，从而根据员工培训的需要制定具体的培训措施和计划。

5. 有助于员工的自我提升

绩效考核强化了工作要求，能增强员工的责任意识，从而使员工明确自己怎样做才能更符合组织期望。绩效考核可以发掘员工的潜能，可以让员工明白自己最适合的工作和岗位。同时，绩效考核，可以使员工明确工作中的成绩与不足，这样就促使其在以后的工作中发挥长处，努力改善不足，使整体工作绩效进一步提高。

（三）绩效考核的原则

1. 客观公正原则

考核前要公布考核评价细则，让员工知道考核的条件与过程，以对考核工作产生信任感，对考核结果抱理解、接受的态度。在制定绩效考核标准时，应从客观、公正的原则出发，坚持定量与定性相结合的方法，建立科学适用的绩效指标评价体系。这就要求制定绩效考核标准时要尽量减少个人主观臆断的影响，要用事实说话，切忌主观武断。

2. 具体可衡量原则

具体可衡量原则，即考核指标要具体明确，绝不含糊。绩效管理的各项指标应该是一个个可以度量的指标。比如，对销售人员进行考核时，考核"销售成果"显然不如考核客户回访次数、新客户接待率和回款率等这些指标更具体、明确。

3. 反馈原则

考核与员工的薪酬水平挂钩，更重要的是改善员工的工作绩效，使员工认识到工作上的不足，并加以改善。所以，结果应直接反馈给员工，以明确其努力方向。

（四）绩效考核的程序

1. 制定绩效考核标准

绩效考核要发挥作用，首先要有合理的绩效考核标准。这种标准必须得到考核者和被考核者的共同认可，标准的内容必须准确化、具体化和定量化。为此，制定标准时应注意两个方面：一是以工作分析中制定的工作规范和工作说明为依据，因为那是对员工岗位职责的组织要求；二是管理者与被考核者沟通，以使标准能够被共同认可。

2. 评定绩效

将员工实际工作绩效与组织期望进行对比和衡量，然后依据对比的结果来评定员工的工作绩效。绩效考核指标可以分为许多类别，如业绩考核指标和行为考核指标等，考核工作也需从不同方面取得事实材料。

3. 绩效考核反馈

这一环节是指将考核的结果反馈给被考核者。首先，考核者将书面的考核意见反馈给被考核者，由被考核者予以同意、认可。其次，通过绩效考核的反馈面谈，考核者与被考核者之间可以就考核结果、考核过程的不明确或不理解之处进行解释，这样有助于被考核者接受考核结果。同时，通过反馈，可以共同探讨对工作的最佳的改进方案。

4. 考核结果的运用

绩效考核的一个重要任务，就是分析绩效形成的原因，把握其内在规律，寻找提高绩效的方法，从而使工作得到改进。

（五）绩效考核的方法

绩效考核需要采用一定的方法才能有效地完成。进行绩效考核有很多种方法，这里介绍几种主要的考核方法。

1. 排列法

排列法是根据某一考核指标，如销售回款率，将全体考核对象的绩效从最好到最差依次进行排列的一种方法。这是一种较简单的考核方法，这种方法所需要的时间成本很少，简单易行，一般适用于员工数量较少的评价需求。

2. 成对比较法

成对比较法是考核者根据某一标准将每一员工与其他员工进行逐一比较，并将每一次比较中的优胜者选出的一种考核办法。这一方法的比较标准往往不是具体的工作成果，而是考核者对被考核者的一个整体印象。由于这种方法需要对每次比较进行强制排序，可以避免考核中易出现的趋中现象。但当参与比较的人员很多时，采用这种方法进行考核，需要进行相当多次的比较，会耗费很大的时间成本。具体考核方法如表 12-4 所示。

表 12-4　成对比较法的应用

	员工 1	员工 2	员工 3	员工 4	总得分
员工 1	—	1	1	0	2
员工 2	0	—	1	0	1
员工 3	0	0	—	0	0
员工 4	1	1	1	—	3
结论：	按绩效从优至劣的排列次序为：员工 4，员工 1，员工 2，员工 3				
说明：	如果员工 2 与员工 1 相比，员工 2 表现更好，则给其记 1 分，而员工 1 记 0 分。以此类推				

3. 等级评估法

等级评估法的一般做法是：根据工作分析，将被考核岗位的工作内容划分为相互独立的几个模块。在每个模块中用明确的语言描述完成该模块工作需要达到的工作标准。然后，将标准分为几个等级选项，如"优秀、良好、合格、不合格"等，根据被考核者的实际工作表现，对每个模块的完成情况进行评定。等级评估法的优点是考核内容全面、实用，并且开发成本小。它的缺点在于结果受考核者的主观因素影响较大。表 12-5 列举了一个等级评估法的例子。

表 12-5　等级评估法的应用

姓名：		职务：	
考核项目	评级记位		得分
工作质量	4（优秀），3（良好），2（合格），1（不合格）		
工作数量	4（优秀），3（良好），2（合格），1（不合格）		
工作相关知识	4（丰富），3（较丰富），2（一般），1（不足）		
工作协调	4（很好），3（好），2（一般），1（差）		

4. 关键事件法

关键事件法是客观评价体系中最简单的一种形式。在应用这种评价方法时，负责评价的主管人员把员工在完成工作任务时所表现出来的特别有效的行为记录下来，形成一份书面报告。每隔一段时间，主管人员和其下属面谈一次，根据所记录的特殊事件来讨论后者的工作业绩。在使用这种方法时，可以将其与工作计划、目标及工作规范结合起来使用。表 12-6 显示了对一个厂长助理的关键事件考核。

表 12-6　关键事件法的应用

负有的职责	目标	关键事件（加分、减分项目）
安排工厂的生产计划	充分利用工厂中的人员和机器，及时发布各种生产指令	为工厂建立了新的生产计划系统，上个月的指令延误率降低了 10%，机器利用率提高了 20%
监督原材料采购和库存控制	在保证充足的原材料供应前提下，使原材料的库存成本降到最小	上个月使原材料库存成本上升了 15%
监督机器的维护保养	不出现因机器故障而造成停产	为工厂建立了一套新的机器维护和保养系统，上个月及时发现和处理了四起机器故障

5. 行为锚定评价法

行为锚定评价法是将传统业绩评定表和关键事件相结合形成规范化评价表格的方法。这种方法以等级分值量表为工具，配之以关键行为描述或事例，然后分级逐一对人员绩效进行评价。由于这些典型行为描述语句的数量有限，不可能涵盖千变万化的员工的实际工作表现，而且被考核者的实际表现很难与描述语句所描述的内容完全吻合，但有了量表上的这些典型行为锚定点，考核者打分时便有了分寸。这些代表了从最劣至最佳的典型绩效的、有具体行为描述的锚定点，不但能使被考核者较深刻而信服地了解自身的现状，还可找到具体的改进目标。因此，行为锚定评价法具有很强的培训开发功能。此方法的具体应用如表 12-7 所示。

表 12-7　行为锚定法的应用：大学教师

考核维度：　　　　　　　　　　　　　教学内容：

优秀（5）	良好（4）	一般（3）	较差（2）	差（1）
教师能够向学生介绍学科前沿知识和理论，并给予清楚的讲解	教师能够使用适当的例子辅助讲解	教师讲课能够生动地传授知识，但是缺乏新意	教师讲课缺乏新知识，照本宣科	教师讲课知识有错误

6. 360 度考核法

所谓 360 度考核法，就是在组织结构图上，由位于每一员工上下左右的公司内部其他员工、被考核的员工本人及顾客，一起来考核该员工绩效的一种方法。360 度考核法特别注重通过反馈来提高员工的绩效，因此，有些文献专门把 360 度考核法中的反馈称为 360 度反馈。

一项调查表明，目前已经有超过 10%的美国企业使用 360 度考核法，更多的企业使用了 360 度考核法的某些方面，即从上述这些所有与该员工相关的人群中找出最有相关性、最能了解其绩效的人，一起来参加对其进行的绩效考核。从全球的范围来看，《财富》杂志评出的前1000家大企业中，有90%以上的企业应用了360度考核法的部分或全部内容。

为了避免不必要的人际冲突，保证反馈过程的顺利进行和反馈结果的有效性，360度考核法大多是以匿名的形式进行的。目前这种考核方法主要用于管理人员的开发方面，它的设计价值也在于开发上。各种形式反馈的对比能使管理人员对自己的优缺点有一个更为现实的全面认识，这会促进管理人员的行为改变，并将此改变与组织的变革和改善紧密联系起来。这种相关群体共同参与的考核形式无疑会导致信任水平的提高，也能促使管理者和他们身边的人进行更多的沟通，从而能减少员工的抱怨和不满，提高顾客的满意度和培养组织的合作精神。

除以上所介绍的几种绩效考核方法外，还有关联矩阵法、民意测验法、强制选择法等。在此不再详述。

二、薪酬管理

将欲取之，必先予之。员工为组织工作，期望自己的努力和成果能够得到组织的回报；组织为吸引、激励和留住有价值的员工，也为能够最大限度地增强员工的责任感，强化他们为组织付出的努力，都需要一个合理适用的薪酬系统。薪酬管理是组织为员工提供的生活保障，是对员工服务和贡献的补偿和奖励，是对员工价值的认同和需要的满足，更是把组织的战略目标和价值观转化成具体的行动方案，以及支持员工实施这些行动的管理实践。

（一）薪酬的含义及其内容

从广义来理解，薪酬是员工为企业付出的劳动的回报。员工在组织中工作所得到的回报包括组织支付给员工的工资和所有其他形式的奖励，其内容非常复杂。其中，既包括以货币收入形式来表现的外在报酬，也包括以非货币收入形式表现的内在报酬。在这种内在报酬中，包括工作保障、身份标志、给员工更富有挑战性的工作、晋升、对突出工作成绩的承认、培训机会、弹性工作时间和优越的办公条件等。

员工薪酬体系的基本内容可以概括为图12-3。人力资源管理中，我们把外在报酬作为员工薪酬体系研究的重点。从概念上讲，员工的外在报酬指的是由于就业关系的存在，员工从企业得到的各种形式的财务收益、服务和福利。通常意义上的薪酬指的是这种外在报酬，也就是狭义上的薪酬。它可以分为直接薪酬和间接薪酬。直接薪酬包括工资、奖金、津贴和补贴及股权，间接薪酬即指福利。

1. 工资

工资是指根据劳动者所提供的劳动数量和质量，按照事先规定的标准付给劳动者的劳动报酬，也就是劳动的价格。这是总体上的工资的定义。它包括对从事管理工作和负责经营等的人员按年或按月支付的固定薪金，也包括按件、小时、日、周或月领取的工资。总的工资可以做如下分类。

（1）基本工资

员工只要仍在企业中就业，就能定期拿到的一个固定数额的劳动报酬。基本工资多以小时工资、月薪、年薪等形式出现。基本工资又分为基础工资、工龄工资、职位工资等。

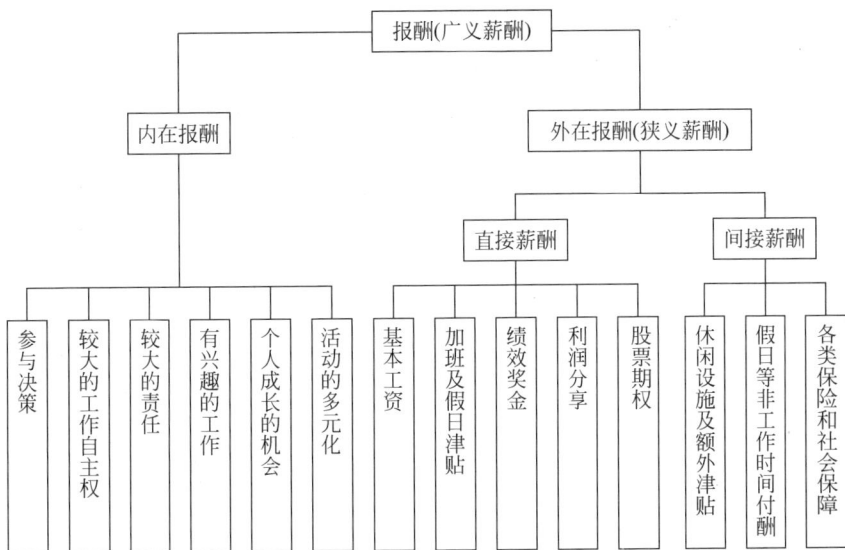

图 12-3　企业员工薪酬体系的构成

（2）激励工资

激励工资是指工资中随着员工的工作努力程度和劳动成果的变化而变化的部分。激励工资有类似奖金的性质，可以分为两种形式：投入激励工资，即随着员工的工作努力程度变化而变化的工资；产出激励工资，即随着员工劳动产出的变化而变化的工资，如销售提成。

2. 奖金

奖金是指对员工超额劳动的报酬。企业中常见的有全勤奖金、生产奖金、不休假奖金、年终奖金、效益奖金等。

3. 津贴与补贴

津贴与补贴是指对员工在特殊劳动条件和工作环境中的额外劳动消耗及生活费用的额外支出的补偿。通常把对工作的补偿称为津贴，把与生活相联系的补偿称为补贴。常见的有岗位津贴、加班津贴、轮班津贴等。

4. 福利

福利即间接薪酬，是组织为员工提供的除工资、奖金、津贴之外的一切物质待遇。它包括法定福利和企业福利。法定福利是政府通过立法要求企业必须提供的，如医疗保险、失业保险、养老保险、伤残保险等。企业福利是企业在没有政府立法要求的前提下主动提供的，如养老金、住房津贴、交通费、免费工作餐、人寿保险等。

5. 股权

以企业的股权作为对员工的薪酬。这作为一种长期激励的手段，能够让员工为企业长期利润最大化而努力。

（二）影响企业薪酬的因素

构建薪酬体系是组织的一项重要而又复杂的任务，薪酬体系不仅要和组织内部的具体情况相吻合，还要适应组织外部环境的要求。而且，薪酬体系不是一成不变的，尽管它在相对时间内具有稳定性，但随着时间的推移和客观环境的变化，薪酬体系必然存在着需要完善和改进的地方。一般来说，影响企业薪酬体系的有内部因素和外部因素两个方面。

1. 内部因素

影响薪酬的内部因素主要有企业实力、工作状况、员工特征和组织规模。

（1）企业实力

企业实力是薪酬体系设计和变动可能会遇到的硬性约束，它决定了企业用于薪酬分配特别是货币性薪酬的总体水平，这种总体水平的限制决定了员工薪酬的构成和薪酬水平的变动区间。如果企业支付薪酬向管理人员倾斜，那么就会降低一般员工的薪酬水平。如果企业试图通过高薪酬水平使薪酬具有外部竞争力，那么也许可以吸引高素质员工的加盟，还可以建立内部员工的自信心和自豪感，但是这势必会提高企业的成本，而且企业实力的制约也使得薪酬改进没有较大的回旋余地。

（2）工作状况

工作状况是企业在考虑薪酬在不同工作间的差异时必须考虑的客观因素，它主要通过工作要求、工作责任、工作条件和工作类别的差异对工作进行薪酬的标准化，这无疑会给薪酬体系的设计和薪酬工作的可操作性、公平性带来便利。工作责任重大、工作活动对组织的生存和发展有重大影响的一般薪酬水平较高；工作对技能和任职资格有特殊要求的薪酬水平也较高；工作条件差、比较危险的工作的薪酬体系中补偿性的薪酬比例也会较大。

（3）员工特征

员工特征决定了各个不同员工的薪酬水平和薪酬体系的构成。这些个人因素主要有：教育程度、年龄构成、资历因素、发展潜力、特定人力资源的稀缺性等。例如，处于不同年龄层次的员工对薪酬的需求也是不同的：青年员工一般关注货币性收入，以满足生活消费的需要；中年员工比较重视晋升发展的机会和外在的非货币性薪酬，以满足地位和成就的需要；相对而言，老年员工更多地考虑间接薪酬。

（4）组织规模

组织规模考虑的是因规模原因而造成的员工薪酬等级的差别，规模较小的企业就不必将员工的薪酬划分为许多等级，因为比较容易了解员工的需求，能方便地设计出有针对性的薪酬方案。相反，规模较大的企业薪酬的等级较多，员工的复杂程度也较高，所以薪酬体系设计起来就比较困难。尤其是跨国企业，就不能简单地实行统一的薪酬方案，而是要更多地注意到企业所在区域的具体情况。

2. 外部因素

影响企业薪酬的外部因素主要有政府法规、区域经济发展水平、行业水平和市场压力等。

（1）政府法规

政府法规影响企业薪酬的合法性。企业薪酬的制定必须符合政府的法规，包括国家政府和地方政府的法规，如对员工最低工资的规定、对最长工作时间的规定、对特殊工种的从业人员的规定等。

（2）区域经济发展水平

区域经济发展水平及其发展趋势会影响企业的薪酬水平。一般来说，经济发展水平较高的区域内员工薪酬水平也会有相应的提高。中国沿海地区的员工相对内地员工的薪酬要高；跨国企业中，在发达国家工作的员工的薪酬比在发展中国家工作的员工的薪酬要高。

（3）行业水平

行业水平受历史原因和现实需要的影响存在着差异，这使得在不同行业工作的员工对薪酬的预期也不一致。热门行业（如金融、信息行业）的员工比传统行业的员工对薪酬的预期可能就高一些；劳动密集型行业比知识密集型行业的员工对薪酬的预期可能要低一些。

（4）市场压力

市场压力是企业必须面临的产品市场和劳动力市场的竞争性的挑战。产品市场上的竞争为劳动力成本及工资规定了一个上限。当劳动力成本在总成本中所占的份额较高，以及产品需求受到价格变化的影响较大时，这个上限的约束力就越大。劳动力市场竞争是指企业之间为雇佣类似员工而展开的竞争。这些劳动力市场上的竞争者，不仅包括那些生产类似产品的公司，也包括那些虽然处于不同的产品市场上，但却雇用业务能力相似员工的公司。如果一家企业在劳动力市场上不具有竞争力，它就不能吸引和保留足够数量和既定质量的员工。因此，劳动力市场上的竞争给企业的工资水平确定了一个下限。

（三）工资制度

工资与福利是满足职工生存、安全等物质需要的主要渠道，因而是激励的基础。合理的工资制度是调动职工积极性的手段。企业应根据自身的实际情况，选择最佳的工资制度。总体看来，主要有如下几类工资制度。

1. 技术等级工资制

技术等级工资制是根据劳动的复杂程度、繁重程度、精确程度和工作责任大小等因素划分技术等级，按等级规定工资标准的一种制度。其特点是：主要以劳动质量来区分劳动差别，进而依此规定工资差别。这种工资制度适用于技术比较复杂的工种。

技术等级工资制由工资等级表、技术等级标准和工资标准三方面组成。工资等级表是确定各级工人工资标准和工人之间工资比例关系的一览表。工资等级数目有 10 级、8 级、7 级，但更多地使用 8 级。工种等级线是用来确定各工种的起点等级和最高等级的幅度。工种等级线的起点、终点、等级线的幅度，取决于技术、责任、劳动强度等因素，等级线如图 12-4 所示。工资级差即等级之间的工资差别。技术等级标准就是不同工种、不同级别应该达到的技术水平和劳动技能的标准。它包括该等级工人应该具备的文化技术理论知识，以及该等级工人应该具备的技术操作能力和实际经验。工资标准又称工资率，指对不同等级职工实际支付的工资数额。标准工资与工资标准不同，二者关系可用下式表达：

$$标准工资 = 月工资标准 - 缺勤天数 × 日工资标准$$

工资等级	1	2	3	4	5	6	7	8
等级线		钳工、电工、机修工						
			吊车司机					
					锻工			

图 12-4　技术工资等级线图

2. 职务等级工资制

职务等级工资制是政府机关、企事业单位的行政人员和技术人员所实行的，按职务等级规定工资的制度。这种制度是根据各种职务的重要性、责任大小、技术复杂程度等因素，按照职务高低规定统一的工资标准。在同一职务内，又划分为若干等级。各职务之间用上下交叉的等级来区别工资差别线，呈现一职数级、上下交叉的"一条龙"式的工资制度。我国全国采用同一个工资等级表，行政人员分 30 级，技术人员分 18 级，并根据各地物价和生活费用水平划分 11 类工资区，技术人员除地区分类外，根据产业不同又规定五类工资标准。

3. 结构工资制

结构工资制是根据决定工资的不同因素和工资的不同作用，将工资划分为几个部分，通过对各部分工资数额的合理确定，构成劳动者的全部报酬。一般结构工资由基础工资、职务工资、年功工资和浮动工资四部分组成。

基础工资是保障劳动者基本生活的部分，是维持劳动者劳动力再生产所必需的部分。对基础工资的发放标准，目前有两种意见。一种是不管是工人还是干部，统一规定一个相同的基础工资额；另一种是按照本人原标准工资的一定比例（如 40%）作为基础工资，由于标准工资不同，基础工资也就有高有低。实行第二种办法时，对标准工资过低者，还规定有基础工资的最低额。职务工资是按照各个不同职务（岗位）的业务技术要求、劳动条件、责任等因素来确定，即担任什么职务，确定什么工资标准。工作变动，职务工资也随着变动，一般以"一职一薪"为宜。年功工资以工龄为主，结合考勤和工作业绩来确定，也称工龄工资，但它在工资构成中所占比例较小。浮动工资也称业绩工资，根据企业经营效益的好坏、个人业绩的优劣来确定。这部分工资在工资构成中所占比例有日益增长之势，但具体计算方法各企业、事业单位有较大差别。有的是规定几个等级，每个等级有确定的工资额；也有的与个人业绩挂钩，"上不封顶，下不保底"。

4. 提成工资制

企业实际销售收入减去成本开支和应缴纳的各种税费以后，剩余部分在企业和职工之间按不同比例分成。在餐饮服务业及营销公司多采用此工资制度。实行此制度的三要素是：①确定适当的提成指标。②确定恰当的提成方式。主要有全额提成和超额提成两种形式。全额提成即职工全部工资都随营业额变动，而不再有基本工资；超额提成即保留基本工资并相应规定需完成的营业额，超额完成的部分再按一定的比例提取工资。从实行提成工资的层次上划分，有个人提成和集体提成。③确定合理的提成比例。有固定提成比例和分档累进或累退的提成率两种比例方式。

5. 谈判工资制

谈判工资制是一种灵活反映企业经营状况和劳务市场供求状况，并对员工工资收入实行保密的一种工资制度。职工的工资额由企业根据操作的技术熟练程度与员工当面谈判协商确定，其工资额的高低取决于劳务市场的供求状况和企业经营状况。当某一工种或人员紧缺或企业经营状况较好时，工资额就上升，反之就下降。企业对生产需要的专业技术水平高的员工愿意支付较高的报酬，如果企业不需要该等级的专业技术的员工，就可能降级使用或支付较低的报酬，如果员工对所得的工资不满，可以与企业协商调整。如果双方都同意，可以履行新的工资额。员工可以因工资额不符合本人要求而另谋职业，企业也可以因无法满足员工的愿望而另行录用其他员工。企业和员工都必须对工资收入严格保密，不得向他人泄露。谈判工资制有利于员工之间不在工资上互相攀比，减少矛盾。由于工资是由企业和员工共同谈判商定的，双方都可以接受，一般都比较满意，有利于调动员工的积极性。谈判工资制正在被越来越多的企业采用。

（四）激励性薪酬计划

薪酬的支付方式决定了企业能不能通过薪酬激励员工，以充分发挥他们的最大能力。战略性的薪酬管理越来越要求企业为员工提供多样化的、非结构化的变动式薪酬，这种激励性薪酬计划主要考虑的是薪酬与员工绩效的联系和员工薪酬与企业目标相结合两大问题。通过激励性薪酬计划的实施，企业希望向员工传达什么是很重要的，即什么是对企业有利的态度、行为和结果，以强化员工在特定绩效目标上的努力，增强员工的责任感和主体意识，将员工成果与企业利益有机地联系起来。

1. 短期激励性薪酬计划

短期激励性薪酬计划旨在激励企业员工提高短期绩效，大多数企业选择年终分红这种方式。由于企业员工每一年的绩效都会存在差异，所以年终分红的总额并不是固定的，会随着绩效的改变而发生波动。这样能够对企业员工起到一定的方向性引导作用，会促使员工关注每一年的利润情况，也会为增加企业利润付出自己的努力。在实施短期激励性薪酬计划的时候，必须明确三个基本问题：资格条件、分红规模和个人奖励额。资格条件解决的是员工中谁能够参与分红，分红规模自然涉及分红支付数额的问题，而个人奖励额考虑的是个人从分红中能够得到多少。企业在确定个人奖励额时，对于红利这块奖金的发放应当完全依照个人的绩效水平，先根据每个具备资格的工作岗位制定红利标准，然后再依据实际绩效调整红利。对那些绩效低劣者，就不能给予任何奖励，从他们身上省出的红利应当进行再分配，发给那些绩效显著的员工。

短期激励性薪酬计划能够使员工及时享受到企业的收益，但是它常常会因管理人员过于注重短期的利润目标而导致短期行为。比如，忽视设备保养、资源浪费、不愿意进行能获得长期性收益的投资等，这样不利于企业的长期发展，因此，企业又推出了长期激励性薪酬计划。

2. 长期激励性薪酬计划

长期激励性薪酬计划旨在通过为员工提供积累财富的机会，建立员工的长期观念，鼓励他们与企业共同奋斗，同时满足企业长期的繁荣发展和个人物质方面的需求。长期激励性薪酬计划通常有股票期权计划、员工持股计划等，这些计划的实施促使员工的利益和企业业绩或体现在股市股价的波动联系在了一起。

股票期权是指企业给予员工特别是管理人员的，在未来确定的时间按照固定价格购买一定数量股票的权利。固定价格称为执行价格或约定价格，通常是授予期权时股票的市场价值。员工获得期权，就意味着他们在未来可以通过股票的升值以较低的价格执行，并可以以较高的价格出售而获利。股票期权有一定的风险性，员工当然希望股票价格以后能够上涨而不是下跌，而且还存在一个假设，就是员工能够通过提高业绩对股票价格产生影响，这样股票期权才有激励作用。由于期权是在未来执行，所以在留住员工方面有一定的作用，被形象地称为"金手铐"。股票期权计划在政策法规方面限制较少，这使计划的操作更具有灵活性。为建立有效的股票期权计划，企业必须认真评估企业的目标、文化、财务状况、组织结构、员工构成等众多因素。

员工持股计划是企业向员工提供组织股票所有权的计划。可以是上市公司，也可以是内部发行股票的企业。这是目前在激励员工方面最普遍的员工所有权形式。通过员工持股，企业试图建立一种所有权的企业文化，让员工掌握象征企业财富的股票，真正地承担合伙人的义务。股票拥有者在参与维护股东权益的决策中，从心理上也更能感受自己在企业中的所有者的身份，所以，股票能够实现员工地位和角色的彻底转变。此外，员工还能因为持有股票获得财务和税收上的优惠，股票的升值能够增加员工的收益，实现物质上的激励。员工持股已经成为企业融资结构中不可或缺的一部分，有些企业甚至会用它来应对股票市场的风险，如恶意收购等。在美国，员工持股计划的形式是企业建立一个专门的员工持股信托基金委员会，每年依据一定的比例给予员工一定的股权，信托基金委员会把股票存入员工的个人账户，员工在离开企业或者退休时，可以将股票出售给企业。如果企业是上市公司，他们还可以在公司市场上出售。因为这种形式的员工持股是依据美国的法律执行的，员工可以获得税收方面的优惠，所以员工持股计划更像是向员工提供退休福利的一种方式。国内企业的员工持股计划还处于摸索和尝试阶段，并没有一种普遍适用的形式。

总体来看，短期和长期的激励性薪酬计划能够对员工起到显著的激励作用，但我们也要看到它们的负面影响，即在一定程度上会助长贫富的两极分化。同时，也要看到其局限性，一旦股票市值的高速增长不再持续，其激励作用就会一落千丈。因此，股票和股票期权等薪酬形式特别适用于高速增长行业、高技术行业、高投入产出和高风险行业。

本 章 小 结

1. 人力资源，是指能够推动整个经济和社会发展的劳动者的能力，包括能够进行智力劳动和体力劳动的能力。人力资源管理，是指企业对其所需要的人力资源的取得、开发、保持和利用等方面所进行的计划、组织、指挥、协调和控制的活动。企业人力资源管理最重要的工作就是在适当的时间，把适当的人选（最经济的人力）安排在适当的工作岗位上，充分发挥人的主观能动性，使得人尽其才，事得其人，人事相宜。

2. 企业人力资源管理的主要内容应该包括以下几个方面：工作分析、人力资源规划、人员招聘、培训、员工职业生涯管理、薪酬管理、劳动关系管理、绩效评价等。

3. 工作分析是确定完成各项工作所需的技能、责任和知识的系统过程。工作分析的结果体现在职位说明书上。职位说明书一般包括两方面的内容：工作说明和工作规范。工作说明是关于工作任务和职责信息的文本说明。工作规范则包含了一个人完成某项工作所必需的基本素质和条件。

4. 所谓员工招聘，就是通过各种信息途径吸引应聘者，并从中选拔、录用企业所需人员的过程。员工招聘的过程一般包括以下步骤：确定人员的需求；确定招聘渠道；实施征召活动；初步筛选候选人；测评甄选；录用；招聘评价。人员招聘的途径不外乎两种：内部招聘和外部招聘。

5. 企业员工培训，是指企业为了实现组织自身和员工个人的发展目标，有计划地对全体员工进行培养和训练，使之提高与工作相关的知识、技艺、能力及态度等素质，以适应并胜任职位工作。一个完整的、科学的员工培训体系包括培训需求分析、培训工作组织、培训内容、培训方法及培训效果评估五个方面。

6. 绩效考核是指收集、分析、评价和传递某一个人在其工作岗位上的工作行为表现和工作结果方面的信息情况的过程。企业绩效考核的方法主要有排列法、成对比较法、等级评估法、关键事件法、行为锚定评价法、360 度考核法、目标管理法、关键绩效指标法及平衡计分卡等几种。

7. 薪酬制度是人力资源管理制度的核心，它是企业能否吸引、留住人才，能否充分调动员工积极性、创造性的关键所在。从广义来理解，薪酬是员工为企业付出的劳动的回报。其中，既包括以货币收入形式来表现的外在报酬，也包括以非货币收入形式表现的内在报酬。

思考与练习

1. 何谓人力资源管理？人力资源管理具有哪些主要的职能？
2. 工作分析为什么很重要？工作分析的成果有哪些主要的表现形式？
3. 职位说明书的内容有哪些？
4. 人力资源规划的意义何在？如何科学地进行人力资源规划？
5. 人员招聘需要把握哪些原则？人员招聘需要经过哪些具体环节？
6. 人员培训的具体工作流程有哪些？
7. 绩效考核的意义何在？有哪些常用的考核小法？
8. 员工薪酬有哪些主要形式？对于一个高科技公司，应如何设计普通员工的薪酬体系？

即学即测

案例讨论

阿里巴巴的人力资源管理

主要参考文献

[1] 达夫特，等. 管理学原理[M]. 高增安，译. 北京：机械工业出版社，2010.

[2] 罗宾斯，库尔特. 管理学：原理与实践[M]. 毛蕴诗，译. 9 版. 北京：机械工业出版社，2015.

[3] 罗宾斯. 管理学[M]. 刘刚，译. 13 版. 北京：中国人民大学出版社，2017.

[4] 哈蒙德，基尼，雷法. 决策的艺术[M]. 王正林，译. 北京：机械工业出版社，2016.

[5] 孔茨，韦里克. 管理学：国际化与领导力的视角（精要版）[M]. 马春光，译. 9 版. 北京：中国人民大学出版社，2014.

[6] 达夫特. 组织理论与设计[M]. 王凤彬，石云鸣，张秀萍，等译. 12 版. 北京：清华大学出版社，2017.

[7] 罗宾斯，贾奇. 组织行为学[M]. 16 版. 北京：中国人民大学出版社，2016.

[8] 史密斯，等. 管理学中的伟大思想[M]. 北京：北京大学出版社，2016.

[9] 雷恩，贝德安. 管理思想史[M]. 孙健敏，黄小勇，李原，译. 6 版. 北京：中国人民大学出版社，2014.

[10] 彭新武. 西方管理思想史[M]. 北京：机械工业出版社，2018.

[11] 方振邦，徐东华. 管理思想百年脉络：影响世界管理进程的百名大师[M]. 3 版. 北京：中国人民大学出版社，2012.

[12] 王力，赵渤. 管理学流派思想评注图鉴：历史、方法、趋势[M]. 北京：社会科学文献出版社，2011.

[13] 雷恩，贝德安. 管理思想史[M]. 孙健敏，黄小勇，李原，译. 6 版. 北京：中国人民大学出版社，2012.

[14] 达夫特，马西克. 管理学原理[M]. 高增安，马永红，李维余，译. 7 版. 北京：机械工业出版社，2012.

[15] 安东尼，戈文达拉扬. 管理控制系统·案例[M]. 刘霄仑，朱晓辉，译. 12 版. 北京：人民邮电出版社，2010.

[16] 西蒙. 管理行为[M]. 詹正茂，译. 北京：机械工业出版社，2013.

[17] 泰勒. 科学管理原理[M]. 马风才，译. 北京：机械工业出版社，2013.

[18] 马奇. 决策是如何产生的[M]. 王元歌，章爱民，译. 北京：机械工业出版社，2013.

[19] 科特. 权力与影响力[M]. 李亚，王璐，赵伟，译. 北京：机械工业出版社，2013.

[20] 巴纳德. 经理人员的职能[M]. 王永贵，译. 北京：机械工业出版社，2013.

[21] 沙因. 组织文化与领导力[M]. 章凯，罗文豪，译. 4 版. 北京：中国人民大学出版社，2014.

[22] 圣吉. 第五项修炼[M]. 张成林，译. 北京：中信出版集团，2018.

[23] 王关义，等. 现代企业管理[M]. 5 版. 北京：清华大学出版社，2019.

[24] 王关义，等. 管理学[M]. 北京：机械工业出版社，2011.

[25] 邵冲. 管理学概论[M]. 广州：中山大学出版社，2001.

[26] 周三多，陈传明，等. 管理学：原理与方法[M]. 3 版. 上海：复旦大学出版社，1999.

[27] 德鲁克. 管理的实践[M]. 齐若兰，译. 北京：机械工业出版社，2009.

[28] 孙义敏. 现代企业管理导论[M]. 北京：机械工业出版社，2004.

[29] 高海晨. 现代企业管理[M]. 北京：机械工业出版社，2000.

[30] 牛国良. 企业制度与公司治理[M]. 北京：清华大学出版社，2008.

[31] 卡普兰，诺顿. 平衡计分卡：化战略为行动[M]. 刘俊勇，译. 广州：广东经济出版社，2013.

[32] 张德. 企业文化建设[M]. 3 版. 北京：清华大学出版社，2015.

[33] 大内. Z 理论[M]. 朱雁斌，译. 北京：机械工业出版社，2021.

[34] 迪尔，肯尼迪. 公司文化：现代企业的精神支柱[M]. 唐铁军，译. 上海：上海科学技术出版社，1989.

[35] 彼得斯，沃特曼. 成功之路[M]. 余凯成，钱冬生，张湛，译. 北京：中国对外翻译出版社，1985.

[36] 科特，赫斯克特. 企业文化与经营绩效[M]. 曾中，李晓涛，译. 北京：华夏出版社，1997.

[37] 周丽莎. 改制：国有企业构建现代企业制度研究[M]. 北京：中华工商联合出版社，2019.

[38] 吴申元. 现代企业制度概论[M]. 3 版. 北京：首都经济贸易大学出版社，2016.

[39] 邓荣霖. 论公司[M]. 北京：中国人民大学出版社，2019.

[40] 邓荣霖. 论企业[M]. 北京：中国人民大学出版社，2019.

[41] 德斯勒. 人力资源管理[M]. 刘昕，译. 14 版. 北京：中国人民大学出版社，2017.

[42] 刘昕. 人力资源管理[M]. 4 版. 北京：中国人民大学出版社，2020.

[43] 戴维 F，戴维 F. 战略管理：建立持续竞争优势[M]. 徐飞，译. 17 版. 北京：中国人民大学出版社，2021.

[44] 波特. 竞争战略[M]. 陈丽芳，译. 北京：中信出版社，2014.

[45] 科里斯. 公司战略[M]. 北京新华商业风险管理有限公司，译. 北京：中国人民大学出版社，2001.

[46] 王关义. 生产管理[M]. 2 版. 北京：经济管理出版社，2004.

[47] 王关义. 现代生产管理[M]. 北京：经济管理出版社，2005.

[48] 全国九所高等院校《现代企业管理》编写组. 现代企业管理[M]. 杭州：浙江人民出版社，1986.

[49] 金占明. 竞争战略[M]. 北京：清华大学出版社，2002.

[50] 韦里克. 卓越管理：通过目标管理达到最佳绩效[M]. 李平，徐谡，译. 成都：成都电讯工程学院出版社，1988.

[51] 村松林太郎. 生产管理基础[M]. 张福德，译. 上海：上海人民出版社，1984.

[52] 许庆瑞，等. 生产管理[M]. 北京：高等教育出版社，1988.

[53] 陈荣秋. 生产计划与控制：概念、方法与系统[M]. 武汉：华中理工大学出版社，1995.

[54] 王化成，刘俊彦，荆新. 财务管理学[M]. 9 版. 北京：中国人民大学出版社，2021.

[55] 张新民. 从报表看企业：数字背后的秘密[M]. 4 版. 北京：中国人民大学出版社，2021.

[56] 中国注册会计师协会. 财务成本管理[M]. 北京：中国财政经济出版社，2014.

[57] 刘亚莉. 总经理财务一本通[M]. 广州：广东经济出版社，2011.

[58] 罗斯，等. 公司理财：核心原理与应用[M]. 李常青，等，译. 3 版. 北京：中国人民大学出版社，2013.

[59] 克劳斯比. 零缺点的质量管理[M]. 陈怡芬，译. 上海：上海三联书店，1991.

[60] 周志文. 生产与运作管理[M]. 北京：石油工业出版社，2001.

[61] 科特勒，凯勒，洪瑞云，等. 营销管理[M]. 吕一林，王俊杰，译. 亚洲版，5 版. 北京：中国人民大学出版社，2010.

[62] 吴健安，钟育赣，胡启辉. 市场营销学[M]. 北京：清华大学出版社，2010.

[63] 科特勒，阿姆斯特朗，洪瑞云，等. 市场营销原理[M]. 李季，赵占波，译. 亚洲版，3 版. 北京：机械工业出版社，2013.

[64] 科特勒，阿姆斯特朗. 市场营销：原理与实践[M]. 楼尊，译. 17 版. 北京：中国人民大学出

版社，2020.

[65]　阿姆斯特朗，科特勒. 市场营销学[M]. 赵占波，何志毅，译. 10 版. 北京：机械工业出版社. 2011.

[66]　麦德奇，布朗. 大数据营销：定位客户[M]. 王维丹，译. 北京：机械工业出版社，2014.

[67]　科特勒，阿姆斯特朗. 市场营销：原理与实践[M]. 楼尊，译. 16 版. 北京：中国人民大学出版社. 2015.

[68]　里斯，特劳特. 定位：争夺用户心智的战争[M]. 邓德隆，火华强，译. 北京：机械工业出版社，2017.

[69]　阿姆斯特朗，科特勒，王永贵. 市场营销学[M]. 王永贵，郑孝莹，译. 12 版. 北京：中国人民大学出版社，2017.

[70]　王永贵. 市场营销[M]. 2 版. 北京：中国人民大学出版社，2022.

[71]　ANDERSSON, BERGLUND V. Marketing and competitive Performance: an empirical study[J]. European Journal of Marketing, 1998, 32(5/6): 514-535.

[72]　STATA R. Organizational learning: the key to management innovation[J]. Sloan Management Review, 1989, 1(4): 63-67.

[73]　HAMEL G, PRAHALAD C K. Competing for the future[M]. Boston MA: Harvard Business School Press, 1994.

[74]　PRAHALAD C K, HAMEL G. The core competence of the corporation[J]. Harvard Business Review, 1990, 66: 79-91.

教师服务

　　感谢您选用清华大学出版社的教材！为了更好地服务教学，我们为授课教师提供本书的教学辅助资源，以及本学科重点教材信息。请您扫码获取。

≫ 教辅获取

本书教辅资源，授课教师扫码获取

≫ 样书赠送

企业管理类重点教材，教师扫码获取样书

清华大学出版社

E-mail: tupfuwu@163.com
电话：010-83470332 / 83470142
地址：北京市海淀区双清路学研大厦 B 座 509

网址：http://www.tup.com.cn/
传真：8610-83470107
邮编：100084